Blue Book of Insurance
Analysis of China Insurance
Market Development(2019)

保险蓝皮书

中国保险市场发展分析（2019）

寇业富　主　编
陈　辉　周　桦　副主编

中国财经出版传媒集团
中国财政经济出版社

图书在版编目（CIP）数据

保险蓝皮书：中国保险市场发展分析．2019／寇业富主编．--北京：中国财政经济出版社，2019.10

ISBN 978-7-5095-9212-0

Ⅰ.①保… Ⅱ.①寇… Ⅲ.①保险业-经济发展-研究报告-中国-2019 Ⅳ.①F842

中国版本图书馆 CIP 数据核字（2019）第198045号

责任编辑：叶 彤 付克华　　　　　责任校对：李 丽
封面设计：北京兰卡绘世

中国财政经济出版社 出版

URL：http://www.cfeph.cn

E-mail：cfeph@cfeph.cn

（版权所有　翻印必究）

社址：北京市海淀区阜成路甲28号　邮政编码：100142

营销中心电话：010-88191537

三河宏图印务有限公司印刷　各地新华书店经销

787×1092毫米　16开　28.25印张　450 000字

2019年10月第1版　2019年10月河北第1次印刷

定价：120.00元

ISBN 978-7-5095-9212-0

（图书出现印装问题，本社负责调换）

本社质量投诉电话：010-88190744

打击盗版举报热线：010-88191661　QQ：2242791300

本书受到

中央财经大学中国精算研究院
中央财经大学保险学院
长城人寿保险股份有限公司
等单位的大力支持和帮助
在此表示衷心的感谢

2019 中国保险年度人物——刘茂山教授[①]
2016 年度"中国金融学科终身成就奖"获奖人

刘茂山教授,博士生导师,1935 年出生,中国金融教育终身贡献奖获得者,1992 年起,享受国务院特殊津贴。

刘茂山教授曾兼任天津金融学会秘书长、天津投资学会副会长、中国保险学会理事、中国金融学会理事、中国保险优秀教材评审委员会委员、中国金融优秀教材评审委员会委员、中国保险教材编审委员会委员、中国金融教材编审委员会委员,以及中国人寿集团公司、中国人保集团公司、中国再保集团公司、中国平安和中国太平洋保险集团公司等单位博士后工作站专家指导委员会委员。

刘茂山教授到目前为止从事经济、金融、保险教育及科研活动 50 余年,出版著作 5 部,发表重要论文 50 余篇,获各类省部级奖 10 余项。刘茂山教授在几十年的保险教学生涯中,培养了大批保险领域的本科生、研究生、博士生,其中硕士研究生达 150 余人,博士研究生和博士后 37 人。

在学术思想方面,刘茂山教授率先提出"保险商品论""保险本质

[①] 刘茂山教授的介绍,主要由南开大学金融学院精算系主任张连增教授提供,在此表示感谢。

论"和"保险发展论"等有创建性的思想与理论，并较早在保险领域提出实行改革开放的政策性建议与主张。

在科研方面，刘茂山教授的主要研究方向是：金融市场和保险市场、保险经济学和保险发展学。刘教授曾承担国家重点科研项目"风险投资总体研究""欧美社会保险制度比较研究""中国社会经济保障系统工程体系研究""我国失业保险制度研究"等；承担天津市重点项目"中国社会主义初级阶段金融市场研究"；承担国内外横向课题研究"合作保险与中国保险市场""地震保险的险种开发研究"等。

在学科建设方面，刘茂山教授更是功不可没，其对南开大学保险与精算教育的重要贡献主要为：

南开大学保险学科的创始人。在刘茂山教授的积极倡议与努力推动下，南开大学与中国人民保险公司签订了合作办学协议，由南开大学为中国人民保险公司培养保险专业的大专生、本科生和硕士研究生，刘茂山教授负责该协议的落实与实施。自1984年起，由刘茂山教授率先招收两名保险专业的硕士研究生，这标志着南开大学保险教育的开始；自1985年起，开始招收保险专业的本科生与专科生，使得南开大学保险教育得以扩大与发展，并且在全国保险学科处于领先地位；1997年，经教育部批准，刘教授开始招收国际保险方向博士研究生，使南开大学保险学科培养人才的方向与层次更加丰富与完整；为促进南开大学保险学科的进一步发展，在刘茂山教授的建议下，1996年南开大学风险管理与保险学系成立，刘教授为首届系主任。风险管理与保险学系的建立使南开大学保险教育有了更大的发展平台，同时也为南开大学保险教育的发展奠定了基础。2010年，刘教授被选入"新中国60年中国保险60人"。

中国精算教育奠基人之一。1987年，在刘茂山教授积极倡议与努力推动下，南开大学与北美精算协会签订了联合培养精算研究生协议，并于1988年招收首届精算研究生，开创了中国精算教育的先河。在刘茂山教授的倡导下，1992年南开大学引进北美精算师考试制度，并与加拿大宏利保险公司合作，建立了与精算教育密切相关的"宏利——南开大学精算师考试中心"，这是中国第一个北美精算师考试中心，刘茂山教授是该中心的负责人，我国首批取得精算师资格的人士，均是通过该中心。在刘茂山教授的主持下，1993年南开大学与北美人寿保险管理学会签订了联合培养风险管理研究生和人寿风险管理师中心协议；南开大学于1995年与美国恒康保险公司签订了建立"南开大学——恒康LOMA考试中心"的协议，并培养出我国首批风险管理师。上述两个中心的主任均为刘茂山教授。这一切为中国精算教育奠定了坚实的基础。

1996年，由刘茂山教授负责的"精心建设精算学科，为国家培养短缺人才"项目获天津市优秀教学成果一等奖；2007年刘茂山教授又获得中国精算协会授予的"中国精算事业杰出贡献奖"。

2016年，刘茂山教授获得"中国金融学科终身成就奖"[①]。

2016年9月25日，由鸿儒金融教育基金会和南开大学金融学院共同主办的2016年度"中国金融学科终身成就奖"颁奖典礼在南开大学东方艺术大楼一楼报告厅隆重举行，300余人共聚一堂庆祝南开大学著名金融保险学家刘茂山教授获此殊荣。

鸿儒金融教育基金会名誉理事长、中国证券监督管理委员会首任主席刘鸿儒，天津市人民政府副市长阎庆民，南开大学校长龚克，南开大学副校长佟家栋等出席活动。典礼由佟家栋主持，刘鸿儒、阎庆民共同为刘茂山颁发了获奖证书和奖牌。

获奖后，刘茂山教授发表了感言，表达了自己喜悦、忐忑、感激

---

① 本文以下部分来自于网络，网址 https：//www.sohu.com/a/115107281_492761。

和期盼的心情。刘茂山教授从1956年8月步入南开大学求学谈起，回顾了整整60年在南开大学从事经济学、金融学和保险学的教学科研工作历程。

"一辈子就干了教书这一件事，值吗？"对此，刘茂山教授给出了坚定的答案"非常值得！"。面对荣誉和成绩，刘茂山教授归功于改革开放的机遇所带来的金融学科的发展，以及来自金融机构、校院领导及全体师生、夫人的鼎力支持。当今时代对金融业、保险业提出了更高要求，刘茂山教授坦言，"我的南开大学金融梦还没有完全实现"。他寄希望于后来人带领南开大学金融学科实现日新月异的发展，努力走在学科建设的最前端。

刘鸿儒发表了热情洋溢的讲话，高度肯定了刘茂山教授在金融学科发展和现代金融人才培养等多个领域做出的突出贡献，并祝愿南开大学的金融教育事业再结硕果；阎庆民热烈祝贺刘茂山教授能够获此荣誉，感谢刘茂山教授和南开大学对中国金融学科的建设发展所做出的突出贡献；南开大学龚克校长在讲话中高度评价了"中国金融学科终身成就奖"设立的重要意义，对南开大学和刘茂山教授能够获此殊荣表示感谢。

原中国保险业监督管理委员会前副主席魏迎宁，北京市金融工作局党委书记、局长霍学文，南开大学金融学院教授李秀芳作为学生代表发言，向刘茂山教授表达了祝贺和敬意；中国人民保险公司副总裁王和、武汉大学教授魏华林分别作为业界代表和学界代表向刘茂山教授表示祝贺；2015年度"中国金融学科终身成就奖"获得者吴念鲁研究员和2013年度"中国金融学科终身成就奖"获得者张亦春教授到会向刘茂山教授表示祝贺。

"中国金融学科终身成就奖"由鸿儒金融教育基金会设立，目的在于表彰优秀金融学科带头人在金融学科建设中的突出贡献，推动高校、科研机构开展金融研究和金融教育，促进中国金融学科建设发展，为中国金融改革、创新和发展培养优秀人才。

"中国金融学科终身成就奖"采取集中评审、按年颁奖的方式，每年奖励1~3位在中国金融学科建设方面做出卓越贡献、长期从事金融学科教学与科研工作的优秀学者。奖金为每位获奖人奖励人民币100万元，是目前内地奖金额度最高的民间学术类奖项。自2010年设立以来，已有黄达、王传纶、洪葭管、周骏、林继肯、曾康霖、周升业、张亦春、王永明、杨培新、赵海宽、俞天一、王佩真、吴念鲁、孔祥毅、白钦先、李继雄、叶世昌、王学青、邱兆祥等著名经济金融学家获奖。

寇业富

保险数据文献中心主任

中央财经大学保险学院·中国精算研究院

2019年10月25日

前　言

本部著作是我们连续编撰出版《保险蓝皮书——中国保险市场发展分析》的第四部。中国保险业作为最早对外开放的金融行业，从入世之初的备受争议、挑战，发展到保费收入位居世界第二的保险业大国，中国的保险业可以说走过了一段披荆斩棘、奋发有为的发展路程。

为了对中国保险业的发展有一个比较全面的了解，项目组在出版年度系列研究成果《中国保险公司竞争力评价研究报告》的基础上，自2016年开始对保险业的发展状况进行梳理分析，希望能够为业界、学界和政府部门等有关单位的研究提供支持和参考。保险蓝皮书主要从保险产业发展与政策、保险经营主体分析、保险产品与服务、中国保险市场发展的技术、创新与监管、中国保险机构的社会责任5部分共12章对中国保险产业的发展进行总结分析，并始终坚持"公开、客观、科学"的原则进行相关研究分析工作。

所谓"公开"包括两方面的含义：一是信息数据来源、评价方法等全部公开；二是指梳理分析或评价结果的有的放矢或可验证性。尽管在相关数据的可得性方面还存在不少问题，但是随着我国保险业的不断发展以及对信息数据的重视，无论是从信息公开的渠道、方式还是内容等方面，数据的公开性、可得性越来越好。

保险产业的发展离不开经济发展水平、经济制度、产业政策等各方面综合复杂因素的影响。所谓"客观"，一是指分析的理论基础尽量符合中国的国情和发展道路；二是指评价过程、评价方法等尽量避免或者减少人为主观因素的干扰。我们尽量在分析中做到客观、公正。

所谓"科学",一是指能够历史地、辩证地看待中国保险业的发展;二是指分析评价方法的科学。中国保险业的快速发展既得益于保险业的改革开放,也得益于中国经济的快速发展为保险业提供了健康发展的广阔空间。

本书的主要内容和结构如下:

第一部分保险产业发展与政策,包括第一章和第二章。

第一章产业经济学与保险产业。从产业经济学的研究对象、研究内容和研究方法等方面,分析了保险产业的结构与发展、政策与市场机制之间的关系。第二章中国与国际保险产业发展概况(德国、意大利)[①]。主要分析中国、德国、意大利三国保险产业的发展状况,包括市场特点、产业链、产业结构与发展以及保险产业政策等,希望对中国保险产业的发展能够有所借鉴。

这一部分主要是根据产业经济学和保险产业发展理论,以产业经济学、产业组织学等理论分析中国以及德国、意大利保险产业的发展现状、评价及发展展望等;并强调市场结构、市场行为、市场绩效之间的相互影响和关联性。并通过分析西方发达国家的保险产业发展与政策,为中国保险产业的发展方向和发展思路等提供借鉴和参考。

第二部分保险经营主体分析。主要是根据各保险公司的年度信息披露报告、保险年鉴、保险公司官网以及原保监会网站等公开的信息数据,对中国中小型保险公司的价值成长性、中国保险中介结构的发展、中国保险资产管理业的发展等进行分析评价,包括第三章、第四章和第五章。

第三章中国中小型保险公司的价值成长性分析。中小型保险公司

---

① 在前几年出版的《保险蓝皮书——中国保险市场发展分析》中,分别对美国、英国、日本、澳大利亚等国家的保险产业发展做过梳理和讨论,感兴趣的读者可以参考我们前期出版的有关内容。

占全部保险公司的80%左右，因此中小型保险公司的发展状况对中国保险业的发展具有重要的影响。我们建立"保险公司价值成长性"概念，构建包括市场拓展能力、融资能力、盈利能力、风险管理能力和经营创新能力等一级指标和50多个二级指标的评价体系，采用定性和定量相结合的方法对中国中小型保险公司的各一级指标和价值成长性等进行评价分析，促进中国保险业的长期健康可持续发展。第四章中国保险中介机构的发展。保险中介是保险市场不可或缺的重要组成部分，对于保险产品创新、管理创新、服务创新和保险科技的快速发展与应用等发挥着不可替代的重要作用。本章分别对保险代理公司、保险经纪公司和保险公估公司的发展进行了梳理和分析，并对发展中存在的问题和不足进行了探讨。第五章中国保险资产管理机构的发展分析。主要从保险资产管理业制度建设、中国保险资产管理公司的经营状况、经营热点问题分析、中国保险资产管理公司的机遇与挑战等方面对中国保险资产管理行业和公司发展进行了梳理总结。

第三部分保险产品与服务。主要是对当前中国保险公司的产品、服务包括消费者的投诉与处理等方面的情况进行分析讨论，包括第六章、第七章。

第六章中国人身保险产品和服务分析。主要内容是对寿险、意外险、健康险的产品结构进行了分析；并对保险公司服务及消费者投诉进行了统计，阐述了其趋势和特点。第七章中国财产保险产品和服务分析。主要内容包括对企业财产保险、农业保险、责任保险以及机动车辆保险的产品结构进行分析；对财产险公司的产品市场发展和服务情况及消费者投诉等方面进行统计分析。

第四部分中国保险市场发展的技术、创新与监管。随着保险产业发展规模、市场监管的不断发展和完善，保险科技、创新和监管的技术与手段等对保险业的发展越来越重要，包括第八章、第九章和第十章。

第八章中国互联网保险发展研究。从互联网保险发展情况、互联网保险市场及互联网保险未来发展趋势3个方面展开了深入的理论和实践研究。互联网保险不仅为客户创造了全新的生活方式和消费体验，也极大地影响和改变了现代企业的组织经营方式，不断催生出新的商业机会和商业模式，对传统保险市场的竞争格局和竞争方式产生深远的影响。第九章中国保险科技创新发展研究。主要从中国金融科技的发展现状与应用领域、中国保险科技的发展状况与应用领域以及保险科技创新的驱动力、主体及方法等方面进行分析，并就保险科技创新对中国保险业的影响进行探讨。第十章中国保险市场监管趋势研究。首先就2018年保险监管的总体思路、成效与变化，以及2019年保险监管的趋势研判进行分析；然后分别就财险市场和人身险市场监管的主要动态和发展趋势进行探讨；最后就保险资金运用监管情况进行了梳理和分析。

第五部分中国保险机构的社会责任。随着中国保险业的快速发展和人们保险意识的增强，保险机构的社会责任意识也越来越受到关注。包括原保险公司的保险中介机构、保险资产管理公司等除了发挥资金融通、经济补偿和社会管理等职能外，把更多的资金、人力和物力投入到社会公益事业和其他社会服务事项中去，很好地履行了社会责任。本部分除了对2018年中国保险公司的社会责任进行评价外，还对在履行社会责任方面表现优秀的保险机构或者社会责任事例进行了展示宣传，以便发挥"展示保险业形象、传递社会正能量"的作用，包括第十一章和第十二章。

第十一章中国保险公司的社会责任评价。本章主要基于"利益相关者原则"建立评价体系，包括股东责任、员工责任、客户责任、社区责任、政府责任5个一级指标和40多个二级指标构成；综合运用主成分分析、因子分析等进行评价,得到对2018年中国人身险公司和财产险公司的社会责任评价结果。第十二章中国保险机构履行社会责任事例介绍。本章主要对原保险公司、保险中介机构和保险资产管理公司等履行社会责任的实践和事例进行宣传,发挥"展示保险业形象、传递社会正能量"的作用。本章选取中邮人寿、长城人寿、人保寿险、阳光保险、北大方正人寿、中意人寿、国元农险、安心财险8家公司进行了相关内容的展示和宣传。

本报告的结构由寇业富提议,项目组成员讨论通过。各成员具体负责内容如下:寇业富负责第一章,周桦负责第二章,寇业富负责第三、四、五、六、七章,陈辉负责第八、九、十章,寇业富负责第十一、十二章。

无论是保险资本的实力、保险管理与技术水平,还是国家对保险业的定位与要求,中国保险业面临快速发展与矛盾累积同时叠加的情况。保险业对国内的经济发展、经济结构的改善和供给侧改革,以及"一带一路"建设等方面都发挥着越来越重要的作用,也面临着更多的挑战。在保险业如何更好地保护广大消费者、保险公司的合法利益,发挥国有企业的核心竞争力,促进社会主义制度建设等方面还有很多问题亟待研究。本报告是项目组第四年的工作,限于能力、知识、精力和信息数据等各方面的因素,不足之处在所难免,望各位读者能够不吝指教,必将在以后的工作中有所补充改进,谢谢!

寇业富
保险数据文献中心主任
中央财经大学保险学院·中国精算研究院
2019年10月30日

目 录

第一部分 保险产业发展与政策

第一章 产业经济学与保险产业 ········· 3
第一节 产业经济学的概念 ········· 3
第二节 产业政策 ········· 21
第三节 保险产业的特点与发展 ········· 25

第二章 中国与国际保险产业发展概况 ········· 39
第一节 中国保险产业发展概况 ········· 39
第二节 德国保险产业发展研究 ········· 72
第三节 意大利保险产业发展研究 ········· 102

第二部分 保险经营主体分析

第三章 中国中小型保险公司的价值成长性分析 ········· 119
第一节 保险公司价值成长性的概念 ········· 119
第二节 保险公司价值成长性评价指标体系建设 ········· 122
第三节 中国人身保险公司价值成长性评价结果与分析 ········· 127
第四节 中国财产保险公司价值成长性评价结果与分析 ········· 135

第四章 中国保险中介机构的发展 ········· 144
第一节 保险专业代理机构的发展 ········· 145

第二节　保险经纪机构的发展 …………………………………… 152
　　第三节　保险公估机构的发展 …………………………………… 159
　　第四节　总结与展望 ……………………………………………… 165

第五章　中国保险资产管理机构的发展分析 ………………………… 167
　　第一节　中国保险资产管理业制度建设 ………………………… 167
　　第二节　中国保险资产管理业经营状况 ………………………… 173
　　第三节　中国保险资产管理业热点 ……………………………… 181
　　第四节　中国保险资产管理的机遇与挑战 ……………………… 190

第三部分　保险产品与服务

第六章　中国人身保险产品和服务分析 ……………………………… 195
　　第一节　人身险保险公司市场份额分析 ………………………… 195
　　第二节　人身险公司产品结构分析 ……………………………… 199
　　第三节　人身险保险公司服务及消费者投诉分析 ……………… 204

第七章　中国财产保险产品和服务分析 ……………………………… 209
　　第一节　中国财险市场份额分析 ………………………………… 209
　　第二节　财产保险公司产品结构分析 …………………………… 214
　　第三节　财产险公司保财险服务及消费者投诉分析 …………… 222

第四部分　中国保险市场发展的技术、创新与监管

第八章　中国互联网保险发展研究 …………………………………… 229
　　第一节　互联网保险发展情况概述 ……………………………… 229
　　第二节　2018年中国互联网保险市场发展分析 ………………… 241
　　第三节　2019年中国互联网保险发展趋势研判 ………………… 262

第九章　中国保险科技创新发展研究 ... 265
- 第一节　保险科技发展内涵与战略意义 ... 265
- 第二节　保险科技生态体系建设与应用 ... 271
- 第三节　保险科技市场发展与价值重塑 ... 283
- 第四节　保险科技创新趋势与实现路径 ... 291

第十章　中国保险市场监管趋势研究 ... 299
- 第一节　保险监管整体情况 ... 299
- 第二节　财险市场监管情况 ... 306
- 第三节　人身险市场监管情况 ... 309
- 第四节　保险资金运用监管情况 ... 312

第五部分　中国保险机构的社会责任

第十一章　中国保险公司的社会责任评价 ... 319
- 第一节　保险（集团）公司社会责任的概念与分析方法 ... 319
- 第二节　中国保险公司的社会责任评价 ... 323
- 第三节　中国人身保险公司社会责任评价的结果与分析 ... 327
- 第四节　中国财产保险公司社会责任评价的结果与分析 ... 335

第十二章　中国保险机构履行社会责任事例介绍 ... 343
- 第一节　中邮人寿保险股份有限公司 ... 344
- 第二节　长城人寿保险股份有限公司 ... 348
- 第三节　中国人民人寿保险股份有限公司 ... 352
- 第四节　阳光保险集团股份有限公司 ... 359
- 第五节　北大方正人寿保险有限公司 ... 363
- 第六节　中意人寿保险有限公司 ... 367
- 第七节　国元农业保险股份有限公司 ... 373

  第八节 安心财产保险有限责任公司 …………………………… 379

附录 …………………………………………………………………… 385
  附录一 中国人身险公司竞争力评价的主要结果 …………… 385
  附录二 中国财产险公司竞争力评价的主要结果 …………… 391
  附录三 中国保险资产管理业的政策与机构建设 …………… 397
  附录四 中国保险资金管理产品收益 ……………………………… 421

参考文献 ……………………………………………………………… 425

后　　记 ……………………………………………………………… 428

保险蓝皮书

第一部分 保险产业发展与政策

第一章 产业经济学与保险产业

第一节 产业经济学的概念

一、产业和产业链

(一) 产业概念和产业分类

产业（Industry）是指具有某种相同属性经济活动的集合或系统，是指由利益相互联系的、具有不同分工的、由各个相关行业所组成的业态总称。产业是社会分工的产物，随着社会的分工而产生和发展。尽管不同产业的经营方式、经营形态、企业模式和流通环节有所不同，但是其经营对象和经营范围都是围绕着共同产品而展开的，并且可以在构成业态的各个行业内部完成各自的循环。

产业经济学以产业作为专门的研究对象，在产业经济学意义上，产业具有自己特定的内涵和外延。从狭义上来看，由于工业在产业发展中占有特殊的位置，经济发展和工业化过程密切相关，产业有时指工业部门。产业经济学中研究的产业是广义的产业，泛指国民经济的各行各业。从生产到流通、服务以至于文化、教育，大到部门，小到行业，都可以称之为产业。

产业的概念介于微观经济细胞（企业和家庭消费者）与宏观经济单位（国民经济）之间。在现代经济社会中，存在着大大小小的、居于不同层次的经济单位，企业和家庭是最基本的，也是最小的经济单位；整个国民经济是最大的经济单位；介于二者之间的经济单位是大小不同、数目繁多的，因具有某种同一属性而组合到一起的企业集合，又可看作国民经济按某一标准划分的部分，这就是产业。简单地讲，产业就是生产物质产品的集合体，包括工业、农业和交通运输业等，一般不包括商业。

产业的分类法有：关联分类法、三次产业分类法、国家标准分类法、国际标准分类法、两大部类分类法、农轻重产业分类法、生产要素分类法等，以下主要介绍常用的4种分类方法。

1. 关联方式分类法

将具有某种相同或相似关联方式的企业经济活动组成一个集合的分类方法，有技术关联分类（如制造业、建筑业、运输业）、原料关联分类（如电力、煤气、采石、渔业）、用途关联分类（如单向关联产业、前向关联产业、横向关联产业、环向关联产业）、战略关联分类（如主导产业、支柱产业、重点产业、先导产业）等等。

2. 三次产业分类法

三次产业分类法由新西兰经济学家费歇尔创立。第二次世界大战以后，西方国家大多采用了三次产业分类法。在中国，三次产业的划分是：

第一产业为农业，包括农、林、牧、渔各业；

第二产业为工业，包括采掘、制造、自来水、电力、蒸汽、热水、煤气和建筑各业；

第三产业为广义上的服务业，包括运输业、通讯业、金融业、房地产业、旅游业、文化、教育科学、新闻公共行政、国防、生活服务等各业。

3. 国家标准分类法

由中国国家标准局编制和颁布的《国民经济行业分类与代码》中，所有的社会经济活动划分为16个门类、92个大类、300多个种类和更多的小类，16个门类如表1-1所示。

表 1-1　　　　　　　　　　国民经济行业分类

三次产业分类	《国民经济行业分类》(GB/T 4754—2017)		
	门类	大类	名称
第一产业	A		农、林、牧、渔业
		01	农业
		02	林业
		03	畜牧业
		04	渔业
第二产业	B		采矿业
		06	煤炭开采和洗选业
		07	石油和天然气开采业
		08	黑色金属矿采选业
		09	有色金属矿采选业
		10	非金属矿采选业
		12	其他采矿业
	C		制造业
		13	农副食品加工业
		14	食品制造业
		15	酒、饮料和精制茶制造业
		16	烟草制品业
		17	纺织业
		18	纺织服装、服饰业
		19	皮革、毛皮、羽毛及其制品和制鞋业
		20	木材加工和木、竹、藤、棕、草制品业
		21	家具制造业
		22	造纸和纸制品业
		23	印刷和记录媒介复制业
		24	文教、工美、体育和娱乐用品制造业
		25	石油加工、炼焦和核燃料加工业
		26	化学原料和化学制品制造业
		27	医药制造业
		28	化学纤维制造业
		29	橡胶和塑料制品业

续表

三次产业分类	《国民经济行业分类》（GB/T 4754—2017）		
	门类	大类	名称
第二产业	C		制造业
		30	非金属矿物制品业
		31	黑色金属冶炼和压延加工业
		32	有色金属冶炼和压延加工业
		33	金属制品业
		34	通用设备制造业
		35	专用设备制造业
		36	汽车制造业
		37	铁路、船舶、航空航天和其他运输设备制造业
		38	电气机械和器材制造业
		39	计算机、通信和其他电子设备制造业
		40	仪器仪表制造业
		41	其他制造业
		42	废弃资源综合利用业
	D		电力、热力、燃气及水生产和供应业
		44	电力、热力生产和供应业
		45	燃气生产和供应业
		46	水的生产和供应业
	E		建筑业
		47	房屋建筑业
		48	土木工程建筑业
		49	建筑安装业
		50	建筑装饰和其他建筑业
第三产业（服务业）	A	05	农、林、牧、渔服务业
	B	11	开采辅助活动
	C	43	金属制品、机械和设备修理业
	F		批发和零售业
		51	批发业
		52	零售业
	G		交通运输、仓储和邮政业
		53	铁路运输业

续表

三次产业分类	《国民经济行业分类》(GB/T 4754—2017)		
	门类	大类	名称
第三产业（服务业）	G		交通运输、仓储和邮政业
		54	道路运输业
		55	水上运输业
		56	航空运输业
		57	管道运输业
		58	装卸搬运和运输代理业
		59	仓储业
		60	邮政业
	H		住宿和餐饮业
		61	住宿业
		62	餐饮业
	I		信息传输、软件和信息技术服务业
		63	电信、广播电视和卫星传输服务
		64	互联网和相关服务
		65	软件和信息技术服务业
	J		金融业
		66	货币金融服务
		67	资本市场服务
		68	保险业
		69	其他金融业
	K		房地产业
		70	房地产业
	L		租赁和商务服务业
		71	租赁业
		72	商务服务业
	M		科学研究和技术服务业
		73	研究和试验发展
		74	专业技术服务业
		75	科技推广和应用服务业

续表

三次产业分类	《国民经济行业分类》(GB/T 4754—2017)		
	门类	大类	名称
第三产业（服务业）	N		水利、环境和公共设施管理业
		76	水利管理业
		77	生态保护和环境治理业
		78	公共设施管理业
	O		居民服务、修理和其他服务业
		79	居民服务业
		80	机动车、电子产品和日用产品修理业
		81	其他服务业
	P		教育
		82	教育
	Q		卫生和社会工作
		83	卫生
		84	社会工作
	R		文化、体育和娱乐业
		85	新闻和出版业
		86	广播、电视、电影和影视录音制作业
		87	文化艺术业
		88	体育
		89	娱乐业
	S		公共管理、社会保障和社会组织
		90	中国共产党机关
		91	国家机构
		92	人民政协、民主党派
		93	社会保障
		94	群众团体、社会团体和其他成员组织
		95	基层群众自治组织
	T		国际组织
		96	国际组织

4. 国标标准分类法

联合国为了统一世界各国的产业分类，于 1971 年编制并颁布了《全部经济活动的国际标准产业分类索引》。国际标准产业分类法将全部经济活动分为大、中、小、细 4 个层次，并规定了统计编码。全部经济活动共分为 10 大项，再将每个大项细分为若干个中项，然后，各个中项细分为若干个小项，最后各个小项细分为若干个细项。10 个大项是：

(1) 农、林、狩猎业、渔业；

(2) 矿业和采石业；

(3) 制造业；

(4) 电力、煤气及供水业；

(5) 建筑业；

(6) 批发和零售业、餐馆和旅店业；

(7) 运输业、仓储业和邮政业；

(8) 金融业、不动产业、保险业和商业性服务；

(9) 社会团体、社会及个人服务业；

(10) 不能分类的其他活动。

(二) 产业链

产业链是产业经济学中的一个概念，是各个产业部门之间基于一定的技术经济关联，并依据特定的逻辑关系和时空布局关系客观形成的链条式关联关系形态。产业链形成的动因在于产业价值的实现和创造。产业链是产业价值实现和增值的根本途径。

1. 产业链的四维调控机制

产业链包含价值链、企业链、供需链和空间链 4 个维度的概念。其中，价值链是指企业创造价值的一系列生产经营活动，这些活动是企业设计、生产、销售、发送和辅助其产品的过程中进行种种活动的集合体，一般可以分为基本活动和辅助活动，基本活动包括内部后勤、生产作业、外部后勤、市场和销售、服务等；辅助活动则包括采购、技术开发、人力资源管理和企业基础设施等。这些相互不同但又相互关联的生产经营活动，构成了一个创造价值的动态过程，即价值链。

企业链是指由企业生命体通过物质、资金、技术等流动和相互作用形成的企业链条。组成企业链的企业彼此之间进行物质资金的交易实现价值的增值，又通过资金的反向流动相互联系，企业链是企业生命体与生态系统的中间层次。不同点上的企业对企业链的形成和稳定都有一定的作用，企业的活力和优势决定了企业链的活力和优势，同时企业链也会对企业进行筛选，通过优胜劣汰，实现企业与企业链的协同发展。企业链中的企业也通过不同渠道与这条企业链以外的企业进行合作，不同企业链实际上是相互联系的，构成网状结构，优势企业会形成核心节点，占据优势。

供应链是由物料获取并加工成中间件或成品，再将成品送到顾客手中的一些企业和部门构成的网络。根据 APICS 的概念，供应链是一种具有生命周期的流程，包含物流、信息、资金和知识流，其目的就是通过众多链接在一起的供应商提供产品和服务，满足最终用户的需求。

空间链是指同一种产业链条在不同地区间的分布。

这4个维度在相互对接的均衡过程中形成了产业链，这种"对接机制"是产业链形成的内在模式，作为一种客观规律，它像一只"无形之手"调控着产业链的形成。随着产业链的发展，产业价值由在不同部门间的分割转变为在不同产业链节点上的分割。

2. 产业链的本质

产业链的本质是用于描述一个具有某种内在联系的企业群结构，它是一个相对宏观的概念，存在两维属性：结构属性和价值属性。产业链中大量存在着上下游关系和相互价值的交换，上游环节向下游环节输送产品或服务，下游环节向上游环节反馈信息。产业链也是为了创造产业价值最大化，其本质是体现"1+1>2"的价值增值效应。这种增值往往来自产业链的乘数效应，它是指产业链中的某一个节点的效益发生变化时，会导致产业链中其他关联产业也相应地发生倍增效应。产业链价值创造的内在要求是生产效率大于内部企业生产效率之和，同时，交易成本小于内部企业间交易成本之和。企业间的关系也能够创造价值，价值链创造的价值取决于该链中企业间的投资，不同企业间的关系将影响它们的投资，进而影响被创造的价值。

3. 产业链的内在规律

产业链形成的内在规律是从供需链内部的需求链和技术链的对接开始，引起产业链的载体——企业链的有效对接并形成一定的空间布局。由于产业链内不同地区和形式的企业链实现价值不同，直接导致产业链的组织形式、空间布局、供需流动的特色和差异，这些差异会促使企业链之间不断竞争并推动产业链的不断演变，直到在"四维对接"机制的作用下，产业链内部实现一种均衡并达到稳定状态时，产业链才最终得以形成。对于产业链的4个维度来说，是以价值链为主导，以企业链为载体，通过企业链在空间的分布，来实现供需链的相互链接和价值链的实现。

4. 产业链的四大模式

在产业链的内在规律和作用机制下，现实中形成了一些具体模式。划分模式的标准是看产业链中主要节点之间的主要企业与企业的关系。企业之间有3种主要关系及其契约形式，即纯粹的市场交易关系、产权关联式关系（体现为企业通过收购、并购、持股、控股、参股等形式对其他企业进行控制）、准市场式关系（即企业间通过关系型契约所建立的较为稳固的关系）。相应的契约形式有市场交易式契约即纯粹的商品买卖合同、产权契约即企业持股或控股数量与质量的制度安排、关系型契约即既非产权又非完全商品交易的契约关系。按照上述关系和契约形式，可以把产业链的形成模式分为市场交易式（市场交易关系、市场交易式契约）、纵向一体化式（产权关联、产权契约）、准市场式（准市场关系、关系型契约）和混合式产业链4种。

二、产业经济学

产业经济学是现代经济学中用于分析现实经济问题的新兴应用经济理论。产业经济学主要围绕企业、行业、市场这3个经济社会的基本层次，以产业内企业间垄断与竞争的关系结构为中心，把不完全竞争的状态作为分析出发点，研究各种不完全竞争的实证及规范含义，探讨市场结构、企业行为、市场绩效之间存在的内在关系，旨在提高市场绩效的各种公共政策效应。

为适应产业经济学的各个领域在进行产业分析时的不同目的的需要，可将产业划分成若干层次，这就是"产业集合"的阶段性。具体来讲，产业在产业经济学中有3个层次：

（1）第一层次是以同一商品市场为单位划分的产业，即产业组织，现实中的企业关系结构在不同产业中是不相同的。产业内的企业关系结构对该产业的经济效益有极其重要的影响，要实现某一产业的最佳经济效益须使该产业符合两个条件：首先，该产业内的企业关系结构的性质，使该产业内的企业有足够的改善经营、提高技术、降低成本的压力；其次，充分利用"规模经济"使该企业的单位成本最低。

（2）第二层是以技术和工艺的相似性为根据划分的产业，即产业联系。一个国家在一定时期内所进行的社会再生产过程中，各个产业部门通过一定的经济技术关系发生着投入和产出，即中间产品的运动，它真实地反映了社会再生产过程中的比例关系及变化规律。

（3）第三层次是大致以经济活动的阶段为根据，将国民经济划分为若干大部分所形成的产业，即产业结构。产业结构是指各产业的构成及各产业之间的联系和比例关系。

（一）产业经济学的研究对象

产业经济学是应用经济学，以"产业"为研究对象，研究产业组织、产业结构发展规律及其相互作用。产业经济学的研究对象是介于宏观经济领域与微观经济领域的中观经济领域的产业。中西方的产业经济学研究的对象是不同的。中国是一个社会主义国家且受到日本产业政策的影响，产业和经济受到国家的干预，因此，中国的产业经济学以研究产业结构、产业关联、产业政策为主。而西方主要是受到马歇尔悖论（规模经济与垄断无效）的影响，其主要是研究产业组织，就是企业与企业之间的关系和反垄断。

1. 欧美产业经济学的研究对象和学科内容

在欧美国家，经济学界将产业经济学等同于产业组织理论。尤其在美国，一般不提产业经济学，而是说"产业组织理论"。在欧洲，有"产业经济学"这一说法，但其研究的对象和学科内容与产业组织理论一致。

产业组织理论以产业内企业与企业之间的互动联系的经济规律为研究对象。产业组织理论可追溯到亚当·斯密的劳动分工理论关于市场机制的论述。比较完整的产业组织理论是 20 世纪 30 年代在美国以哈佛大学为中心逐步形成的，其标志是 SCP 范式的建立。SCP 范式建立后，不同的产业组织理论流派相继发展起来，具有影响力的包括芝加哥学派、新奥地利学派和新制度学派。这些流派的研究对象和内容体系也不尽相同。

2. 日本产业经济学的研究对象及学科内容

日本产业经济学的学科内容体系中不仅包含产业组织理论，而且还包括产业关联理论、产业结构理论、产业布局理论和产业政策研究 4 个方面的内容。

产业布局理论以产业的空间分布规律为研究对象；产业政策研究理论以产业政策制定及实施规律为研究对象。日本的产业经济学，尤其是产业政策研究理论，在日本战后经济飞速发展的进程中发挥着重要作用。

(二) 产业经济学的研究领域

理论界一般认为，产业经济学的学科领域主要包括以下 6 个方面：

1. 产业组织学

产业组织学研究产业内部各企业之间相互作用关系的规律。产业组织学的起源可以追溯到亚当·斯密（Adam Smith, 1776）的劳动分工理论和竞争理论。1959 年，贝恩（Bain, Joe S.）出版了第一部系统地论述产业组织理论的教科书《产业组织》，在书中贝恩明确指出产业组织学所研究的产业是指生产具有高度替代性的产品企业群，在一系列基本概念的基础上，完整提出了构成传统产业组织理论核心内容的结构（Structure）——行为（Conduct）——绩效（Performance）模式，简称 SCP 模式，奠定了产业组织学的理论体系。

SCP模式理论的逻辑是，市场结构是决定市场行为和市场绩效的基础；市场行为受市场结构制约，但又决定了市场绩效；市场绩效受市场结构和市场行为两方面的共同制约，是反映产业配置优劣的最终评估标志；市场行为和市场绩效又会反作用于市场结构，影响未来的市场结构。

在《产业组织》中，贝恩指出产业组织学的研究范围不包括金融企业，也不涉及非金融企业作为生产要素市场上买者的问题，其原因是"金融企业有着许多与非金融企业不同的特点和所需要研究的问题"。保险业作为金融业的一个分支，我们也不采用SCP模型进行研究分析。

2. 产业结构理论

产业结构指在社会再生产过程中，一个国家或地区的产业组成即资源在产业间的配置状态，以及国民经济各产业之间的生产技术经济联系和数量比例关系。

产业结构这一概念始于20世纪40年代。产业结构可以从两个角度来考察：

一是从"质"的角度动态地揭示产业间技术经济联系与联系方式不断发生变化的趋势，揭示经济发展过程的国民经济各部门中，起主导或支柱地位的产业部门不断替代的规律及其相应的"结构"效益，从而形成狭义的产业结构理论。

二是从"量"的角度静态地研究和分析一定时期内产业间联系与联系方式的技术经济数量比例关系，即产业间"投入"与"产出"量的比例关系，从而形成产业关联理论。广义的产业结构理论包括狭义的产业结构理论和产业关联理论。

产业结构演变与经济增长具有内在的联系。产业结构的高变换率会导致经济总量的高增长率，而经济总量的高增长率一般会导致产业结构的高变换率。随着技术水平的进一步提高，这两者间的内在联系日益明显，社会分工越来越细，产业部门增多，部门与部门间的资本流动、劳动力流动、商品流动等联系也越来越复杂。这些生产要素在部门之间的流动对经济增长有什么影响，逐渐引起许多专家、学者的注意。他们开始重视研究生产要素在不同产业之间的这些变化与经济增长之间的内在联系。他们注意到，大量的资本积累和劳动投入虽然是经济增长的必要条件，但是并非充分条件，因为大量资本和劳动所产生的效益在很大程度上还取决于部门之间的技术转换水平和结构状态，不同产业部门对技术的消化、吸收能力往往有着很大不同，这在很大程度上决定了部门之间投入结构、产出结构的不同。

产业结构演变的规律，从工业化发展来看，产业结构的演变经历了前工业化时期、工业化时期、工业化中期、工业化后期和后产业化时期。从三大产业内部来看，体现为三大产业内部由低级向高级的发展；从市场结构导向来看，经历了封闭型—进口替代型—资本密集型—知识密集型的演变；从产业结构演变的顺序来看，产业结构由低级向高级发展是难以逾越的，但各阶段的发展过程可以缩短。

3. 产业关联理论

产业关联理论又称产业联系理论或投入产出理论，侧重于研究产业之间的中间投入和中间产出之间的关系，这些主要由里昂惕夫的投入产出法解决。

产业关联理论能够很好地反映各产业的中间投入和中间需求，这是区别于产业结构和产业组织的一个主要特征。产业关联理论还可以分析各相关产业的关联关系（包括前向关联和后向关联等）、产业的波及效果（包括产业感应度和影响力、生产的最终依赖度以及就业和资本需求量）等。

里昂惕夫在1986年版的《投入产出经济学》一书中，就将投入产出理论应用于国民经济核算、国内生产和国际贸易、地区结构的分析、裁军对经济的影响、环境问题对经济的影响、人口增长与经济发展的问题等。（1）从应用范围来看，涵盖了宏观、中观和微观经济领域，并扩展到国际经济领域。里昂惕夫早期将其用于一国经济的分析，目前已扩展到地区、部门、企业和地区间、部门间的经济活动；1977年里昂惕夫出版了《世界经济的未来》一书，研究了国际投入产出模型，1985年日本则编制了亚洲11个国家和地区的投入产出表。(2) 应用的内容不断拓展。从最初的产品投入产出表到目前的固定资产、投资、环境、劳力占用及非物质的非要素投入产出表；并运用投入产出的基本原理研究其他专门问题，例如，能源、环境保护、水资源、人口、人才、教育、银行、财会、信息等，为国民经济综合平衡和分析提供了更多信息。

4. 产业布局理论

产业布局是指产业在一国或一地区范围内的空间分布和组合的经济现象。产业布局在静态上看是指形成产业的各部门、各要素、各链环在空间上的分布态势和地域上的组合。在动态上，产业布局则表现为各种资源、各生产要素甚至各产业和各企业为选择最佳区位而形成的在空间地域上的流动、转移或重新组合的配置与再配置过程。

产业布局理论的形成期是在19世纪初到20世纪中叶。以后起国家为出发点的西方产业布局理论有增长极理论（法）和点轴理论。

增长极理论（法）：在一国经济增长过程中，由于某些主导部门或者有创新力的企业在特定区域或者城市聚集，从而形成一种资本和技术的高度集中，增长迅速并且有显著经济效益的经济发展机制。由于其对临近地区经济发展同时有着强大的辐射作用，因此，被称为"增长极"。根据增长极理论，后起国家在进行产业布局时，首先可通过政府计划和重点吸引投资的形式，有选择地在特定地区和城市形成增长极，然后凭借市场机制的引导，使增长极的经济辐射作用得以充分发挥，并从其临近地区开始逐步带动增长极以外地区经济的共同发展。

点轴理论：点轴理论是增长极理论的延伸。从区域经济发展的空间过程来看，产业特别是工业等集中于少数点，即增长极。随着经济的发展，工业的增多，点与点之间由于经济联系的加强，必然会建设各种交通线路使之相互联系，这一线路即为轴。轴线一经形成，对人口和产业就具有极大的吸引力，吸引企业和人口向轴线两侧聚集，并产生新的增长点。从而由点到轴，由轴带面，最终促进整个区域经济的发展。

5. 产业发展理论

产业发展是指产业的产生、成长和进化过程，既包括单个产业的进化过程，又包括产业总体，即整个国民经济的进化过程。而进化过程既包括某一产业中企业数量、产品或者服务产量等数量的变化，又包括产业结构的调整、变化、更替和产业主导位置等质量上的变化，而且主要以结构变化为核心，以产业结构优化为发展方向。因此，产业发展包括量的增加和质的飞跃，包括绝对的增长和相对的增长。

产业发展理论就是研究产业发展过程中的发展规律、发展周期、影响因素、产业转移、资源配置、发展政策等问题。

产业结构演变理论：产业结构同经济发展相对应而不断变动，在产业高度方面不断由低级向较高级演进，在产业结构横向联系方面不断由简单化向复杂化演进，这两方面的演进不断推动产业结构向合理化方向发展。

区域分工理论：从区域分工的角度确定城市产业发展定位是城市发展的客观要求。从区域角度分析城市在区域中的优势、劣势和发展潜力等，确定城市在区域中所发挥的作用、扮演的角色，进而确定城市产业，避免"就城市论城市"的产业确定方式。

发展阶段理论：美国经济学家 H. 钱纳里运用投入产出分析方法、一般均衡分析方法和计量经济模型，通过多种形式的比较研究，考察了以工业化为主线的第二次世界大战以后 1950~1970 年 101 个发展中国家的发展经历，构造出具有一般意义的"标准结构"，即根据国内人均生产总值水平，将不发达经济到成熟工业经济整个变化过程分为 3 个阶段 6 个时期：第一阶段是初级产品生产阶段（或称农业经济阶段）；第二阶段是工业化阶段，第三阶段为发达经济阶段。不同阶段不同时期对应的人均 GDP 也不同。

6. 产业政策研究

产业政策是政府为了实现一定的经济和社会目标而对产业的形成和发展进行干预的各种政策的总和。产业政策的功能主要是弥补市场缺陷、有效配置资源、保护幼小民族产业的成长、熨平经济震荡、发挥后发优势和增强适应能力等。

产业政策由于研究的角度不同,在国际上尚没有统一的定义,主要有以下3种:其一将之理解为各种指向产业的特定政策,即政府有关产业的一切政策的总和。例如,"产业政策是与产业有关的一切国家法令和政策"。其二将其理解为弥补市场缺陷的政策。即当市场调节发生障碍时,由政府采取的一系列补救政策。例如,日本学者认为"产业政策是政府为改变产业间的资源分配和各种产业中私营企业的某种经营活动而采取的政策"。其三是将之理解为产业赶超政策,即工业后发国家为赶超工业先进国家而采取的政策总和。例如,中国有些学者将之定义为"产业政策就是当一国产业处于比其他国家产业落后状态,或者可能落后于其他国家时,为加强本国产业所采取的各种政策"。

产业经济学各研究领域与宏观经济学、微观经济学的关系如图1-1所示。

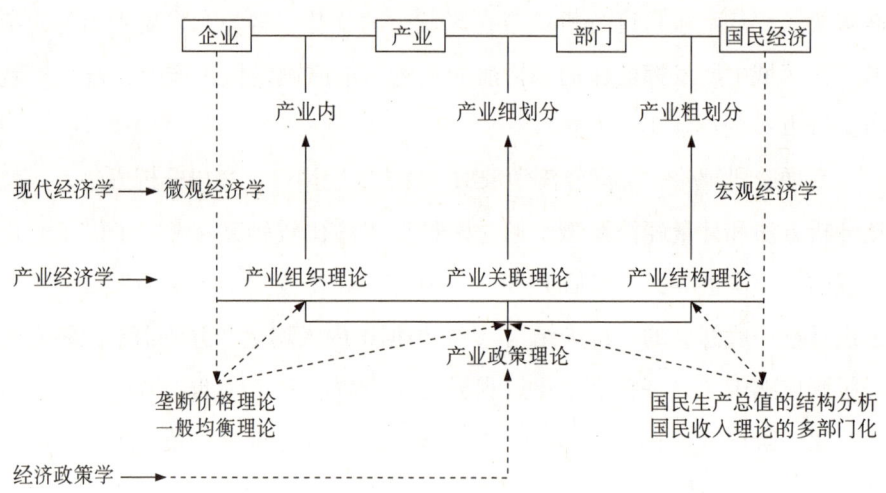

图1-1 产业经济学研究领域示意图

(三) 产业经济学的研究方法

多年来,产业组织理论的研究方法通常被认为是一个既无规范理论、又无规范计量手段、多少带有点理智色彩和经验主义的方法体系,涉及范围很广，实证方法也五花八门。在这一方法体系中，虽然无一个统一的理论主线加以概括，但是在发展过程中，已经逐步一致化，主要采用博弈论进行逻辑推理，实现整个产业组织理论的再造。产业结构理论目前主要还是处在经验实证阶段，不过得益于现代计量经济学和计算机技术的快速发展，实证效果大大提高。

在产业经济的研究中一般采用以下具体研究方法：

1. **实证分析与规范分析相结合**

实证分析就是运用实际的证明和数据进行论证分析，产业经济研究用博弈论、矩阵代数等研究产业组织、产业关联规律为实证分析方法。而规范分析就是进行常规分析给以一定数据进行归纳总结分析，例如，市场分析，经济发展、社会福利和经济效率联系。实证分析必须要做规范分析，而规范分析可以不用实证分析，也可以实证分析。

产业经济研究中往往要将调查统计所得的各种经济变量的实际数值与理论规律做比较，用理论规律加以解释，探讨对实际产业运作规律的认识。

2. **定性分析与定量分析相结合**

定性分析和定量分析是经济学研究的两种基本手段。前者是对经济事物本质及其属性的分析；后者是对经济事物进行量的考察。定性分析是用文字对现象和方法方略进行描述。主要是基于分析者主观上的直觉、经验对事物的分析和判断，对研究对象的特点、性质和变化趋势进行预测和判断。定量分析是基于数学模型，在进行充分的统计调研之后，利用数学上的数字、数据进行分析描述的方法。

产业是一个系统，涉及众多因素纷繁的联系和多个变量，要想从总体上得到优化结果，就需要将系统各方面的关系抽象化，用数学关系来表达真实的系统关系，然后建立模型，进行试验和计算，探讨系统规律。产业经济研究中的案例分析方法就是一种定性与定量相结合的方法。

3. **静态分析与动态分析相结合**

静态分析考察在既定的条件下某一经济事物在经济变量的相互作用下所

实现的均衡状态。动态分析是在引进时间变化序列的基础上，研究不同时点上的变量的相互作用在均衡形成和变化过程中所起的作用，考察在时间变化过程中的均衡状态的实际变化过程。

产业经济学的研究更着眼于动态的、发展的观点，所以动态分析是产业研究的主要方法。

4. 统计分析与比较分析相结合

统计分析是以统计资料为依据，以统计方法为手段，定量分析与定性分析相结合去认识事物的一种分析研究活动，是统计工作的最后阶段，是充分发挥统计职能的高级阶段。

比较分析试图通过事物异同点的比较，区别事物，达到对各个事物深入地了解和认识，从而把握各个事物。在调查资料的理论分析中，需要通过比较两个或者两个以上事物或者对象的异同来达到对某个事物的认识。

5. 博弈论

产业组织理论主要研究产业内企业的相互作用及其规律，是最早应用博弈论进行研究的一个领域，现代博弈论常常用在研究寡头垄断、不完全竞争市场定价、企业兼并、反垄断规制的问题。

6. 投入产出分析法

投入产出分析，是研究经济系统各个部分之间（表现为投入与产出）相互依存关系的经济数量方法。投入产出法应用投入产出表和投入产出数学模型，把一国或一地区在一定时间内所从事的社会再生产过程中各产业部门间通过一定的经济技术联系所发生的投入产出关系加以量化，以此分析该国或该地区在这一时期内社会再生产过程中的各种比例及特性。

7. 案例研究

案例研究法是以典型案例为素材，结合实际发生的经济案例，通过具体分析和解剖，定性或定量地阐明某一经济规律。案例分析研究方法还能揭示出普遍经济规律在不同的实际环境中所表现出的不同形式，特别适用于无法精确定量分析的实际的复杂经济事例，在比较研究中一般要用到大量的案例研究方法。

8. 系统动力学方法

系统动力学方法是一种以反馈控制理论为基础，以计算机仿真技术为手段，通常用以研究复杂的社会经济系统的定量方法。系统动力学注重各经济变量之间的动态反馈结构，而对变量的精确数值要求不高，适合于产业经济学这种许多方面难以定量的复杂系统的研究。目前，国内外已有许多学者用系统动力学来进行产业结构、产业布局、产业组织方面的研究，取得了令人满意的效果。

第二节　产业政策

一、产业政策的内涵和特征

产业政策的构成要素包括：政策对象、政策目标、政策手段和措施、政策实施机构以及政策的决策程序和决策方式。

产业政策按其功能可以分为产业组织政策、产业结构政策和产业布局政策等。

（一）产业组织政策

产业组织政策是为了获得理想的市场绩效，国家根据国民经济运动规律调整产业组织形式和结构，从而提高供给总量的增长速度，使供给总量适应需求总量要求的所有政策措施和手段的总和。

产业组织政策的任务是协调生产者之间的关系及组织结构、规模结构，使之合理化和高效化，促进资源的有效分配和产业效率的提高，最终促进供给的增加。

产业组织政策的主要内容是通过利用规模经济、组织适度竞争秩序、提高产业技术等途径，实现产业组织的高效化和合理化。

产业组织政策的实施手段主要包括控制市场结构、调节市场行为和控制市场绩效，以达到直接改善不合理的资源配置状况这一目的。

（二）产业结构政策

产业结构政策是指一国政府依据本国在一定时期内的产业结构现状，遵从产业结构演进的一般规律，规划产业结构逐渐演进的目标，并分段确定重点发展的战略产业，实现资源的重点配置，引导国家经济向新的广度和深度发展的政策。

产业结构政策是根据经济发展的内在联系，揭示一定时期内生产结构的变化趋势及过程，并按照生产结构的发展规律设定各产业部门在社会经济发展中的地位和作用，同时提出协调生产结构内部比例关系及保证生产结构顺利发展的政策措施。

产业结构政策的核心是促进产业结构的合理化，提高产业结构的转换能力。从推动产业结构合乎规律的转换中求速度、求效益。

产业结构政策包括产业计划、经济立法、税收结构、预算分配结构以及价格政策、信贷政策在内的调节系统。科学的产业结构政策反映生产结构协调性发展规律，反映生产结构的整体性发展规律，反映生产结构在时间组合上的有序发展规律，反映生产结构的企业规模结构合理化发展规律。

产业结构政策按照目标和措施的不同，可以划分为多种不同的类型，主要包括主导产业选择政策、战略产业扶植政策、衰退产业撤让政策、产业的可持续发展政策等。

（三）产业布局政策

产业布局政策是指政府机构根据产业的经济技术特性、国情、国力状况和各类地区的综合条件，对若干重要产业的空间分布进行科学引导和合理调整的意图及其相关政策措施。产业区域布局政策即产业空间配置格局的政策。这一政策主要解决如何利用生产的相对集中所引起的"积聚效益"，尽可能缩小由于各区域间经济活动的密度和产业结构不同所引起的各区域间经济发展水平的差距。

产业布局政策的内容包括以下两个方面：

1. 制定产业布局战略，完善产业投资环境，加速产业集中，优化区域产业结构

制定产业布局战略，规定战略期内重点支持发展的区域，同时设计重点发展区域的经济发展模式和基本思路；以直接投资方式，支持重点发展区域的交通、能源和通信等基础设施，以直接投资介入当地有关产业的发展；利用各种经济杠杆形式，对重点地区的发展进行刺激，以加强该区域经济自我积累的能力；通过差别化的区域经济政策，使重点发展区域的投资环境显示出一定的优越性，进而引导更多的资金和劳动力等生产要素投入该区域的发展。

在产业集中发展战略方面，可供采用的产业布局政策大致包括：通过政府规划的形式，确立有关具体产业的集中布局区域，以推动产业的地区分工，并在一定意义上发挥由产业集中所带来的集聚规模经济效益；建立有关产业开发区，将产业结构政策重点发展的产业集中于开发区内，既使其取得规模集聚效益，又方便政府产业结构升级政策的执行。

2. 地区发展重点产业的选择政策

在经济不发达阶段，政府通常更强调产业布局的非均衡性。即强调优先发展某些地区，通过这些地区经济的超常规增长，带动其他地区以及整个国家经济的增长。并且政府也往往倾向于以建立开发区或在某些地区实行特殊政策的方式，将某些在政府经济发展战略中负有重要功能的产业（如出口加工业）和高新技术产业相对集中，以令其有较快的增长，进而提高其对经济增长的贡献度。

而当经济较为发达之后，政府则从维护经济公平和社会稳定等目标出发，偏重于强调地区经济的均衡性。因此，除了个别特殊产业（如对环境保护有较大妨碍的产业）之外，政府已不倾向于通过重点扶持某一地区的经济发展来带动国民经济增长，而往往对不发达地区经济给予较多的支持，甚至在某些经济发达地区或产业高度集中地区实行一定程度的限制进入政策。

二、产业政策的手段和作用

（一）产业政策的手段

产业政策的手段通常可分为直接干预、间接诱导和法律规制三大类型。

1. 直接干预

直接干预包括政府以配额制、许可制、审批制、政府直接投资经营等方式，直接干预某产业的资源分配和运行态势，以及纠正产业活动中与产业政策相抵触的各种违规行为，以保证预定产业政策目标的实现。

2. 间接诱导

间接诱导主要指通过提供行政指导、信息服务、税收减免、融资支持、财政补贴、关税保护、出口退税等方式，诱导企业在有利可图的情况下自主决定服从政府的产业政策。

3. 法律规制

法律规制以立法方式严格规范企业行为、政策执行机构的工作程序、政策目标与措施等，以保障预定产业目标的实现。法律规制通常适用于比较成熟和稳定的产业政策。随着法治原则的普及，越来越多的产业政策将以法律规制作为实现目标的主要手段。

（二）产业政策的作用

产业政策的作用有以下几个方面：

1. 弥补市场失灵的缺陷

通过推行产业组织政策和产业结构政策，政府可以限制垄断蔓延，促进有效竞争的形成。特别在基础设施建设、环境污染、教育科技发展等公共产品、外部性市场失灵等领域。

2. 实现超常规发展，缩短赶超时间

利用产业政策充当贯彻国家经济发展战略的工具。对于如基础设施（交通、电力、通信等）和基础工业等外部性较强且对整个经济发展具有重大促进作用的产业，其投资大、盈利性低、资本回收期长，仅仅靠市场机制无法在短期内达到经济起飞所要求的条件。例如，韩国效仿日本的做法，以产业政策为手段，运用政府的力量推动产业结构的优化，在二三十年内走完了老工业国用一二百年才走完的历程。实践证明，产业政策是后发国家实现超常规发展、缩短赶超时间的重要工具。

3. 促进产业结构合理化和高度化，实现产业资源的优化配置

通过制定和实施产业结构政策，政府可以有效地支持未来主导产业和支柱产业的成长和壮大，可以有秩序、低成本地实现衰退产业的撤退和调整，从而加速产业结构的合理化和高度化，实现产业资源的优化配置。

4. 增强产业的国际竞争力

产业的国际竞争力是建立在本国资源的国际比较优势、骨干企业的生产力水平、技术创新的能力和国际市场的开拓能力基础之上的。产业政策对增强企业创新能力和开拓国际市场能力等都有重要的作用。

5. 在经济全球化过程中趋利避害，保障国家经济安全

这是产业政策最近十几年表现出来的新功能。经济全球化极有可能给没有任何防备的发展中国家造成严重灾难，例如1997～1998年的东南亚金融危机。在全球化进程中，各国政府会以产业政策为武器，尽可能趋利避害，确保国家经济安全。

第三节 保险产业的特点与发展

一、保险产业及其特点

（一）保险产业及相关概念

从产业本质来看，保险产业是保险商品经济活动发展到一定阶段的产物，是资本、劳动、知识等生产要素和非生产要素资源逐渐从其他行业部门中分

离出来，以风险为中心，专职分散风险，提供保障功能的一种特殊行业。

保险产业属于第三产业中的金融业，简单来讲，保险产业是指提供将通过契约形式集中起来的资金，用以补偿被保险人的经济利益业务的产业。从产业经济学的角度来讲，保险产业就是专门生产保险及其相关产品的部门，也就是提供保险及其相关服务的部门。

保险产业一般有4个构成要素：为保险交易活动提供各类保险商品的卖方或者供给方、实现交易活动的各类保险商品的买方或需求方、具体的交易对象及各类保险商品、为供需双方提供服务的保险中介。

1. 保险商品的供给方

保险商品的供给方是指在保险市场上提供各类保险商品，承担、分散和转移他人风险的各类保险人，它们以各种保险组织形式出现在保险市场上，依其经营主体的不同，可以分为4种类型：国家经营保险组织又称公营保险，指国家、地方政府或者其他公共团体所经营的保险机构。公司经营保险组织，属民营保险组织之一，根据责任形式，公司包括有限责任公司、股份有限公司、无限公司等形态，股份保险公司组织具有经营灵活、业务效率高的特点，但由于公司的控制权操纵在股东手中，被保险人的权益易受到限制和忽略，因而，各国立法上均对公司经营保险组织进行监督管理。保险合作组织，属民营保险中非公司形式的一种，是一种由社会上需要保险保障的人或单位共同组织起来采取合作方式办理保险业务的组织，有相互保险合作社、相互保险公司、保险合作社等形式。最后一种是个人经营保险形式，世界上只有英国法律允许个人为主体作为保险承保保险业务，个人承保保险业务是通过劳合社这一组织开展的，劳合社是保险市场上的一种特殊现象，它自1871年以劳埃德公司的名义向政府注册以来存在至今。按我国原《保险企业管理暂行条例》的规定，我国保险事业的组织体制是由国家保险管理机关、中国人民保险公司、其他保险企业和农村互助保险合作社组成的。

现行《中华人民共和国保险法》规定，保险公司的组织形式应当采取国有独资公司和股份有限公司。关于国有独资保险公司和股份有限保险公司，除《保险法》有特别规定之外，适用我国《公司法》的有关规定。至于保险公司的其他组织形式，如相互保险公司等，可以根据保险业改革和发展的情况，由法律、行政法规另行规定。

2. 保险商品的需求方

保险商品的需求方是指在一定时间、一定地点等条件下，为寻求风险保障而对保险商品具有购买意愿和购买力的消费者集合。

3. 保险中介

保险中介是指介于供需方之间，专门从事保险业务咨询与销售、风险管理与安排、价值衡量与评估、损失鉴定与理算等中介服务活动，并从中依法获取佣金或手续费的单位或个人。

保险中介人的主体形式多样，既包括活动于保险人与投保人之间，充当保险供需双方的媒介，把保险人与投保人联系起来并建立保险合同关系的人，即保险代理人和保险经纪人；也包括独立于保险人和投保人之外，以第三者身份处理保险合同当事人委托办理的有关保险业务的公证、鉴定、理算、精算等事项的人，如保险公证人或保险公估人、保险律师、保险精算师、保险理算师、保险验船师等。

4. 保险商品

具体的交易对象及各类保险商品为保险市场的客体。首先，保险是指投保人根据合同约定，向保险人支付保险费，保险人对于合同约定的可能发生的事故因其发生而造成的财产损失承担赔偿保险金责任，或者当被保险人死亡、伤残和达到合同约定的年龄、期限时承担给付保险金责任的行为。在保险市场中，保险的表现形式为可以进行交换的保险商品，其实质是一种契约经济关系。保险商品是一种特殊形态的商品，从经济学角度来看，保险市场的客体是一种无形的服务商品，具有无形性、非渴求性和灾难联想性的特点。

按照保险标的的不同，保险可分为财产保险和人身保险两大类。

财产保险是指以财产及其相关利益为保险标的的保险，包括财产损失保险、责任保险、信用保险、保证保险、农业保险等。它是以有形或无形财产及其相关利益为保险标的的一类补偿性保险。

人身保险是以人的寿命和身体为保险标的的保险。当人们遭受不幸事故或因疾病、年老以致丧失工作能力、伤残、死亡或年老退休时，根据保险合同的约定，保险人对被保险人或受益人给付保险金或年金，以解决其因病、残、老、死所造成的经济困难。

按照与投保人有无直接法律关系，保险可分为原保险和再保险。发生在保险人和投保人之间的保险行为，称之为原保险。发生在保险人与保险人之间的保险行为，称之为再保险。

按照保险经营性质不同，保险可以分为政策性保险和商业保险。绝大多数保险都具有商业动机，有保险公司按商业管理经营；而政策性保险通常是按照政府有关法令或政策规定开办的，包括社会保险、财产保险和责任保险等，多为贯彻政府的某一项经济政策或社会政策服务。

按保险实施方式可以分为自愿保险和强制保险。自愿保险是当事人在平等互利和自愿的基础上确立的合同关系，被保险人可自行决定是否投保、保险标的种类、金额和期限等，保险人也可以选择承保与否及其有关承保项目和内容。强制保险又称法定保险，是政府以法令或政策形式强制规定被保险人与保险人的法律关系，在规定范围内，不管当事人双方自愿与否，必须按规定办理保险。凡属法令规定必须保险的标的，某保险责任自动开始，保险金额按规定标准收取，被保险人不得自行选定。强制保险的另一种形式是政府规定某些行业或个人从事某种经营或其他活动时，必须参加保险，否则不准从业。

保险市场是保险产业产品的交易场所，是保险商品交换关系的总和，或者是保险商品供给与需求关系的总和。它可以是集中的有形市场，例如，保险交易所，也可以是分散的无形市场。保险市场的交易对象是保险人为消费者所面临的风险提供的各种保险保障和其他保险服务，以及各类保险商品。

（二）保险产业的特点

保险产业生产的保险产品就是保险服务，但是保险服务具有不同于其他

产品或服务的特征,根据国外经济学家的总结,主要有以下9点:

(1) 无形性。一项具体的保险服务不会对购买者的触觉、味觉、听觉等起作用,它是一种无形的、非实体化产品,并且也难以进行证明或展示。因此,有赖于保险机构告诉消费者服务的内容及特别的益处,以得到消费者的支持。

(2) 不可分性。这是由于保险服务的生产和销售是同步进行的,这种"无库存性"使消费者更加关心保险机构提供的产品以及产品的价格、促销方式等是否恰当,可否满足需求。

(3) 异质性。保险机构向不同区域的不同消费者提供范围广泛的服务,但是这些服务一般都不能被标准化。

(4) 缺乏专门特性。在客户看来,不同保险机构提供的服务没有什么差异,他们选择保险机构的标准一般是基于便利原则。

(5) 高度个体化的直销系统。保险服务的一项内容就是设立分支机构,直接、紧密的保险服务客户关系决定了保险服务的方式是直接销售渠道。

(6) 地理分散性。即为满足国际、国内和地区的需要,保险机构必须建立分支网络,使服务既具有吸引力,又能够广泛应用。

(7) 风险性。在出售保险产品时,保险机构是在买入风险,因此,必须在增长和风险之间保持一定的平衡关系。

(8) 需求波动性。对某些特别的保险服务的需求一般受经济活动水平的影响波动非常大。

(9) 劳动力密集。保险产业仍属于劳动力密集的产业,人工费用直接影响产品的价格。在这种条件下,为了节省人工费用成本,也为了方便消费者,科技在保险服务中的应用日益广泛。

二、保险产业链

从本质上来讲,保险产业链是保险产品被创造并且不断增值的过程,既涵盖了保险公司内部产业创造流程,又包括了保险相关主体之间的产业增值过程。保险产业链根据不同种类的保险产品或者不同类型的保险标的，可能有不同的模式。一般来讲，保险产业链是由保险人、保险代理人、保险经纪人、保险公估人、保险营业服务中心、相关技术供应商甚至为保险公司专门印刷单证保单条款的印刷公司等组成，以风险管理为手段，通过相关利益主体的紧密联系、相互作用，实现协同效应、形成长效机制的一系列整体活动。

因为保险产业具有不可分性，保险产品的生产和消费同步产生，一般不存在中间产品，那么保险产业的价值增值主要存在于产品生产部分、产品销售部分和产品服务部分。

（一）生产部分

保险产业链中的保险公司处于保险产业链的上游，因为保险公司的产品研发部凭借其专业的风险管理技术和相关资讯可以进行保险产品的研发，也就是说保险公司扮演着生产部门的角色。随着信息技术和科技的发展，再加上保险产品基于大数法则的特性，大数据的发展和运用对保险业有着巨大的推动力和颠覆力。保险公司可以与独立的信息技术公司合作，或者培养自己的IT部门和技术，研发更加先进和符合消费者需求的保险产品。因此，保险产业链中保险产品生产这一部分可能是以纵向一体化式或者市场交易式模式形成的。

（二）销售部分

保险产业链中的保险代理人和保险经纪人是保险产品销售部分的主要节点。

保险代理人是指根据保险人的委托，在保险人授权的范围内代为办理保险业务，并依法向保险人收取代理手续费的单位或者个人。在现代保险市场上，保险代理人已成为世界各国保险企业开发保险业务的主要形式和途径之一。保险代理人分为专业代理人、兼业代理人和个人代理人3种。其中，专业保险代理人是指专门从事保险代理业务的保险代理公司。在保险代理人中，只有它具有独立的法人资格。兼业保险代理人是指受保险人委托，指定专用设备专人为保险人代办保险业务的单位，主要有行业兼业代理、企业兼业代理和金融机构兼业代理、群众团体兼业代理等形式。个人代理人是指根据保险人的委托，在保险人授权的范围内代办保险业务并向保险人收取代理手续费的个人。个人代理人展业方式灵活，为众多寿险公司广泛采用。按照保险代理人的种类可将保险代理人与保险公司对接模式分为市场交易式、准市场式和纵向一体化式3种。

保险经纪人是基于投保人的利益，为投保人与保险人订立保险合同提供中介服务，并依法收取佣金的机构。一般来讲，保险经纪人有个人制、合伙制和公司制三种组织方式。大多数国家，如美、英、日、韩等，都允许个人保险经纪人从事保险经纪业务活动。英国等一些国家允许以合伙方式设立合伙保险经纪组织，但要求所有的合伙人必须是经过注册的保险经纪人。公司制保险经纪人一般采取有限责任公司形式，这是所有国家都认可的保险经纪组织形式。各国对保险经纪公司的清偿能力都做了具体要求，要求最低资本金，缴存营业保证金，参加职业责任保险。保险经纪人虽然向保险人收取佣金，但是却代表投保人的利益，不受保险人的约束。因此，保险公司内部一般不会设立或建立保险经纪人。那么按照保险经纪人的种类可将保险经纪人与保险公司对接模式分为市场交易式、准市场式两种。

保险代理人和保险经纪人作为联系消费者和保险人的中介，能够有效地解决信息不对称问题，还能够利用规模优势降低交易成本，从而为保险产业创造价值。

(三) 服务部分

保险作为一种特殊商品，它的交易具有承诺性，而不是实物商品具有的交易即时性。当投保人决定购买某一险种，并缴纳了保费之后，商品的交易并没有完成，因为保险人只是向投保人做出一项承诺，该承诺的实质内容是：如果被保险人在保险期间发生了合同中所规定的保险事故，保险人将依照承诺做出保险赔偿或给付。因此，在保险产品交易的场合，投保人缴付了保费以后，该投保人与保险公司的关系不仅没有结束，反而是刚刚开始。

随着保险产业链的不断延伸，保险服务也更加完善。保险产品销售前期有风险咨询服务、风险检查服务等；保险产品销售后，有风险管理服务、理赔服务等。

其中，保险公估人是指依照法律规定设立，受保险公司、投保人或被保险人委托办理保险标的的查勘、鉴定、估损以及赔款的理算，并向委托人收取酬金的公司。公估人的主要职能是按照委托人的委托要求，对保险标的进行检验、鉴定和理算，并出具保险公估报告，其地位超然，不代表任何一方的利益，使保险赔付趋于公平、合理，有利于调停保险当事人之间关于保险理赔方面的矛盾。保险公估人代替保险公司独立承担保险理赔领域的工作，从而实现了保险理赔工作的专业化分工。这种分工一方面有利于保险理赔技术的不断升级和横向交流，并能促进保险公估业整体执业水平的提高，从而促进整个保险行业的发展；另一方面，由于规模效应以及逆向选择和道德风险的减少，必然会大大降低保险理赔费用，从而降低保险成本，最终提高整个社会的福利。

除了保险公估公司，保险产业链的服务部分还根据不同保险产品，有不同的企业参与进来。例如，在健康保险产业链中，保险公司与医院、专业健康管理公司等机构都有合作与对接；在汽车保险产业链中，保险公司与汽车制造商、汽车销售商和4S店等也进行了合作与交流。

另外，随着科技的进步和网络的普及，互联网技术也加入到保险产业链中，不仅能够在保险产品销售环节增加信息透明度，降低交易成本，而且还能够形成自身的互联网保险产业链。

（四）微笑曲线

保险产业价值链和一般产业价值链形成具有共性，从保险险种开发与销售、保险运营到保险品牌和服务提升的经营过程，是保险产业价值的创造过程。但在保险发展的不同时期，不同经营环节的价值创造呈现不同的特点。在保险发展的初期，各经营环节的附加值基本均衡。随着保险的发展，保险价值链中的附加值向产品开发与销售、保险品牌和服务两端聚集，中间运营环节的附加值开始下降，曲线向上弯曲，显现出笑脸——微笑曲线（见图1-2）。

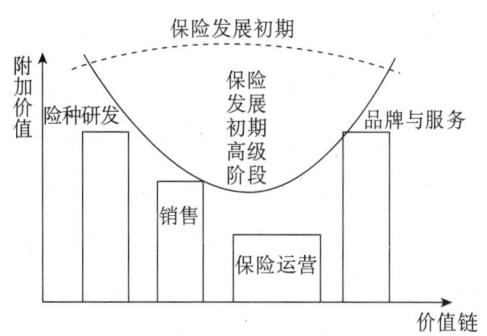

图 1-2 微笑曲线

三、保险产业结构和发展

保险产业结构就是指保险产业内各公司间的关系，如资本规模、市场份额等。了解保险产业结构的发展历程，分析产业结构的现状，是研究保险业发展的基础。

保险产业结构是在产业的中观层面上研究所有保险经济活动以及相应的组织机构间的关系，探讨如何通过产业价值链的整合与重构来提升整个产业的组织化程度，拓展保险产业的功能，提高保险产业的经济与社会产出效率，引导合作竞争替代垄断竞争，形成运行效率较高的、有竞争优势的保险产业组织结构。从这个角度来讲，保险产业结构是指构成保险产业总体或总量的各个组成部分的组成、规模、分布、运作与配合等方面在物质技术层次、组织制度层次和文化意识形态层次的各种联系、影响和制约关系的状态。具体来讲，保险产业结构包括各种保险商品和保险经济活动组织机构的形式、功能、性质及其相对发展规模、区域分布、开放度等。保险产业结构体现着保险要素的组合配置与运行状态，反映了保险发展的程度及其在国民经济中的地位。

审视保险产业结构的角度有两个：一是静态截面考察，表现为保险要素的种类、规模、比例和市场份额等指标；二是动态纵向角度考察，表现为发展变化的时间序列数据，例如保费增长率、资金运用增长率、资产规模增长率和利税率等指标的变化。保险产业结构的变化源于保险需求结构的变化，又常常集中体现在其市场结构上，市场结构又体现在保险产品功能结构的创新上。这时的"产业"与"市场"常常是同义语，因此，保险产业结构状况就主要通过保险产业集中度 CRn 或 HHI 来反映。产业集中度越高，产业垄断程度越高；产业集中度越低，产业垄断程度也越低。

综上所述，保险业组织结构类型、经营主体数量、增长速度、市场份额、保费收入、保险密度、保险深度构成了研究保险产业结构的分析指标。

1. 保险业组织结构类型

按照保险业组织结构类型，大致可以分为寿险企业、非寿险企业、再保险企业。

因为寿险产品承保的是与人身相关的生存风险、健康风险等，具有长期性、储蓄性和给付性，与财产保险等短期的保障型保险的经营策略、管理策略以及监管策略都不同，所以一般不允许保险公司兼业经营。非寿险公司是除了寿险公司以外的保险公司的总称，包括财产保险公司、信用保险公司、健康保险公司等。

另外，再保险是指保险人将其承担的保险业务，部分转移给其他保险人的经营行为。转让业务的是原保险人，接受分保业务的是再保险人。这种风险转嫁方式是保险人对原始风险的纵向转嫁，即第二次风险转嫁。再保险公司是指专门从事再保险业务、不直接向投保人签发保单的保险公司，也就是保险公司的保险公司。保险公司为了分散风险，把一些大的承保单位再分保给另一保险公司，接受这一保单的公司就是再保险公司，其一般在财险中比较多。

2. 保费收入

保费收入是保险公司为履行保险合同规定的义务而向投保人收取的对价收入。

保费收入有两个方面的内涵：一方面，保费收入是由于投保人依据保险合同的约定向保险人缴付保险费而形成的，从经济角度观察，保险费是保户为形成共同风险保障而分摊的资金;从法律角度观察,保险费是保户为获得赔付请求而付出的代价。另一方面,保费收入是保险公司最主要的资金流入渠道,同时也是保险人履行保险责任最主要的资金来源。从资产层面来看,保险费收取形成了保险资金的流入,是保险资产增长的主要动力;从负债层面来看,由于保险资金流入的前提是保险人要履行约定的保险责任,因此,资金流入的结果造成了保险负债的增加。

3. 保险密度

保险密度是指按当地人口计算的人均保险费额。保险密度反映了该地国民参加保险的程度和保险普及度,体现了一国国民经济与保险业发展水平的关系。

4. 保险深度

保险深度是指某地保费收入占该地国内生产总值(GDP)的比例,反映了该地保险业在整个国民经济中的地位。保险深度取决于一国经济总体发展水平和保险业的发展速度。值得注意的是,在一些保险产业成熟、保险市场发达的国家或地区,其保险深度排名并不靠前,例如,中国台湾地区的保险深度就一直排在首位,而保险市场成熟的美国却排不进前十,这是因为美国等经济大国拥有复杂的产业结构,保险产业作为服务业的一个分支本身就占据很小的份额,而像中国台湾地区等只具有单一的产业结构,服务业本身占有很大比重,所以保险产业占GDP的比重自然相对比较高。因此,在比较保险深度的时候应客观对待。

5. 市场集中度

市场集中度是对整个行业的市场结构集中程度的测量指标,它用来衡量企业的数目和相对规模的差异,是市场势力的重要量化指标。市场集中度是决定市场结构最基本、最重要的因素,集中体现了市场的竞争和垄断程度,经常使用的集中度计量指标有:行业集中率(CRn)、赫尔芬达尔—赫希曼指数(HHI)、基尼系数、洛伦兹曲线、逆指数和熵指数等,其中,集中率(CRn)和赫希曼指数(HHI)两个指标被经常运用在反垄断经济分析之中。

行业集中率（CRn）是指该行业的相关市场内前 N 家最大的企业所占市场份额的总和。然而，集中率的缺点是它没有指出这一行业相关市场中正在运营和竞争的企业的总数。

赫希曼指数（HHI）是指基于该行业中企业的总数和规模分布，将相关市场上所有企业的市场份额的平方后再相加的总和。赫希曼指数具有数学上绝对法和相对法的优点，这使它成为较理想的市场集中度计量指标，它可以衡量企业的市场份额对市场集中度产生的影响，成为政府审查企业并购的一个重要行政性标准。

6. 保险产业结构与保险业发展的关系

一个国家或地区的保险产业结构是保险业发展过程中内在机制决定的、自然的、客观的结果，是保险业发展的现实体现。在保险产业总量或总体发展的同时，保险产业结构也随之发生变动，这是一个互动的过程。保险业发展的重要标志是保险产业结构的变化。透过保险产业结构的变化，可以观察到保险产业发展是否存在问题，是否具有合理的效率，是否符合保险业发展的内在规律，是否与现实社会经济的发展需要相匹配。保险产业结构不仅是保险发展的具体体现，而且对一国或地区的保险发展具有重要的决定作用和影响力。

保险业发展是指保险经济活动的工具、规模、范围等量的扩大和保险产业结构优化带来的保险功能增多与保险产业绩效的持续提高。保险业发展表现在量的增多与质的提高两个方面，即保险总量的增长和保险结构的优化。量的增多是保险业总量扩张，表现为保险业机构数量、保险费收入总规模、保险资产规模、保险资金运用规模等的增加，以及风险管理与保险技术的不断提高，反映保险业发展的广度。质的提高是保险业结构优化，即通过持续不断的风险管理与保险创新促进保险业结构的变迁与升级，以及保险功能增多和效率的提高，表现为保险密度、保险深度、劳动力吸收率、利税率、保险业在金融服务业中的相关比率等指标的提高，反映保险业发展的深度，也是衡量一国保险业成熟和发达程度的重要尺度。从保险业总量指标和保险业结构指标两者的比较来看，总量指标对于保险业发展一般只具有直观的表征意义，而通过一些结构指标的考察和比较，则往往能够透视出总量指标所反映不出来的保险业运行中更深层次的本质性东西或亟待解决的问题。较之总量指标，结构指标衡量保险业发展的功能和效率变化似乎更为重要。

保险产业总量的增长与保险产业结构的调整和优化密不可分，两者间存在着相互依存的辩证关系。

保险总量增长是与经济总量增长相适应的，是保险业发展的前提和基础。通常保险总量增长在先，保险结构调整在后。只有在保险总量不断增长的基础上，才能逐渐形成发达而完善的保险产业结构。显然，保险产业结构不能脱离保险总量而孤立存在，它只是保险总量在各构成要素分布的一个现实反映，保险产业结构任何方面的变化都会表现为保险总量与各总量构成要素的同方向或反方向的不同比率的增减。同时，保险产业结构对保险总量也有很强的影响力，一个合理而完善的保险产业结构可以促进保险总量进一步健康、快速地增长；相反，如果保险产业结构不合理，保险总量的增长必然失去持续的动力，甚至出现增长偏离正确方向的问题。从保险发展来看，保险总量的持续增长是量的积累过程，而只有经过保险结构的不断优化之后，才能实现不同保险发展阶段质的飞跃。保险总量的增长和保险结构的优化是保险发展的两个不可或缺的有机组成部分。因此，在保险总量持续增长的基础上进行保险产业结构的优化调整，而结构的优化调整又会促进保险总量的进一步增长，这个持续不断的动态过程便表现为保险业不断发展、不断深化的过程。

四、保险产业政策与市场机制

随着保险产业结构的不断演化，组织结构类型不断增多，保险机构数量也在不断增多，这是集中在发达国家的全球并购引起的保险机构数量减少、发展中国家迅速发展的保险业引起的保险机构数量增多共同作用的结果，也是发达国家近年来经济增长减缓而发展中国家增长强劲在保险业的体现，但这只是目前世界保险业发展过程中伴随着保险业组织结构演化而出现的暂时现象。可以预测，在今后很长一段时间内，随着经济金融一体化和自由化进程的加快，世界经济发展的向好，发达国家保险业并购浪潮后保险机构数量略有下降和发展中国家保险主体数量增长迅速，全球保险主体数量增长的趋势不会改变，然而，总的增长势头会减缓。

从全球保险产业结构的演化与保险发展趋势可以看出，世界保险业已进入了"寡头主导，大、中、小共生"的垄断竞争格局的快速发展时期。未来国际保险市场的发展模式将是一个保险资源与保险技术共享的、业务融合的、统一的国际保险大市场。这种保险产业结构模式有利于保险市场垄断竞争结构的形成，有利于保险公司经营绩效的提高，有利于一国或地区保险业的繁荣与稳定。

中国保险业随着科学发展观的贯彻落实，保险增长的数量与质量不断提高，增长方式逐步从粗放型向集约型转变，中国保险产业结构不良引起的增长与发展相背离的现象将逐渐缓解。中国保险业应主动顺应世界经济金融化和金融自由化，以保险资源重组为核心做战略性结构调整。积极引导建成一个既能满足日益多样化的消费需求，又适应社会经济发展，又有利于在开放背景下持续、快速、协调、健康发展的保险产业结构。

第二章 中国与国际保险产业发展概况[①]

第一节 中国保险产业发展概况

一、保险市场概况

1805年,中国成立第一家保险公司,到如今已经走过了200多年的历史。自1949年中华人民共和国成立以来,中国保险也经历了初步发展(1949~1958年)、停办(1958~1979年)、恢复发展(1979年至今)3个大的阶段。中国保险业自1979年恢复以来,获得了快速发展。尤其是近年来,党中央国务院十分重视保险业发展,在多份重要文件中提出要大力发展保险业,出台了一系列促进保险业改革发展的政策措施,我国保险业实现了长足发展。

2018年,原中国保险监督管理委员会和原中国银行监督管理委员会合并,合并后为中国银行保险监督管理委员会(本书简称"中国银保监会"或"银保监会",原中国保险监督管理委员会本书简称"原中国保监会"或"原保监会",原中国银行监督管理委员会本书简称"原中国银监会"或"原银监会")。

2018年,中国银保监会在党中央国务院统一领导下,有计划、有步骤地推进了银保监会组建工作;同时按照中国共产党的十九大、中共中央经济工作会议、全国金融工作会议和全国"两会"精神,统筹安排深化银行保险监

[①] 本章主要讨论德国、意大利等国际保险产业发展概况。关于美国、英国的保险产业发展状况,请参考《保险蓝皮书——中国保险市场发展分析(2018)》,中国经济出版社,2018年10月。

管机构改革；总体来看，2018年，实现了机构组建和监管工作"两不误、两促进"的目标。一是打好了防范化解金融风险攻坚战。坚持稳中求进工作总基调，有序推进了降低企业杠杆率、拆解影子银行、严厉打击非法金融活动、遏制房地产泡沫化倾向、配合整顿地方政府隐性债务等工作，加强了对各类风险的防范和化解。二是更好地支持了现代化经济体系建设。围绕供给侧结构性改革，加强了与地方和企业的联系协调，推动了结构调整和兼并重组，支持市场化、法治化债转股。提升了差异化服务能力，有力支持了乡村振兴、区域协调和创新驱动等国家重大战略实施。进一步做实了普惠金融，督促引导银行保险金融机构回归本源、专注主业，改进了小微、"三农"金融服务。三是深化了银行保险体系改革开放。引导银行保险金融机构健全公司治理，探索了有中国特色的现代金融企业制度，全力推动银行保险业向高质量发展转变。进一步扩大了对外开放，以开放促改革，激发了市场活力，推动形成了银行保险业全面开放新格局。

总体来看，保险市场发展稳中向好，产品保障功能凸显，资金运用收益稳步增长，保险科技广泛应用，行业风险防控能力持续增强。2018年，全行业共实现原保险保费收入38016.62亿元，同比增长3.92%，其中，财产险公司和人身险公司原保险保费收入分别为11755.69亿元和26260.87亿元，同比分别增长11.52%和0.85%；赔付支出12297.87亿元，同比增长9.99%；保险业资产总量183308.92亿元，较年初增长9.45%。具体来看，市场运行呈现以下特点：

一是业务发展稳中向好，风险保障水平快速提高。2018年，保险业保持较快发展，但增速有所放缓，同比增速下降14.24个百分点。分险种看，财产保险业务积极向好，实现原保险保费收入10770.08亿元，同比增长9.51%。交强险原保险保费收入2034.38亿元，同比增长8.85%，与国计民生密切相关的责任保险和农业保险业务继续保持较快增长，分别实现原保险保费收入590.79亿元和572.65亿元，同比增长30.92%和19.54%。人身保险业务增长放缓，实现原保险保费收入27246.54亿元，同比增长1.87%，增速下降 18.42 个百分点。其中,寿险业务原保险保费收入 20722.86 亿元,同比增长 3.41%;健康险业务原保险保费收入 5448.13 亿元,同比增长 24.12%;意外险业务原保险保费收入 1075.55 亿元,同比增长 19.33%。

2018 年,保险业提供保险金额 6897.04 万亿元,同比增长 66.23%。其中,产险公司保险金额 5777.37 万亿元,增长 90.65%;人身险公司本年累计新增保险金额 1119.67 万亿元,增长 0.10%。从险种看,车险保额 211.26 万亿元,同比增长 24.92%;责任险保额 866.14 万亿元,增长 244.04%;农险保额 3.46 万亿元,增长 24.23%;寿险本年累计新增保额 30.00 万亿元,下降 5.46%;健康险保额 797.80 万亿元,增长 50.02%;意外险保额 3808.86 万亿元,增长 32.80%。

二是资金运用配置更趋优化,投资收益稳步增长。2018 年,保险公司资金运用余额为 164088.38 亿元,较年初增长 9.97%。其中,银行存款 24363.50 亿元,占资金运用余额的比例为 14.85%;债券 56382.97 亿元,占比 34.36%;证券投资基金 8650.55 亿元,占比 5.27%;股票 10569.33 亿元,占比 6.44%。2018 年,保险公司资金运用收益共计 6859.07 亿元,资金运用平均收益率 4.33%。

三是保险科技应用日益广泛,创新业务快速发展。保险科技投入力度加大,大数据、人工智能、区块链、移动互联网、物联网等前沿技术广泛运用于产品创新、保险营销和公司内部管理等方面。依托于互联网保险对部分标准化传统保险的快速替代及场景创新型产品带来的增量市场,互联网保险创新业务保持高速增长。

四是立足国家战略,服务经济社会发展能力增强。2018 年,保险行业积极助力经济社会发展的重点领域和薄弱环节,推动科技创新,维护社会稳定,不断提升保险服务实体经济的效率和水平。

二、保费收入增长

(一) 1980~2018 年保费收入

表 2-1 给出了 1980~2018 年中国保费收入总额及结构。1979 年中国保

险业恢复发展，1980年保费收入4.6亿元，1990年保费收入150.5亿元，2000年保费收入1595.00亿元，2018年保费收入达到38016.62亿元，分别是1980年、1990年、2000年、2010年的8264.47倍、252.60倍、23.83倍和2.62倍。

表2-1　　　　　　　　1980~2018年中国保费收入　　　　　　单位：亿元

年份	总保费	寿险		非寿险	
		保费	占比	保费	占比
1980	4.60①	–		4.60	100.0%
1981	5.30	–		5.30	100.0%
1982	6.52	0.02	0.3%	6.50	99.7%
1983	10.20	0.10	1.0%	10.10	99.0%
1984	15.05	0.75	5.0%	14.30	95.0%
1985	26.01	4.41	17.0%	21.60	83.0%
1986	42.34	11.34	26.8%	31.00	73.2%
1987	67.09	24.99	37.2%	42.10	62.8%
1988	94.80	37.50	39.6%	57.30	60.4%
1989	120.40	46.00	38.2%	74.40	61.8%
1990	150.50	56.40	37.5%	94.10	62.5%
1991	212.90	82.80	38.9%	130.10	61.1%
1992	341.60	142.20	41.6%	199.40	58.4%
1993	466.40	199.00	42.7%	267.40	57.3%
1994	495.30	162.00	32.7%	333.30	67.3%
1995	615.30	194.20	31.6%	421.10	68.4%
1996	800.00	330.00	41.3%	470.00	58.8%
1997	1117.41	567.22	50.8%	550.19	49.2%
1998	1247.30	667.38	53.5%	579.92	46.5%
1999	1393.22	768.30	55.1%	624.91	44.9%
2000	1595.00	958.15	60.1%	636.85	39.9%
2001	2109.04	1392.48	66.0%	716.56	34.0%

①　中国保险年鉴的数据分两个部分，国内保费2.9亿元，涉外业务保费1.7亿元，共计4.6亿元。

续表

年份	总保费	寿险 保费	寿险 占比	非寿险 保费	非寿险 占比
2002	3052.64	2245.52	73.6%	807.12	26.4%
2003	3879.99	2985.51	76.9%	894.48	23.1%
2004	4318.14	3193.59	74.0%	1124.55	26.0%
2005	4925.02	3643.91	74.0%	1281.11	26.0%
2006	5639.41	4059.06	72.0%	1580.35	28.0%
2007	7032.98	4946.50	70.3%	2086.48	29.7%
2008	9784.10	7337.85	75.0%	2446.25	25.0%
2009	11137.30	8144.40	73.1%	2992.90	26.9%
2010	14527.96	10501.07	72.3%	4026.89	27.7%
2011	14339.30	9560.24	66.7%	4779.06	33.3%
2012	15487.93	9958.05	64.3%	5529.88	35.7%
2013	17222.09	10740.93	62.4%	6481.16	37.6%
2014	20234.68	12690.28	62.7%	7544.40	37.3%
2015	24282.39	15859.13	65.3%	8423.26	34.7%
2016	30958.98	21692.81	70.1%	9266.17	29.9%
2017	36580.93	26039.55	71.2%	10541.38	28.8%
2018	38016.56	26260.87	69.1%	11755.69	30.9%

从寿险和非寿险的结构看，在20世纪80年代初期，非寿险占绝大份额，随后比重逐渐下降。1997年寿险比重第一次超过非寿险，此后寿险比重逐渐上升，2017年最高达到71.2%，2018年略有下降，近几年基本维持在70%左右。

从图2-1可以看出，中国的保费收入在2000年之后出现第一次快速上升，在2006年之后又出现一次快速上升，这两次上升均与新型人身保险产品（包括分红保险、投资连结保险、万能保险）的引入和推动有关。

表2-2对1980~2018年中国保费实际增长率与世界保费实际增长率（注：2018年世界保费收入为根据相关数据估算得出）进行了对比，此处实际增长率扣除了名义增长率中的通货膨胀影响。图2-2直观地显示了两者之间的对比。

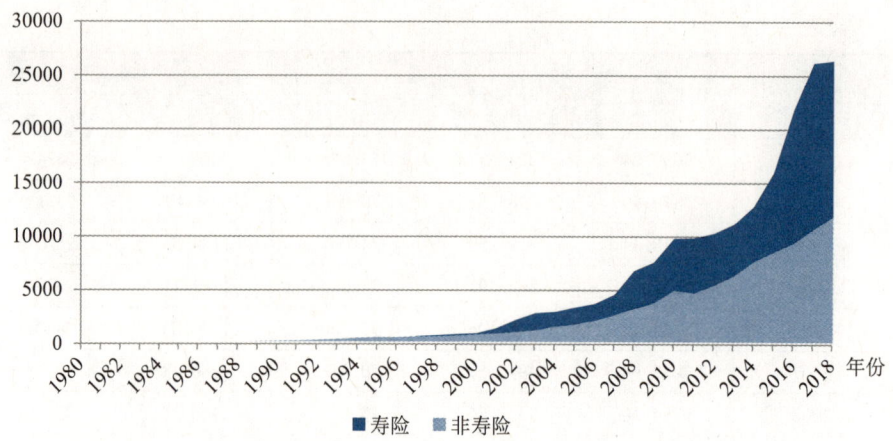

图2-1 1980~2018年中国保费收入（单位：亿元）

表2-2　　　1980~2018年中国和世界保费实际增长率　　　单位：百万美元

年份	中国保费	实际增长率	世界保费	实际增长率
1980	307	—	466301	—
1981	311	12.44%	477932	1.1%
1982	345	20.65%	491146	3.0%
1983	516	53.36%	514465	3.2%
1984	647	43.61%	552380	7.6%
1985	886	58.06%	641195	11.8%
1986	1226	52.87%	870828	17.30%
1987	1802	47.67%	1047772	8.20%
1988	2547	18.98%	1222050	9.30%
1989	3198	7.64%	1251773	3.30%
1990	3146	21.25%	1409469	2.80%
1991	3999	36.78%	1515045	2.20%
1992	6194	50.81%	1669891	4.50%
1993	8094	19.04%	1813129	5.40%
1994	5747	-14.45%	1956342	2.60%
1995	7368	6.11%	2150853	3.70%
1996	9622	20.04%	2125448	1.70%
1997	13479	35.88%	2141953	4.90%
1998	15066	12.52%	2190036	3.50%
1999	16830	13.30%	2363646	5.20%
2000	19267	14.01%	2490292	7.60%
2001	25481	31.32%	2456148	1.20%
2002	36881	45.91%	2670358	5.50%

续表

年份	中国保费	实际增长率	世界保费	实际增长率
2003	46877	25.60%	2990780	2.30%
2004	52172	7.12%	3295182	2.40%
2005	60122	12.04%	3452768	2.60%
2006	70742	12.80%	3693397	4.10%
2007	92491	19.00%	4116943	3.90%
2008	140878	31.37%	4192873	-4.10%
2009	163041	14.64%	4078118	-0.20%
2010	214609	26.28%	4304301	2.40%
2011	222012	-6.35%	4559244	-1.00%
2012	245353	5.27%	4603009	2.30%
2013	282473	8.37%	4588451	0.10%
2014	328439	15.19%	4754710	3.50%
2015	374191	18.35%	4553785	3.80%
2016	464076	25.00%	4653968	2.20%
2017	562239	16.30%	4723778	1.50%
2018	552928	1.69%	4794634	1.50%

注：(1) 我国实际保费增长率由以人民币计价的名义保费收入剔除通货膨胀后得到；(2) 以美元计价的我国名义保费收入由人民币计价收入除以各年内平均汇率（人民币兑美元）得到；(3) 世界保费收入及其实际增长率均由瑞士再保险 Sigma 数据库得到。2018 年世界保费及增长率为估算值。

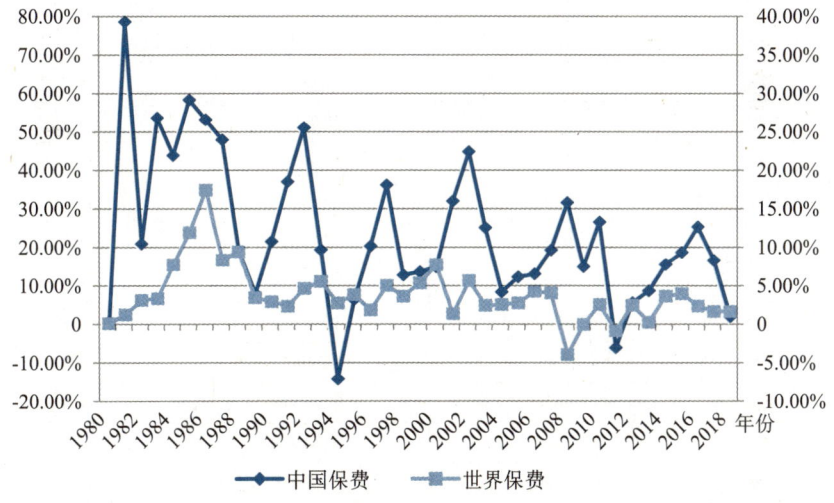

图 2-2　1980~2018 年中国和世界保费实际增长率

从图 2-2 中可以看出几个特点：第一，中国保费收入增长呈现周期波动的特点，30 年间大约存在 5 个周期；第二，随着技术的扩散，中国保费收入增长率的平均值呈现逐渐下降的趋势；第三，在绝大多数年份，中国保费收入增长率高于世界保费收入的平均实际增长率，而且超出的幅度还很大。只有 1994 年、2011 年是特例，例如 1994 年中国保费收入的名义增长率只有 6.2%，而当年的通货膨胀率超过 24%，所以导致出现 -14.45% 的实际增长率。

由于过去 30 多年中国保险业基本保持了一个比世界明显更快的增长速度，因此，中国保费收入占世界份额逐年提高，由原来的几乎为零上升到 2018 年的 11.53%，详见表 2-3。

表 2-3　　　1980~2018 年中国保费收入占世界的份额　　　单位：百万美元

年份	中国保费	世界保费	份额
1980	307	466301	0.07%
1981	311	477932	0.07%
1982	345	491146	0.07%
1983	516	514465	0.10%
1984	647	552380	0.12%
1985	886	641195	0.14%
1986	1226	870828	0.14%
1987	1802	1047772	0.17%
1988	2547	1222050	0.21%
1989	3198	1251773	0.26%
1990	3146	1409469	0.22%
1991	3999	1515045	0.26%
1992	6194	1669891	0.37%
1993	8094	1813129	0.45%
1994	5747	1956342	0.29%
1995	7368	2150853	0.34%
1996	9622	2125448	0.45%
1997	13479	2141953	0.63%
1998	15066	2190036	0.69%
1999	16830	2363646	0.71%
2000	19267	2490292	0.77%
2001	25481	2456148	1.04%

续表

年份	中国保费	世界保费	份额
2002	36881	2670358	1.38%
2003	46877	2990780	1.57%
2004	52172	3295182	1.58%
2005	60122	3452768	1.74%
2006	70742	3693397	1.92%
2007	92491	4116943	2.25%
2008	140878	4192873	3.36%
2009	163041	4078118	4.00%
2010	214609	4304301	4.99%
2011	222012	4559244	4.87%
2012	245353	4603009	5.33%
2013	282473	4588451	6.16%
2014	328439	4754710	6.91%
2015	374191	4553785	8.22%
2016	464076	4653968	9.97%
2017	562239	4723778	11.90%
2018	552928	4794634	11.53%

图 2-3 直观地显示了这一变化趋势，2000 年和 2010 年之后这一份额出现两次较为明显的上升，这与前述中国保费收入的两次快速上升是匹配的。

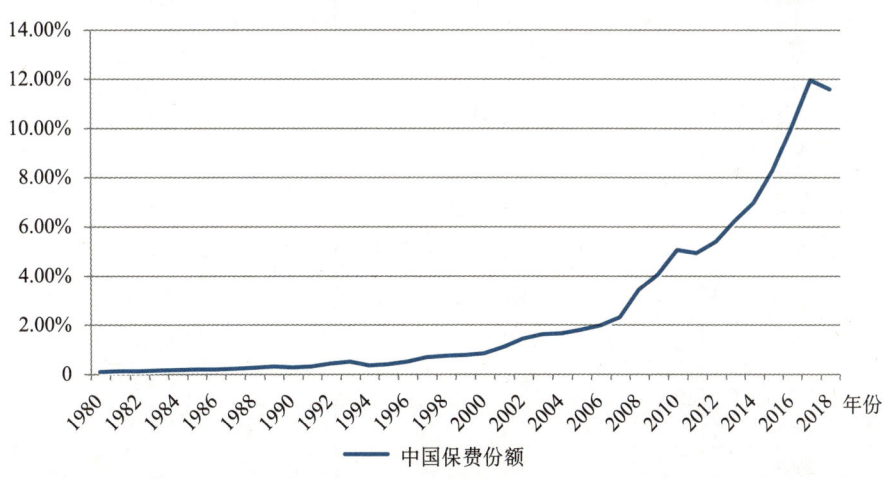

图 2-3 1980~2018 年中国保费收入占世界的份额

（二）1980~2018年保险密度

表2-4给出了1980~2018年中国和世界保险密度的对比，图2-4直观地显示了两者的增长状况。

表2-4　　　　　1980~2018年中国和世界保险密度　　　　单位：美元

年份	中国保险密度	世界平均保险密度
1980	0.0	103.0
1981	0.0	104.0
1982	0.3	106.0
1983	0.5	109.0
1984	0.6	115.0
1985	0.8	132.0
1986	1.1	176.0
1987	1.7	208.0
1988	2.3	239.0
1989	2.8	242.0
1990	2.7	264.0
1991	3.4	279.0
1992	5.2	302.0
1993	6.8	323.0
1994	4.8	344.0
1995	6.0	372.0
1996	7.8	363.0
1997	10.8	361.0
1998	12.0	364.0
1999	13.3	388.0
2000	15.2	403.0
2001	20.0	391.0
2002	28.5	420.0
2003	35.8	464.0
2004	39.9	505.0
2005	45.7	522.0

续表

年份	中国保险密度	世界平均保险密度
2006	53.5	550.0
2007	69.6	603.0
2008	105.3	609.0
2009	121.2	583.0
2010	158.4	608.0
2011	169.0	638.0
2012	179.0	656.0
2013	207.6	676.0
2014	235.0	662.0
2015	281.0	621.0
2016	335.6	632.2
2017	404.5	632.8
2018	396.4	632.6

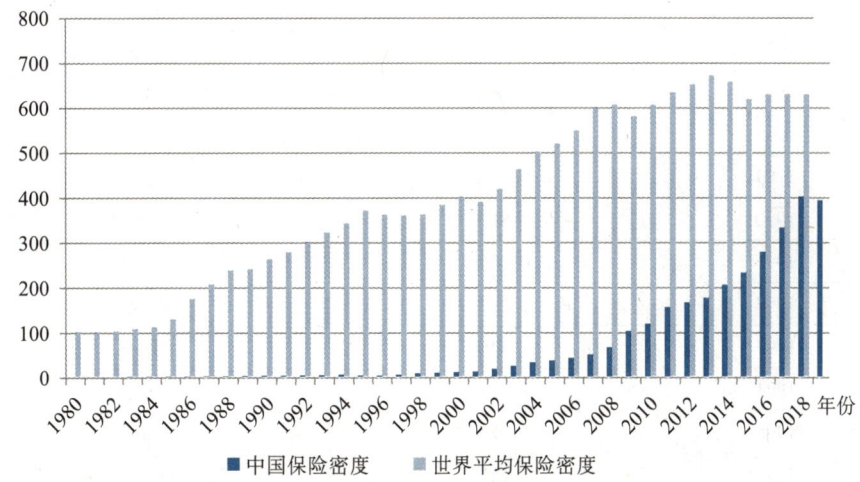

图 2-4 1980～2018 年中国和世界保险密度（单位：美元）

从图 2-4 中可以看出，世界保险密度在 1984 年和 2011 年之后两次呈现较快的增长势头，中国保险密度在过去 30 多年一直保持增长势头，2006 年之后增长更为明显。2008 年国际金融抑制了世界保险密度的增长，2009 年甚至比 2008 年有所下降，但中国保险密度仍然保持了快速增长的态势，这对于中国这样一个人口大国而言，是十分不易的。当然，与世界平均密度相比，中国保险密度的平均水平还相对较低，根据 2018 年数据，中国保险密度相当于世界平均水平的 62.65%。

（三）1980~2018 年保险深度

表 2-5 给出了 1980~2018 年中国和世界保险深度的对比，图 2-5 直观地显示了两者的增长情况。

表 2-5　　　　　　1980~2018 年中国和世界的保险深度

年份	中国保险深度	世界平均保险深度
1980	0.00%	4.20%
1981	0.00%	4.30%
1982	0.12%	4.50%
1983	0.17%	4.70%
1984	0.21%	4.80%
1985	0.29%	5.30%
1986	0.41%	6.10%
1987	0.56%	6.30%
1988	0.64%	6.60%
1989	0.71%	6.20%
1990	0.81%	6.00%
1991	0.98%	6.20%
1992	1.28%	6.40%
1993	1.32%	7.00%
1994	1.03%	7.10%
1995	1.01%	7.00%
1996	1.12%	6.80%
1997	1.41%	6.90%
1998	1.48%	7.00%
1999	1.55%	7.30%
2000	1.62%	7.50%
2001	1.94%	7.40%

续表

年份	中国保险深度	世界平均保险深度
2002	2.53%	7.70%
2003	2.84%	7.70%
2004	2.71%	7.60%
2005	2.69%	7.30%
2006	2.67%	7.20%
2007	2.74%	7.10%
2008	3.25%	6.70%
2009	3.27%	6.80%
2010	3.60%	6.60%
2011	3.00%	6.30%
2012	2.98%	6.50%
2014	3.01%	6.33%
2015	3.14%	6.20%
2016	3.59%	6.20%
2017	4.16%	5.98%
2018	4.42%	5.84%

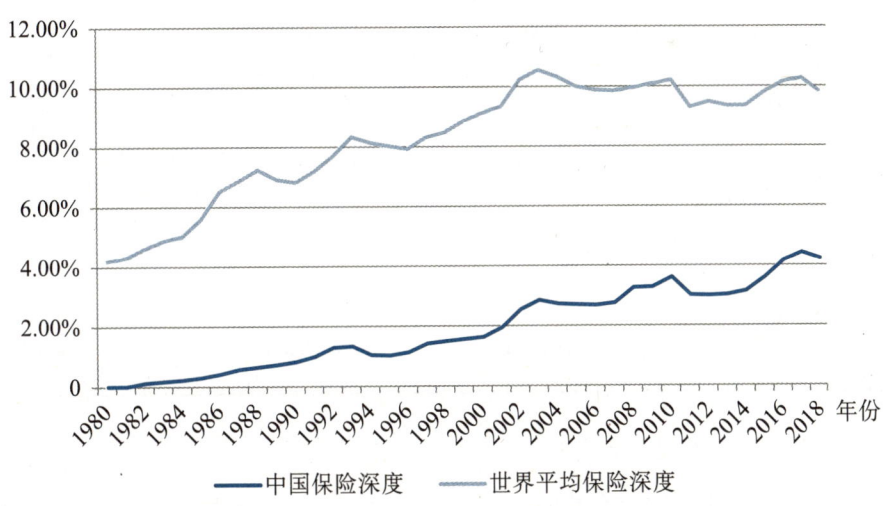

图 2-5　1980~2018 年中国和世界的保险深度

从图 2-5 中可以看出，世界保险深度在 20 世纪 80 年代呈现较为明显的上升趋势,自1993年之后基本保持在7%~8%的水平。中国保险深度整体呈现上升趋势,但自从2003年以来,随着中国GDP的高速增长,保险深度进入一个相对平稳的时期。同时,与世界平均保险深度相比,中国保险深度的水平还相对较低,根据2018年数据,中国保险深度相当于世界平均水平的74%左右。

(四) 保费收入增长结构

如表2-6所示,2018年保险行业原保险保费收入38016.62亿元,同比增加1435.62亿元,增长3.92%,增幅同比下降14.24个百分点。其中,产险业务10770.08亿元,同比增加935.42亿元,增长9.51%;寿险业务20722.86亿元,减少732.70亿元,下降3.41%;健康险业务5448.13亿元,增加1058.67亿元,增长24.12%;意外险业务1075.55亿元,增加174.23亿元,增长19.33%。

表2-6 2018年保险公司保费收入及同比增长   单位:万元

项目	2018年	2017年	同比增长
原保险保费收入	380166228.65	365810073.85	3.92%
1. 财产险	107700823.61	98346579.05	9.51%
2. 人身险	272465405.04	267463494.80	1.87%
(1) 寿险	207228622.38	214555650.29	-3.41%
(2) 健康险	54481260.62	43894603.83	24.12%
(3) 人身意外伤害险	10755522.03	9013240.68	19.33%
人身保险公司保户投资款新增交费	79537298.76	58923639.73	34.98%
人身保险公司投连险独立账户新增交费	3328530.93	4704175.97	-29.24%

(五) 保费收入的月度结构

表2-7给出了2018年各月保费收入和赔付支出的情况,图2-6直观的显示了月度变化情况。从保费收入的月度数据看,1月、3月、6月、9月为波峰。

表 2-7　　　　　　　2018 年各月保费收入和赔付支出　　　　　单位：亿元

月份	各月保费收入（2018）	占比（2018）	各月赔付支出（2018）	占比（2018）
1 月	6851.92	18.02%	1313.11	10.68%
2 月	2851.52	7.50%	942.56	7.66%
3 月	4380.92	11.52%	1012.65	8.23%
4 月	2501.06	6.58%	825.05	6.71%
5 月	2517.60	6.62%	922.54	7.50%
6 月	3266.38	8.59%	971.87	7.90%
7 月	2300.83	6.05%	935.19	7.60%
8 月	2779.35	7.31%	1041.64	8.47%
9 月	3212.21	8.45%	1164.81	9.47%
10 月	2370.18	6.23%	884.28	7.19%
11 月	2387.53	6.28%	1078.75	8.77%
12 月	2597.12	6.83%	1205.42	9.80%

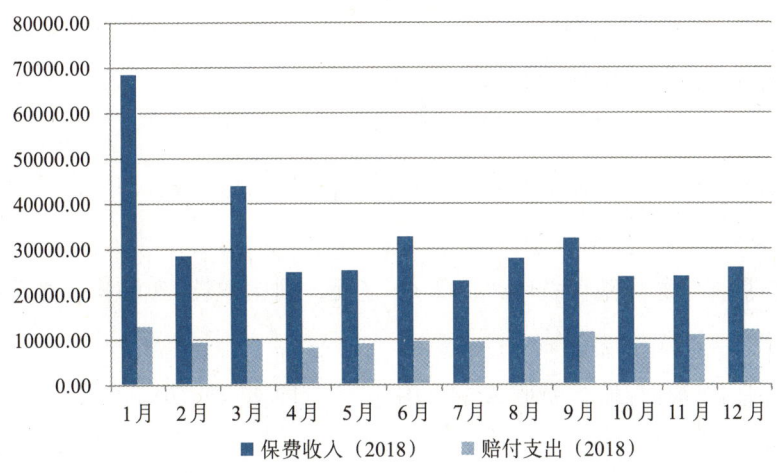

图 2-6　2018 年各月保费收入和赔付支出

三、财险市场发展概况

（一）财险市场发展基本概况

2018 年，财产保险行业保费收入突破万亿大关，达到 10756 亿元，同比增长 9.51%，行业提供风险保额 5777 万亿元，同比增长 90.65%。2018 年，财产保险行业整体发展情况如下：

原保险保费收入10770.08亿元，同比增加935.42亿元，增长9.51%，增幅同比下降3.21个百分点。其中，机动车辆保险、企财险、货运险和责任险四个主要险种原保险保费收入合计8969.02亿元，同比增长5.96%，增幅同比下降4.49个百分点，产险业务占比83.28%，产险公司业务占比76.30%。

机动车辆保险原保险保费收入7834.02亿元，同比增长4.16%，产险业务占比72.74%；其中，交强险原保险保费收入2034.38亿元。

企业财产保险原保险保费收入423.11亿元，同比增长7.91%，产险业务占比3.93%。

货运保险原保险保费收入121.11亿元，同比增长20.88%，产险业务占比1.12%。

责任保险原保险保费收入590.79亿元，同比增长30.92%，产险业务占比5.49%。

农业保险原保险保费收入572.65亿元，同比增长19.54%，产险业务占比5.32%。

信用保险原保险保费收入242.46亿元，同比增长13.08%，产险业务占比2.25%。

保证保险原保险保费收入645.01亿元，同比增长70.09%，产险业务占比5.99%。

产险业务累计赔款支出5897.32亿元，同比增长15.92%。其中，企业财产保险242.89亿元，同比增长7.71%；机动车辆保险4401.98亿元，同比增长11.78%；责任保险265.26亿元，同比增长31.67%；货运保险67.61亿元，同比增长8.63%；农业保险393.48亿元，同比增长17.63%。

产险业务应收保费1428.84亿元，同比增长43.17%；近12个月平均应收保费率10.47%。

图2-7为2002~2018年全国保险市场与财产保险市场原保险保费规模对

比。2018 年全国财产保险市场原保险保费收入 10770.08 亿元，同比增加 935.42 亿元，增长 9.51%，增幅同比下降 3.21 个百分点。

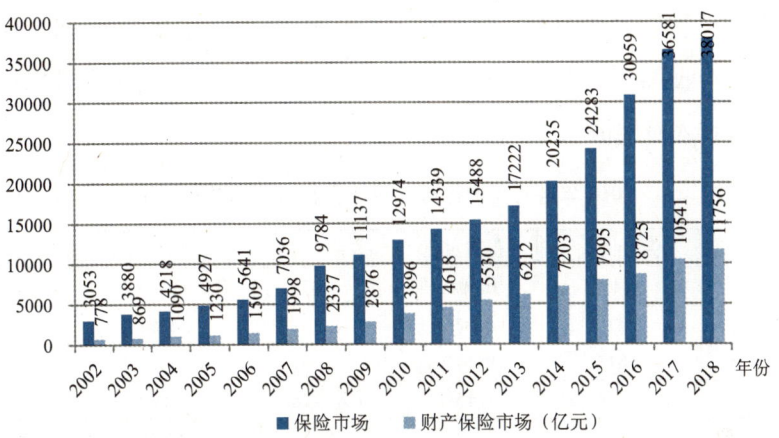

图 2-7　2002~2018 年保险市场整体与财产保险市场保费规模对比

图 2-8 为 2002~2018 年全国保险市场与财产保险市场原保险保费增速对比。2018 年国内财产保险市场原保险保费收入实现增长。从横向比较来看，2018 年，财产保险市场的原保险保费收入增速为 11.52%，高于同期全国保险市场原保险保费收入增速。从纵向比较来看，2018 年财产保险市场的原保险保费收入增速有所下降。

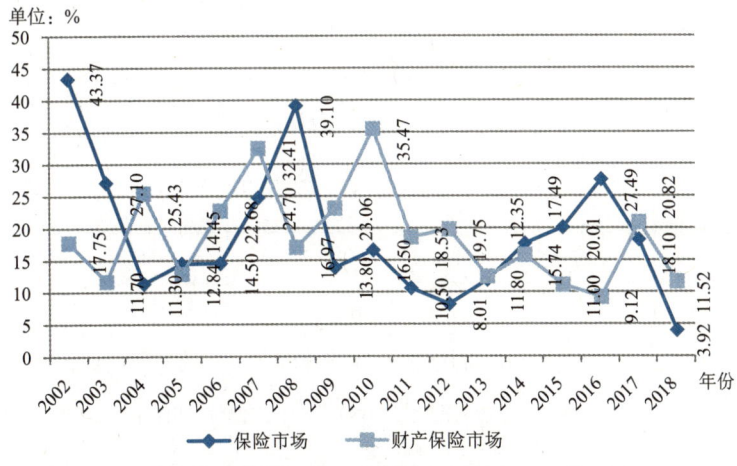

图 2-8　2002~2018 年财产保险市场保费规模增速

(二) 赔款支出

2018年，财产保险公司赔款支出累计达到5897亿元。表2-8给出了2018年财产保险保费收入和赔款支出；图2-9展示了2018年财产保险业务赔款与保费收入占比情况；图2-10展示了2018年财产保险业务累计赔款与保险保费收入对比情况。

表2-8　2018年各月财产保险公司保费收入和赔款支出情况　　单位：亿元

月份	保费收入	保费占比	赔付支出	赔付占比	赔付率
1月	1145	10.64%	475	8.06%	41.50%
2月	627	5.82%	349	5.91%	55.65%
3月	981	9.11%	431	7.31%	43.96%
4月	878	8.15%	426	7.23%	48.57%
5月	844	7.84%	482	8.18%	57.14%
6月	967	8.98%	465	7.88%	48.05%
7月	830	7.71%	495	8.39%	59.63%
8月	834	7.74%	502	8.51%	60.16%
9月	897	8.33%	524	8.89%	58.42%
10月	799	7.42%	448	7.60%	56.07%
11月	899	8.34%	579	9.82%	64.43%
12月	1069	9.92%	721	12.22%	67.43%

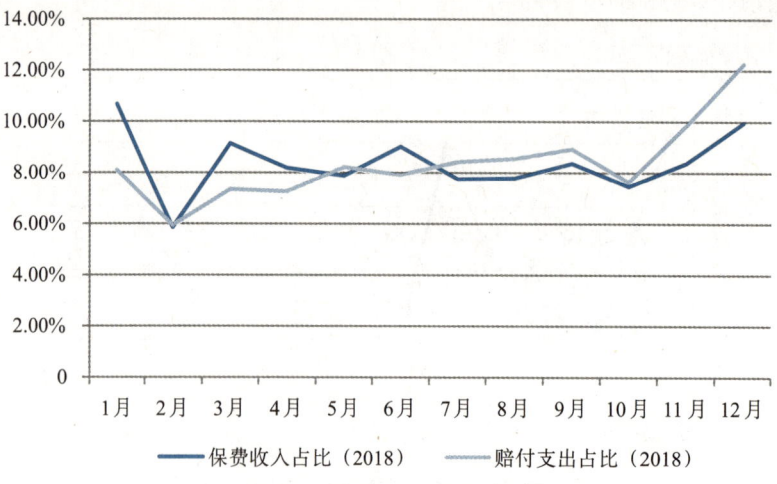

图2-9　2018年财产保险业务月度赔款与保费收入占比

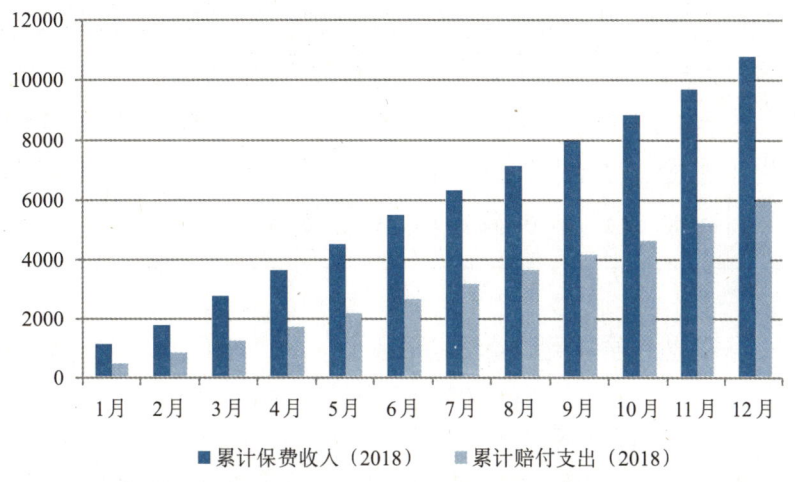

图 2-10　2018 年财产保险业累计赔款与保费收入（万元）

（三）市场集中度

市场集中度（Concentration Ratio，CR）是衡量整个行业的市场结构集中程度的测量指标，用来衡量不同市场中企业数目和相对规模的差异，是反映市场垄断程度的重要量化指标。此处对于国内财产保险行业市场集中度的分析是以前 3 家财产保险公司的市场份额之和（CR3）为标准衡量国内财险市场集中度。

从表 2-9 中的数据可以看出，2008~2011 年国内财产保险市场集中度持续上升，2012 年开始市场集中度又有所下降，但是下降幅度较小。2018 市场集中度较 2017 年略有上升，为 64.04%，上升 0.54 个百分点。总体来看，近年来市场集中度在 60% 以上，这说明国内财产保险市场仍然趋向于垄断，整体竞争程度不够。具体来看，近年来约 60% 的市场份额仍然由三大财产保险公司占有，而且人保财险一直稳居首位；平安财险的市场份额从 2009 年起超越太保财险，排名次席。

表 2-9   2008~2018 年国内财产保险市场集中度

年份	2008	2009	2010	2011	2012	2013	2014	2015	2016	2017	2018
市场份额前三（由大到小）	人保、太保、平安	人保、平安、太保	人保、平安、太保	人保、平安、太保	人保、平安、太保	人保、平安、太保	人保、平安、太保	人保、平安、太保	人保、平安、太保	人保、平安、太保	人保、平安、太保
集中度（CR3）（%）	63.86	64.21	66.45	66.60	65.35	64.80	64.70	64.00	65.55	63.50	64.04

四、中国人身险市场发展状况

（一）人身险市场发展基本概况

2018 年，人身险行业保费收入为 27246 亿元，同比增长 1.87%，行业提供风险保额 1120 万亿元，同比增长 0.10%。2018 年，人身险行业整体发展情况如下：

1. 原保险保费收入 27246.54 亿元，同比增长 1.87%

2018 年，人身险业务原保险保费收入 27246.54 亿元，同比增加 500.19 亿元，增长 1.87%。其中，寿险业务 20722.86 亿元，同比减少 732.70 亿元，下降 3.41%，在人身险业务中占比 76.06%；健康险业务 5448.13 亿元，增加 1058.67 亿元，增长 24.12%，在人身险业务中占比 20.00%；意外险业务 1075.55 亿元，增加 174.23 亿元，增长 19.33%，在人身险业务中占比 3.95%。

未计入保险合同核算的保户投资款和独立账户本年新增交费 8286.58 亿元，同比增长 30.24%。其中，寿险业务保户投资款和独立账户 2018 年新增交费 7767.03 亿元；健康险业务保户投资款本年新增交费 519.55 亿元。

2. 新单原保险保费收入 11674.93 亿元，同比下降 23.97%

2018 年，人身险公司人身险业务新单原保险保费收入 11674.93 亿元，同比下降 23.97%，人身险公司业务占比 44.46%。其中，新单期交业务 5575.23 亿元，同比下降 3.41%，占新单业务的 47.75%。

在新单期交原保险保费收入中，3年期以下176.22亿元，占比3.03%，同比上升0.44个百分点；3~5年期2063.46亿元，占比35.54%，上升5.61个百分点；5~10年期828.94亿元，占比14.28%，下降1.20个百分点；10年期及以上2737.78亿元，占比47.15%，下降4.85个百分点。

3. 普通寿险业务同比下降29.49%，分红寿险业务同比增长36.72%，投连险业务同比增长5.32%，万能险业务同比下降2.98%

2018年，普通寿险业务9120.97亿元，同比下降29.49%；分红寿险业务11489.15亿元，同比增长36.72%；投资连结保险业务4.12亿元，同比增长5.32%；万能险业务108.56亿元，同比下降2.98%。

人身险公司普通寿险业务保户投资款本年新增交费39.94亿元；分红寿险业务保户投资款本年新增交费87.60亿元；万能险业务保户投资款本年新增交费7306.64亿元；投连险业务独立账户本年新增交费332.85亿元。

4. 人身险公司银邮代理业务8032.34亿元，同比下降24.11%；个人代理业务15452.21亿元，同比增长18.27%

2018年，人身险公司银邮代理业务8032.34亿元，同比下降24.11%，人身险公司业务占比30.59%，同比下降10.06个百分点；个人代理业务15452.21亿元，同比增长18.27%，占比58.84%，上升8.67个百分点；公司直销业务2012.91亿元，同比增长14.90%，占比7.67%，上升0.94个百分点。

5. 赔款与给付支出6400.55亿元，同比增长5.04%

2018年，人身险业务赔款与给付支出6400.55亿元，同比增加307.21亿元，增长5.04%。其中，寿险业务给付金额4388.52亿元，下降4.07%；健康险业务赔款与给付支出1744.34亿元，增长34.72%；意外险业务赔款支出267.70亿元，增长19.68%。

6. 人身险公司应收保费589.26亿元，同比增长22.17%

7. 退保金7210.11亿元，同比增长17.85%

2018年，人身险公司退保金7210.11亿元，同比增长17.85%。退保率

6.83%，同比上升0.31个百分点。分不同性质的公司来看，中资人身险公司退保金6667.85亿元，退保率6.75%；外资人身险公司退保金542.27亿元，退保率8.07%。分不同险种来看，分红寿险退保金984.96亿元，占人身险公司退保金的13.66%；普通寿险退保金5747.86亿元，占人身险公司退保金的79.72%。

（二）市场份额

2018年，各人寿保险公司的保费规模及市场份额如表2-10所示。2018年，保费规模超过100亿元的有32家公司，市场份额合计为94.14%，较2017年下降0.68%。保费规模在10亿~100亿元之间的有34家公司，市场份额合计为5.60%，较2017年增长0.72%；保费规模在1亿~10亿元之间的有15家公司，市场份额合计为0.25%，较2017年下降0.04%；保费规模在1亿以下的有10家公司，市场份额合计为0.01%，具体如表2-11和图2-11所示。

表2-10　　2018年人身保险公司原保险保费收入情况表　　单位：万元

资本结构	序号	公司名称	保费收入	同比增长	市场占有率
中资	1	国寿股份	53620555	4.67%	20.42%
	2	太保寿	20134337	15.73%	7.67%
	3	平安寿	44688452	21.13%	17.02%
	4	新华	12228558	11.89%	4.66%
	5	泰康	11735843	1.72%	4.47%
	6	太平人寿	12361865	8.51%	4.71%
	7	建信人寿	2490673	-15.70%	0.95%
	8	天安人寿	5857239	21.75%	2.23%
	9	光大永明	1034443	46.08%	0.39%
	10	民生人寿	1151783	3.75%	0.44%
	11	富德生命人寿	7173095	-10.79%	2.73%
	12	国寿存续	243457	-61.76%	0.09%
	13	平安养老	2111208	20.23%	0.80%
	14	中融人寿	507774	43.84%	0.19%

续表

资本结构	序号	公司名称	保费收入	同比增长	市场占有率
中资	15	合众人寿	1513560	-36.06%	0.58%
	16	太平养老	486275	5.62%	0.19%
	17	人保健康	1479792	-23.13%	0.56%
	18	华夏人寿	15827519	82.01%	6.03%
	19	君康人寿	2955608	7.63%	1.13%
	20	信泰	738987	-37.43%	0.28%
	21	农银人寿	1763780	-26.09%	0.67%
	22	长城	618876	21.88%	0.24%
	23	昆仑健康	191603	19.39%	0.07%
	24	和谐健康	36626	-98.99%	0.01%
	25	人保寿险	9371685	-11.78%	3.57%
	26	国华	3452495	-25.16%	1.31%
	27	国寿养老	—	—	0.00%
	28	长江养老	—	—	0.00%
	29	英大人寿	540548	34.38%	0.21%
	30	泰康养老	685311	33.33%	0.26%
	31	幸福人寿	916568	-50.39%	0.35%
	32	阳光人寿	3800836	-25.47%	1.45%
	33	百年人寿	3856503	36.57%	1.47%
	34	中邮人寿	5765760	40.36%	2.20%
	35	安邦人寿	1959966	-89.66%	0.75%
	36	利安人寿	1109653	29.41%	0.42%
	37	前海人寿	4955157	54.66%	1.89%
	38	华汇人寿	1997	-91.44%	0.00%
	39	东吴人寿	189450	-63.23%	0.07%
	40	珠江人寿	421600	-58.89%	0.16%
	41	弘康人寿	813812	39.65%	0.31%
	42	吉祥人寿	279342	-47.83%	0.11%
	43	安邦养老	36289	-54.05%	0.01%
	44	渤海人寿	475021	11.93%	0.18%
	45	国联人寿	182344	104.84%	0.07%

续表

资本结构	序号	公司名称	保费收入	同比增长	市场占有率
中资	46	太保安联健康	26329	68.63%	0.01%
	47	上海人寿	640824	-0.95%	0.24%
	48	中华人寿	133646	196.51%	0.05%
	49	新华养老	—	—	0.00%
	50	三峡人寿	1104	—	0.00%
	51	横琴人寿	246226	185.42%	0.09%
	52	复星联合健康	52013	781.62%	0.02%
	53	信美人寿	53870	13.64%	0.02%
	54	华贵人寿	64661	52.52%	0.02%
	55	爱心人寿	30346	584.45%	0.01%
	56	和泰人寿	65962	331.56%	0.03%
	57	招商仁和	206769	457.68%	0.08%
	58	瑞华健康	75	—	0.00%
	59	北京人寿	19087	—	0.01%
	60	人保养老	—	—	0.00%
	61	海保人寿	8169	—	0.00%
	62	国富人寿	15142	—	0.01%
	63	国宝人寿	12809	—	0.00%
		小计	241343277	0.12%	91.90%
外资	64	中宏人寿	809654	20.10%	0.31%
	65	中德安联	494611	22.38%	0.19%
	66	工银安盛	3368064	-15.06%	1.28%
	67	中信保诚	1538458	27.97%	0.59%
	68	交银康联	801799	-38.94%	0.31%
	69	中意	1401223	49.13%	0.53%
	70	友邦	2613429	25.89%	1.00%
	71	北大方正人寿	208983	2.75%	0.08%
	72	中荷人寿	469429	16.73%	0.18%
	73	中英人寿	795956	8.02%	0.30%
	74	同方全球人寿	368146	36.41%	0.14%
	75	招商信诺	1506165	17.54%	0.57%

续表

资本结构	序号	公司名称	保费收入	同比增长	市场占有率
外资	76	长生人寿	231587	24.98%	0.09%
	77	恒安标准	327905	24.83%	0.12%
	78	瑞泰人寿	56044	46.30%	0.02%
	79	中法人寿	11	-37.44%	0.00%
	80	华泰人寿	531933	18.74%	0.20%
	81	陆家嘴国泰	232375	46.03%	0.09%
	82	中美联泰	1160167	15.56%	0.44%
	83	平安健康	370314	72.46%	0.14%
	84	中银三星	286637	-26.01%	0.11%
	85	恒大人寿	3237167	15.20%	1.23%
	86	新光海航	9264	-6.01%	0.00%
	87	汇丰人寿	142474	20.28%	0.05%
	88	君龙人寿	61150	-20.70%	0.02%
	89	复星保德信	125995	90.34%	0.05%
	90	中韩人寿	56471	22.44%	0.02%
	91	德华安顾	60034	44.95%	0.02%
	—	小计	21265445	9.98%	8.10%
	合计		262608722	0.85%	100.00%

表2-11　　　　　2018年寿险公司保费收入分布情况

保费规模	公司数目（个）		市场份额合计	
	2018年	2017年	2018年	2017年
大于100亿元	32	34	94.14%	94.82%
介于10亿元与100亿元之间	34	28	5.60%	4.88%
介于1亿元与10亿元之间	15	15	0.25%	0.29%
小于1亿元	10	8	0.01%	0.01%

（三）市场集中度

2018年，中国人寿保险市场格局发生变化，太保人寿回到第3名（2018年前5名分别为：中国人寿、平安人寿、太保人寿、华夏人寿、新华人寿）。

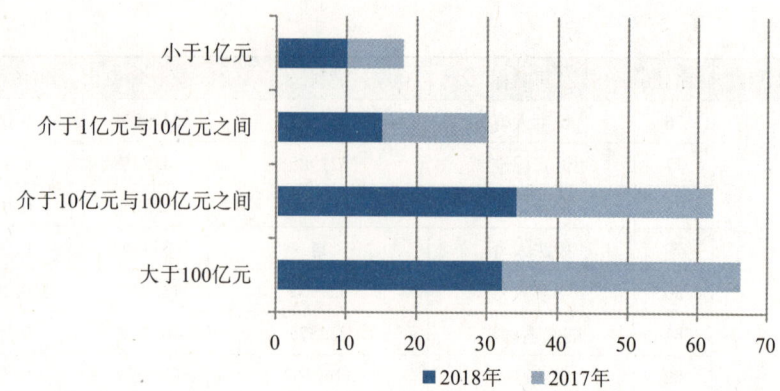

图 2-11　2017~2018 年寿险公司市场份额分布

而随着市场主体的增加，人寿险市场的竞争格局也在悄然改变，市场从寡头垄断竞争阶段进入垄断竞争时期。2004 年，中国人寿的人寿险保费占总保费的 46.87%，其他 4 家人寿险公司中国平安、中国太保、新华保险、泰康人寿的人寿险保费分别占比 17.18%、10.80%、5.87%、5.54%，前 5 家公司的市场份额合计超过 86%。2018 年，中国人寿的市场份额略有上升，升至 20.42%；前 5 家公司总份额为 55.79%，较 2017 年上升了 3.56 个百分点。5 家市场总份额略有上升的同时，中小型人寿险公司的市场份额有所下降（见表 2-12）。

表 2-12　　　　　　2004~2018 年国内 5 家人寿保险公司市场占有份额

年份	中国人寿	中国平安	中国太保	新华保险	泰康人寿	合计
2004	46.87%	17.18%	10.80%	5.87%	5.54%	86.26%
2005	44.07%	16.14%	9.93%	5.78%	4.88%	80.80%
2006	45.27%	16.99%	9.32%	6.56%	5.12%	83.26%
2007	39.73%	16.00%	10.24%	6.59%	6.92%	79.48%
2008	40.28%	13.79%	9.01%	7.59%	7.87%	78.54%
2009	43.09%	15.65%	8.23%	6.19%	8.16%	81.32%
2009	36.23%	16.24%	8.30%	8.20%	8.23%	77.20%
2010	31.72%	15.15%	8.76%	8.92%	8.26%	72.81%
2011	33.29%	12.44%	9.75%	9.92%	7.11%	72.51%

续表

年份	中国人寿	中国平安	中国太保	新华保险	泰康人寿	合计
2012	32.41%	12.93%	9.39%	9.81%	6.18%	70.72%
2013	32.21%	14.40%	9.38%	10.22%	6.03%	72.24%
年份	中国人寿	中国平安	中国太保	新华保险	人保寿险	合计
2014	26.10%	13.71%	7.78%	8.66%	6.20%	62.45%
2015	22.96%	13.14%	7.05%	6.85%	5.64%	54.64%
年份	中国人寿	中国平安	中国太保	安邦人寿	新华保险	合计
2016	19.85%	12.69%	6.33%	5.26%	5.19%	49.32%
年份	中国人寿	中国平安	安邦人寿	中国太保	泰康人寿	合计
2017	19.67%	14.17%	7.28%	6.68%	4.43%	52.23%
年份	中国人寿	中国平安	中国太保	华夏人寿	新华人寿	合计
2018	20.42%	17.02%	7.67%	6.03%	4.66%	55.79%

五、2018年中国保险业资金运用情况

（一）资金运用概况

如表2-13所示，截至2018年12月末，保险公司资金运用余额为164088.38亿元，较年初增长9.97%。其中，银行存款24363.50亿元，占资金运用余额的比例为14.85%；债券56382.97亿元，占比34.36%；证券投资基金8650.55亿元，占比5.27%；股票10569.33亿元，占比6.44%。

截至2018年12月末，保险公司交易性金融资产7338.38亿元，占资金运用余额的比例为4.51%；持有至到期投资32158.46亿元，占比19.76%；可供出售金融资产50833.26亿元，占比31.23%。

表2-13　　　　　2018年保险公司资金运用情况表　　　　单位：亿元

项目	资金运用余额	较年初增长	占比	占比较年初变动	收益额	收益率
一、银行存款	24364	26.41	14.85	1.93	856	4.02
二、债券	56383	9.24	34.36	-0.23	2475	4.51
1. 国债	14028	37.96	8.55	1.73	460	3.94

续表

项目	资金运用余额	较年初增长	占比	占比较年初变动	收益额	收益率
2. 金融债	20216	5.55	12.32	-0.52	937	4.68
3. 企业债	21012	8.1	12.81	-0.22	990	4.73
三、证券投资基金	8651	14.96	5.27	0.23	-10	-0.12
四、买入返售金融资产	3108	-15.38	1.89	-0.57	67	3.03
五、股票	10569	-2.4	6.44	-0.82	-197	-1.76
六、长期股权投资	17077	15.63	10.41	0.51	1202	7.45
七、投资性房地产	1793	0.53	1.09	-0.1	102	5.36
八、保险资产管理公司产品	7495	-12.44	4.57	-1.17	285	3.35
九、金融衍生工具	0	31.69	0	0	-21	—
十、贷款	25854	11.98	15.76	0.28	1276	5.07
十一、拆借资金	1	0	0	0	0	0.58
十二、其他投资	8795	8.67	5.36	-0.06	823	9.65
合计	164088	9.97	100	0	6859	4.33

（二）资金运用分析

保险行业资产总额从 2002 年起规模快速增长（见图 2-12），截至 2018 年年底，保险公司总资产共计 183308.92 亿元，较年初增加 15819.55 亿元，增长 9.45%。其中，产险公司总资产 23484.85 亿元，较年初下降 5.92%；人身险公司总资产 146087.48 亿元，较年初增长 10.55%；再保险公司总资产 3649.79 亿元，较年初增长 15.87%；资产管理公司总资产 557.34 亿元，较年初增长 13.41%。

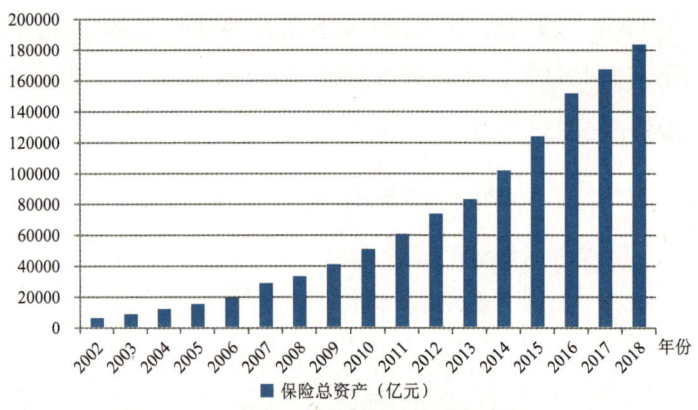

图 2-12　2002~2018 年保险总资产变化情况

2018年年底，资金运用余额164088.38亿元，较年初增长9.97%（见图2-13）。其中，银行存款24363.50亿元，占资金运用余额的比例为14.85%；债券56382.97亿元，占比34.36%；证券投资基金8650.55亿元，占比5.27%；股票10569.33亿元，占比6.44%。

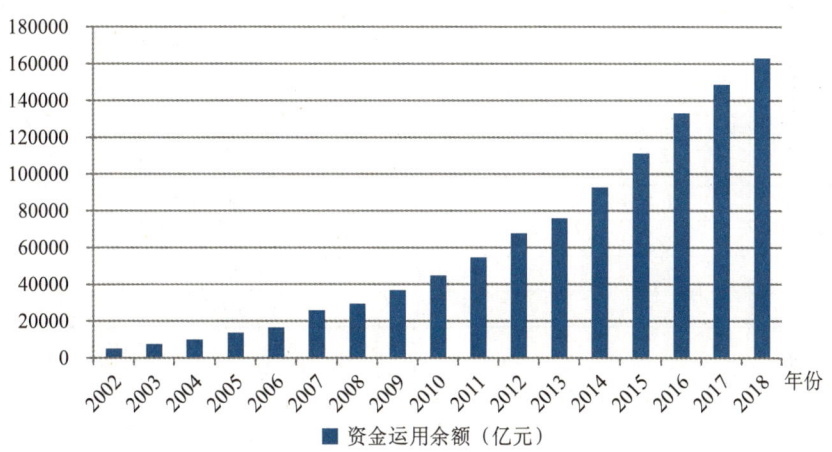

图2-13 2002~2018年保险资金运用余额变化情况

2018年，从保险资金运用比例来看，银行存款同比增加1.93%，债券同比下降0.23%，股票和证券投资基金同比增加1.23%，其他投资同比下降3.01%，保险资金运用结构发生变化，银行存款逐步增加，保险资金银行存款占比上升到14.85%，其他投资占比则在85%左右。由于保险资金投资的不断松绑，保险公司资产呈现多元化，投资工具不断创新。从2002~2018年中国保险资金运用结构表（见表2-14和图2-14）来看出，自2002年开始，保险资金银行存款比例呈下降趋势，2017年下降至12.92%的历史新低，2018年略有增加。

表2-14　　　　2002~2018年中国保险金运用结构

年份	银行存款	债券	股票和证券投资基金	其他投资
2002	54.70%	20.00%	5.60%	19.70%
2003	52.10%	16.00%	6.21%	25.69%
2004	46.50%	24.80%	6.30%	22.40%
2005	36.66%	52.66%	8.97%	1.71%

续表

年份	银行存款	债券	股票和证券投资基金	其他投资
2006	33.67%	53.15%	10.03%	3.15%
2007	24.39%	43.98%	27.11%	4.52%
2008	26.47%	57.88%	13.33%	2.32%
2009	28.07%	50.99%	18.53%	2.41%
2010	30.17%	49.89%	16.73%	3.21%
2011	31.97%	47.09%	15.68%	5.26%
2012	34.16%	44.67%	11.80%	9.37%
2013	29.45%	43.42%	10.23%	16.90%
2014	27.12%	38.15%	11.06%	23.67%
2015	21.78%	34.39%	15.18%	28.65%
2016	18.55%	32.15%	13.28%	36.02%
2017	12.92%	34.59%	12.30%	40.19%
2018	14.85%	34.36%	13.61%	37.18%

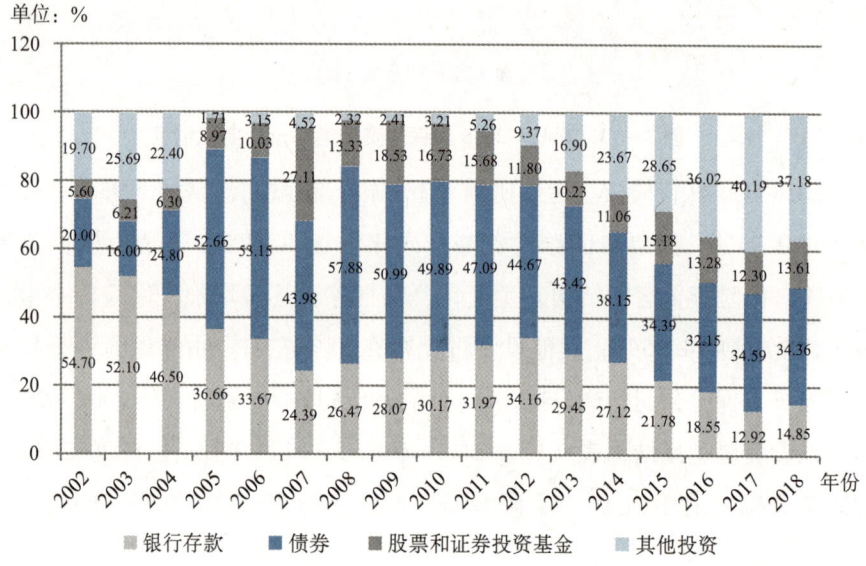

图 2-14 2002~2018 年保险资金运用结构

(三) 资金收益状况

2018 年,保险公司资金运用收益共计 6859.07 亿元,资金运用平均收益率 4.33%。其中,独立账户资金运用收益 -130.41 亿元,资金运用平均收益率 -9.14%;非独立账户资金运用收益 6898.48 亿元,资金运用平均收益率4.46%。

其中,利息收入(活期存款、定期存款、存出保证金、存出资本保证金、结算备付金、其他货币资金利息收入)852.30亿元,占资金运用收益的12.19%;投资收益6707.45亿元,占资金运用收益的95.96%;公允价值变动损益-405.70亿元;资产减值损失317.63亿元;其他收益41.73亿元,占资金运用收益的0.60%。

从持有意向分类看,交易性金融资产资金运用收益-109.92亿元;持有至到期投资资金运用收益1402.41亿元,占比20.06%;可供出售金融资产资金运用收益1788.28亿元,占比25.58%;长期股权投资资金运用收益1200.17亿元,占比17.17%。

在投资渠道逐步放宽的同时,保险资金的投资收益率整体有所提升(见图2-15)。2002~2007年,国内保险资金的投资收益率基本呈单向上升的形态,2007年保险资金的投资收益达到历史高位,首次达到了10%以上的收益率,这主要是中国股票价格一路走高所致。在2008年金融危机后,国内保险资金投资收益率随着资本市场的波动,也出现比较大的起伏,2018年国内保险资金投资收益为4.33%,较上年下降了1.44%。

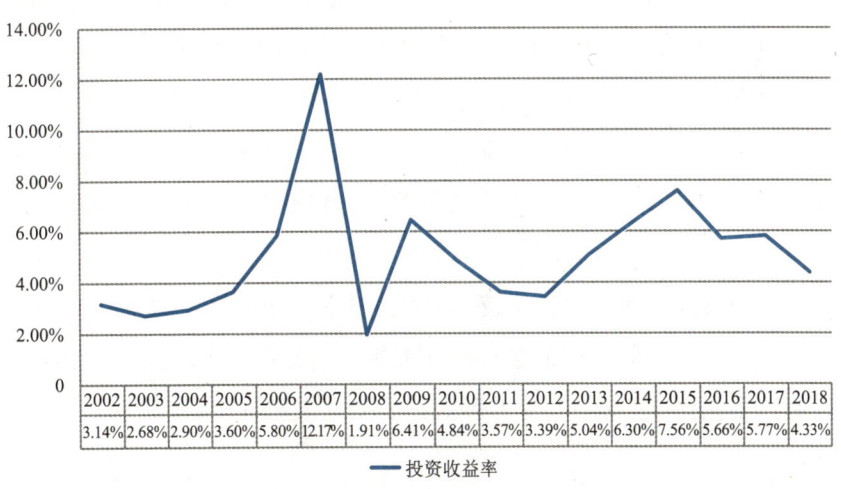

图2-15　2002~2018年保险资金投资收益率

(四) 资金运用监管

2018年，在党中央、国务院全面深化改革的大背景下，中国银保监会以问题为导向，按照"放开前端、管住后端"的总体思路，坚持通过改革的方法，有效解决了资金运用配置渠道单一、收益率长期偏低等突出问题，取得了较好效果，得到社会各界积极评价，成绩有目共睹，主要有以下两方面。

1. 着力治乱象并及时弥补风险漏洞和制度短板

针对举牌问题，发布《关于进一步加强保险资金股票投资监管有关事项的通知》，加强股票投资和举牌监管，对股票投资实施分类管理，禁止保险机构与非保险机构一致行动人共同收购上市公司。针对境外投资问题，严格遵守国家境外投资有关政策，限制房地产、酒店、影城、娱乐业、体育俱乐部等投资，规范保险机构内保外贷业务，提高投资能力要求。稳妥处置重点公司风险，密切关注流动性风险状况，及时采取一系列措施，缓解流动性风险，维护市场稳定。

2. 把防风险摆放在突出位置，保持从严从紧监管态势

推进资产负债权利硬约束。研究拟定《保险资产负债管理监管办法》及相关监管规则，已征求一轮行业意见，并进行多轮测试和有关培训等工作，于2018年起开始试运行。开展风险排查专项整治。针对合规风险、监管套利、利益输送、资产质量等问题，组织开展现场检查，对于发现的违规问题将依法严肃处罚。强化内部控制建设。加强对股权投资、不动产投资和金融产品投资的内控要求。与财政部联合发文，防范地方政府债务风险，严格规范保险资金参与地方政府债务。强化股权投资计划、保险私募基金等业务监管。建立股权投资信息报告系统，强化对保险机构、投资机构、中介机构的非现场监管，完善保险资金股权投资事后监管机制。严明去通道要求，通过研究修订委托投资办法，进一步明确委、受托人职责，禁止开展通道业务。

六、资产管理机构

(一) 专业机构多样

目前,保险资产管理业市场主体主要包括24家综合性保险资产管理公司(见表2-15)。此外,还有173家保险公司设立了保险资产管理中心或保险资产管理部门。同时,保险资管机构呈现差异化发展态势,一类是专注于管理母公司资金的公司,业务模式及投资理念坚守传统,以负债驱动资产配置为主。另一类是第三方业务占比较大的公司,市场化程度较高,综合投资能力正在接近或者达到充分竞争的大资产管理市场的标准。

表2-15　　　　　2018年24家综合性保险资产管理公司

序号	机构名称	设立时间
1	中国人保资产管理股份有限公司	2003年7月
2	中国人寿资产管理有限公司	2003年11月
3	华泰资产管理有限公司	2005年1月
4	中再资产管理股份有限公司	2005年1月
5	平安资产管理有限责任公司	2005年2月
6	泰康资产管理有限责任公司	2005年5月
7	太平洋资产管理有限责任公司	2006年6月
8	新华资产管理有限公司	2006年6月
9	太平资产管理股份有限公司	2006年9月
10	安邦资产管理有限责任公司	2011年5月
11	生命保险资产管理有限公司	2011年7月
12	光大永明资产管理股份有限公司	2012年2月
13	合众资产管理股份有限公司	2012年3月
14	民生通惠资产管理有限公司	2012年10月
15	阳光资产管理股份有限公司	2012年11月
16	中英益利资产管理股份有限公司	2013年4月
17	中意资产管理有限责任公司	2013年5月
18	华安财保资产管理有限责任公司	2013年9月
19	长城财富资产管理股份有限公司	2015年3月

续表

序号	机构名称	设立时间
20	英大保险资产管理有限公司	2015年3月
21	华夏久盈资产管理有限责任公司	2015年4月
22	建信保险资产管理有限公司	2016年4月
23	百年保险资产管理有限责任公司	2016年11月
24	永诚保险资产管理有限公司	2017年8月2日

(二) 投资领域广阔

保险资产管理机构受托业务的投资标的较为广泛，基本实现了从传统到另类、从公募到私募、从虚拟到实体、从境内到境外的全覆盖。具体而言，包括存款、债券、基金、股票、基础设施、不动产、股权、衍生金融工具，保险资产管理产品、私募股权基金、信托产品、信贷资产支持证券、券商资产支持证券、商业银行理财产品等各类金融产品，能为保险机构、银行、企业年金等客户提供企业年金投资管理、金融同业业务、财富管理服务、资产管理产品、养老金产品、境外理财产品、QDII（合格境内机构投资者）专户、私募基金产品等各项产品和服务。

第二节 德国保险产业发展研究[①]

一、德国保险产业概况

15世纪，在德意志北部地区，成立了以保障火灾损失为目的的互助共济团体。1591年，德国汉堡为了筹划重建烧毁造酒厂的资金和保证不动产的信用，成立了火灾救助协会，这是火灾保险的雏形。凡加入协会者，在遭遇火

---

① 本节数据均来自《德国保险统计年鉴2018》、BaFin（德国联邦金融监管局）以及Sigma数据库。

灾后，可获得救济。1676年，由46个协会合并成立了"汉堡火灾保险局"，这是公营火灾保险的开始。德国是世界上最早开展火灾保险再保险业务的国家，1846年科隆再保险公司在德国成立。德国也是现代社会保险保障制度的发源地，其1883年《疾病保险法》、1884年《工伤事故保险法》和1889年《老年与伤残强制保险法》是现代社会保障制度建立的标志。历经百余年的发展，德国的商业寿险市场亦不断发展变迁。1990年东西德合并后，德国寿险业的发展大致经历了4个阶段，其发展趋向、产品结构受到政策变迁、养老制度改革和利率变化的影响。20世纪90年代，德国寿险业主要的产品类型是两全类的储蓄型保险，这一时期寿险业发展迅猛，10年内保费收入实现翻倍增长，随着两全类寿险产品的税收优惠政策取消以及李斯特和吕库普个人储蓄型养老金计划的引入，养老金/年金类产品得到长足发展。德国保险市场是欧洲非常重要的保险市场，在世界上也占有重要的地位，慕尼黑再保险、安联保险、安顾保险等知名德国保险品牌享誉全球。

德国保险业是德国十分重要的经济行业，保费收入占到GDP的6%左右，其对德国现代经济的发展地位至关重要。毕竟，防范风险不仅能为私人家庭提供其所需的融资可预测性，还往往是企业行动不可或缺的先决条件。一直以来，德国保险业以险种齐全、保险技术水平和管理水平高、稳健经营著称。近年来，人口变化、地缘政治风险加大以及数字化的快速发展给社会和经济带来巨大挑战。在这种复杂的风险环境中，德国保险业为社会和经济发展做出了巨大贡献，超过4.34亿张的保单也印证了保险对个人和公司的重要性。根据德国保险协会发布的《德国保险业统计年鉴2018》，2017年德国保险业保费收入和合同数量的增长率高于2016年，保险公司的投资账面价值也显著上升，超过1.3万亿欧元。

2017年，德国保险公司的原保险保费收入接近1980亿欧元，较上年增加了1.9%，其中，人寿保险收入906.57亿欧元，占总量的45.8%；健康保险收入390.1亿欧元，占总量的19.7%；财产和意外伤害保险收入683.2亿欧元，占总量的34.5%。如表2-16所示，德国保费收入占全球保费收入的比例约为4.6%，就保费收入而言，德国保险市场是全球第六大保险市场。在低利率以及严监管的金融环境下，德国保险业依旧保持着强劲增长势头，这得益于德国保险业积极调整并充分适应市场环境的经营理念，也受益于德国持续强劲的经济发展。德国的保险业收入在主要产业中长年居第二位，位于零售业之下。

表2-16　2017年全球前20大原保险市场　　　　　单位：十亿美元

排名	国家或地区	保费收入	全球份额
1	美国	1377.10	28.2%
2	中国	541.4	11.1%
3	日本	422.1	8.6%
4	英国	283.3	5.8%
5	法国	241.6	4.9%
6	德国	223	4.6%
7	韩国	181.2	3.7%
8	意大利	155.5	3.2%
9	加拿大	119.5	2.4%
10	中国台湾	117.5	2.4%
11	印度	98	2.0%
12	巴西	83.3	1.7%
13	澳大利亚	80.1	1.6%
14	荷兰	79	1.6%
15	西班牙	70.5	1.4%
16	爱尔兰	64.3	1.3%
17	中国香港	61.3	1.3%
18	瑞士	57.9	1.2%
19	南非	47.8	1.0%
20	瑞典	36.6	0.7%
	合计	4341	88.7%

2017年德国保险整个德国的保单数量增加至4.349亿张，增长率为0.9%，2016年这一数据则为0.5%。财产和意外伤害保险合同的数量增长至

3.123亿张，实现了1.3%的增长；而健康保险的保单总数达到3430万张，增长率1.2%；人寿保险保单数量则下降了1.0%至8830万张。

作为长期投资者，德国保险公司总投资额近1.35万亿欧元，是私营和公共部门的重要资金来源。其中，人寿保险公司约9090亿欧元，其次是健康保险2730亿欧元，财产和意外险公司1690亿欧元。2017年德国境内总共有528家保险公司，其中有84家为人寿保险公司，46家为健康保险公司，200家为财产和意外伤害保险公司，28家为再保险公司。德国保险业为超过49万人提供就业岗位，目前，仍有10700名学员正在进行保险业的职业培训。

德国的再保险市场也是世界上最大的保险市场之一。表2-17为2016年全球前15大再保险市场的保费收入情况，2016年，德国再保险保费收入接近396亿美元，仅次于美国，占全球再保险保费收入的比例约为20%。

表2-17　　　　2016年全球前15大再保险市场　　　　单位：十亿美元

排名	国家或地区	保费收入	全球份额
1	美国	48.68	24.5%
2	德国	39.58	19.9%
3	瑞士	22.47	11.3%
4	百慕大	17.44	8.8%
5	英国	12.5	6.3%
6	日本	10.61	5.3%
7	爱尔兰	10.48	5.3%
8	法国	6.63	3.3%
9	卢森堡	5.7	2.9%
10	印度	4.68	2.4%
11	韩国	3.87	2.0%
12	西班牙	3.26	1.6%
13	中国	3.07	1.5%
14	中国香港	1.97	1.0%
15	澳大利亚	1.82	0.9%
	合计	192.76	97.0%

德国保险市场是一个历史悠久且较为成熟的保险市场，其特点表现在：

第一，德国保险业作为金融服务业的一支，在国民经济中的地位基本保持稳定。在过去10年间（2007~2017年），德国保险业的总保费保持了基本稳定的增长，保险深度既没有出现大幅度的增长也没有出现大幅度的降低，大致稳定在6%左右，保险业就业人数占总人口的比例都保持在0.5%以上。

第二，供给方的供给质量不断提高。尽管近些年来，德国新的保险产品层出不穷，但是保险的根本经济宗旨仍然是"风险管理"，尤其表现为对损失的补偿。衡量保险供给质量的一个简单、简洁的指标就是赔付率，该指标在财产保险中更为适用。自2014年以来，德国财产和意外伤害保险平均赔付率基本稳定在75%。

第三，全球化整合程度越来越高。近10年来，德国保险业的全球化整合程度越来越高，风险在全球范围内分摊的机制越来越成熟。最主要的一个表现就是全球性再保险的快速发展。全球性的再保险是风险在全球配置、分摊的重要机制。德国再保险市场的海外增长迅速，近40年（1975~2016年）来，德国再保险公司海外业务所占份额提升近43.8%，从1975年的30.9%升至2016年的74.7%。

二、德国保险产业结构与发展

（一）保险产业总量指标

1. 保费收入

研究一个产业的发展首先要对行业的市场有一个清晰的了解和把握。对于保险产业来说，保费收入无疑是一个不可忽略的重要指标。

图2-16为1980~2018年德国保险市场的保费收入情况，可以看出德国非寿险保费始终高于寿险保费，在1980~1995年差距逐渐增大，随后差距逐年缩小，但在2000年之后，除2010年外，非寿险保费增长趋势又高于寿险保费，非寿险保费的持续波动增长使得二者之间的差距不断扩大。

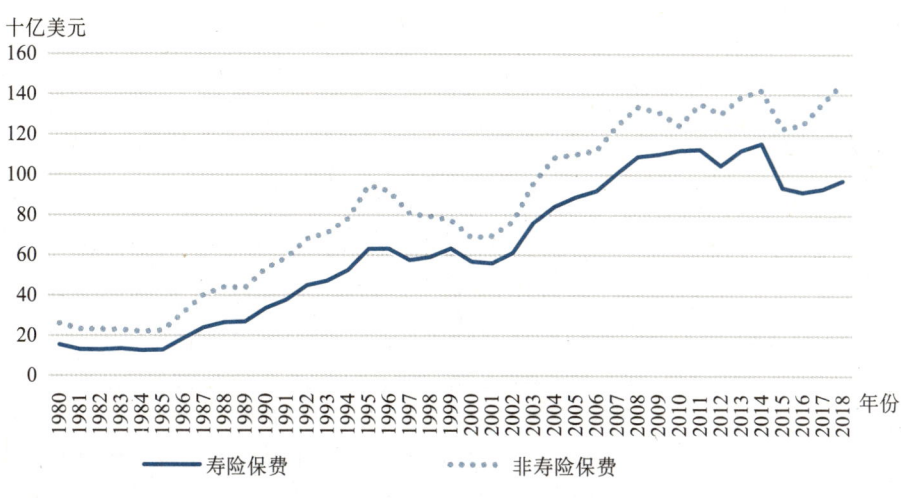

图 2-16 1980~2018 年德国寿险和非寿险保费收入趋势图

表 2-18 和表 2-19 分别展示了 2010~2018 年德国各类保险公司保费收入和相应的收入份额情况。可以看出，寿险业在德国保险业占比份额最大，2018 年人寿保险保费收入接近 920 亿欧元，占比超过 45%。2010~2018 年，人寿保险份额有所下降，财产和意外伤害保险所占份额从 2010 年的 30.9% 升至 2018 年的 34.9%，健康保险占比则基本保持不变。

表 2-18   2010~2018 年德国保险业保费收入   单位：百万欧元

	2010	2015	2016	2017	2018
原保险公司合计	178844	193904	194328	197987	202300
人寿保险	90355	92659	90774	90657	91969
健康保险	33270	36822	37258	39010	39700
财产和意外伤害保险	55219	64422	66296	68320	70600
再保险	36191	48689	49796	—	—

表 2-19   2010~2018 年德国保险公司原保费收入份额   单位：%

	2010	2015	2016	2017	2018
人寿保险公司	50.5	47.8	46.7	45.8	45.5
健康保险公司	18.6	19	19.2	19.7	19.6
财产和意外伤害保险公司	30.9	33.2	34.1	34.5	34.9

2. 保险从业人员

如表2-20所示整体来看，2014~2018年保险业就业人员数量呈现下降趋势，从2014年的53.6万减少到2018年的49.3万，中介机构雇员数量大幅降低，专家顾问的数量反而有所上升，德国保险市场的这一现象对我国保险中介市场的发展有一定的启示意义。2018年，德国保险业为超过49万人提供了就业岗位，其中保险公司雇员数量约为29万，保险中介机构为超过20万人解决就业问题。

表2-20　2014~2018年德国保险业就业人员数量

	2014	2015	2016	2017	2018
保险公司总雇员数量	296250	295580	295800	292190	291240
保险业务相关雇员数量	211100	210400	207200	204700	201900
外勤	160600	161200	159800	159400	158900
内勤	38400	37300	36000	34200	32300
学员（接受职业培训）	12100	11900	11400	11100	10700
保险中介	239324	233138	227978	220508	201300
专家顾问	292	292	311	317	343
保险业合计	535866	529010	524089	513015	492883

3. 保险机构数量

德国保险业的兼并重组过程正在逐年推进，主要表现在保险公司数量的下降趋势上，如表2-21所示。德国联邦政府监管下的保险公司数量在1980年时为809家，到2010年下降到582家，到2017年末已经降至528家。与此同时，公司的合并使少数大企业集团对市场份额的占有能力进一步增强，据德国保险业协会统计，2016年德国保险市场中前十大公司在人寿保险市场占据的份额为67.44%，在健康险市场、财产和意外伤害险市场占据的份额分别为76.46%和63.73%。

表2-21　1980~2017年德国联邦监管下保险公司数量

	1980	1990	2000	2010	2015	2016	2017
保险公司数量合计	809	729	659	582	539	534	528

续表

	1980	1990	2000	2010	2015	2016	2017
其中							
人寿保险公司	108	109	119	95	84	84	84
健康保险公司	51	55	55	48	47	46	46
财产和意外伤害保险公司	344	322	254	211	205	201	200
再保险公司	33	28	41	36	28	29	28

备注：保险公司数量合计包括德国联邦监管下的人寿保险公司、健康保险公司、财产和意外伤害保险公司、再保险公司和养老基金。

（二）保险产业结构衡量指标

研究一个产业就必定要研究它的结构变化和发展情况，而和该产业有关的结构指标可以直观地刻画出一个产业的发展过程和发展潜力。

1. 保费收入变化率

保费收入作为衡量保险产业规模的首要指标，其增长速度的变化可以向我们展示出保险产业的发展过程，其趋势可以显示出保险产业的发展潜力。

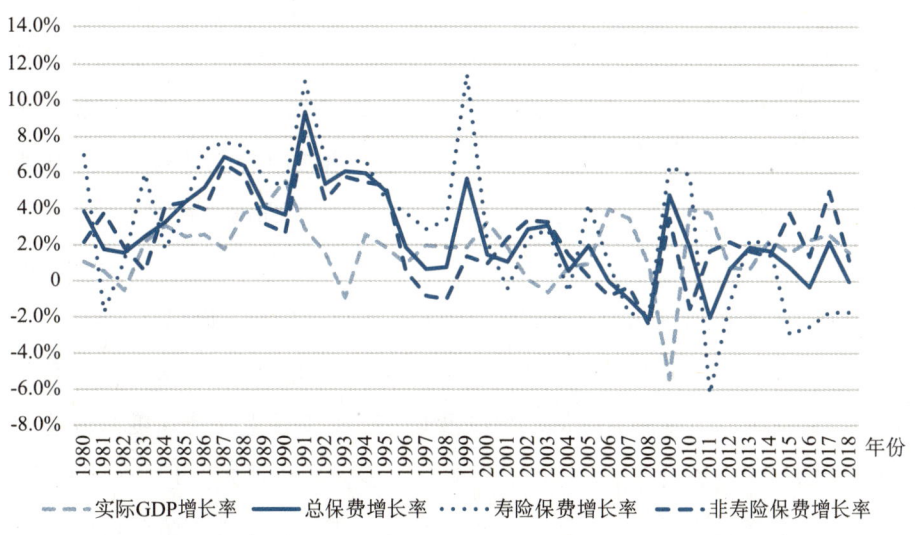

图2-17 1980~2018年德国扣除通胀的保费增长率变化趋势图

图 2-17 展示了 1980~2018 年德国总保费增长率、寿险保费增长率、非寿险保费增长率以及实际 GDP 增长率的变化趋势。从图中可以看出，总保费增长率与寿险保费增长率变化一致，非寿险保费增长率与总保费增长率和寿险保费增长率变化大体一致，但在 2011 年与二者呈相反的变化趋势。德国的实际 GDP 增长率变化幅度没有保费增长率变化幅度那么大，但是可以明显看出在 2012 年以前很长一段时间，总保费增长率、寿险保费增长率和非寿险保费增长率变化趋势与实际 GDP 相反，即德国保险市场保费增长率是逆经济周期增长的。自 2012 年以来，德国总保费增长率和非寿险保费增长率变化与实际 GDP 变化趋势基本一致，而寿险保费增长率变化趋势与实际 GDP 相反。

2. 保险密度和保险深度

保险密度和保险深度也是衡量保险产业发展情况的重要指标。保险密度是指一个国家或地区的人均保费；保险深度是指一个国家或地区在该年度保费收入占 GDP 的比重。

由图 2-18 我们可以看到，德国非寿险业保险密度从 1980 年至今始终高于寿险业保险密度。整体上看，德国非寿险业保险密度与寿险业保险密度都随时间而增长，二者的变化趋势较为一致，就波动幅度而言，非寿险业保险密度波动较大。值得一提的是，德国寿险业保险密度在欧洲债务危机期间仍保持了比较稳定的增长态势，从 2008 年的 1338 美元增长到 2010 年的 1387 美元，表明德国居民参保的程度不断提高。近 5 年来，非寿险业保险密度增长势头迅速，而寿险业保险密度增长较为缓慢。如图 2-19 所示，2017 年德国保险密度为 2400 欧元，在欧洲国家中排名第十，与排名靠前的国家之间仍存在较大差距。

由图 2-20 可见，1980~2018 年，德国的非寿险业保险深度一直高于寿险业保险深度。值得注意的是，2013 年以前，非寿险业保险深度与寿险业保险深度的变化趋势是基本一致的，但幅度略有差异。例如在 1989~1998 年都是先小幅下降后快速上升。2013~2018 年间，德国寿险业保险深度呈下降趋势，从 2013 年的 3% 下降到 2018 年的 2.4%，寿险业保险深度明显下降而非寿险业保险深度则稳定在 3.6% 左右。另外，整体来看，非寿险业保险深度一

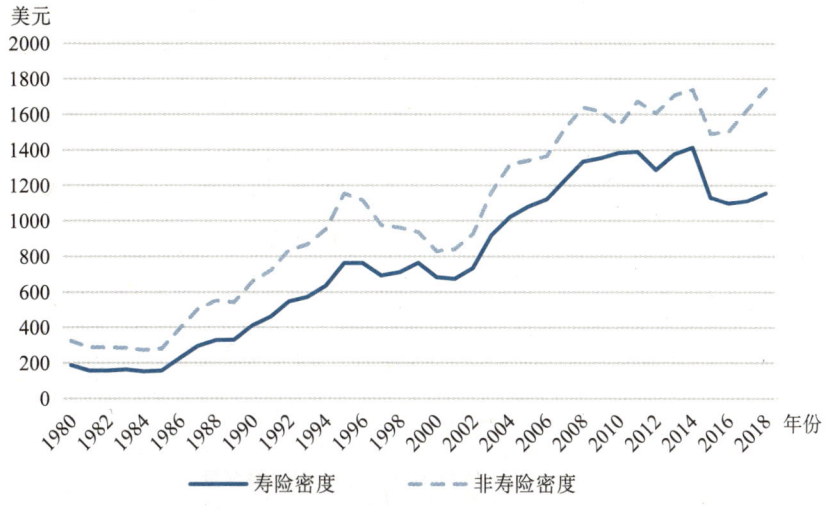

图 2-18　1980~2018 年德国保险密度

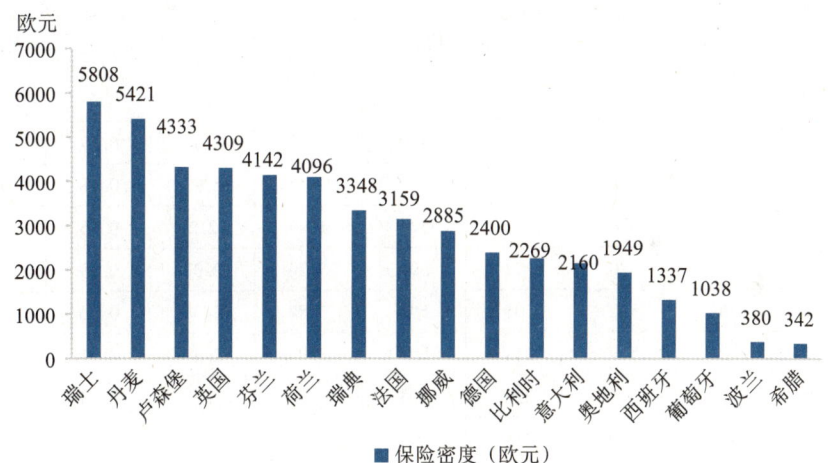

图 2-19　2017 年欧洲国家保险密度

直在 2.8%~3.8%间波动，而寿险业保险深度波动范围为 1.6%~3.3%，远高于非寿险，并且波动频率也高于非寿险。

表 2-22 为 1980~2017 年德国各险种的保险密度和保险深度，自 2010 年以来，人寿保险的保险密度在 1100 欧元上下波动，健康险、财产险和意外伤害保险的保险密度则稳步上升。就保险深度而言，近年来，德国保险业的保险深度有所下降，各险种的保险密度也略有下降。

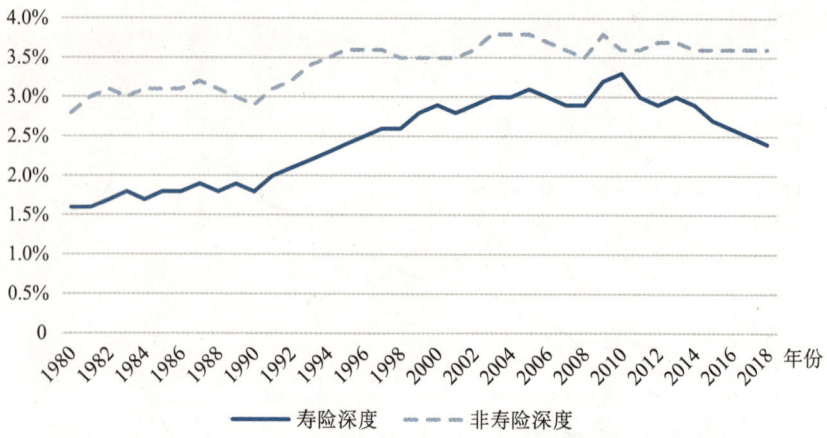

图 2-20 1980~2018 年德国保险深度

表 2-22 1980~2017 年德国保险密度及保险深度

年份	保险密度（欧元）				保险深度（%）			
	合计	人寿保险	健康保险	P&C	合计	人寿保险	健康保险	P&C
1980	459	169	62	229	4.57	1.68	0.61	2.28
1991	989	387	131	470	5.02	1.97	0.67	2.39
1992	1074	426	143	504	5.13	2.03	0.68	2.41
1993	1180	474	162	545	5.49	2.2	0.75	2.54
1994	1289	520	177	591	5.74	2.32	0.79	2.63
1995	1362	552	201	609	5.87	2.38	0.86	2.63
1996	1401	579	214	608	5.97	2.47	0.91	2.59
1997	1445	615	226	603	6.03	2.57	0.94	2.52
1998	1471	640	236	595	5.98	2.6	0.96	2.42
1999	1550	715	242	592	6.17	2.85	0.96	2.36
2000	1597	744	252	601	6.21	2.89	0.98	2.33
2001	1639	759	263	616	6.2	2.87	1	2.33
2002	1708	791	280	638	6.38	2.96	1.04	2.38
2003	1790	831	300	659	6.65	3.09	1.11	2.45
2004	1844	853	320	672	6.7	3.1	1.16	2.44
2005	1916	913	332	672	6.87	3.27	1.19	2.41
2006	1967	953	346	668	6.77	3.28	1.19	2.3

续表

年份	保险密度（欧元）				保险深度（%）			
	合计	人寿保险	健康保险	P&C	合计	人寿保险	健康保险	P&C
2007	1982	960	358	663	6.48	3.14	1.17	2.17
2008	2006	971	370	666	6.42	3.11	1.18	2.13
2009	2096	1042	385	669	6.97	3.46	1.28	2.22
2010	2188	1105	407	675	6.93	3.5	1.29	2.14
2011	2217	1081	432	705	6.59	3.21	1.28	2.09
2012	2255	1085	442	728	6.58	3.17	1.29	2.13
2013	2321	1125	446	750	6.63	3.21	1.28	2.14
2014	2372	1154	447	771	6.57	3.19	1.24	2.13
2015	2360	1128	448	784	6.37	3.04	1.21	2.12
2016	2355	1100	451	803	6.18	2.89	1.19	2.11
2017	2393	1096	471	826	6.07	2.78	1.2	2.09

3. 保险资金运用

保险公司是德国最大的机构投资者之一，提供长期储蓄和人寿保险产品的保险公司，通过投资不同类型的资产来获得收益，以确保匹配长期负债，它们的投资方向多为长期性投资，近年来越来越多的保险公司倾向于投资商业地产和基础设施、可再生能源和商品等实体经济。2017年，除再保险公司外，德国保险业的可投资资产达到了1.35万亿欧元，如表2-23所示。

表2-23　　　　　　2013~2017年德国各类保险公司投资总额　　　　单位：十亿欧元

	2013年	2014年	2015年	2016年	2017年
人寿保险	796.1	822.7	851.5	885.1	9092
健康保险	218.8	233.2	246.9	260.7	2730
P&C	150.2	155.4	160.6	164.9	1688
再保险	256	273.7	284	285.9	—
总计	1421.10	1485.00	1543.00	1596.60	1351.00

对各类保险公司而言，投资债券都是其投资组合中的重点，对德国保险公司而言，偏好债券投资的特点尤为突出。以人寿保险公司为例，寿险公司

投资债券在2013年年末达到了7084亿欧元,占全部投资组合的89%,近年来保持了连年增长的势头。投资组合中的股票投资在近年来实现小幅增长,其总额从2013年的260亿欧元增加到2017年的430亿欧元,所占份额也从3.3%升至4.7%。此外,参与利益(Participating Interest)和不动产投资在德国保险业近5年投资组合中的份额基本表现出平稳微涨的趋势。表2-24、表2-25、表2-26分别为2013~2017年德国人寿保险公司、健康保险公司以及财产和意外险公司的投资情况。

表2-24　　　　2013~2017年德国人寿保险公司投资情况　　单位:十亿欧元

投资类型	2013年	2014年	2015年	2016年	2017年
债券	708.4	730	744.9	760.3	783
抵押贷款	49	47.9	49	50.6	53.4
贷款	180.3	178	170.2	164.5	159.6
信贷机构贷款及经常项目收支	93.9	88.6	79	71.2	64.6
公共部门贷款	74.6	77.4	79.2	80.1	81.1
公司贷款	7.4	7.9	8.2	9.4	10.4
政策性贷款	4.1	3.8	3.3	2.9	2.6
其他	0.3	0.3	0.5	0.9	0.9
担保债券	146.7	141.2	135.2	126.6	119
上市债券	100.9	110.1	123.5	138.3	157.5
基金	189.4	209.2	220.9	235.5	249.6
次级贷和利润参与权	13.6	14.9	15.7	15.3	14.1
其他债券	28.6	28.8	30.4	29.5	30
股票	26	28.8	36.2	39	43
直接持有	1.5	1.3	1.1	0.9	0.9
持有基金	24.5	27.5	35.2	38	42.1
参与利益	18.7	18.6	20.8	32.7	25.2
不动产	29.2	30.2	31.2	32.3	35.8
直接持有	19.5	20.1	20.5	20.2	21.4
持有基金	9.7	10.1	10.7	12.1	14.4
其他投资	13.7	15.1	18.4	20.9	22.2
合计	796.1	822.7	851.5	885.1	909.2

备注:不包含养老基金(Pensionskassen and pension funds)。

表2-25　　　2013~2017年德国健康保险公司投资情况　　　单位：十亿欧元

投资类型	2013年	2014年	2015年	2016年	2017年
债券	201.5	213.5	222.2	230.8	238.6
抵押贷款	4.8	5	5.2	5.5	6.1
贷款	71.5	73.3	71.2	69.2	67
信贷机构贷款及经常项目收支	43.7	44	41.5	39.7	37.3
公共部门贷款	26	27.1	27.5	26.8	26.7
公司贷款	1.7	2	2.1	2.6	3
政策性贷款	0	0	0	0	0
其他	0.1	0.1	0.1	0.2	0.1
担保债券	48	46.9	44.4	42.6	39.6
上市债券	28.7	34.2	40.6	47.6	56.7
基金	37.9	42	47.6	52.3	55.6
次级贷和利润参与权	3.7	3.9	4	3.9	3.4
其他债券	6.8	8.2	9.1	9.8	10.1
股票	4.9	6	8.5	10.7	12.2
直接持有	0.2	0.2	0.2	0.2	0.1
持有基金	4.7	5.9	8.3	10.5	12.1
参与利益	5	5.1	5.9	6.8	7.2
不动产	5.2	5.9	6.6	7.5	9.1
直接持有	2.4	2.5	2.7	2.8	3.4
持有基金	2.9	3.4	4	4.7	5.6
其他投资	2.2	2.7	3.7	4.9	5.9
合　计	218.8	233.2	246.9	260.7	273

表2-26　　　2013~2017年德国财产保险和意外伤害保险公司投资情况　　　单位：十亿欧元

投资类型	2013年	2014年	2015年	2016年	2017年
债券	117.7	121.3	123.3	124.3	125.7
抵押贷款	1.4	1.7	1.9	2.2	2.5
贷款	30	29.2	27.9	26.6	26.6
信贷机构贷款及经常项目收支	19.6	18.8	17.9	16	15.9
公共部门贷款	8.6	8.5	8.3	8.3	8.4
公司贷款	1.7	1.8	1.6	2.2	2.3
政策性贷款	0	0	0	0	0

续表

投资类型	2013年	2014年	2015年	2016年	2017年
其他	0	0	0	0	0
担保债券	19.1	17.8	16.3	13.7	12.9
上市债券	23.3	25.8	27.5	30.4	33
基金	38.5	41	43.5	45.2	44.7
次级贷和利润参与权	2.8	3.1	3.1	3.1	3
其他债券	2.7	2.7	3	3	2.9
股票	8.6	10	11.6	12.1	13.3
直接持有	0.8	0.8	0.5	0.5	0.6
持有基金	7.8	9.2	11.1	11.6	12.7
参与利益	15.4	15.2	16.1	18.1	18.7
不动产	5.7	6.2	6.5	6.9	7.3
直接持有	4.5	4.9	4.8	4.9	4.9
持有基金	1.2	1.4	1.7	2	2.4
其他投资	2.8	2.8	3.1	3.6	3.8
合计	150.2	155.4	160.6	164.9	168.8

4. 保险市场保单数

德国保险市场可划分为人寿保险市场、财产保险和意外伤害保险市场及健康保险市场。整体来看，2014～2018年德国保险保单数量稳健上升，如表2-27所示。截至2018年年末，德国保险市场共有4.36亿张保单，其中，财产和意外伤害保险保单数量占比超过72%，达到3.15亿张，人寿保险和健康保险保单数量分别为8650万张和3460万张。

表2-27　　　　2014～2018年德国原保险公司保单数量　　　单位：百万件

	2014年	2015年	2016年	2017年	2018年
人寿保险	92.4	91	89.2	87.7	86.5
健康保险	33.2	33.6	33.9	34.3	34.6
财产和意外伤害保险	301.2	304.3	307.9	312.3	315.1
合计	426.8	428.8	431	434.3	436.2

5. 行业集中度

产业中的竞争情况可以根据行业集中度、保险公司所占市场份额等指标来衡量。

德国保险业的市场份额较为集中,由表2-28合计项可见,2016年,德国前5大保险公司的市场份额占行业43.39%,行业前10大保险公司获得了行业过半保费收入,占63.38%市场份额,前15大市场份额达73.38%。2009~2016年间,人寿保险方面,前5市场份额稳中小升,前10和前15的市场份额偶有升降,但基本稳定;在各类保险公司中,健康险公司的市场集中度是最高的,前5大健康险公司占据了过半的市场份额,前15大公司的市场份额更是接近90%,整体来看,其前5、前10、前15的市场份额均呈下降趋势;财产和意外伤害保险公司的市场集中度小幅下降,较为稳定。

表2-28　　　　2009~2016年德国保险业市场集中度　　　　单位:%

	2009年	2010年	2012年	2013年	2014年	2015年	2016年
人寿保险公司							
前5	48.52	48.11	50.09	50.65	50.12	48.67	49.43
前10	67.9	68.06	68.95	68.69	68.03	67.24	67.44
前15	78.42	78.75	78.88	78.74	78.96	78.63	78.63
健康保险公司							
前5	54.09	53.61	53.1	53	53.03	52.75	52.49
前10	78.39	78.01	77.49	77.1	76.98	76.68	76.46
前15	90.28	90.32	90.34	90.12	89.94	89.74	89.54
财产和意外伤害保险公司							
前5	42.89	44.25	44.18	44.29	44.18	44.71	44.85
前10	63.49	62.8	62.62	63.05	63.15	63.3	63.73
前15	74.95	73.94	73.86	74.04	74.38	74.36	75.04
合　计							
前5	43.92	44.2	44.22	44.28	43.8	43.05	43.39
前10	63.47	63.43	63.76	63.94	63.54	62.93	63.38
前15	74.41	74.25	73.96	73.82	73.78	73.39	73.38

(三) 保险市场不同产品线分析

德国保险市场上的险种齐全,以下按四大保险险类介绍德国保险市场:

人寿保险、财产保险、健康保险、再保险。

1. 人寿保险

人寿保险是德国十分重要的险种,德国人寿保险形式多种多样,德国保险业的广义人寿保险既包括普通寿险,也包括储蓄养老保险和年金。普通寿险的被保险人一半是家庭经济来源的主要提供者,其保费是根据投保数额决定的,以保证在其突然身故之后,其家庭不至于遭受巨大的经济打击。此类保障型寿险仅仅承保被保险人意外死亡的单一风险,不具备储蓄的功能。储蓄养老保险和年金则包括储蓄功能。

图2-21所示,1980~2017年德国人寿保险保费收入总体保持稳定上升态势,但是保费增长率波动较大,增长率的最大值13.5%出现在1991年,2011年的增长率为-4.6%,是37年来的最低增长率水平,2015~2017年一直呈现负增长的状态。从保费收入绝对量上,2009年和2010年,德国人寿保险保费收入的增长量十分突出,从全球金融危机爆发的2008年的763.1亿欧元增长至2010年的866.8亿欧元,2010年的增长率达到7.1%,寿险保费收入的增加成为引领全行业保费增长的主要动力,促使整个保险业在危机中仍能整体向好。由于2009年和2010年保险业经历了快速增长,2011年德国寿险行业的保费收入出现了较大幅度下降,保费收入为832亿欧元,同比下降4.6%。

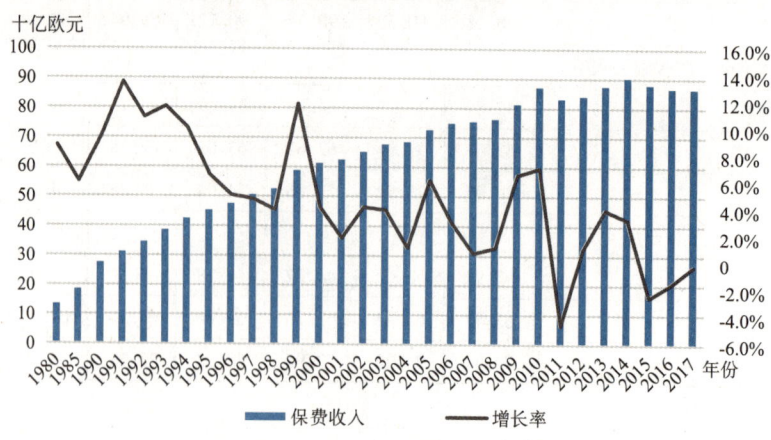

备注:保费收入不包括养老基金(Pensionskassen and pension funds)。

图2-21 1980~2017年德国人寿保险保费收入及增长率

由图 2-22 可看出，自 2003 年以来，期交保费长期维持在 600 亿欧元，并无显著增长，2008 年以前，德国人寿保险期交保费占比超过 80%，一度达到 90%，其后，该占比一直在 70% 上下浮动。相较之下，趸交保费迅速增长，从 2003 年的 82.44 亿欧元增加到 2017 年的 250 亿欧元。

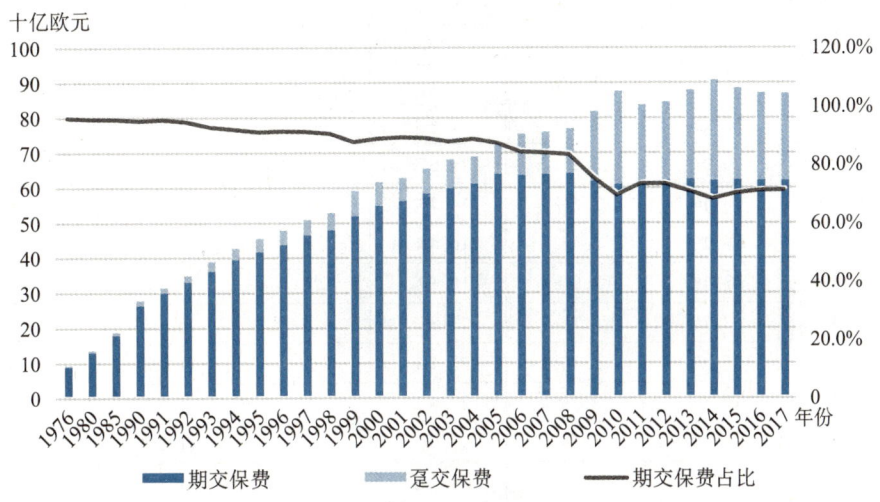

备注：保费收入不包括养老基金（Pensionskassen and pension funds）。

图 2-22　1976~2017 年德国人寿保险期交保费及趸交保费

表 2-29 为 1976~2017 年德国人寿保险各险种收入占比情况，值得关注的是，投资连结型养老和年金保险的占比呈上升趋势。究其原因，近年来，德国政府债券收益率徘徊于零利率附近，这对寿险业的发展是一个极大的挑战，德国寿险业含保证利益的产品的保底利率上限逐年下调，且最终以新的欧洲风险资本规则中的利率上限为标准，这促使德国寿险公司终止或限制了含保证利益的寿险产品的销售，从而使得投连险产品更受市场青睐。

表 2-29　1976~2017 年德国人寿保险各险种保费收入占比

年份	养老保险	投资连结型养老和年金保险	年金和养老保险	伤残保险	团体保险	补充性保险
1976	84.7%	0.5%	4.1%	—	6.7%	4.0%
1980	83.9%	0.4%	3.7%	—	7.5%	4.5%

续表

年份	养老保险	投资连结型养老和年金保险	年金和养老保险	伤残保险	团体保险	补充性保险
1985	83.3%	0.3%	4.0%	—	7.1%	5.3%
1990	82.0%	1.0%	4.8%	—	6.8%	5.4%
1991	81.4%	1.4%	5.1%	—	6.7%	5.4%
1992	79.5%	1.7%	6.8%	—	6.7%	5.3%
1993	76.1%	1.9%	10.1%	—	6.7%	5.2%
1994	72.5%	2.0%	12.4%	—	7.9%	5.2%
1995	70.0%	2.2%	14.0%	—	8.6%	5.2%
1996	68.4%	2.5%	14.7%	—	9.1%	5.3%
1997	66.2%	2.4%	16.4%	—	9.6%	5.4%
1998	63.4%	2.9%	18.1%	—	10.1%	5.5%
1999	57.7%	3.7%	22.8%	—	10.4%	5.4%
2000	55.6%	5.7%	22.1%	—	11.1%	5.5%
2001	52.7%	7.3%	22.4%	—	11.5%	6.1%
2002	49.8%	8.2%	23.6%	—	11.8%	6.6%
2003	47.0%	8.6%	24.4%	—	13.3%	6.7%
2004	45.3%	9.6%	25.5%	—	12.6%	7.0%
2005	43.1%	10.8%	26.2%	—	12.8%	7.1%
2006	40.1%	12.3%	28.4%	—	12.4%	6.8%
2007	38.3%	13.9%	27.6%	—	13.2%	7.0%
2008	37.0%	15.1%	27.9%	—	12.8%	7.2%
2009	36.5%	13.9%	30.1%	—	12.6%	6.9%
2010	33.4%	13.5%	33.2%	—	13.3%	6.6%
2011	31.9%	15.4%	32.1%	—	13.2%	7.4%
2012	29.8%	15.2%	31.2%	2.9%	13.7%	7.2%
2013	28.0%	14.9%	34.1%	3.0%	13.0%	7.0%
2014	26.9%	15.3%	33.7%	3.1%	14.1%	6.9%
2015	26.5%	16.9%	31.7%	3.5%	14.3%	7.0%
2016	25.4%	17.3%	31.8%	4.0%	14.5%	7.1%
2017	25.3%	17.9%	30.1%	4.3%	15.3%	7.2%

备注：不包括养老基金（Pensionskassen and pension funds）。

2. 财产和意外伤害保险

财产保险为家庭和企业财产提供保障，防患于未然，有利于家庭和企业从灾害损失中获得赔偿，并尽快投入新的生产。近10年，德国的财产及意外险保单总数都维持在近300万份左右。在德国，超过3/4的家庭购买了家财险，是仅次于机动车第三者责任险的第二大财产保险险种。此外接近一半的德国人还购买了个人意外险，以补充就业中雇主为雇员所提供的工伤意外保险的损失赔偿。德国保险公司在2017年的财产和意外险中的保费收入约为683亿欧元，相比2016年增长了3%，财产和意外险的支出也有小幅增长。由图2-23可以看出，2000~2017年德国财产和意外伤害保险保费收入及赔付支出稳步增长，其中2013年的赔付支出比较突出，该年赔付支出累计约为500亿欧元，比2012年增长了12%，是2000~2017年的最高点。这个数据在德国财产和意外险各年赔付中十分罕见，其原因主要归结于当年发生了较为严重的自然灾害，如夏季的洪水、自然风暴和冰雹灾害等。

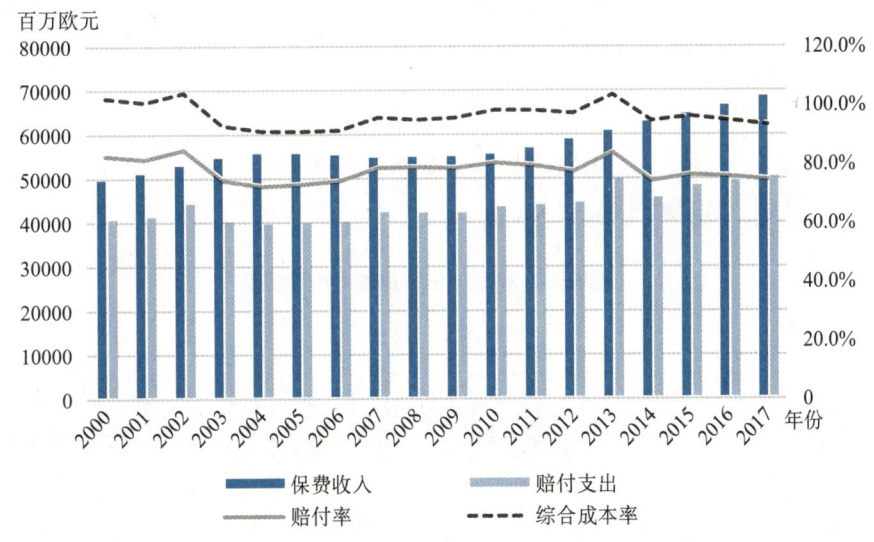

图2-23　2000~2017年德国财产和意外伤害保险保费收入及赔付支出

行业盈利水平的变化可以反映不同行业间的竞争状况，与之相关的综合成本率指标还可以反映出行业竞争力。图2-24反映了2010~2017年德国财产和意外伤害保险赔付率及综合成本率的变动情况,除 2013 年,德国财产和意外伤害保险赔付率及综合成本率波动较小,综合成本率基本维持在 95% 的水平。

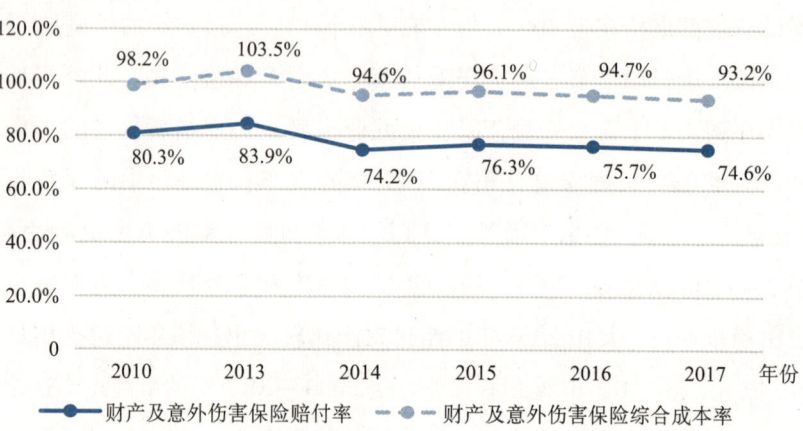

图 2-24　2010~2017 年德国财产和意外伤害保险赔付率及综合成本率

表 2-30 给出了 2016 年和 2017 年德国财产和意外伤害保险各险种保费收入及赔付支出情况,机动车第三者责任险是德国财产和意外伤害保险市场中的第一大险种,2017 年保费收入超过 160 亿欧元,保费占比接近 24%,当年简单赔付率为 91.9%。家财险的保费收入仅次于机动车三责险,2017 年约为 107 亿欧元,赔付率约为 61.8%。

表 2-30　德国财产和意外伤害保险各险种保费收入及赔付支出　　　　　单位:百万欧元

险种	2016 年		2017 年	
	保费收入	赔付支出	保费收入	赔付支出
汽车保险	25906	22762	26956	23649
其中:机动车三责险	15451	14205	16036	14501
财产保险	18741	13140	19444	13099
其中:家财险	10278	6271	10763	6653
一般责任保险	7667	5046	7746	5136
意外伤害保险	6450	3238	6479	3364

续表

险种	2016年		2017年	
	保费收入	赔付支出	保费收入	赔付支出
诉讼保险	3828	2792	3981	2738
海上保险及航空保险	1847	1281	1831	1178
信用保证保险	1660	768	1675	718
道路救援	196	226	207	235
合　　计	66296	49253	68320	50118

3. 健康保险

德国实行的是社会强制性医疗保险和商业医疗保险相结合的制度。强制医疗保险适用于收入低于设定标准的人群，由私立非营利性的"疾病基金"提供。它对所有参保人实行相同的医疗保障，保费由参保人和参保人雇主联合承担。在德国，对收入较高的人群而言，商业医疗保险更具吸引力，因为商业医疗保险可以以低廉的保费换取更广泛的保险服务。比如商业医疗保险内可以涵盖更好的医疗设施或者一些牙科护理的附加费用。因此很多德国人选择用社会强制性医疗保险覆盖一些常规的或主要的健康保险，然后根据自身需求使用商业医疗保险加以补充。

由图2-25可以看出，1980~2017年德国健康保险公司保费收入稳步上升。2017年，由德国联邦金融监管局监管的46家私营健康保险公司保费收入总额约为390亿欧元，比2016年增加了4.8%，私营健康保险公司为约4140万人提供保险保障。私营健康保险公司2017年的保费增长一方面是因为近年来现有保单数量没有进一步减少，另一方面，也归功于新业务的增加，特别是补充保险和保费调整。

如表2-31所示，综合医疗保险为约880万被保险人提供保险保障，保费收入为270亿欧元，占总保费收入的70%，继续成为私营健康保险公司最重要的业务板块。此外，私营健康保险公司还提供强制性长期护理保险、日常护理保险和其他类型健康保险。

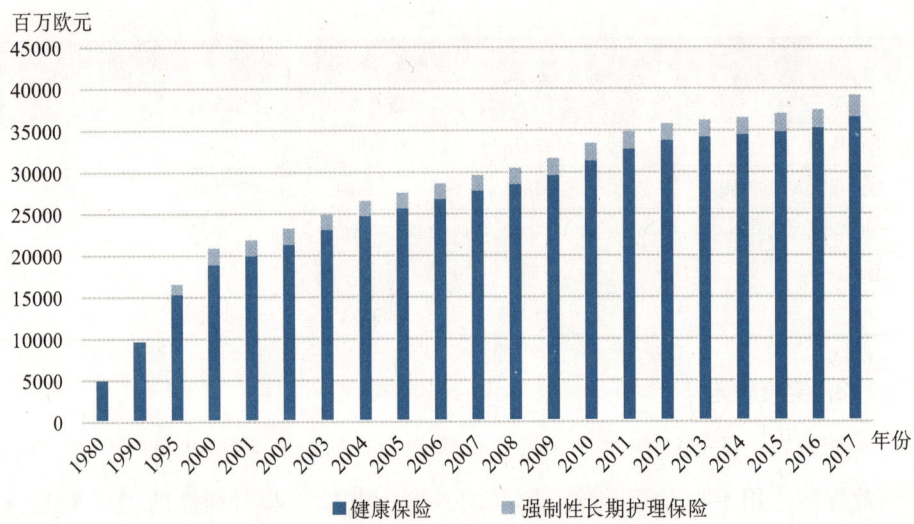

图2-25 1980~2017年德国健康保险公司保费收入

表2-31　　　　　2005~2017年德国健康保险各险种保费收入　　单位：百万欧元

年份	合计	综合医疗保险	补充保险		特殊保险	
			小计	其中：法定医疗保险	小计	其中：国外旅行医疗保险
2005	25480	19665	5253	3285	562	303
2006	26612	20510	5494	3520	608	329
2007	27578	21209	5723	3724	646	350
2008	28360	21790	5899	3931	672	367
2009	29394	22564	6140	4121	690	378
2010	31174	24072	6406	4338	696	364
2011	32562	25151	6683	4525	729	383
2012	33617	25863	7028	4757	726	369
2013	33989	25743	7504	5070	741	372
2014	34310	25775	7766	5204	769	381
2015	36822	25846	7985	5326	796	392
2016	37258	26117	8158	5412	819	398
2017	39010	27090	8530	5615	790	355

备注：数据中不包含强制性长期护理保险。

表 2-32 给出了 2010~2016 年德国强制性长期护理保险保费收入及赔付情况，2010~2016 年，强制性长期护理保险参保人数有所下降，但是保费收入小幅上升。从强制性长期护理保险中获得赔付的人次由 2010 年的 14.3 万增加到 2016 年的 18.9 万，增幅高达 32%，赔付金额迅速增加，相对于 2010 年，2016 年的赔付金额增加了一倍，其中，门诊长期护理赔付支出占 58%。

表 2-32   2010~2016 年德国强制性长期护理保险保费收入及赔付

	2010 年	2013 年	2014 年	2015 年	2016 年
被保险人（千人）	9593.00	9537.50	9472.70	9413.60	9375.10
保费收入（百万欧元）	2096.00	2062.10	2013.60	2196.10	2165.10
受益被保险人（千人）	142.7	161.7	169.3	178.1	188.6
门诊长期护理	99.4	114.6	120.6	128.1	136.7
住院长期护理	43.3	47.1	48.7	49.9	51.8
赔付金额（百万欧元）	698.8	857.1	880.1	967.8	1049.60
门诊长期护理	377.4	481.5	497.4	556	608.2
住院长期护理	321.4	375.6	382.7	411.8	441.4

4. 再保险

德国是世界上再保险实力最雄厚的国家之一，占世界再保险总量的 20%。其中实力雄厚的再保险公司有慕尼黑再保险公司、汉诺威再保险公司等。慕尼黑再保险公司创立于 1880 年，总部设在德国慕尼黑，已在全世界 150 多个国家从事经营非人寿保险和人寿保险两类再保险业务，并拥有 60 多家分支机构，其保费收入的 50% 以上来自海外保险市场。慕尼黑再保险公司的经营范围覆盖全球，经营的业务相当广泛，包括火险、汽车险、责任险、航空险、水险、意外险、寿险以及其他再保险业务。2018 年《财富》世界 500 强排行榜中，慕尼黑再保险公司位列第 120 位。

在再保险方面，近 10 年来，德国再保险公司的已赚保费显著增加，至 2016 年约为 498 亿欧元，海外业务所占份额提升了 14%，从 2006 年的 60.7% 升至 2016 年的 74.7%。但与此同时，赔付率上升的趋势也很明显。2010 年和 2011 年自然灾害较为频繁，相应的赔付支出迅速增加，2011 年的赔付率71.8%更是达到了近10年的高点（参见表2-33）。

表2-33　　　　1975~2016年德国再保险公司经营情况　　　　单位：百万欧元

年份	公司数量	已赚保费	国外业务份额	赔付支出	赔付支出/已赚保费
1975	26	3866.90	30.9%	2445.60	63.2%
1980	30	7141.00	40.4%	4832.70	67.7%
1985	29	10784.80	38.0%	7738.80	71.8%
1990	28	13713.00	34.2%	10123.90	73.8%
1991	31	15671.10	34.1%	11233.30	71.7%
1992	32	17872.50	36.3%	12685.00	71.0%
1993	32	21105.20	38.9%	13969.40	66.2%
1994	33	21528.90	36.6%	14088.10	65.4%
1995	36	21969.80	35.4%	14469.90	65.9%
1996	33	22411.10	37.6%	14509.00	64.7%
1997	35	24173.30	40.7%	16111.40	66.6%
1998	40	23969.30	41.9%	15950.30	66.5%
1999	39	26147.40	46.9%	19594.90	74.9%
2000	36	28842.80	51.1%	19641.20	68.1%
2001	37	31808.20	55.5%	24484.60	77.0%
2002	42	41047.60	60.4%	25984.40	63.3%
2003	43	40157.10	60.5%	22910.30	57.1%
2004	44	37126.50	59.3%	22157.60	59.7%
2005	43	35672.90	61.0%	22964.80	64.4%
2006	43	36014.60	60.7%	19307.40	53.6%
2007	42	32298.20	61.6%	17925.20	55.5%
2008	41	31393.40	65.2%	17654.70	56.2%
2009	38	34673.60	68.9%	19532.00	56.3%
2010	37	36191.20	73.1%	22944.40	63.4%
2011	35	40352.10	75.5%	28966.20	71.8%
2012	35	43943.80	76.2%	26910.30	61.2%
2013	34	43489.90	76.2%	27045.60	62.2%
2014	32	44697.30	73.2%	28348.80	63.4%
2015	32	48688.80	75.7%	30523.60	62.7%
2016	31	49795.90	74.7%	32993.20	66.3%

表2-34给出了2013~2016年德国再保险各险种保费收入的占比，其中，

人寿保险所占份额最高,但呈明显下降趋势,从2013年的31.8%减少至2016年的26.3%。2016年,所占份额排名前3位的分别是人寿保险(26.3%)、火灾保险(13.2%)和汽车保险(17.8%)。

表2-34　　　　　2013~2016年德国再保险分险种保费收入占比

	2013年	2014年	2015年	2016年
私人事故保险①	2.2%	2.4%	2.1%	2.2%
一般责任保险	8.5%	9.0%	9.5%	9.7%
汽车保险	11.1%	14.5%	14.9%	17.8%
火灾保险	13.8%	12.9%	12.5%	13.2%
航空航天保险	1.9%	1.7%	1.8%	1.6%
海上保险	2.4%	2.5%	2.5%	2.2%
人寿保险	31.8%	29.2%	30.0%	26.3%
其他	28.3%	27.8%	26.7%	26.9%

从表2-35可以看出,2013~2016年,德国再保险赔付率从2013年的73.9%降至2016年的66.3%,私人事故保险、一般责任保险、汽车保险的赔付率也逐年下降。除2015年外,火灾保险的赔付率有显著的上升。航空航天保险及海上保险赔付率各年份之间波动较大,这也与其险种的特殊性密切相关。2016年德国再保险赔付率总计为66.3%,赔付率排在前3位的单项险种分别是火灾保险(81.6%)、汽车保险(77.5%)和一般责任保险(75.2%)。

表2-35　　　　　2013~2016年德国再保险公司分险种赔付率

	2013年	2014年	2015年	2016年
合计	73.9%	71.1%	62.7%	66.3%
其中				
私人事故保险	60.4%	61.1%	56.0%	54.8%
一般责任保险	85.8%	81.8%	80.8%	75.2%

---

① 《德国保险统计年鉴2018》private accident 在此译为:私人事故保险。

续表

	2013 年	2014 年	2015 年	2016 年
汽车保险	95.6%	86.2%	81.6%	77.5%
火灾保险	73.5%	78.2%	65.5%	81.6%
航空航天保险	77.1%	118.8%	74.4%	61.1%
海上保险	70.2%	60.6%	69.4%	59.6%
人寿保险	51.5%	55.6%	42.8%	51.7%

(四) 德国巨灾保险体系

德国拥有成熟的巨灾保险体系，保险机构对于帮助抗灾救灾、灾后重建发挥着重要作用。在巨灾保险的资金募集方式和管理模式上，同英国一样，由于拥有发达的再保险体系，德国主要依赖商业化运作，发达的商业保险体系发挥主导作用，政府参与程度较低。德国巨灾保险体系的特征有：

1. 政府的参与程度较低

德国政府对巨灾保险没有强制性规定，主要由私人保险公司提供巨灾保险保障，各地与各企业自主选择参与。国家不规定巨灾保险的标准费率或免赔额，但要求保险公司必须运用统计数据和管理费率进行精算处理，并对各个风险逐一进行评估。政府没有给承担巨灾保险风险的原保险公司提供额外的再保险保障补贴，保险公司需运用商业运作方式在市场上寻找再保险人。在德国，政府之所以能够放手巨灾保险的风险管理，主要得益于德国实力雄厚的保险机构以及发达的保险与再保险体系。

2. 主要通过再保险分散巨灾风险

德国化解巨灾风险的传统解决方案便是"巨灾再保险"。在巨灾保险业务中，保险的销售、承保、理赔和保单服务等由直接保险公司承担完成，然后直接保险公司可以将部分保险标的分保给再保险公司，这样便起到了有效分散风险的作用。

3. 保险公司之间相互合作

在巨灾保险方面，德国不同类型的保险公司也注重相互配合、优势互补。

比如在直接保险公司与再保险公司之间相互分散风险，共同承担巨额赔付；综合性保险公司与房屋、汽车等专业保险公司分工配合，在不同领域为巨灾损失进行保险。

4. 巨灾风险管理专业化

除了综合性保险公司和再保险公司外，德国还有大量专业保险公司，在巨灾理赔中也发挥着重要作用。同时，由于巨灾保险的专业性和市场份额越来越大，德国各大保险集团内部也都设立专门的部门或子公司，来进行巨灾风险管理。这些都有利于提高对巨灾风险的管理水平。德国保险公司在巨灾保险方面自负盈亏，通过商业化方式筹集保险资金并进行理赔，公司保持盈利所依赖的正是专业化的保险精算。巨灾保险产品的设计需要利用各类专业技术评估灾情，进行巨灾风险模型分析、量化等，并以此为基础不断开发巨灾风险产品。

5. 巨灾产品实施证券化

除了传统的巨灾再保险外，德国保险公司还积极利用资本市场提升保险业的巨灾承保能力，最重要的工具之一便是巨灾债券。其典型做法是：成立一家特殊目的的机构，与保险公司或再保险公司签订再保险合同，同时向投资者发行巨灾债券，其利率一般比普通债券更高。通过巨灾债券将巨灾风险转移给资本市场的投资者，社会的危机处理能力得到增强，保险公司也可借此扩大承保能力。

德国是一个灾害频繁的国家，从赔付总额来看，近年来保险公司在德国和欧洲历次巨灾中的赔付数额都相当庞大。但是在上述因素的综合作用下，德国商业化运作的巨灾保险体系相对而言比较成功，一些大的灾害并没有对德国的保险业造成破坏性的冲击。

三、德国保险业监管

（一）德国保险监管体制的发展变迁

德国保险监管有着深厚的历史渊源。早在100多年前，商业保险刚刚起步发展，帝国时期的德国便于1901年颁发了专门的《商业保险公司法》，并在柏林成立了商业保险监管部门。在历经了上百年的发展后，德国保险监管体系紧跟历史时代发展，及时修正各项监管制度和完善保险监管体系，成为支撑德国保险业健康、持续发展的重要因素。

2002年4月22日，德国通过《统一金融服务监管法》，合并原来各自独立的银行、保险、证券监管部门，正式成立联邦金融监管局（BaFin），开启银行、证券、保险混业监管模式。BaFin下设保险监管局，依据《保险监管法》《保险合同法》等法律法规，对保险公司市场准入、保险市场行为、保险准备金计提、保险公司财务风险管理以及保险资金运用等方面进行集中监管。

经过10多年的准备之后，欧盟偿付能力Ⅱ（以下称"Solvency Ⅱ"）于2016年1月1日在德国实施。Solvency Ⅱ适用于保险公司和再保险公司，但不包括养老基金以及保费收入低于500万欧元或技术准备金低于2500万欧元的小型保险公司。

（二）德国保险业风险防控的主要做法

1. 实施基于风险导向的分类监管和现场检查

如表2-36所示，BaFin建立了风险分类体系，综合考虑保险公司业务活动及相关风险的性质、范围和复杂性，将其划分为不同风险等级，以此确定监管的强度和力度。保险公司根据市场影响力和发展质量两个维度进行分类。市场影响力分为"非常强""强""中""弱"4个等级，养老基金根据其总投资额进行衡量，健康保险公司、财产/意外保险公司和再保险公司根据其总保费收入进行衡量。发展质量从高到低分为A到D 4个等级，评估要素包括净资产、财务状况和经营成果、增长情况和管理质量。此外，BaFin对受Solvency Ⅱ约束、负有监管职责的所有保险集团也从集团层面进行风险分类，并增加了利润转移、控制协议等评估要素。在风险分类的基础上，BaFin确定对哪些保险公司开展现场检查以及检查的频率和深度。2017年，保险监管局共开展了115次现场检查。

表 2-36　　　　　　　德国保险业 2017 年风险分类结果

保险公司（%）		发展质量				合计
		A	B	C	D	
市场份额	非常高	0.0	1.7	1.0	0.0	2.7
	高	1.3	6.9	3.3	0.0	11.5
	中	1.2	15.6	8.1	0.0	24.9
	低	7.1	37.0	13.9	2.9	60.9
	合计	9.6	61.2	26.3	2.9	100.0

2. 以 Solvency Ⅱ 为指引加强保险公司风险管理

将 Solvency Ⅱ 的三支柱要求（资本要求、公司治理和风险管理、报告要求）纳入《保险监管法》和相关监管制度，提升保险公司风险管理水平。一是拥有应对风险的充足自有资金。Solvency Ⅱ 要求保险公司拥有足以应对 200 年一遇负面事件的自有资金。二是搭建规范有效的公司治理和风险管理体系。保险公司组织架构必须透明，并与经营性质、规模、复杂性及相关风险相适应。保险公司应建立风险管理、合规、内部审计、精算等 4 个关键职能部门，即便将上述职能外包，也必须承担最终责任。Solvency Ⅱ 还要求保险公司持续评估自身风险和偿付能力情况，定期研判其风险管理系统能否识别和涵盖所有风险。三是加强报告和信息披露工作，保险公司应向监管部门和公众报告财务状况、风险和重点业务领域，以便监管部门更精准地监测风险，保护保险消费者权益，促进保险业和金融业的稳定。保险公司需定期提交报告，包括偿付能力和财务情况报告（SFCR）、定期监管报告（RSR）、ORSA 监管报告以及其他年度和季度定量报告。

3. 将防范重大系统性风险作为重要监管任务

一是防范系统性风险。BaFin 采取一系列提升保险业抗风险能力的针对性措施，防范系统性风险。比如，2011 年出台应对低利率环境的保费准备金规定，2014 年通过《德国人身保险改革法案》，持续降低新业务的利率上限（2017 年 1 月 1 日起为 0.9%），不断强化保险公司的股本（保险业总股本和混合资本从 2000 年的 66 亿欧元增加到 2015 年的 181 亿欧元），持续对保险公司进行压力测试，并主动接受 IMF、欧洲保险和职业养老金管理局（EIOPA）开展的压力测试。二是防范保险资金投资风险。根据《保险监管法》，保险公司投资必须配置充足的保证资产，并指定一家受托人管理，保证资产的处置须经受托人同意。Solvency II 约束下的保险公司必须遵循"审慎人原则"，制定内部投资计划，确保投资的安全性、流动性和盈利性。三是防范其他重大风险。比如，BaFin 通过建立举报机制、开展现场检查等多种手段，严厉打击未经批准经营保险业务的行为。BaFin 还积极推动通过巨灾风险证券化向资本市场转移巨灾风险，通过完善线索与信息系统防范保险欺诈风险等。

4. 建立快速的危机应急处置机制

BaFin 建立的危机应急处置机制在应对国际金融危机和欧洲主权债务危机中发挥了重要作用。2008 年国际金融危机发生后，BaFin 成立了保险业金融危机应急小组，密切关注市场动态，加强风险监测预警，制定有针对性的保险监管措施。应急小组要求管辖范围内的重点保险集团和公司每周递交风险情况和变化趋势报告，并对所辖保险公司开展问卷调查，有效掌握金融危机对德国保险业的影响程度。此外，应急小组保持与保险公司密切沟通，提供有建设性的应对建议，帮助保险业抵御金融危机。在此基础上，BaFin 总结金融危机经验教训，2009 年 1 月出台《保险公司最低风险管理要求监管条例》（2016 年实施 Solvency II 后废止），提高保险业的风险透明性，增强保险监管指标的可预测性和保险公司风险管理实务运作的可操作性。

第三节　意大利保险产业发展研究[①]

一、意大利保险市场发展历史

意大利位于欧洲南部，人口约为 6043 万。意大利有着悠久而灿烂的文化

---

① 本节数据均来自《意大利保险年鉴》及 Sigma。

历史，是近代海上保险的发源地。据记载，在14世纪时，意大利北部的热那亚、佛罗伦萨、比萨和威尼斯经济繁荣，是海上贸易中心。其间，为海上贸易的船、货提供保障的海上保险也在此产生并日趋兴旺。此外，还在此发现了世界上第一份有证可查的书面保险单，有着重要的历史意义。

世界上具有典型现代保险契约特征的保险单也诞生于意大利。这张保单是1384年冬天出立的，其承保一批从法国南部阿尔兹运往意大利比萨的货物，此保险单内容既载明了保险标的物，又列出了保险人所承担的责任范围，并采用列明风险的方式，将海难事故列为保险责任。与此相关联的，被公认为世界上最古老的具有现代意义的法典——《巴塞罗那法典》也产生于意大利。1469年，威尼斯又颁布了《防欺诈法令》。1523年，佛罗伦萨颁布了完整的保险条例。总而言之，意大利开创了近代保险的新纪元。然而，世界上一切事物的发展轨迹都不可能是直线上升的，意大利保险业在以后的岁月中，在世界保险历史上的光泽逐渐黯淡了。

第二次世界大战后的意大利经历了经济恢复时期，1951～1963年，意大利创造了第一次经济奇迹，其国内生产总值的增长速度超过了以往历史，也超过了同时代的英国、美国、法国、荷兰和瑞典，1960～1963年，年均增长6.67%，这一次经济奇迹使意大利成为世界主要工业化国家之一。1984年至20世纪90年代中期，意大利创造了第二次经济奇迹，其间，意大利加快了技术进步和产业结构的升级，加速了国际化进程。至此，意大利成为世界重要经济大国中的一员，保持着资本主义世界第7出口大国的地位。经济发展的大环境促进了意大利保险业以持续平稳的速度发展。意大利人有良好的保险传统，保险从业人员在全国每万名就业人口中占23人。20世纪90年代末，意大利保险业跃居欧洲第4位，仅次于德国、法国和英国，与其经济地位相仿。

据Sigma资料显示，1991年，意大利全部业务保费收入为331.4亿美元，排名世界第6；人寿险相对逊色，为88.3亿美元，排名世界第12位；人均保费579美元，保险深度2.7%。1995年，意大利保险业以5.1%的速度增长，保险费收入规模达387.7亿美元，继续保持世界第7位，人均保费682美元，保险深度3.3%，各项指标均有所提高。意大利经济在经历了稳步增长的1995年之后，在1996年继续呈强劲发展势头，其实际国内生产总值增长率为1.1%，属欧洲最佳表现，这为保险业的进一步发展奠定了基础。20世纪90年代前半期，其保险业增长率指标都高于整个经济发展速度，而且，其间的平均赔付率连续下降10个百分点。1996年和1997年，意大利的保费增长率保持在8%~9%的状态，其保险业再一次实现平稳快速发展。1999年，意大利保险费收入达665.7亿美元，实际增长率高达20.2%，成为世界第6大保险强国。2002年，意大利总保费已达838.4亿美元，人均保费1466美元，保险深度6.6%。当时，国际保险业人士都在关注意大利保险市场，并预言其可能再度创造辉煌。在20世纪90年代，意大利银行保险业务发展相当迅速。在1995~1998年间，政府出台针对寿险产品的优惠税收政策，从而极大地推动了银行保险业务的发展。2002年银行保险所占有的市场份额已达到50%。

在非寿险领域，意大利也比较发达，在其国内市场，非寿险大公司占有明显优势。据*European Insurance Market*报道，意大利国内前10大公司的市场份额在1992年合计为51%，在1994年合计为52%。在1995年世界50强保险公司排行榜上，意大利的红麒麟保险公司排名第26位，其净资产达数十亿美元，在欧洲市场各保险集团资本金排名表上，红麒麟列第三强，仅次于德国安联保险集团和荷兰国际保险集团。在国际海上保险联盟成员国水险保费收入的比较中，意大利也保持在第七位。意大利的 Assicurazconi Generali 综合保险和 SATEC 保险公司被公认为欧洲主要航天保险人，意大利航天保险承保能力为8900万~9000万美元。在金融并购活动中，意大利忠利保险集团脱颖而出，成为有世界影响的大公司，该公司在50多个国家都有业务。因而可知，意大利保险业仍有相当的国际影响力。

二、2017年意大利保险市场的表现

以下从过去几年保险公司会计收支及损益的角度来讨论意大利保险行业

的发展情况。

(一) 人寿保险

在 2017 年,意大利全国收获了 1320 亿欧元的保费收入,相比 2016 年下降了 2.5%。然而,2018 年第一季度的保费收入相比 2017 年第一季度增长了 2.1%。

2017 年保费收入下降的主要原因集中于人寿保险部门,而意大利寿险部门几乎占到市场份额的 3/4。意大利的人寿保险保费在 2012～2015 年都是上升的,从 2016 年开始下降,并且在 2017 年进一步下降了 3.6%。在 2017 年,人寿保险保费下降造成了约 350 亿欧元的收入损失。造成这种情况的主要原因在于,传统人寿保单在意大利归入第一类保单(Class I),传统人寿保险保单提供的回报率走低,导致客户需求的减少。事实上,传统的人寿保险产品仅仅获得 630 亿欧元保费,比令人失望的 2016 年保费收入还减少了 100 亿欧元。传统人寿保险产品保费收入的下降部分被股权链接型保险产品(Unit-link)的保费增长所减缓,这些意大利分类为第三类的保单(Class III)将全部或者部分金融投资收益让渡给了保单持有人,当然同时金融投资风险也部分或全部转嫁给了保单持有人。

这种市场的变化有利于销售潜在利润更高的产品,但对消费者来说,购买此类产品的金融风险也更大。这种现象在整个欧洲也越来越普遍。

在 2017 下半年,在广泛征求市场意见后,意大利保险监管机构(IVASS)修改了有关于隔离基金①(Segregate Funds)的监管规定,监管的放松也有利于传统的参与利润分享型保单(With-Profit)销售。当这样做的时候,IVASS 实质上进一步削弱了第一类传统型保单的竞争力,虽然传统型保单一直以来仍是保护家庭的最安全的保险方式。意大利保险监管倾向的改变有利于带有高金融风险属性的产品进行销售。

隔离基金产品一直以来都被保单持有人所青睐,因为这类产品综合了保

---

① 类似于我国的投资连结保险产品。

险服务和保证最低收益并且有稳定长久的附加收益。

新规定明确了平均回报率的计算方法,减少了保险人立即支付从商业出售所得的资本收益给保单持有人的合同义务,并且允许他们将它设置为"利润基金(Profit Fund)"形式,并在8年内逐步转移给保单持有人。这个措施增加了保单回报率的稳定性,并且不花保单持有人1分钱,而是仅仅在更多的年份里分散这些资本收益波动的风险,并补偿经营不好的年份。更多的保险公司开始发行这些带有"利润基金"的一类保单,以吸引投保人购买,从而增加市场份额。

(二)非人寿保险

与人寿保险部门不同,非寿险部门在2017年保费收入有微小的上涨,上涨了1.1%,这扭转了从2012年开始的负增长周期。不过,非寿险中的最重要险种,强制汽车责任保险的保费保持了持续的稳定。意大利保险监管机构意识到过去几年长期的保费减少的主要原因是:索赔减少和非寿险公司成功地减少了欺诈,这两者造成的结果是增加了保险公司利润,但却降低了保险费率,从而导致整体保费收入的下降。索赔减少反映了意大利经济衰退的结果,意大利的经济衰退已经持续了一段时间,并极有可能在未来几年持续衰退。在非寿险业务上,遏制了欺诈行为虽短期内抑制了保费增长,但同时也会减少不应发生的赔付,从而提升利润水平。

在2013~2017的5年间,平均赔付、净税收及其他财政税费①,下降了几乎1/4,超过了1000亿欧元。同时,意大利保险发展的地区不平衡也有所减少,反映在意大利各地区的保费收入差异大大地减小了,例如,那不勒斯和奥斯塔地区的保费收入差异就减少了一半,从2012年的相差超过400亿欧元减少到了2017年的不到200亿欧元。

在保费厘定上,意大利非寿险业推动"黑匣子"②(Black Box)使用的不

---

① Parafiscal charges.
② UBI(Usage Based Insurance)的一种形态。

断增加。一方面，保单持有人如果安装了这种黑匣子，其保费水平极有可能会下降，这种装置的安装导致了车险保费费率的降低。对于保险公司来说，这是一个基于 IT 技术的控制被保险人驾驶习惯和索赔方式的装置，有利于减少赔付和欺诈行为。另一方面，被保险人也能够获得保费折扣。在 2013~2017 年之间，使用"黑匣子"的保单在总体中的占比从 10% 上涨到了 20%，在意大利南部地区这一比例达到了 60% 的高水平，这使得意大利在汽车保险[①]中成为世界范围内的领先者。另外一个推动力来自于 2017 年 7 月通过的关于保险市场反欺诈的法律，该法律鼓励更广泛地推行"黑匣子"及与保险欺诈做斗争的承保行为。2017 年 3 月，意大利保险监管机构发布了一个新规来配合该法律的实施，但是仍在等待更高层政府对该法律的审批通过。

IVASS 在汽车保险领域已经完成并正在推进多项工作，在它的职权领域内，这些工作包括：证书的非物质化（电子化保单等），防止保单持有人规避法律、反欺诈集成电脑数据库等，所有这些方面组成一个强有力的反欺诈武器集。新的应用软件可以帮助保单持有人做出正确的行为评估，在科学技术的指引下，被保险人的索赔行为会在费率上涨下跌与是否索赔之间达到平衡，从而降低整体费率，并使费率对风险的厘定更为合理。

除了车险部门，其他非寿险产品都展示出了发展活力，尤其是"健康险"（意外与疾病）和"财产险"（火灾及其他财产和金融损失）部门；2017 年它们合计贡献了 1/3 的非寿险市场份额，并且在过去 10 年它们吸收了汽车保险减少的市场份额比例。然而，在与国际水平的比较中，考虑自然灾害或者疾病的发生，财产险和健康险的保险投保程度仍很不充分。虽然超过 40 年的意大利公共支出已经覆盖到了居民的风险管理需求，但是在考虑自然灾害大量发生的情况下这部分保费收入仍显得偏少，技术创新及其供给可以提高保险的覆盖率以帮助居民和企业应对这些风险，我们也发现意大利这方面的保险需求也在增长。

---

① 使用类似的 UBI 工具，安装在汽车中，获取驾驶员驾驶信息，在未来保费收取中与驾驶员驾驶信息挂钩。是大数据在汽车保险中的重要应用。

2016年，意大利保险业投资收益率（Return on Investment）为3.3%，2017年意大利保险业投资净收益达到了190亿欧元，其投资收益率微弱下降，为3.1%。

（三）赔付成本与利润

2017年意大利保险业非寿险赔付成本保持稳定，略低于190亿欧元。而寿险业的赔付成本比2016年上升了13%，超过710亿欧元。

2017年意大利保险行业的总利润约为60亿欧元，股权回报率（Return on Equity）约为9%。寿险部门的利润为35亿欧元，大约比2016年下降了约60%。非寿险部门的利润为25亿欧元，其中机动车第三者责任保险的利润是7亿欧元。

三、1980~2018年意大利的保费收入情况

2018年，意大利的GDP达到了20710亿美元（欧洲总和为186670亿美元），总人口为6050万人，人均GDP为34213美元。

从图2-26可以看到，意大利的实际GDP增长率在最近40年波动较大，特别是受2008年美国金融危机和2010年欧债危机影响，出现了经济负增长年份。GDP增速为负会影响保险业的保费增长，但是在短期内确实会提高该国的保险深度。

图2-26　1980~2018年意大利实际GDP增长率

从图 2-27 可以看到，近 40 年意大利的总保费和人寿保险保费的增长率几乎保持一致增长，这也说明意大利的保险市场中人寿保险所占市场份额更大。

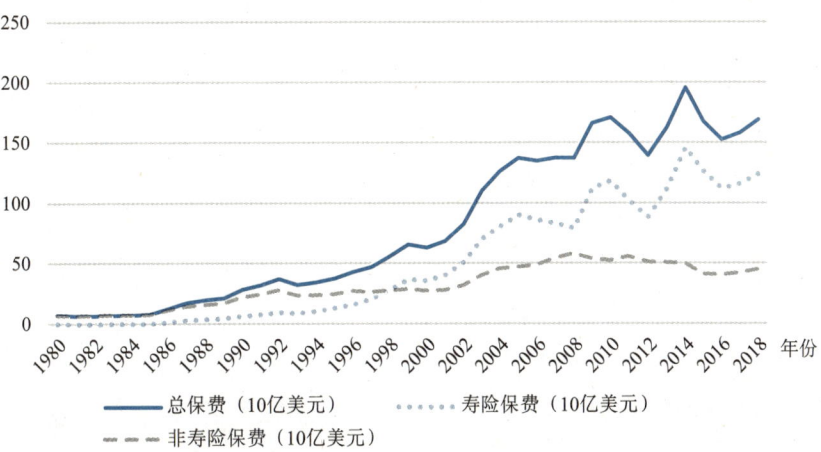

图 2-27　1980~2018 年意大利实际保费增长率（按通货膨胀调整）

由图 2-27 可见，在 1998 年之前，意大利的非人寿保险保费收入是高于寿险保费的，之后寿险保费超过了非寿险保费，并维持至今。

从图 2-28 中的总保费增长情况可以看出，非寿险保费收入的增长率波动相对平稳，而人寿保险保费增长的波动远比非寿险剧烈。同时，非寿险保费自 1996 年开始呈现先增长后下跌的变化过程，目前非寿险的实际保费仍未恢复到 2008 年金融危机前的水平。

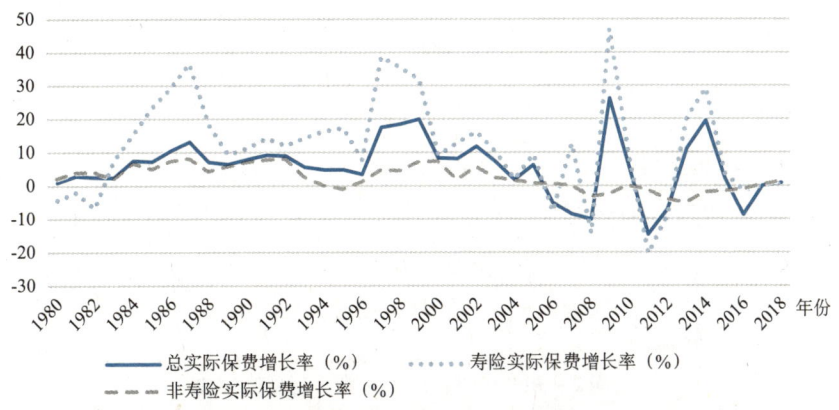

图 2-28　1980~2018 年意大利寿险与非寿险承保保费（以美元计价）

图 2-29 是意大利近 40 年的人均保费变化情况，变化情况与总保费变化情况非常相似。

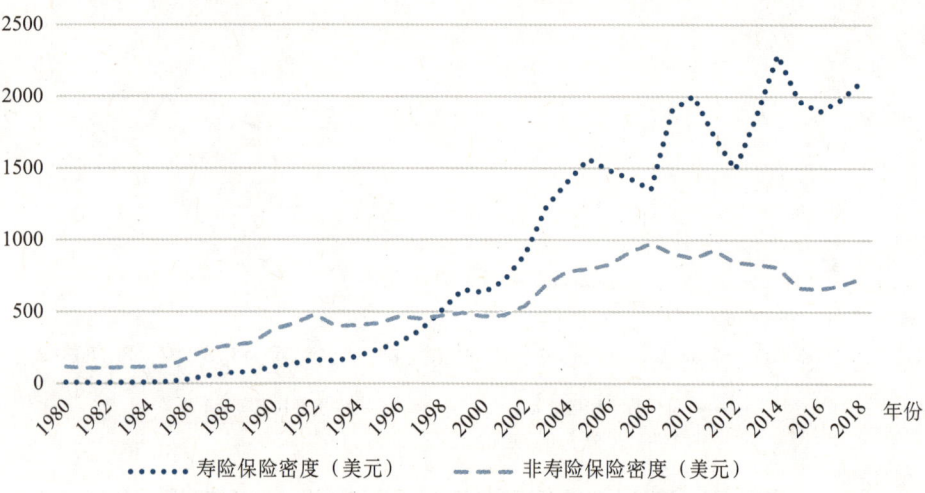

图 2-29 1980~2018 年意大利保险密度（以美元计价）

从图 2-30 可以看出，意大利的非寿险保险深度在 1996 年以前显著高于寿险保险深度，且保持比较平稳，1996 年以后寿险保险深度超过非寿险，且波动比较频繁。

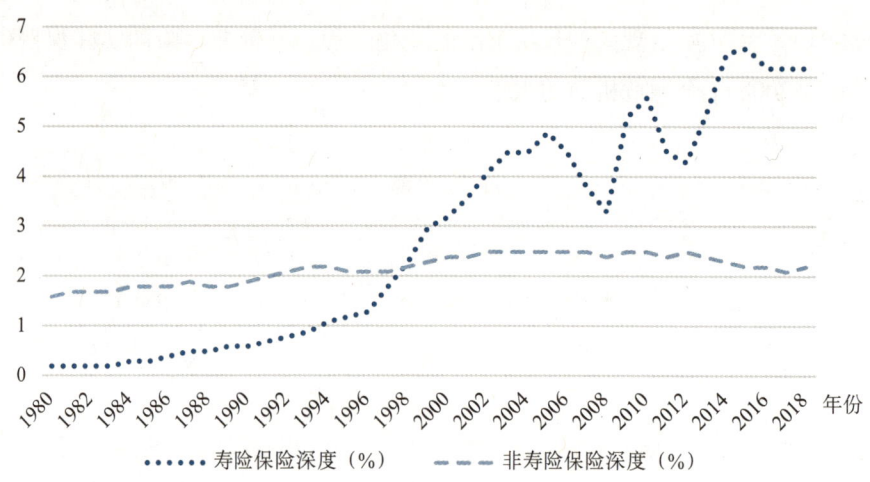

图 2-30 1980~2018 年意大利保险深度

四、意大利的保险资金运用情况

从表 2-37 可以看到,意大利的保险资金运用主要投向房地产、实体经济、债券、信托及其他投资。其中债券为主要投资方向,平均占比超过了 3/4,而其中又以政府债券为主,占债券的比重超过一半。其次是实体经济行业,投资比例达到了保险资金的 10%,高于排第三的信托资产。信托资产近 10 年所占的比例也在不断提升,从 2009 年的不到 5% 到 2018 年的接近 13%。意大利保险资金比较少投资于房地产行业,比例在百分之一点几上下。

表 2-37　　　　意大利保险业近 10 年资金运用情况　　　单位:百万欧元

年份	2009	2010	2011	2012	2013	2014	2015	2016	2017	2018
投资额	372268	404870	412472	429454	466147	520795	564393	601686	624726	646698
组成百分比										
房地产	1.8%	1.6%	1.7%	1.6%	1.4%	1.2%	1.2%	1.0%	1.0%	0.9%
实体经济	16.0%	14.0%	13.2%	11.7%	12.3%	10.8%	10.1%	9.4%	9.6%	9.5%
债券	73.5%	75.8%	76.6%	78.2%	78.0%	78.8%	77.5%	77.2%	75.8%	75.0%
其中:政府债券	46.9%	50.9%	54.5%	56.7%	57.8%	56.9%	54.3%	52.4%	52.0%	52.1%
单位信托	4.6%	4.8%	5.2%	5.3%	5.6%	6.8%	8.9%	10.3%	11.7%	12.8%
其他投资	4.1%	3.8%	3.4%	3.3%	2.7%	2.4%	2.3%	2.0%	1.9%	1.9%

五、渗透率全球第一的意大利 UBI 车险

在 2017 年全世界大约有有效的 UBI 车险保单 1740 万件,达到了 26% 的增速,以保费规模来排,位列第一的是美国,排名第二及 UBI 车险保单渗透率(UBI 保单/全部保单)排第一的则是意大利。

UBI(Usage Based Insurance),是一种基于驾驶行为的保险。通过车联网、智能手机和 OBD 等联网设备将驾驶者的驾驶习惯、驾驶技术、车辆信息和周围环境等数据综合起来,建立人、车、路(环境)多维度模型进行定价。2017 年,全球约有 1740 万有效 UBI 车险保单,增速达到了 26%。该车险产

品由 353 家保险机构供给，其中 2017 年 6~12 月新推出的项目，手机作为感应器的比例提高至 45%①。

3 家美国公司 Progressive、Allstate 和 State Farm 占据了全球 UBI 保险约 35% 的份额。美国由于其本身为世界第一大保险市场，因而在该领域占据市场最大份额也是合理的，而第二名既不是日本也不是英国，而是意大利，美国仅比其高出一点，且意大利远远领先于身后的英国和加拿大。

在普及率（渗透率）指标的角度，意大利 UBI 车险比例超过了 15%，全球最高。按照公司排名，UnipolSai 是位列榜首的保险公司，该公司与美国的 Progressive 并驾齐驱，在用 UBI 设备超过 300 万台，是全球最大的 UBI 车险承保人。

除此以外，全球 UBI 车险最重要的技术提供者（TSP = TelematicsService Provider）OCTO 也是一家意大利公司，其获得了全球市场份额的 40%，牢牢占据市场头把交椅。UBI 在意大利能够被市场认可并且快速发展的原因有以下几点：

（一）研究启动较早

Sigma 研究报告指出，一项新技术从研发到完全投入商用，总体来说需要 20 年。而意大利的该研究已经接近收官，在 2000 年意大利就开始了 UBI 车险的第一次试点。

据统计，截至 2016 年意大利就已有接近 500 万辆 UBI 网联车，且车载设备多为永久性，而美国更多的是一次性。在意大利，有 15% 的车险覆盖有设备连接的 UBI 保单，这意味着单个车辆和整体交通系统以及车辆之间可以构建起有意义的交互。两辆车之间可以互相警告以避免事故以及优化路线避免拥堵。也为下一步高级驾驶辅助系统、无人驾驶车技术的发展奠定了良好的基础。

（二）节约保费效应明显

在英国和意大利，年轻人群体的司机是 UBI 的主力，因为这类车主的保

---

① 数据来源：PTOLEMUS 2018 年 1 季度更新。

费节约效应最为明显。

因此,使得UBI渗透率在不同年龄人群中的渗透率趋于均等化是保险公司的目标。年轻人能节约大笔的保费,保险公司因此更喜欢这类群体。为了利润最大化目标,保险公司通常会谨慎承保,对这些标的加强风险评估和审核。但是这些技术保单并不会太吸引老司机,因为他们已经享受了比较优惠的费率,除非能获得更高的折扣。但如果保险公司能识别并筛选出风险类别较低的客户,那么承保利润还是可以得到保障的。

(三) 领先的技术水平

价格问题是UBI车险普及的一个重要障碍。在英国保险公司外购和安装UBI黑盒设备的成本曾经高达几百镑,所以也就是说当保费达到几千镑的时候才划算。直到近两年,黑盒设备的购置成本才大幅度下降到了50英镑左右,而安装成本则更低,因此它的普及率才开始大大增加。

1. 免费赠送Unipolsai设备

而在意大利,UBI的成本更低。Unipolsai会给车主免费赠送车联网设备,车主安装后可以获得原来保费基础上的85%折扣。装完一年以后,就可以以驾驶行为为依据进行定价。

一年过后,保险公司开始对所承保客户的驾驶行为进行检查,并对驾驶行为记录良好的客户予以保费折扣,并以此留住优质客户。正是采取这样的方式,Unipolsai在3年左右的时间成功获得了意大利车险市场第一的市场份额。从UBI设备种类上看,欧洲车辆非标准化的OBD端口阻碍了欧洲市场最初的发展,以致车载设备的扩张非常有限,很难收集到足够的数据;但是意大利绝大多数UBI设备采用了黑盒或客户自助安装的黑盒(总计超过93%),由此绕过了OBD的麻烦。

2. OCTO领跑行业,硬件中兴制造

意大利的OCTO,作为驾驶行为分析的开拓者和领导者之一,为意大利UBI的普及推广打下了稳固的技术基础,在意大利占据了75%的市场份额。这家公司已经营运了16年,为540万客户提供服务,同时累积了1860亿英里

（1 英里≈1609.34 米）的行驶数据和 43.8 万件交通事故数据，目前在罗马、伦敦、波士顿等 6 个重要城市设有分支机构。

（四）来自监管方面的支持

监管的态度影响了 UBI 的发展，甚至对其起到了决定性的作用。美国市场最早开创了 UBI，2003 年对美国 43 个州保险监督委员会 UBI 计划进行政策调查显示，有 37% 的州不允许开展 UBI，其他州的保险公司也必须证明费率结构的公平、透明和理性才能获得业务许可。直到 2015 年，美国全部 50 个州的监管部门都许可了 UBI 产品[①]。而在意大利，UBI 车险创新从一开始就得到了监管的同意及支持，并且近来更是得到了立法方面的支持。

1. 立法支持 UBI 车险

市场和竞争法案（L124/2017）于 2017 年 8 月 4 日得到了意大利议会的通过，其中部分条款建议所有车辆保险都采用 Telematics 技术（也就是 UBI 保单）。考虑到市场和竞争的因素，所以充分地保障消费者的利益，同时也照顾到市场各参与方的利益。

2012 年出台的"蒙蒂法令"为各参与方提供了一般的遵循规则，主要条款有：

在保险契约达成一致之前，保险公司需对车辆进行核实；

保险公司有义务向意大利保险监督管理机构（IVASS）发送详实的报告，指出可疑索赔的数目，以及处理行动和抑制欺诈问题的进展情况；

保险公司有义务承担远程数据加工黑匣子的一切成本，包括设备、服务、安装和卸载；

保险监督管理机构 IVASS 被要求在法律生效后 90 天之内建立处理远程数据加工及收集的准则，以保证相异保险公司之间可以兼容系统（2 年后适用）；

[①] 数据来源：Navigating the Regulatory Environment Around Usage – Based Insurance CAS 2017 RPM Seminar, March 29, 2017。

管理 OBU 软件和硬件科技的准则（也适用于 2 年后）；

按照新的法规和"蒙蒂法令"，意大利经济发展部（MISE）承担制定和公开便于携带性和标准化的标准的责任。

2. 必须给予消费者折扣的情形

意大利经济发展部还负有责任要求保险公司在以下情形中给消费者折扣：

保单持有人允许对其实施预防性车辆核实；

安装了用于收集和提供数据的黑匣子或其他远程数据处理设备；

车辆中安装了酒精探测器或车辆防盗设备；

更明确的监管条文仍在讨论中，新准则会涵盖关于优惠和设备使用的更多细节。

3. 车联网设备信息可在民事诉讼中作为证据使用

按照新法，UBI 设备产生的远程数据和信息已经可以作为证据在意大利法院的民事诉讼中被认可。意大利在立法层面引入了"不同电子设备"的概念，但是智能手机作为传感器的数据目前还不会被考虑，是由于它不符合行业对车辆撞击事故重新构定和欺诈监督的要求。

意大利政府通过立法，全盘肯定并支持 UBI 车险保单，并不余遗力地推广，以达到抑制保费欺诈问题的效果。

（五）未来的憧憬

可以看出一个比较清晰的发展趋势，那就是 UBI 是车险未来的创新和发展方向。全球 26% 的增速和发达市场 10% 左右的渗透率蕴含着庞大的商机和市场潜力。UBI 的使用为准确反映出驾驶者风险程度提供了技术支持，更能反映出公平的保费水平；以调节价格为手段，促进驾驶安全，减缓城市拥堵的交通；远端的信息收集和处理加工，还可以更快地处理事故，为追踪被盗窃的车辆提供便利等，市场参与各方包括相关政府机构都有利可图。但是，新技术的研发到完全商业推广应用需要一定的时间和测试。UBI 车险在意大利的高覆盖率是市场、科技和监管多层次思想和资源融合及碰撞的产物。当前中国在 UBI 层面已经具备了技术上的保证，保险公司能否抓住人口和车辆的红利进行进一步差异化的创新和竞争,从而提高保险业对保单持有人、保险行业乃至经济社会的服务能力,这是未来中国保险业值得思考的一个方向。

六、意大利的保险监管特点

意大利是现代保险的发源地,也是目前世界上保险业较发达的国家。作为一个大陆法系国家,意大利的保险监管法律同德国、法国等国家的保险监管法律规范相似,但也有自己的特点。

在1942年以前,意大利的保险法被纳入商法典中作为一部分,但1942年意大利改民商分立的立法方式为民商合一的立法方式,将商法典并入民法典,因此有关保险的法律规范也被并入民法典。当然这对后来的"车险买哪家好"这样的问题有决定性的作用。

目前意大利民法典第1882条至1992条是意大利关于保险的主要法律规范。其适用范围包括人寿、非人寿保险公司和再保险公司。

除民法典外,意大利关于车险基本险和保险监管的法律规范还包括:1959年2月13日通过的"联合法",适用于私人保险公司;1978年9月26日通过的第576号法令,主要规定了对保险公司进行强制性清算的问题。除了这些法律之外,意大利还通过了一系列的法令,以实施欧盟关于保险的指令。

根据意大利法律的规定,保险企业可以采取以下组织形式:股份公司、互惠公司、合作公司。保险企业成立时应符合法律关于保险企业最低资本的要求。最低资本的具体标准依不同的保险企业组织形式而定,成立保险企业应得到监管部门的批准。

保险公司不得从事任何非保险的业务,但各类保险业务之间可以兼营,这需要得到有关部门的批准。

根据意大利法律的规定,不论是直接的还是间接的,保险经纪人均不得从事保险代理业务。

保险蓝皮书

第二部分 保险经营主体分析

第三章 中国中小型保险公司的价值成长性分析

第一节 保险公司价值成长性的概念[①]

"成长"的定义最早来源于生物学的研究,主要表现在两个方面:一是体积或重量的由小到大;二是能力的由弱到强,生命力的由成熟到衰老的过程。经济管理学中的成长是一种变化和趋势,在经济学中,成长表现在数量的增加,往往用增长代替,如"国民经济增长""消费指数增长"等;管理学中的成长表现了一种趋势或者过程,如"企业成长""成长战略""素质成长"等。

公司成长是指公司的生存和发展,生存是发展的前提,发展是生存的目的。公司成长的外在表现是企业规模由小到大,内在表现是企业素质的提高。公司成长性是质和量相互作用的过程,是两者的有机统一。

随着我国经济的快速发展和企业主体数量的大量增加,研究企业成长或成长力的文献越来越多。

王钦和贺俊(2008)认为企业成长力是企业成长所依赖的资源和能力。他们将企业成长力分解为企业家抱负、企业家能力、企业制度与治理以及组织战略与能力4个要素,对我国的企业成长理论基础和指标体系构建进行了探讨。但是,该文的理论分析与指标构建针对性不足,第二产业的企业与第

[①] 在《保险蓝皮书——中国保险市场发展分析(2018)》中,我们主要基于中国保险公司2017年和2016年的经营数据,对中国中小型保险公司进行价值成长性分析,有兴趣的读者可以作为参考。

三产业的企业成长力显然有明显的区别；另外，指标过于粗糙、过于依赖于调查问卷的设计和分析，评价结果的客观性容易引起质疑。

梁毕明（2012）认为企业的成长性包括两个方面的内容，一方面，表现为可以量化的财务指标朝好的方向发展，如企业规模的扩大、销售收入的增长；另一方面，表现为不可量化的非财务指标也向好的方向发展，如创新能力的增强。企业的成长性是可以量化的财务指标和不可量化的非财务量化指标共同作用的结果。

宋鹏（2012）认为企业的成长性是企业未来有效配置资源的能力，这种能力是企业的创新能力、市场能力、管理能力等各方面能力的综合体现。

梁博（2013）通过因子分析法对中小板上市公司成长性进行评价，选取2007年12月31日前上市的201家中小企业板上市公司为样本，实证检验了股权结构与公司成长性之间的关系。分别分析了第一大股东持股比例与公司成长性关系、第二至第五大股东持股比例与公司成长性关系、股权制衡度指数与公司成长性关系。

龚福和高娟（2013）以2011年前上市的30家中小制造型企业为例，运用因子分析法对企业成长进行了评价。文中设立了偿债能力、盈利能力、营运能力、成长能力、抗风险能力和科技创新能力六个一级指标，每个一级指标下，设立数量不等的二级指标，共设立了14个二级指标。最后，对现阶段我国中小制造企业的成长提出了建议措施。

钱佩华（2013）从增长能力、盈利能力、资金运营效率、核心能力、市场预期能力、规模能力等方面构建了企业成长性评价指标体系。其中，在增长能力方面，主要选取主营业务增长率、股东权益平均增长率等财务指标；在资金运营效率方面，主要选取每股经营性现金流量、现金满足投资比等财务指标；在核心能力方面，主要选取应收账款周转率、总资产周转率等指标；在市场预期能力方面，主要选取净资产倍率、利润增长率与市盈率之比等指标。

夏宁和董艳（2014）认为除了高管薪酬对于企业成长的速度至关重要之

外，员工薪酬对于企业成长同样具有激励作用。该文通过对深交所上市公司 2007~2011 年的数据进行实证分析，研究员工薪酬激励与企业成长性之间的关系。结果表明，员工薪酬与高管薪酬在国有中小上市公司中具有激励作用，可以提高其成长性；该文认为企业在设计员工薪酬时，要考虑企业所处的具体情境和高管团队协作需要、财务风险、技术复杂性等多种因素。

郝臣、王旭和丁振松（2016）通过上市公司的薪酬和财务数据来检验高管薪酬与保险公司成长性之间的关系，以探讨保险公司高管薪酬激励的有效性。他们指出，成长性作为企业努力追求的目标之一，以主营业务收入增长率、净资产增长率、总资产增长率 3 个指标衡量保险公司的成长性；利用固定效应模型检验了高管薪酬和保险公司成长性之间的关系。实证结果表明，我国保险公司高管薪酬和成长性呈现显著的正相关关系，高管薪酬激励机制有效发挥了作用。

魏文兰和黄佑军（2017）认为企业成长性是企业各利益相关者共同追求的目标，是企业生存和发展的前提。通过选取深交所上市公司中的 42 家成长性最高的企业为样本，利用其 13 个财务指标，对样本企业 2014 年的财务数据进行了因子分析，结果表明企业成长性与流动比率、速动比率、总资产增长率、主营利润增长率、现金债务总额比、销售现金比率、代理成本率有显著的相关性，并对分析结果进行了检验，检验结果具有较高的一致性。但是，该文以营业收入增长率代表企业成长性的依据并不充分，因子分析结果对企业成长力的说明作用值得商榷。

虽然研究企业成长性的文献较多，但是针对某个具体行业的经营特点和发展规律相关研究，并提出具有针对性的分析方法和指标体系的研究价文献并不多见。

寇业富、陈辉、张宁和刘达在《保险蓝皮书——中国保险市场发展分析（2017）》中，对中国保险公司的价值成长性建立了比较系统、科学的评价分析，对中国保险公司的价值成长性进行了比较全面的分析。

2016 年 5 月，中央财经大学中国精算研究院与中国保险报业股份有限公司联合组建"中国保险公司价值成长性分析"项目组,对中国保险公司的价值成长性进行分析评价。项目组根据保险公司和中国保险市场的经营特点,以及保险监管政策和保险业发展规律,从多方面、多角度探寻中小险企的内涵价值、成长规律和动力逻辑,发现可能创造行业未来的新生力量。

我们认为,保险公司的价值成长性不以成立营业时间长短和经营规模作为判断优劣的标准。

我们根据多年的相关研究,以及对保险行业发展规律的认识,构建了保险公司价值成长性的定义。保险公司价值成长性的定义如下:由于自身的某些优势(如行业领先技术、管理高效和经营创新等)而可能在将来迸发出潜力,获得相对于竞争对手所表现出来的更强的生存能力、创新能力、抵御风险能力和持续发展能力的总和。

保险公司的价值成长性,至少包含如下的含义:公司的成长性、长期可持续性、符合国家监管政策和保险业发展规律、注重服务理念和新技术,并平衡对股东、客户、员工、政府和社区环境的社会责任等。

一般研究公司的价值成长性往往主要针对中小型经营主体,并根据各国保险业发展及其市场结构状况制定标准,我们也将遵循这一原则。

价值成长性研究将在解决市场信息不对称、提高市场运转效率和透明度、加强风险管理能力等方面发挥重要作用,并将利于保险行业的长期可持续发展。

第二节 保险公司价值成长性评价指标体系建设

一、保险公司价值成长性指标的构建原则

保险公司价值成长性是反映公司生存能力、成长能力和持续发展能力的一个综合性指标。因此,在构建指标时,必须根据保险公司的经营特点,进

行综合分析平衡,能够比较全面地反映保险公司的价值成长性。

(一) 可得性原则

可得性原则即是指具体指标的可量化和可计算性,又是指具体数据的可得性。

在进行保险公司价值成长性分析时,各种指标的建立和定义不可避免。此时既要考虑各种指标的具体量化和计算方法,又要考虑各种数据的可获得性。近些年来,虽然我国的信息化建设取得了飞速发展,原保监会于2010年6月12日起颁布施行了《保险公司信息披露管理办法》,原保监会、保险行业协会、各公司自己的网站等为相关研究提供了比较权威和系统的数据,但是在进行各种具体研究时,数据方面仍然感到捉襟见肘。

(二) 客观性原则

在构建指标时,既要客观反映人身险公司和财产险公司在经营模式、发展思路、监管要求等方面的区别,又能够体现出保险业的发展特点,并真实反映保险公司竞争力的各个不同方面。

(三) 均衡性原则

课题组把二级指标分为3类:规模性指标、结构性指标和比率性指标。

规模性指标是指保费收入、资产规模等反映公司经营规模的指标。

结构性指标是指反映公司当年的经营思路和发展水平的指标,它是由公司自己当年的经营业绩指标计算得到,与公司往年的表现和其他公司无关,例如,综合费用率、综合赔付率、退保率等指标。

比率性指标是反映公司经营业绩的年度变化情况的指标,例如,保费收入增长率、净利润增长率等指标。

毋庸讳言,以上各类指标对于不同规模、经营策略和风险管理能力的保险公司的评价影响是不同的。规模性指标的设立对于股本、资产规模较大的保险公司的价值成长性评价结果比较有利;比率性指标对于成立时间较短、发展比较迅速的保险公司价值成长性的评价结果有利;因此,在设立指标时,需要考虑各类指标间的均衡性问题，均衡性原则尤其重要。

值得欣慰的是，中央财经大学"保险公司价值成长性分析研究"课题组注意到了相关问题。我们在指标设立时，综合考虑各项因素，并加以综合均衡。

二、保险公司价值成长性的指标

基于保险公司价值成长性的定义，并根据保险公司的发展规律和负债经营的特征，我们构建了包括一级指标和二级指标的指标体系。其中，一级指标包括市场拓展能力、融资能力、盈利能力、风险管理能力和经营创新能力。

项目组根据人身险公司和财产险公司的经营特点和规律，每一个一级指标下构建数量不等的二级指标。其中，2019年人身险公司的价值成长性分析包括57个二级指标；财产险公司的价值成长性分析包括57个二级指标。可以把二级指标分为规模性指标、比率性指标和结构性指标3类指标，当然随着保险市场不断地发展变化，我们对保险业经营规律认识的加强，以及研究的不断深化，对指标体系甚至于评价方法都或有改变和完善。

（一）人身险公司的二级指标

市场拓展能力主要从市场份额及其变化、分支机构数目、资产管理效率等几个方面考察评价。

二级指标包括：净资产周转率、总资产周转率、手续费及佣金占比、综合费用率的增长率、报告期营业收入、保险业务收入增长率、保费收入费用增长比、应收保费率、发展系数、退保率、分支机构数目、认可资产增长率，共12个二级指标。

融资能力主要从公司的所有者权益的规模及变化、资金融通能力、资金管理、资本负债比等几个角度进行分析评价。

二级指标包括：所有者权益、所有者权益增长率、资金融通能力、资本管理系数、盈余缓解率、资本利用率、负债净资产比、资本回报率、融资风险率、现金流满足率、资本金增长率，共11个二级指标。

盈利能力主要从公司的净利润及其变化、投资收益、承保收益等几个方面进行分析评价。

二级指标包括：总资产收益率、净资产收益率、净投资收益率、承保利润率、投资资产占总资产的比率、人均综合收益、净利润、人均利润、净利润增长率、综合收益率，共10个二级指标。

风险管理能力主要从公司的偿付能力、流动性管理、准备金提取以及自留保费等几个角度进行分析评价。

二级指标包括：偿付能力充足率、流动性比率、肯尼系数、自留保费增长率、自留保费系数、准备金安全率、保险负债占总资产比、现金盈余保障倍数、付现比、资产杠杆率、收现比、净利润赔付支出覆盖率，共12个二级指标。

经营创新能力主要从公司的产品创新、技术创新和管理创新等几个方面进行分析评价。

二级指标包括：险种集中度系数、综合费用率、综合费用率的增长率、两年期平均赔付率、应收分保率、业务及管理费占比、资金运用效率、人均产能、综合收益增长率、总资产增长率、自留保费率、资产报酬率，共12个二级指标。

（二）财产险公司的二级指标

市场拓展能力主要从市场份额及其变化、分支机构数目、资产管理效率等几个方面考察评价。

二级指标包括：净资产周转率、总资产周转率、手续费及佣金占比、人均产能、人均产能增长率、报告期营业收入、保险业务收入增长率、保费收入费用增长比、资产增量保费比、发展系数、综合费用率、分支机构数目，共12个二级指标。

融资能力主要从公司的所有者权益的规模及变化、资金融通能力、资金管理、资本负债比等几个角度进行分析评价。

二级指标包括：所有者权益、所有者权益增长率、融资风险率、资本管理系数、资本利用率、可运用资金、负债净资产比、现金流满足率、准备金充分率、资本运用效率，共10个二级指标。

盈利能力主要从公司的净利润变化、投资收益、承保收益等几个方面进行分析评价。

二级指标包括：总资产收益率、净资产收益率、净投资收益率、承保利润率、投资资产占总资产比率、净利润增长率、净资产利润率、人均综合收益、财务收益率、综合收益率，共10个二级指标。

风险管理能力主要从公司的偿付能力、流动性管理、准备金提取以及自留保费等几个角度进行分析评价。

二级指标包括：偿付能力充足率、流动性比率、肯尼系数、自留比率、未决赔款准备金充足率、保险负债占总资产比、现金盈余保障倍数、收现比、付现比、资产杠杆率、净利润赔付支出覆盖率、应收保费率，共12个二级指标。

经营创新能力主要从公司的产品创新、技术创新和管理创新等几个方面进行分析评价。

二级指标包括：险种集中度系数、综合赔付率、分出率、应收分保率、业务及管理费占比、资金运用效率、认可资产增长率、资本管理绩效增长率、总资产增长率、再保险亏损率、资产报酬率、自留保费增长率、可运用资金收益率，共13个二级指标。

（三）指标的处理

为突出中小型保险公司的成长性和发展潜力，相对于《中国保险公司竞争力评价研究报告》的有关内容，在一级指标上，项目组更看重市场拓展能力、融资能力和经营创新能力对公司价值成长性的影响；在二级指标上，比率性指标权重较大。

从公司角度看，有的指标是正向的，即取值越大越好，称为正向指标；有的指标取值是逆向的，即取值越小越好，称为逆向指标；有的指标取值取中间值为好，太大或太小都会带来不利影响，我们称之为均衡指标。

首先根据指标的正向、逆向或均衡性，进行数据的预处理统一，使得处理后的全部指标数据为正向，即其数据愈大愈好；其次，指标中有些是比率指标、有些是数值指标，为避免"以大欺小"以及避免指标单位对评价结果的影响，我们假设每个指标下所有公司的数据服从正态分布，进而对全部指标进行标准化处理，使全部指标数据取值范围在 0~1 间。

特别说明：

（1）本书分析尽量采用可获得的披露数据进行分析，并根据实质重于形式的原则，对发现个别公司披露数据存在错误或异样的年报信息进行调整或者在涉及该指标时进行批注说明。

（2）本书分析采用的数据皆来源于已公开的资料或课题组成员的个人分析，但我们不保证上述信息的完整和正确性，中央财经大学保险学院·中国精算研究院不因使用本报告而产生的一切后果承担责任，只作为学术研究以及学界和业界的信息交流与参考。同时本研究分析为课题组成员的个人观点，并不代表中国精算研究院的观点。

对有关问题的讨论与争议，请使用电话或电子邮件的方式与我方联系。

第三节　中国人身保险公司价值成长性评价结果与分析

中小型保险公司占行业内经营主体的 85% 左右。因此，中小险企的健康快速发展直接影响着中国保险行业的未来。项目组成员主要根据保险公司 2018 年度及其以前的相关数据，通过精算模型、大数据平台和现代统计分析方法对中国保险公司的的价值成长性进行综合分析评价。

建立指标体系后，确定中小型保险公司的标准、评价方法等，得到中小型人身险公司的价值成长性评价结果。

一、研究对象的选择

目前，国内学术界、业界尚没有公认的关于"中小型保险公司"的划分标准；项目组基于人身险和财产险不同的市场经营特点，以及中国保险业的发展规律，给出了自己的划分标准。

根据原中国保险监督管理委员会网站，截至 2018 年 12 月 31 日，中国共有 91 家人身险保险公司成立营业，其中，中资公司 63 家，外资公司 28 家。

其中复星联合健康、信美相互、华贵人寿、爱心人寿、和泰人寿、招商仁和、三峡人寿、瑞华健康、北京人寿、海保人寿、国富人寿、国宝人寿这 12 家公司，截至 2018 年年底，成立运营不足两年，不予评价。

国寿存续、和谐健康、安邦人寿、华汇人寿、安邦养老未披露年度信息报告，不予评价。

国寿养老、长江养老、新华养老、人保养老仅经营养老保障管理业务、企业年金、职业年金等业务，暂不经营负债型的人寿保险业务，不适用偿付能力的监管要求，不予评价。

以上共 21 家公司被剔除，剩余 70 家公司。

（1）主要根据净资产情况进行中小型人身险公司的筛选。以净资产 150 亿元为标准，大于 150 亿元的为大型人身险公司，小于或等于 150 亿元的为中小型人身险公司，则剔除以下 12 家大型人身险公司：中国人寿、平安寿险、太保寿险、新华人寿、泰康人寿、华夏人寿、太平人寿、人保寿险、阳光人寿、前海人寿、中邮人寿、富德生命人寿。

剩余 58 家公司属于中小型人身险公司，则中小型人身险公司占比为 82.86%。

（2）此外，部分公司的经营数据缺失或者异常（数据异常并不意味着优劣）；部分公司的经营模式特殊，不具有代表性；部分公司的信息披露不完整不准确等，对以下 4 家人身险公司不予评价：国联人寿、幸福人寿、恒安标准、中法人寿。

最后共对54家人身险公司进行价值成长性评价。

上述公司如果有任何问题、建议或者意见,请与课题组联系。

二、人身保险公司价值成长性的评价方法

(一)数据处理

为了避免被评价分析的各公司指标数据的单位不同,对结果造成影响,首先假设各指标的数据取值符合正态分布,然后,对每个指标数据进行正态标准化,从而每个二级指标的取值范围在0~1之间。

(二)评价方法

参评的共有54家保险公司,即对于每一个评价指标,我们可以得到54个样本数据,因此,我们可以假设这些样本数据服从正态分布。

首先,对每项指标的数据进行正态化分布处理,每家公司对应的指标数据即为该公司在该项指标上的得分。

然后,在计算各公司一级指标得分时,赋予各项二级指标相同的权重,通过加总,得到该公司该项一级指标的评价得分。

其次,赋予各项一级指标相等的权重,通过加总得到公司的价值成长性评价。

(三)评价结果的处理

最后,根据公司的评价得分,进行百分制化。即根据最高分与最低分之间的差距大小,分别设定最高分为100分,最低分为40分,从而得到各公司的评价得分。

三、人身险保险公司价值成长性的评价结果

根据上述指标和评价方法,得到主要基于2018年数据的中国人身险公司价值成长性的评价结果。表3-1给出了中国人身险公司价值成长性排名前20的排名与得分。

表3-1　　　　　价值成长性排名前20的中国人身险公司

公司	排名	得分	公司	排名	得分
民生人寿	1	100.0	平安健康	11	88.1
君康人寿	2	98.3	中宏人寿	12	87.6
泰康养老	3	96.7	复星保德信	13	85.9
利安人寿	4	95.5	人保健康	14	85.9
友邦人寿	5	95.0	中德安联	15	85.3
交银康联	6	93.6	招商信诺	16	84.4
中美联泰	7	91.3	中信保诚	17	84.4
中意人寿	8	90.9	光大永明	18	83.9
百年人寿	9	90.7	工银安盛	19	83.6
平安养老	10	89.7	恒大人寿	20	82.4
前10名的均值		94.2	第11~20名的均值		85.2
前10名的标准差		3.5	第11~20名的标准差		1.8

（一）价值成长性排名前10的中国人身保险公司概况

从图3-1中可以看出，价值成长性排名前10的寿险公司的评价得分差距不大，占有比较明显优势的是民生人寿和君康人寿。

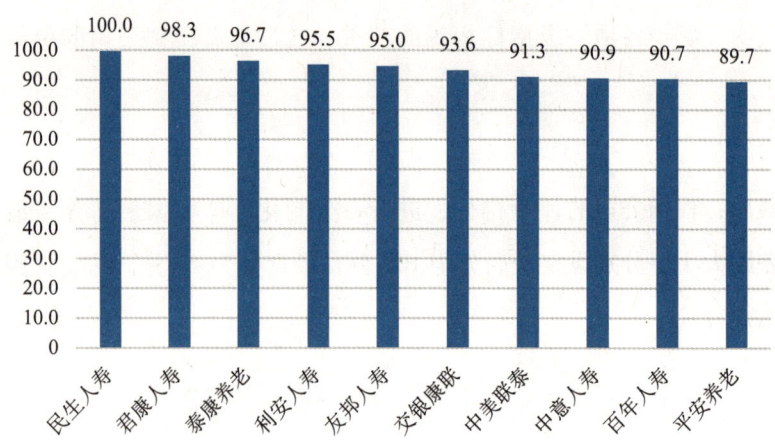

图3-1　价值成长性排名前10的公司得分比较

为了更好地对这些公司做进一步的了解，表3-2给出了价值成长性排名前10的人身险公司的一级指标的排名与得分。

表3-2　　价值成长性排名前10的人身险公司的一级指标排名与得分

公司	一级指标的定量评价结果									
	市场拓展能力		融资能力		盈利能力		风险管理能力		经营创新能力	
	排名	得分	排名	得分	排名	得分	排名	得分	排名	得分
民生人寿	22	73.6	1	100.0	19	76.1	8	82.3	18	87.1
君康人寿	3	94.4	35	67.0	1	100.0	27	68.9	23	85.1
泰康养老	2	95.8	3	86.4	36	64.7	9	81.9	34	82.7
利安人寿	4	92.9	19	70.2	20	76.0	12	79.7	13	90.0
友邦人寿	43	62.0	2	89.9	3	93.0	16	78.6	26	84.1
交银康联	42	62.4	9	76.5	10	80.9	2	87.7	3	96.9
中美联泰	47	60.7	7	78.0	2	95.8	10	81.9	30	83.0
中意人寿	7	89.0	26	69.4	12	77.6	30	65.2	2	97.2
百年人寿	1	100.0	36	65.9	33	69.1	35	62.9	1	100.0
平安养老	16	81.7	18	70.2	17	76.5	6	83.9	29	83.4

（二）价值成长性排名前10的中国人身保险公司的发展分析

对排名前10的人身险公司的评议分析（排名不分先后）如下：

民生人寿保险股份有限公司（"民生人寿"）成立于2002年6月18日，总部位于北京。注册资本金60亿元，总资产1091.72亿元。2018年实现原保费收入1151782.52万元，市场占比0.44%，排名全国寿险公司第30位。

民生人寿的各项一级指标表现优秀，其中，融资能力排名第1位，风险管理能力排名第8位，其他各项一级指标表现优良。民生人寿在退保率、分支机构数目、所有者权益、资本管理系数、资本回报率、偿付能力充足率、付现比、净利润赔付支出覆盖率、险种集中度系数、综合费用率的增长率、应收分保率、业务及管理费占比等二级指标上表现突出，资金融通能力、盈余缓解率、融资风险率、肯尼系数、保险负债占总资产比在10家公司中排首位。

君康人寿保险股份有限公司（"君康人寿"）成立于2006年11月6日，

总部位于北京，注册资本金 62.5 亿元，总资产为 1006.20 亿元。2018 年实现原保费收入 2955607.73 万元，市场占比 1.13%，排名全国寿险公司第 18 位。

君康人寿的各项一级指标表现优秀，其中，盈利能力排名第 1 位，市场拓展能力排名第 3 位，其他各项一级指标表现优良。君康人寿在净资产收益率、人均综合收益、净利润、人均利润、总资产周转率、综合费用率的增长率、报告期营业收入、退保率、所有者权益、流动性比率、肯尼系数、自留保费系数、收现比、净利润赔付支出覆盖率、应收分保率、总资产增长率等二级指标上表现突出，总资产收益率、净投资收益率、综合收益率、手续费及佣金占比、应收保费率、资本回报率、综合费用率、业务及管理费占比、资金运用效率在 10 家公司中排首位。

泰康养老保险股份有限公司（"泰康养老"）成立于 2007 年 8 月 10 日，总部位于北京。注册资本 40 亿元，总资产为 247.18 亿元。2018 年实现原保费收入 685310.67 万元，市场占比 0.26%，排名全国寿险公司第 39 位。

泰康养老的各项一级指标表现优秀，其中，市场拓展能力排名第 2 位，融资能力排名第 3 位，风险管理能力排名第 9 位，其他各项一级指标表现优良。泰康养老在手续费及佣金占比、应收保费率、退保率、资本回报率、资本金增长率、肯尼系数、自留保费系数、付现比等二级指标上表现突出，投资资产占总资产的比率、分支机构数目、所有者权益增长率、资本管理系数、现金流满足率、流动性比率、现金盈余保障倍数、总资产增长率在 10 家公司中排首位。

利安人寿保险股份有限公司（"利安人寿"）成立于 2011 年 7 月 14 日，总部位于南京。注册资本 45.79 亿元人民币，总资产为 284.61 亿元。2018 年实现原保费收入 1109653.2 万元，市场占比 0.42%，排名全国寿险公司第 31 位。

利安人寿的各项一级指标表现较为优秀均衡，其中，市场拓展能力排名第 4 位，风险管理能力排名第 12 位，经营创新能力排名第 13 位，其他各项一级指标表现优良。利安人寿在投资资产占总资产的比率、综合收益率、总资产周转率、手续费及佣金占比、综合费用率的增长率、应收保费率、所有者权益增长率、流动性比率、肯尼系数、险种集中度系数、综合费用率、综合费用率的增长率、应收分保率、业务及管理费占比、资金运用效率等二级指标上表现突出，认可资产增长率、资本管理系数、两年期平均赔付率、资产报酬率在10家公司中排首位。

友邦保险控股有限公司控股的中国区分支公司（"友邦人寿"）包括友邦上海、广东、深圳、北京、江苏分公司和东莞、江门支公司，总资产为1458.19亿元，成立时间最早的上海分公司成立于1992年9月29日。2018年实现原保费收入2613428.91万元，市场占比1.00%，排名全国寿险公司第19位。

友邦人寿的各项一级指标表现优秀，其中，融资能力排名第2位，盈利能力排名第3位，其他各项一级指标表现优良。友邦人寿在总资产收益率、净资产收益率、投资资产占总资产的比率、报告期营业收入、退保率、所有者权益增长率、资本回报率、融资风险率、肯尼系数、自留保费系数、付现比、应收分保率、业务及管理费占比等二级指标上表现突出，人均综合收益、净利润、人均利润、所有者权益、偿付能力充足率、净利润赔付支出覆盖率、险种集中度系数、综合费用率的增长率、综合收益增长率在10家公司中排首位。

交银康联人寿保险有限公司（"交银康联"）成立于2000年6月16日，是交通银行控股的中外合资保险机构，前身为中保康联人寿保险有限公司。注册资本金51亿元，总资产为406.27亿元。2018年实现原保费收入801799.13万元，市场占比0.31%，排名全国寿险公司第36位。

交银康联的各项一级指标表现优秀，其中，风险管理能力排名第2位，经营创新能力排名第3位，融资能力排名第9位，盈利能力排名第10位，其他各项一级指标表现优良。交银康联在人均综合收益、综合收益率、手续费及佣金占比、应收保费率、流动性比率、肯尼系数、净利润赔付支出覆盖率、险种集中度系数、综合费用率、综合费用率的增长率、应收分保率、业务及管理费占比等二级指标上表现突出，承保利润率、资本管理系数、资本金增长率、自留保费增长率在10家公司中排首位。

中美联泰大都会人寿保险有限公司（"中美联泰"）成立于2005年8月10日，是由美国大都会集团下属公司和上海联和投资有限公司合资组建而成。注册资本金27.2亿元，总资产为476.36亿元。2018年实现原保费收入1160167.31万元，市场占比0.44%，排名全国寿险公司第29位。

中美联泰的各项一级指标表现优秀，其中，盈利能力排名第2位，融资能力排名第7位，风险管理能力排名第10位，其他各项一级指标表现优良。中美联泰在总资产收益率、投资资产占总资产的比率、人均综合收益、净利润、人均利润、综合收益率、退保率、所有者权益增长率、资本管理系数、资本回报率、偿付能力充足率、肯尼系数、净利润赔付支出覆盖率、险种集中度系数、综合费用率的增长率、应收分保率、综合收益增长率等二级指标上表现突出，净资产收益率、自留保费系数、付现比在10家公司中排首位。

中意人寿保险有限公司（"中意人寿"）成立于2002年1月31日，是由意大利忠利保险有限公司和中国石油天然气集团有限公司合资组建，是中国加入世界贸易组织后首家获准成立的中外合资保险公司。注册资本37亿元，总资产为609.29亿元。2018年实现原保费收入1401222.51万元，市场占比0.53%，排名全国寿险公司第28位。

中意人寿的各项一级指标表现优秀，其中，经营创新能力排名第2位，市场拓展能力排名第7位，其他各项一级指标表现优良。中意人寿在融资风险率、肯尼系数、收现比、净利润赔付支出覆盖率、险种集中度系数、综合费用率、综合费用率的增长率、业务及管理费占比等二级指标上表现突出，综合费用率的增长率、保费收入费用增长比、资本管理系数、自留保费系数、应收分保率在10家公司中排首位。

百年人寿保险股份有限公司（"百年人寿"）成立于2009年6月3日，总部位于大连。注册资本金77.948亿元，总资产为952.90亿元。2018年实现原保费收入3856503.42万元，市场占比1.47%，排名全国寿险公司第13位。

百年人寿的各项一级指标表现优秀，其中，市场拓展能力排名第 1 位，经营创新能力排名第 1 位，其他各项一级指标表现优良。百年人寿在总资产周转率、应收保费率、分支机构数目、融资风险率、流动性比率、险种集中度系数、综合费用率、综合费用率的增长率、应收分保率、业务及管理费占比、总资产增长率等二级指标上表现突出，报告期营业收入、自留保费系数、收现比、人均产能在 10 家公司中排首位。

平安养老保险股份有限公司（"平安养老"）成立于 2004 年 12 月，是国内首家专业养老险公司。注册资本金 48.6 亿元，总资产为 459.86 亿元。2018 年实现原保费收入 2111208.26 万元，市场占比 0.80%，排名全国寿险公司第 21 位。

平安养老的各项一级指标表现较为优秀均衡，其中，风险管理能力排名第 6 位，其他各项一级指标表现优良。平安养老在总资产收益率、净利润、分支机构数目、肯尼系数、付现比、净利润赔付支出覆盖率、险种集中度系数、综合费用率的增长率、应收分保率、资产报酬率等二级指标上表现突出，总资产周转率、退保率、资本管理系数、自留保费系数、准备金安全率在 10 家公司中排首位。

第四节　中国财产保险公司价值成长性评价结果与分析

近 10 年来，在中国保险市场上，财产保险公司的保费收入占保险行业全部保费收入的 40% 左右，其中，中小型财产保险公司占财险市场经营主体的 85% 左右。因此，中小险企的健康快速发展直接影响着中国财产保险行业的未来。项目组成员主要根据保险公司 2018 年度及其以前的有关数据，通过精算模型、大数据平台和现代统计分析方法对中国保险公司的价值成长性进行综合分析评价。

建立指标体系后，确定中小型财产保险公司的标准、评价方法等，得到中小型财产保险公司的价值成长性评价结果。

一、研究对象的选择

目前，国内学术界、业界尚没有公认的关于"中小型保险公司"的划分标准；项目组基于人身险和财产险不同的市场经营特点，以及中国保险业的发展规律，给出了自己的划分标准。

根据原中国保险监督管理委员会网站，截至 2018 年 12 月 31 日，中国共有 88 家财产险保险公司成立营业，其中，中资公司 66 家，外资公司 22 家。

其中，太平科技、黄河财险、融盛财险、众惠相互、汇友相互、中远海自保和粤电自保这 7 家公司，截至 2018 年年底，成立时间不足两年，不予评价。

出口信用保险和安邦财险未披露年度信息报告，不予评价。

以上共 9 家公司被剔除，剩余 79 家公司。

（1）主要根据净资产情况进行中小型财产保险公司的筛选。以净资产 50 亿元为标准，净资产等于或大于 50 亿元的为大型财险公司，小于 50 亿元的为中小型财险公司，则剔除以下 12 家大型财产险公司：人保财险、平安财险、太保财险、天安财险、国寿财险、大地财险、阳光财险、中华联合保险、太平保险、众安财险、诚泰财险、中石油专属保险。

剩余 67 家公司属于中小型财险公司，则中小型财险公司占比为 84.81%。

（2）此外，部分公司的经营数据缺失或者异常（数据异常并不意味着优劣）；部分公司的经营模式特殊，不具有代表性；部分公司的信息披露不完整不准确等，对以下 9 家财险公司不予评价：长安责任、劳合社、合众财险、燕赵财险、浙商财险、富邦财险、利宝互助、中煤财险、信利保险。

最后共对 58 家财产险公司进行价值成长性评价。

上述公司如果有任何问题、建议或者意见，请与课题组联系。

二、财产保险公司价值成长性评价方法

（一）数据处理

为了避免被评价分析的各公司指标数据的单位不同，对结果造成影响，首先假设各指标的数据取值符合正态分布，然后，对每个指标数据进行正态标准化，从而每个二级指标的取值范围在 0～1 之间。

（二）评价方法

参评的共有 58 家保险公司，即对于每一个评价指标，我们可以得到 58 个样本数据，因此，我们可以假设这些样本数据服从正态分布。

首先，对每项指标的数据进行正态化分布处理，每家公司对应的指标数据即为该公司在该项指标上的得分。

然后，在计算各公司一级指标得分时，赋予各项二级指标相同的权重，通过加总，得到该公司该项一级指标的评价得分。

其次，赋予各项一级指标相等的权重，通过加总得到公司的价值成长性评价。

（三）评价结果的处理

最后，根据公司的评价得分，进行百分制化。即根据最高分与最低分之间的差距大小，分别设定最高分为 100 分，最低分为 40 分，从而得到各公司的评价得分。

三、财产保险公司价值成长性的评价结果

根据上述指标和评价方法，得到主要基于 2018 年数据的中国财产保险公司价值成长性的评价结果。表 3-3 给出了中国财产保险公司价值成长性排名前 20 的排名与得分。

表3-3　　价值成长性排名前20的中国财产保险公司

公司	排名	得分	公司	排名	得分
阳光农险	1.0	100.0	爱和谊	11.0	83.9
鼎和财险	2.0	97.2	中银保险	12.0	83.7
英大财险	3.0	96.5	三井住友	13.0	83.3
鑫安车险	4.0	96.3	北部湾财险	14.0	83.3
铁路自保	5.0	88.7	苏黎世	15.0	81.8
华泰财险	6.0	87.1	史带财险	16.0	81.1
永安财险	7.0	87.1	华海财险	17.0	80.8
国元农险	8.0	84.8	美亚财险	18.0	80.5
安信农险	9.0	84.4	亚太财险	19.0	78.2
安联财险	10.0	84.2	安诚财险	20.0	78.0
前10名的均值		90.6	第11~20名的均值		81.5
前10名的标准差		6.2	第11~20名的标准差		2.2

（一）价值成长性排名前10的中国财产保险公司概况

从图3-2中可以看出，价值成长性排名前10的财产险公司的评价得分差距不大，占有比较明显优势的是阳光农险、鼎和财险、英大财险和鑫安车险。

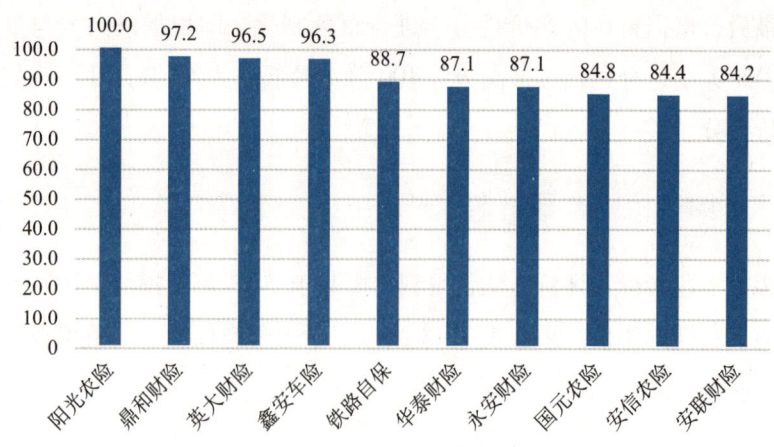

图3-2　价值成长性排名前10的财产险公司

为了更好地对这些公司做进一步的了解，表3-4给出了价值成长性排名前10的财产险公司的一级指标的排名与得分。

表3-4 价值成长性排名前10的财产险公司的一级指标排名与得分

公司	一级指标的定量评价结果									
	市场拓展能力		融资能力		盈利能力		风险管理能力		经营创新能力	
	排名	得分	排名	得分	排名	得分	排名	得分	排名	得分
阳光农险	4	78.7	18	69.2	3	96.6	13	82.4	2	94.5
鼎和财险	12	68.8	17	70.8	1	100.0	23	72.9	1	100.0
英大财险	5	75.9	1	100.0	5	95.1	41	61.2	13	78.1
鑫安车险	17	67.3	45	52.6	2	99.0	1	100.0	3	90.9
铁路自保	36	57.9	25	66.1	4	95.5	5	93.7	22	72.5
华泰财险	20	66.9	3	87.6	25	80.2	27	69.0	14	76.9
永安财险	6	75.7	4	85.0	7	93.3	42	60.7	38	65.7
国元农险	2	85.1	10	75.7	16	86.1	32	67.5	43	58.9
安信农险	30	63.0	21	67.5	8	91.4	33	67.2	9	82.8
安联财险	44	53.7	32	62.7	36	75.8	9	90.8	6	88.2

（二）价值成长性排名前10的中国财产保险公司的发展分析

对排名前10的财产险公司的评议分析（排名不分先后）如下：

阳光农业相互保险公司（"阳光农险"）成立于2005年1月10日，是在黑龙江垦区14年农业风险互助基础上成立的我国唯一一家相互制农险公司，总部位于哈尔滨。注册资本金10亿元，总资产为52.32亿元。2018年实现原保费收入342456.42万元，市场占比0.29%，排名全国财险公司第31位。

阳光农险的各项一级指标表现优秀，其中，经营创新能力排名第2位，盈利能力排名第3位，市场拓展能力排名第4位，其他各项一级指标表现优良。阳光农险在总资产收益率、净资产收益率、净投资收益率、承保利润率、净利润、总资产周转率、手续费及佣金占比、综合费用率、所有者权益、资本运用效率、付现比、业务及管理费占比、资金运用效率、资本管理绩效增长率、自留保费增长率、可运用资金收益率等二级指标上表现突出，财务收益率、综合收益率、人均产能增长率、保费收入费用增长比、负债净资产比、保险负债占总资产比、资产杠杆率、资产报酬率在10家公司中排首位。

鼎和财产保险股份有限公司（"鼎和财险"）成立于2008年5月22日，是一家全国性财产保险公司，总部位于深圳。注册资本金30.18亿元，总资产为87.27亿元。2018年实现原保费收入447582.05万元，市场占比0.38%，排名全国财险公司第22位。

鼎和财险的各项一级指标表现优秀，其中，经营创新能力排名第1位，盈利能力排名第1位，其他各项一级指标表现优良。鼎和财险在净资产收益率、承保利润率、净利润、财务收益率、综合收益率、综合费用率、所有者权益、负债净资产比、付现比、资产杠杆率、应收保费率、险种集中度系数、业务及管理费占比、资本管理绩效增长率、资产报酬率等二级指标上表现突出，总资产收益率、净投资收益率、净利润增长率、资本管理系数、资金运用效率、可运用资金收益率在10家公司中排首位。

英大泰和财产保险股份有限公司（"英大财险"）成立于2008年10月28日，由国家电网公司资产管理有限公司等31家国有大型骨干企业发起成立，总部位于北京。注册资本金31亿元，总资产为184.51亿元。2018年实现原保费收入772769.56万元，市场占比0.66%，排名全国财险公司第15位。

英大财险的各项一级指标表现优秀，其中，融资能力排名第1位，盈利能力排名第5位，市场拓展能力排名第5位，其他各项一级指标表现优良。英大财险在总资产收益率、承保利润率、净利润增长率、净资产周转率、人均产能增长率、报告期营业收入、综合费用率、分支机构数目、所有者权益、付现比、应收保费率、险种集中度系数、业务及管理费占比、认可资产增长率、资本管理绩效增长率等二级指标上表现突出，净资产收益率、净利润、融资风险率、资本管理系数、可运用资金/净资产、准备金充分率、资本运用效率、自留保费增长率在10家公司中排首位。

鑫安汽车保险股份有限公司（"鑫安车险"）成立于2012年6月15日，是一家创新型汽车保险公司，总部位于长春。注册资本金10亿元，总资产为

23.57亿元。2018年实现原保费收入62848.07万元，市场占比0.05%，排名全国财险公司第59位。

鑫安车险的各项一级指标表现优秀，其中，风险管理能力排名第1位，盈利能力排名第2位，经营创新能力排名第3位，其他各项一级指标表现优良。鑫安车险在总资产收益率、净资产收益率、承保利润率、投资资产占总资产的比率、净利润增长率、人均综合收益、手续费及佣金占比、人均产能增长率、综合费用率、负债净资产比、流动性比率、资产杠杆率、净利润赔付支出覆盖率、业务及管理费占比、再保险亏损率、资产报酬率等二级指标上表现突出，发展系数、偿付能力充足率、肯尼系数、收现比、应收保费率、险种集中度系数、资本管理绩效增长率在10家公司中排首位。

中国铁路财产保险自保有限公司（"铁路自保"）成立于2015年7月6日，由中国国家铁路集团有限公司独家出资设立，是中国内地第二家保险自保公司，总部位于北京。注册资本金20亿元，总资产为52.69亿元。2018年实现原保费收入54946.42万元，市场占比0.05%，排名全国财险公司第63位。

铁路自保的各项一级指标表现优秀，其中，盈利能力排名第4位，风险管理能力排名第5位，其他各项一级指标表现优良。铁路自保在总资产收益率、净资产收益率、净利润、融资风险率、负债净资产比、偿付能力充足率、肯尼系数、未决赔款准备金充足率、资产杠杆率、险种集中度系数、认可资产增长率、资本管理绩效增长率、资产报酬率等二级指标上表现突出，承保利润率、人均综合收益、人均产能、保险业务收入增长率、流动性比率、净利润赔付支出覆盖率、综合赔付率在10家公司中排首位。

华泰财产保险有限公司（"华泰财险"）成立于2011年7月29日，是华泰保险集团股份有限公司全资设立的子公司，总部位于上海。注册资本金10亿元，总资产为23.57亿元。2018年实现原保费收入808780.75万元，市场占比0.69%，排名全国财险公司第14位。

华泰财险的各项一级指标表现较为优秀均衡，其中，融资能力排名第3

位，经营创新能力排名第14位，其他各项一级指标表现优良。华泰财险在承保利润率、报告期营业收入、融资风险率、资本运用效率、付现比、综合赔付率、业务及管理费占比、资本管理绩效增长率等二级指标上表现突出，分支机构数目、所有者权益、资本管理系数、应收分保率在10家公司中排首位。

永安财产保险股份有限公司（"永安财险"）成立于1996年9月13日，是一家国有资本控股保险公司，总部位于西安。注册资本金30.09亿元，总资产为138.77亿元。2018年实现原保费收入1044882.19万元，市场占比0.89%，排名全国财险公司第13位。

永安财险的各项一级指标表现优秀，其中，融资能力排名第4位，市场拓展能力排名第6位，盈利能力排名第7位，其他各项一级指标表现优良。永安财险在资本运用效率、应收保费率、业务及管理费占比、资本管理绩效增长率等二级指标上表现突出，付现比在10家公司中排首位。

国元农业保险股份有限公司（"国元农险"）成立于2008年1月18日，由国有企业国元控股（集团）有限责任公司等26家企业共同设立，总部位于安徽。注册资本金21.04亿元，总资产为76.75亿元。2018年实现原保费收入576035.76万元，市场占比0.49%，排名全国财险公司第19位。

国元农险的各项一级指标表现优秀，其中，市场拓展能力排名第2位，融资能力排名第10位，其他各项一级指标表现优良。国元农险在总资产收益率、净资产收益率、承保利润率、总资产周转率、手续费及佣金占比、报告期营业收入、保费收入费用增长比、所有者权益、资本管理系数、保险负债占总资产比、付现比、资本管理绩效增长率等二级指标上表现突出，投资资产占总资产的比率、综合费用率、现金盈余保障倍数、业务及管理费占比在10家公司中排首位。

安信农业保险股份有限公司（"安信农险"）成立于2004年9月17日，由上海国际集团有限公司等13家市、区（县）国有资产管理公司共同设立，总部位于上海。注册资本金7亿元，总资产为32.74亿元。2018年实现原保费收入122177.38万元，市场占比0.10%，排名全国财险公司第48位。

安信农险的各项一级指标表现优秀，其中，盈利能力排名第8位，经营创新能力排名第9位，其他各项一级指标表现优良。安信农险在总资产收益率、净资产收益率、承保利润率、投资资产占总资产的比率、净利润、人均产能增长率、综合费用率、负债净资产比、资本运用效率、肯尼系数、资产杠杆率、净利润赔付支出覆盖率、业务及管理费占比、资本管理绩效增长率、资产报酬率等二级指标上表现突出，手续费及佣金占比、资本管理系数、再保险亏损率在10家公司中排首位。

安联财产保险（中国）公司（"安联财险"）成立于2010年3月24日，前身是2003年注册成立的安联保险公司广州分公司，总部位于广州。注册资本金16.10亿元，总资产为46.66亿元。2018年实现原保费收入104907.96万元，市场占比0.09%，排名全国财险公司第51位。

安联财险的各项一级指标表现优秀，其中，经营创新能力排名第6位，风险管理能力排名第9位，其他各项一级指标表现优良。安联财险在净资产收益率、承保利润率、偿付能力充足率、肯尼系数、付现比、净利润赔付支出覆盖率、险种集中度系数、综合赔付率、业务及管理费占比、资本管理绩效增长率等二级指标上表现突出，资产增量保费比、所有者权益增长率、现金流满足度、自留比率、未决赔款准备金充足率、分出率、认可资产增长率、总资产增长率在10家公司中排首位。

第四章 中国保险中介机构的发展[①]

保险中介是保险市场不可或缺的重要组成部分,是保险业市场化改革的必然结果,是保险业走向成熟的标志。2018 年,保险中介渠道实现保费收入 3.37 万亿元,占全国总保费收入的 87.4%。近 5 年保险中介渠道保费占比几乎均超过 80%,是保险销售的重要渠道。

保险中介市场的快速发展增强了保险业服务经济社会的能力。保险中介的价值在于使保险产品更有竞争力,保险更好地发挥风险保障作用。保险中介市场提高了保险市场的运行效率,完善了保险市场结构,提高了保险业服务能力。例如,大童保险服务作为国内首家全国性保险服务机构,提出"需求导向型、解决方案式"的专业化保险咨询服务模式,并始终坚持以科技创新提升服务效率、改善服务体验。伴随着国民经济特别是保险业的发展,保险中介的地位将越来越突出,作用也将越来越重要。

目前,保险中介通常分为三大主体,分别是保险专业中介、保险兼业代理和保险专属代理。其中,保险专业中介包含保险专业代理机构、保险经纪机构和保险公估机构。保险中介机构是联系保险公司与广大投保人的桥梁和纽带,在保险产品创新、销售渠道创新和服务方式创新等方面有着自己的独特优势,保险中介机构的发展能够进一步完善保险产业结构,实现产业分工的科学化、合理化。

自 2002 年实行市场化准入以来,我国保险专业中介机构迅速增加。截至

[①] 本章数据资料主要来自历年《中国保险年鉴》、各公司年度信息披露报告及其他公开资料等。

2018年年底，全国共有2647家保险专业中介机构，其中，保险中介集团5家，全国性保险代理公司240家，区域性保险代理公司1550家，保险经纪公司499家，已备案保险公估公司353家。全国共有约871万个人保险代理人，保险兼业代理机构约3.2万家，代理网点22万余家。①

本章主要分析我国保险专业中介的发展状况。

第一节 保险专业代理机构的发展

一、保险代理人

（一）保险代理人的定义

我国《保险法》（2015年修订）第一百一十七条规定："保险代理人是根据保险人的委托，向保险人收取佣金，并在保险人授权的范围内代为办理保险业务的机构或者个人。"保险代理人与保险人之间是委托——代理的关系，代理人在授权范围内以保险人名义进行保险相关的代理活动，并由保险人承担法律后果。

（二）保险代理人的分类

根据我国保险代理人的相关规定，保险代理人包括专业代理人、兼业代理人和个人代理人（即保险营销员）。专业代理人是专门从事保险代理业务的保险代理公司，其组织形式主要为有限责任公司。兼业代理人是受保险公司委托，在从事自身业务的同时，指定专人为保险公司代办保险业务的单位，兼业代理人只能代理与本行业直接相关且能为投保人提供便利的保险业务。个人代理人则是指接受保险公司委托，由保险公司支付代理手续费，并在其

---

① 数据来源：中国银保监会中介监管部副巡视员施强在"2019中国保险中介发展高峰论坛暨第二届于家堡论坛"的报告。

授权的范围内代为办理保险业务的个人。本节所介绍的专业代理机构就是指专业代理人。

(三) 保险代理人的业务范围

保险代理人因类型不同，业务范围也有所不同。保险代理公司的业务范围是：代理推销保险产品，代理收取保费，协助保险公司进行损失的勘察和理赔等。兼业代理人的业务范围是：根据保险兼业代理许可证批准的代理险种，代理销售保险产品，代理收取保费。个人代理人的业务范围是：财产保险公司的个人代理人可以代理家庭财产保险、运输工具保险、责任保险和被代理保险公司授权的其他险种。人寿保险公司的个人代理可以代理个人人身保险、个人人寿保险、个人人身意外伤害保险和个人健康保险等业务。

(四) 保险代理人的作用

第一，促进保险企业经营模式的转变。保险代理人的产生与发展冲击了我国保险企业采用的"大而全、小而全"的传统经营模式，使各公司能够专注于产品研发、风险控制等核心业务，促进保险公司向知识密集型的专业公司转型。

第二，有利于保险行业的创新发展。在产品方面、渠道方面和保险服务方面的创新始终是行业关注的创新重点，保险代理人等保险中介的发展极大地促进了保险业的创新发展。

第三，有效拓宽保险业的服务领域。随着保险市场的不断发展与完善，我国保险代理人等中介数量快速扩张，可以更加便利地为消费者提供保险咨询与服务，扩大保险深度和密度，有效拓宽我国保险服务领域。

第四，促进保险资源优化配置。作为连接保险交易双方的纽带，保险代理人等中介方可为消费者提供完善的保险服务，又可提高保险人的承保能力和市场份额，不断刺激保险需求，促使保险业务向更高层次发展。

二、保险专业代理机构的发展现状

我国的保险代理起步较晚，但是发展迅猛，以下主要对保险专业代理机构进行分析。

(一) 保险专业代理机构数量

我国的保险专业代理机构总量与其他两类专业机构（保险经纪公司和保险公估公司）相比具有绝对的优势。2001年年底，保险专业代理机构仅121家，但到了2007年年底便增长到1755家。随后保险专业代理机构发展状况如表4－1和图4－1所示。

表4－1　　　　　　　保险专业代理机构数量　　　　　　　单位：家

年份	2008	2009	2010	2011	2012	2013	2014	2015	2016	2017	2018
数量	1822	1903	1853	1823	1770	1767	1764	1719	1549	1784	1790

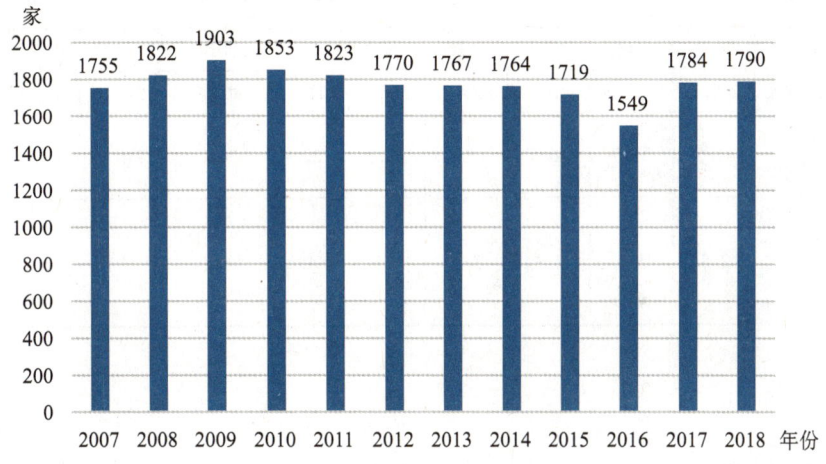

图4－1　保险专业代理机构数量

保险专业代理机构的迅猛发展势头一直延续到2009年达到顶峰，2009年年底，全国保险代理机构总数突破1900多家。然而，在2009第一季度末，全国共有保险专业代理机构2439家，之后，当年一季度退出43家，其中，24家因为经营不善等原因主动解散，与此同时，市场出现明显的整合迹象。随后，多年来持续上升的保险专业代理机构数量开始出现下滑，2010～2016年，保险专业代理机构数目持续下降，但是基本保持稳定的发展状态。2016年之后又开始逐渐增加。到2018年年底，我国保险专业代理机构数目达到

1790家。

(二) 保险专业代理机构保费收入

从保费收入来看,随着中国保险业的发展,通过保险专业代理机构实现的保费收入也有了大幅增长,并且其占全国总保费收入的比值也有了逐步提高。2017年,保险专业代理机构实现保费收入2450.5亿元,同比增长59.1%,占2017年全国总保费收入的6.7%,同比增加1.8个百分点。其中,实现财产险保费收入2270.8亿元,同比增长60%;实现人身险保费收入179.7亿元,同比增长48.6%。2008~2017年的保险专业代理机构保费收入情况如表4-2和图4-2所示。

表4-2 保险专业代理机构保费收入及占比情况　　　单位：亿元

年份	2008	2009	2010	2011	2012	2013	2014	2015	2016	2017
保费收入	269.7	328.9	481.7	529.7	586.6	718.1	967.9	1151.7	1540.4	2450.5
同比增长(%)	41.5	21.9	46.5	10.0	10.8	22.4	34.8	19.0	33.8	59.1
全国保费收入占比(%)	2.8	3.0	3.3	3.7	3.8	4.2	4.8	4.7	4.9	6.7

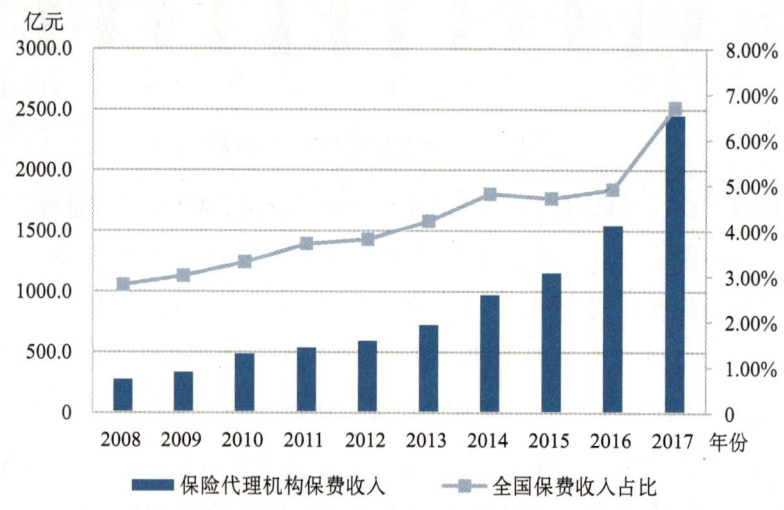

图4-2 保险专业代理机构保费收入及占比情况

2008年以来,通过保险专业代理机构实现的保费收入有着明显的增加。2017年通过保险专业代理机构实现的保费收入规模达到2450.5亿元,接近2008年的10倍。但是这不能排除受到我国保险业全行业迅速发展的影响。

(三) 保险专业代理机构业务收入

2017年,我国保险专业代理机构实现主营业务收入638.2亿元,同比增长65.3%。实现净利润11.4亿元,同比增长32.6%。2008~2017年,我国保险专业代理机构的业务收入情况如表4-3和图4-3所示。

表4-3　　　　　保险专业代理机构业务收入情况　　　　　单位:亿元

年份	2008	2009	2010	2011	2012	2013	2014	2015	2016	2017
业务收入	33.5	44.8	63.1	81.5	102.1	131.0	283.6	249.9	386.0	638.2
同比增长	55.8%	33.7%	40.8%	29.2%	25.3%	28.3%	116.5%	-11.9%	54.5%	65.3%

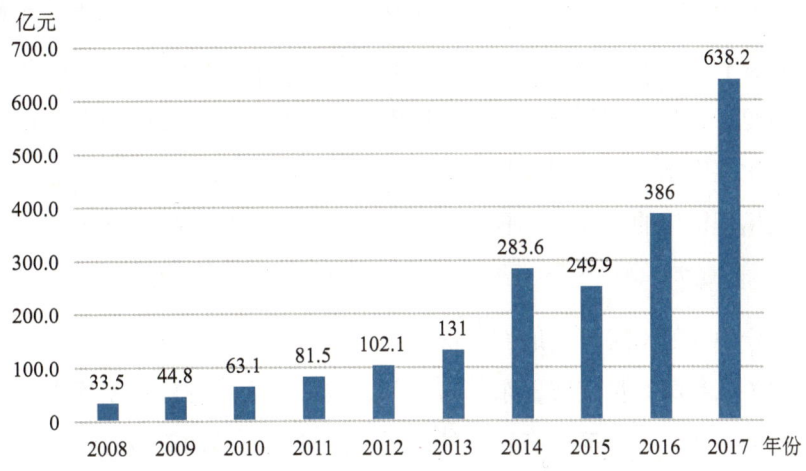

图4-3　保险专业代理机构业务收入情况

从图4-3可见,2008年以来保险专业代理机构的业务收入总体呈上升趋势。2013年以前,经历了一段比较缓慢的上升阶段,2014年全国保险专业代理机构业务收入实现了突破性的增长,这主要是因为2013年初,原中国保险监督委员会大幅提高保险专业中介法人机构准入门槛,同时在暂停一年后,恢复对区域性保险专业代理分支机构的审批,政策的总体从严和局部释放导致分支机构数量在短时间内激增,进而导致2014年保险专业代理机构业务收入激增。虽然2015年的业务收入有所下滑,但是在2016年和2017年实现了大幅回升,2017年保险专业代理机构业务收入超过了638亿元。

(四)保险代理市场集中度

从市场集中度看,我们考虑保险代理市场中业务排名前4家(CR4)和前8家(CR8)机构的业务收入在整个市场中的占比程度,分析结果如表4-4所示。

表4-4 保险代理市场中业务排名前4家和前8家机构的业务收入占比 单位:%

年份	2008	2009	2010	2011	2012	2013	2014	2016	2017
CR4	10.8	9.5	14.1	13.9	13.2	74.1	28.6	6.8	22.5
CR8	16.3	15.8	19.2	18.0	18.2	81.6	35.8	11.9	32.5

分析近10年来的发展状况(除2013年数据异常,2014年保险年鉴中将平安保险代理有限公司2013年的业务收入作为整体统计,不区分各地分公司)可见,两项数据不存在明显的趋势变化,尤其是2013~2017年的市场集中度变化幅度剧烈,一方面与数据统计口径不一致有关,另一方面也表明我国保险代理机构的发展水平不高,尚未形成合理的竞争格局。

(五)保险代理机构区域发展状况

保险中介的发展与当地的经济状况、保险市场的发展程度以及社会环境密切相关。我国幅员辽阔,东部与西部、城市与农村的经济发展水平差距极大,社会习惯、观念等也有较大的差异。区域性差异的客观存在,带来了保险中介发展的不均衡。

2017年,我国保险专业代理机构数量最多的省份是广东,达到207家,其次是北京和山东,分别达到172家和152家。数量最少的是西藏,只有6家,其次是甘肃和青海,分别有9家和10家。各省和直辖市的具体数据如表4-5所示。

表4-5　　　　　　2017年我国各省份保险专业代理机构数量　　　　　单位：家

省份	安徽	北京	福建	甘肃	广东	广西	贵州	海南	河北	河南
数量	30	172	49	9	207	28	62	15	20	71
省份	黑龙江	湖北	湖南	吉林	江苏	江西	辽宁	内蒙古	宁夏	青海
数量	43	37	16	28	129	16	99	36	20	10
省份	山东	山西	陕西	上海	四川	天津	西藏	新疆	浙江	重庆
数量	152	65	60	36	71	46	6	33	136	25

如图4-4所示，目前，我国将近半数的保险专业代理机构位于京津冀、长三角和珠三角地区。这三个区域，保险代理业务较为发达，制度的运转效率较高，而其他地区保险中介业务则相对落后，制度运转效率也较低。

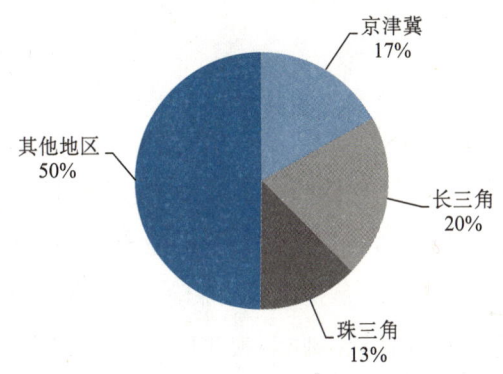

图4-4　2017年我国保险专业代理机构区域分布情况

三、保险专业代理机构的发展趋势分析

目前，我国保险专业代理机构正在逐渐发展壮大。2019年，中国银保监会出台了《关于加强保险公司中介渠道业务管理的通知》《保险中介市场乱象整治工作方案》等一系列监管文件，对保险中介的审查和管理日益严格。与此同时，进一步开放是市场发展的必然，也是行业国际化的需要。未来，可以预料保险中介领域竞争势必加剧，但同时机遇也会显现，竞争会体现在产品优化升级、科技辅助的服务效率提高、客户整体消费体验提升等方面，保

险专业代理机构将迎来发展的新契机。

未来,专业代理人将不断调整升级,个人代理人将加快向更专业化转型,传统的销售模式和服务模式将加速变革,以便积极应对保险市场的变化和实际需求。从保险代理市场看,保险公司越来越重视中介渠道的作用,越来越多的保险公司将优势产品和各种资源投入到中介渠道,这将使保险代理行业与保险公司的合作更紧密,也将推动保险代理市场的发展。

第二节 保险经纪机构的发展

一、保险经纪人

(一)保险经纪人的定义

我国《保险法》(2015年修订)第一百一十八条规定:"保险经纪人是基于投保人的利益,为投保人与保险人订立保险合同提供中介服务,并依法收取佣金的机构。"保险经纪人是指代表被保险人在保险市场上选择保险人或保险人组合,同保险方洽谈保险合同条款并代办保险手续以及提供相关服务的中间人。

(二)保险经纪人的分类

根据委托方的不同,保险经纪人可以分为狭义的保险经纪人(专指原保险市场的经纪人)和再保险经纪人。

狭义的保险经纪人是指直接介于投保人和原保险人之间的中间人,直接接受投保客户的委托。按业务性质的不同,狭义的保险经纪人可分为寿险经纪人和非寿险经纪人。寿险经纪人是指在人身保险市场上代表投保人选择保险人、代办保险手续并为此从保险人处收取佣金的中间人。非寿险经纪人是安排各种财产、利益、责任保险业务,在保险合同订约双方之间斡旋,促使保险合同成立并为此从保险人处收取佣金的中间人。

再保险经纪人是促成再保险分出公司与接受公司建立再保险关系的中介人。他们把分出公司视为自己的客户,在为分出公司争取较优惠条件的前提下,选择接受公司并收取由后者支付的佣金。再保险经纪人不仅介绍再保险业务、提供保险信息,而且在再保险合同有效期间对再保险合同进行管理,继续为分保公司服务,例如,合同的续转、修改、终止等问题,并向再保险接受人及时提供账单并进行估算。

(三) 保险经纪人的业务和作用

保险经纪人通过向投保人提供保险方案、办理投保手续、代投保人索赔并提供防灾、防损或风险评估、风险管理等咨询服务,使投保人充分认识到经营中自身存在的风险,并参考保险经纪人提供的全面的专业化保险建议,使投保人所存在的风险得到有效控制和转移,达到以最合理的保险支出获得最大的风险保障,降低和稳固了经营中的风险管理成本,保证了企业的健康发展。

另外,因为保险经纪人的业务最终还是要到保险公司进行投保,保险经纪公司业务量的增加会引起保险公司整体业务量的增加,从而降低了保险公司的展业费用;在保险市场上,保险经纪人把保险公司的再保险份额顺利地推销出去,消除了保险公司分保难的忧虑,大大降低了保险公司的经营风险;而且保险经纪人代为办理保险事务,减少了被保险人因不了解保险知识而在索赔时给保险人带来的不必要的索赔纠纷,提高了保险公司的经营效率。

因此,保险经纪人的发展不管是对投保人还是对保险公司都是有利的,其发展是保险市场不断完善的结果。

二、保险经纪机构的发展现状

(一) 保险经纪机构数量

20 世纪 80 年代,国外保险经纪公司开始进入中国市场,并逐步与国内保险公司建立业务合作关系,但初期多限于三资企业和再保险经纪业务,并未对中国保险市场产生深远影响。2000 年,北京江泰、上海东大和广州长城 3

家保险经纪机构成立,标志着中国保险经纪业务正式起步。经过10余年的发展,保险经纪机构的渠道作用越来越受到保险公司尤其受到新成立的保险公司的重视。

从保险经纪机构数目来看,如表4-6和图4-5所示,我国的保险经纪机构自2008年以来一直处于稳步增加的状态。截至2018年年底,保险经纪机构数目已达到499家。有序的市场格局逐渐形成,保险经纪机构进入相对稳定的发展时期。

表4-6　　　　　　　　我国保险经纪机构数量　　　　　　　　单位:家

年份	2008	2009	2010	2011	2012	2013	2014	2015	2016	2017	2018
数量	350	378	392	416	434	438	445	445	483	487	499

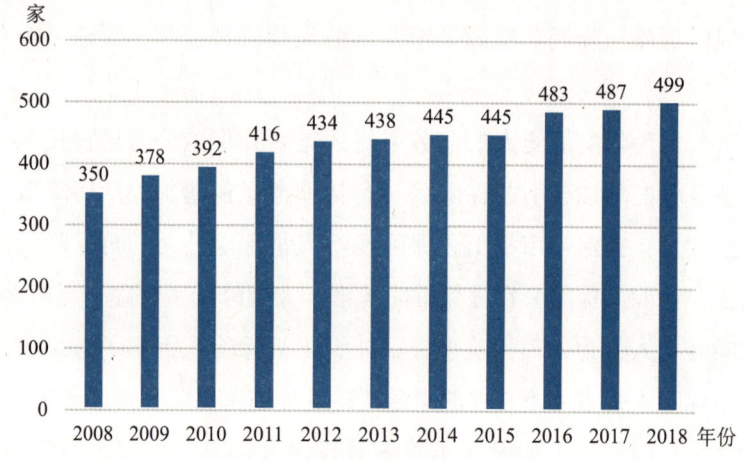

图4-5　我国保险经纪机构数量

(二) 保险经纪机构保费收入

如表4-7和图4-6所示,2008年,通过保险经纪机构实现保费收入245.3亿元,此后各年保费收入总体呈增长趋势,但增幅不够稳定。2017年,通过保险经纪机构实现保费收入918.1亿元,是2008年的3.74倍。同时,通过保险经纪机构实现的保费收入在全国保费收入中的占比始终维持在2.5%左右。尽管该渠道的保费收入实现了较大幅度的增加,但全国保费收入占比相对稳定,可见这种保费收入的增长主要依靠全国保险行业的发展,而保险经纪机构在保险市场中的地位并没有得到很大提升。

表4-7　　　保险经纪机构保费收入及全国保费收入占比情况　　　单位:亿元

年份	2008	2009	2010	2011	2012	2013	2014	2015	2016	2017
保费收入	245.3	244.7	313.1	380.1	421.1	430.3	504.5	559.0	692.1	918.1
同比增长(%)	47.0	-0.2	28.0	21.4	10.8	2.2	17.2	10.8	23.8	32.7
全国保费收入占比(%)	2.5	2.2	2.2	2.7	2.7	2.5	2.5	2.3	2.3	2.5

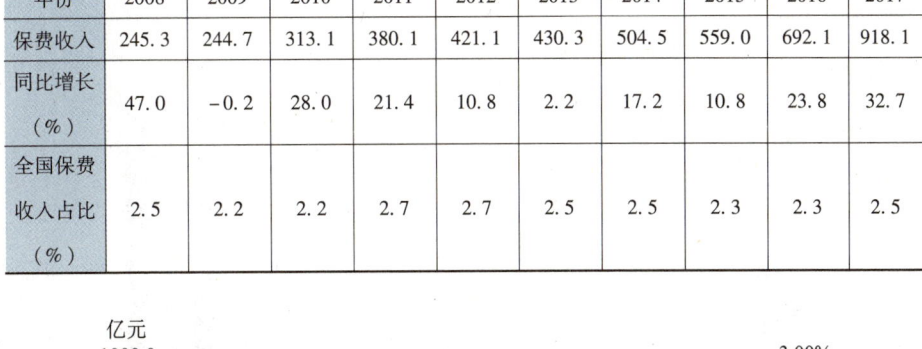

图4-6　保险经纪机构保费收入及全国保费收入占比情况

(三) 保险经纪机构业务收入

从保险经纪机构业务收入来看,如表4-8和图4-7所示,自2008年以来,保险经纪机构的业务收入一直保持着两位数以上的较高增速,增长原因与保费收入类似,均依靠全国保险行业自身的发展。目前,有效的竞争体系尚未形成,主要表现在:一是关联方业务占有较大的比重,二是存在着大量小规模、低效益的保险经纪机构。

表4-8　　　　　　保险经纪机构业务收入情况　　　　　　单位：亿元

年份	2008	2009	2010	2011	2012	2013	2014	2015	2016	2017
业务收入	26.5	33.1	44.0	55.5	63.7	78.1	94.2	106.3	135.1	194.1
同比增长（%）		31.3	24.9	32.9	26.1	14.8	22.6	20.6	12.8	27.1	43.7

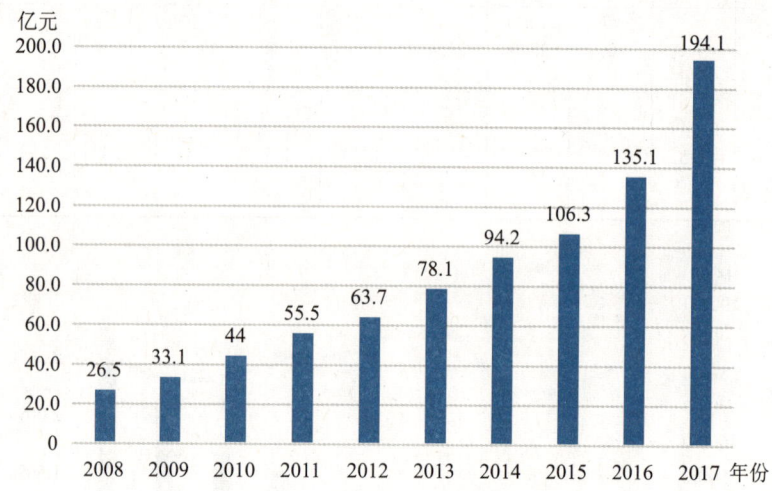

图4-7　保险经纪机构业务收入情况

（四）保险经纪市场集中度

在市场集中度方面，如表4-9所示，2017年保险经纪市场中业务排名前4家（CR4）和前8家（CR8）机构的业务收入在整个市场的占比分别为23.6%和36.3%。分析过去10年的发展情况可以发现，经纪市场的市场集中度在整体上呈下降趋势。随着市场集中度的下降，多极化竞争格局日益明显，但是目前的市场集中度仍处于较高水平，我国保险经纪市场的结构特征是较低垄断性和较高竞争性，并且随着时间的推移，竞争性特征越来越明显。

表4-9　　　　　　保险经纪机构的市场集中度　　　　　　单位：%

年份	2008	2009	2010	2011	2012	2013	2014	2015	2016	2017
CR4	30.8	30.7	28.2	28.3	27.3	31.1	21.0	32.5	25.0	23.6
CR8	45.8	45.5	42.3	40.1	41.6	45.0	38.4	43.9	41.5	36.3

(五) 保险经纪机构区域发展状况

从 2017 年的数据来看,北京的保险经纪机构数量达到 195 家,远远高于其他省市。地区发展不平衡的情况仍然十分严重。北京、广东、浙江和上海的保险经纪机构的数量排名前 4。保险经纪机构最少的省份是广西、山西、西藏、吉林和河南,均不超过 2 家,广西甚至没有保险经纪机构。具体数据如表 4-10 所示。

表 4-10　　　　2017 年我国各省份保险经纪机构数量　　　　单位:家

省份	安徽	北京	福建	甘肃	广东	广西	贵州	海南	河北	河南
数量	9	195	9	13	60	0	29	4	7	2
省份	黑龙江	湖北	湖南	吉林	江苏	江西	辽宁	宁夏	青海	山东
数量	4	10	11	2	6	4	7	11	10	18
省份	山西	陕西	上海	四川	天津	西藏	新疆	云南	浙江	重庆
数量	1	12	36	8	12	2	24	4	43	3

与保险专业代理机构对比,保险经纪机构的区域发展显得更为不平衡。如图 4-8 所示,2017 年,京津冀、长三角和珠三角地区的保险经纪机构数量占比高达 77%,更加有力地说明了保险中介区域发展的不均衡。

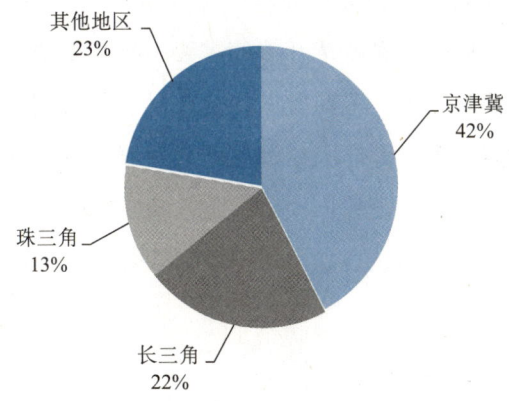

图 4-8　2017 年我国保险经纪机构区域分布情况

三、保险经纪机构的发展趋势分析

2018年6月底，银保监会发布通知，放开外资保险经纪公司的经营范围，同时允许外资经营保险代理和公估业务，保险中介三大领域（经纪、代理、公估）的开放力度及速度，超出市场预期。2018年7月10日公布的"上海扩大开放100条"亦称，放开外资保险经纪公司经营范围，支持外资来沪经营保险代理和公估业务，不设股比限制。

实际上，保险经纪在国内市场规模和认知度都还较低。目前，国内保险经纪机构保费收入仅占全国保费收入的2.5%，而较为发达的保险经纪市场占比较高，如美国保险经纪占比超过50%，我国保险经纪市场的发展空间巨大。从目前我国保险发展水平以及相关政策导向综合来看，未来10年将是专业保险经纪大发展的关键期。在产销分离趋势明朗化的当下，消费者关注更多的将是保险服务而非保险产品推销。

在当前的保险业转型发展和进一步对外开放阶段，保险经纪市场的结构、规模、功能将继续发生变化，消费者对保险产品的多元化需求及全面保障需求，是任何一家保险公司都难以满足的，这愈加凸显保险经纪行业在该方面的价值。保险经纪行业将积极应对这一形势，在已具备一定发展的基础上，加快适应保险业转型发展和改革开放的需要，提高专业素质，更好地帮助客户选择最适合的保险公司、最适宜的保险产品、最合理的价格、最优越的承保条件及提供全面的风险管理服务和各项增值服务，提升服务品质和服务质量，注重发挥在一些单一业务量较小、业务面较广的分散性险种上的独特优势，更要在基本业务基础、产品、渠道、服务等诸多方面进行创新，实现科学发展。

第三节 保险公估机构的发展

一、保险公估人

(一)保险公估人的定义

保险公估人是指依照法律规定设立,受保险公司、投保人或被保险人委托办理保险标的的查勘、鉴定、估损以及赔款的理算,并向委托人收取酬金的公司。公估人的主要职能就是按照委托人的委托要求,对保险标的进行检验、鉴定和理算,并出具保险公估报告,公估人不代表任何一方的利益,使保险赔付趋于公平、合理,有利于调停保险当事人之间关于保险理赔的矛盾。

(二)保险公估人的分类

按照不同的分类标准,可以将保险公估人进行不同的分类。

根据业务性质的不同,可分为保险型公估人、技术型公估人和综合型公估人,保险型公估人和技术型公估人分别侧重于解决保险、技术方面的问题,而综合型公估人可解决两方面结合的问题。

根据保险公估人从事活动范围的不同,可分为海上保险公估人、汽车保险公估人和火灾及特种保险公估人。海上保险公估人主要处理海上、航空运输保险等方面的业务,此类业务一般为国际保险且较为复杂,通常由处于独立地位的保险公估人进行处理。汽车保险公估人主要处理与汽车保险有关的业务,有利于减少保险公司与被保险人之间的冲突,有效制止汽车保险理赔中的不正当行为,促进保险公司平等竞争。火灾及特种保险公估人主要处理火灾及物质特种保险等方面的业务,近年来,随着财产保险承保范围的扩大和理赔技术含量的提高,拥有专业技术的保险公估人愈发重要。

根据委托方的不同,可分为接受保险公司委托的保险公估人和只接受被保险人委托的保险公估人。

根据公估方与委托方的关系不同，可分为雇佣保险公估人和独立的保险公估人。前者长期受聘于某一家保险公司，按该公司的委托或指令处理各项理赔业务，这类公估人一般不能接受其他保险公司的委托业务；后者可以同时接受数家保险公司的委托处理理赔事务，其间的委托与被委托关系是暂时的，一旦公估人完成了保险公司的委托业务，他们之间的委托关系也就相应结束。

（三）保险公估人的业务和作用

保险公估人的主要职能就是按照委托人的委托要求，对保险标的进行检验、鉴定和理算，并出具保险公估报告，使保险赔付趋于公平、合理，调停保险当事人之间关于保险理赔方面的矛盾。

保险公估人的业务职能主要体现在以下3个方面：

第一，评估职能。保险公估人所具有的是一种广义的（保险）评估职能，包括评估职能、勘验职能、鉴定职能、估损职能和理算职能。保险公估人对保险标的进行公估，得出公估结论，并说明得出结论的依据和推理过程。评估职能是保险公估人的关键职能。

第二，公证职能。保险公估人是保险合同当事人之外的第三方，完全持有中立、公正的立场。公证职能对结案具有督促作用。公证职能虽然不具备法律效力，但是可以接受法律的考验。这是因为保险公估人的公估结论确定后，必须经保险关系当事人双方接受才能结案。

第三，中介职能。保险公估人作为保险中介人，为保险双方提供服务，具有鲜明的中介职能。保险公估人以保险关系当事人之外的第三方身份，独立地开展保险公估，得出公估结论，促成保险关系当事人接受该结论，为保险关系当事人提供中介服务。

保险公估机构的重要作用体现在，保险公司从经营成本考虑，不可能配备众多的、门类齐全的专业技术人员。而保险公估人的存在，实现了保险理赔工作的专业化分工，降低了保险理赔成本，最终提高整个社会的福利。

二、保险公估机构的发展现状

(一) 保险公估机构数量

截至2018年年底,我国共有保险公估机构353家。近10年,保险公估机构数量呈现缓慢增加的趋势。其中,2013年,由于原保监会大幅提高保险专业中介法人机构准入门槛,保险公估机构数有所下降。2014年是整个保险市场包括保险中介市场充满活力、快速发展的一年,保险业市场化改革加之监管思路的转变,使得包括保险公估机构在内的保险中介市场规模有了较大程度的扩大。2015年,原保监会修订了《保险公估机构监管规定》,保险公估市场扩张的势头有所被压制。2018年2月,中国银保监会发布了《保险公估人监管规定》,在机构设立方面,"新规"将保险公估机构划分为全国性保险公估机构和区域性保险公估机构。

2008~2018年,我国保险公估机构数量及增长率具体如表4-11和图4-9所示。

表4-11　　　　　　　　中国保险公估机构数量　　　　　　　　单位:家

年份	2008	2009	2010	2011	2012	2013	2014	2015	2016	2017	2018
数量	273	289	305	315	325	320	337	333	300	325	353

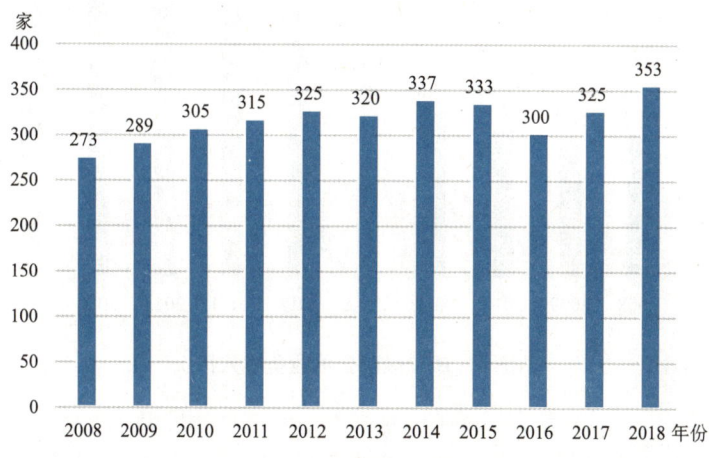

图4-9　中国保险公估机构数量

(二) 保险公估机构业务收入

2017年，保险公估机构实现业务收入26亿元，同比增长13.5%。保险公估市场的业务收入一直处在稳定增长的状态，2008~2017年的年均复合增长率为9.57%，同时，只有2009年和2015年的同比增长率出现小幅下降。结合保险公估机构数量的波动，总体来看，这与保险公估市场尚不成熟有着很大关系。对于专业保险中介，市场已经逐步从最初的争夺牌照资源，转变为较为理性的市场进入与退出，保险公估市场的新陈代谢和优胜劣汰也实属正常。随着保险市场的转型和社会认知度的提高，保险公估市场在近几年也实现了较快发展，但由于保险受监管制约较大，因此监管力度和开放程度也影响着保险公估市场的发展规模。具体如表4-12和图4-10所示。

表4-12　　　　　　　保险公估业务收入情况　　　　　　　单位：亿元

年份	2008	2009	2010	2011	2012	2013	2014	2015	2016	2017
业务收入	11.4	11.3	12.2	13.6	15.7	19.4	22.6	22.4	22.9	26.0
同比增长(%)	58.6	-1.0	7.5	12.2	15.0	23.6	16.5	-0.9	2.2	13.5

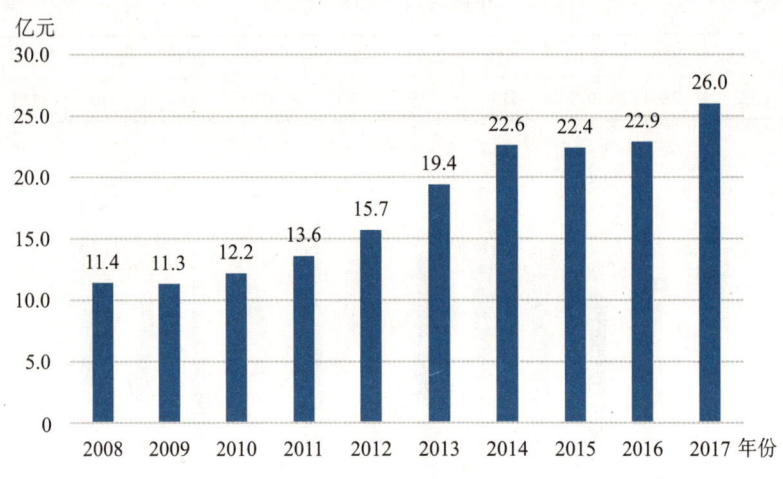

图4-10　保险公估业务收入情况

(三) 保险公估净利润与估损金额

2017年，保险公估行业整体经营略亏；2016年，保险公估机构亏损0.48

亿元。从可获取的数据来看，2007~2013年保险公估机构净利润处于稳步上升状态，但在2014年、2016年和2017年均为亏损经营，这是多种原因造成的结果。其一，大多数保险公司拥有自己的理赔团队，可自行完成大部分评估业务，仅少数业务委托公估机构处理，导致绝大多数区域性或小型公估机构经营困难；其二，保险公估行业的马太效应明显，大型保险中介机构开始打造中介闭环，延展公估业务，进一步挤压中小公估公司的生存空间；其三，公估行业自身的利润率较低，资本实力较弱，监管管理力度不足，这些先天条件与外部因素也是导致利润下滑的原因。

2008~2017年，保险公估机构的估损金额持续上涨，但并不能说明公估行业的发展水平和公估机构的职业能力相应提高，这更多地依赖于我国保险行业的整体发展。

（四）保险公估市场集中度

根据目前可获取的数据，与保险代理和保险经纪市场相比，保险公估市场的市场垄断程度较高（见表4-13）。一方面，专业程度和业务能力是制约中小公估机构发展的重要因素，车险公估专业门槛较低，但激烈竞争引发的价格战导致恶性循环，而其他财产险的专业领域涉足面广，人才缺乏的现状和开拓市场的高昂费用进一步限制了中小公估机构的发展；另一方面，多数保险公司不借助公估机构，自行完成查勘、定损，占据了市场的主体地位，也是保险公估行业发展受限的重要原因。

表4-13　　　　　　　　保险公估市场集中度　　　　　　　单位：%

年份	2008	2009	2010	2011	2012	2016
CR4	32.7	31.9	37.6	34.1	44.0	40.7
CR8	43.9	44.2	49.5	46.2	53.5	57.6

（五）保险公估机构区域发展状况

2017年，北京和广东在保险公估机构数量方面仍占领绝对优势，其次是山东和浙江。数量最少的是广西、甘肃、西藏等地区。地区发展不均衡的情况仍然严重。具体情况如表4-14和图4-11所示。

表4-14　　　　2017年我国各省份保险公估机构数量　　　　单位：家

省份	安徽	北京	福建	甘肃	广东	广西	贵州	海南	河北	河南
数量	9	50	13	2	62	1	10	2	15	4
省份	黑龙江	湖北	湖南	吉林	江苏	江西	辽宁	内蒙古	青海	山东
数量	3	7	6	8	15	2	16	4	3	30
省份	山西	陕西	上海	四川	天津	西藏	新疆	云南	浙江	重庆
数量	2	9	6	8	9	2	5	4	25	5

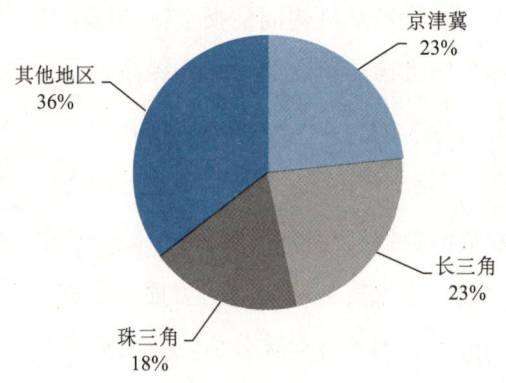

图4-11　2017年我国保险公估机构区域分布情况

三、保险公估机构的发展趋势分析

2017年6月30日，原中国保监会印发《关于做好保险公估机构业务备案及监管工作的通知》，从4个方面明确了保险公估机构业务备案的要求和程序，进一步细化了保险公估机构业务备案工作。我国保险公估行业增长速度迅猛，但仍处于发展初期。目前，中国保险公估企业由于受机构规模小、技术水平低、法律地位不明确等因素限制，造成实力相对弱小、公信力相对缺乏，因此受保险公司的控制较为突出，很难实现独立性，且机构数量、业务规模、营销产能与规模收益都不稳定。国内保险专业公估机构和专业人才均滞后于市场的要求，机构和专业人员的技术水平、管理水平等都还跟不上市场发展的需要。

目前，我国对外资保险的进入限制正在逐步放宽。外资保险的进入将加快国内保险公估行业与国际规则、国际惯例接轨，促进国内保险公估行业科学技术手段的提升和专业知识的增长，使得对保险标的的评估、勘验、鉴定、估损、理算等业务能力有更大提升，起到使保险理赔更加透明化、减少理赔过程中当事人之间的摩擦、降低保险市场营运成本、净化保险市场等作用。可以预见，保险公估机构将以公正和专业的形象、高效率的办案能力和协调能力以及较高的服务水平树立起信誉和权威，保证保险业的健康发展。

我国的保险公估市场还有巨大的提升空间，保险公估如何开辟新的服务领域，是保险公估接下来的发展要务。在车险查勘、理赔方面，保险公估可以尽最大可能发挥自己的职能，替保险公司解决定损、理赔方面的矛盾和不便；在反保险欺诈领域，保险公估作为第三方，可以通过关联共享风险信息、数据，有效地调查取证，推动保险行业反欺诈的发展进程。

第四节　总结与展望

过去40年间，我国保险业在改革中蜕变，在开放中进取，走过了艰辛历程，取得了辉煌成就。作为我国保险业改革开放的重要标志，我国保险中介伴随着保险业市场化进程应运而生、顺势成长，发展成效有目共睹，有力地促进了保险业的发展，有效推动着保险业发挥保障人民生活、服务实体经济、服务我国经济社会建设的功能作用。

但是，由于我国保险中介领域起步较晚、发展时间较短，与保险业发展和经济社会需要还有不小的差距。目前，我国保险中介行业仍存在一些问题：

第一，竞争格局失衡，发展结构不够合理。保险代理市场和保险经纪市场竞争相对充分，保险公估市场呈现两极分化局面（因保险公估市场的收购、兼并、重组等活动，市场资源向少数大公司集中）。从地区分布情况看，保险专业中介机构多集中于北京、上海、广东等经济发达地区，越是经济不够发达的地区，保险中介市场越相对落后。

第二，业务水平较低，专业能力存在差异。保险中介市场各类主体实现的保费收入（或估损金额）和业务收入的增速虽然也有起伏，但总体向上的趋势十分强劲。然而，我国保险中介市场的自主创新能力和专业水平还十分欠缺，以公估业为例，行业资源快速聚集于车险公估低端市场，一方面同质竞争引发价格搏杀，另一方面没能预见保险公司结构调整及改变与公估合作模式的重大影响，行业市场萎缩并使经营资源深度套牢。

第三，去中介化情势显现。互联网保险的崛起，使去中介化情势愈来愈显现，保险中介的转型升级愈来愈紧迫。专业保险代理机构增速不断减缓，而保险经纪机构和保险公估机构在增速放缓过程中又略有加速。对于专业保险中介市场，已经从最初的争夺牌照资源转变为较为理性的市场进入与退出。保险中介市场的新陈代谢和优胜劣汰，既是保险中介市场主体的活力所在，又说明中介市场尚不成熟。

2018年，监管机构发布了《保险经纪人监管规定》和《保险公估人监管规定》，并于2018年5月1日起实施；2018年7月，银保监会就《保险代理人监管规定（征求意见稿）》向社会公开征求意见。可以预见，随着下一步《保险代理人监管规定》的出台，保险中介监管将形成以《保险法》和《保险代理人监管规定》《保险经纪人监管规定》《保险公估人监管规定》为主体的监管体系，标志着全面深化保险中介市场改革迈出重要一步，保险中介监管将进入新时代。

针对保险中介固有的问题以及时代带来的新问题，保险中介应在专业和高效的路径上探求出路。保险业新一轮对外开放，将极大促进保险中介行业升级提效，使行业的体制更顺、素质更高、业务更专业化、业内外合作更广泛和深化、创新机制和环境更优化、全国性服务网络建设更快、服务效率和服务品质有更大提升、提供的保障水平更高。此外，保险业的新一轮对外开放，还会促进保险中介市场更活跃也更具发展张力、开拓性更强、新型保险产品更多、服务更优化，这些将更有力地驱动市场业务增长和持续发展。

第五章　中国保险资产管理机构的发展分析

第一节　中国保险资产管理业制度建设

随着经济和保险业的快速发展，我国的保险资金运用在经历过一段探索、认识和不断总结经验的过程后，相关制度建设也逐渐走出一条符合自身规律的改革发展之路（本报告附录1梳理了我国保险资产管理行业制度建设的历程）。

1985年3月，国务院颁布《保险企业管理暂行条例》，从法规角度明确了保险企业可以自主运用保险资金，从此保险公司开始进入了投资阶段，保险资金运用有了银行存款以外的更多选择。但是，由于国内恢复保险业时间不长，业界、学界和有关政府部门对于保险的投资认识不到位；同时，伴随着经济增长的波动和经济过热，在1987~1995年，保险资金开始进入房地产、有价证券、信托甚至借贷市场，从而形成大量不良资产，保险资金经历了一段无序投资阶段，出现了很多盲目投资。

1995~2002年，《中华人民共和国保险法》等一系列法律法规颁布实施，1998年11月原中国保险监督管理委员会成立，保险资金运用的混乱局面从根本上得以扭转，保险资金运用逐步进入规范发展阶段；2003~2011年，原中国保监会逐渐放宽了保险资金的投资范围，增加了企业债券、基金、股票、境外投资、基础设施项目、不动产等多项保险资产投资渠道，并出台与各项业务有关的新规范政策，例如2004年原中国保监会与中国人民银行联合颁布的《保险外汇资金境外运用管理暂行办法》、2005年与原中国银监会下发的

《保险公司股票资产托管指引（试行）》、2006年颁布的《保险资金间接投资基础设施项目试点管理办法》等。与此同时，保险资金运用的安全性也渐渐引起原保监会的重视，有关保险资金风险管理、信用评级等政策相继出台。

2012年是中国资产管理业"风起云涌"的一年，原保监会等中国监管机构高密度地出台各项创新政策。随着监管限制的逐步放开和金融创新的步伐加快，越来越多的机构有能力参与到资产管理的列队之中，中国资产管理业进入到一个群雄逐鹿的年代。"保险投资13条"出台以后，保险资金资产配置策略组合越来越丰富，过去投资集中于高信用等级的各类债券、债券型基金、货币市场工具等，如今逐渐可以扩展到各种久期的投资组合，期限和信用的运用更加灵活，风险对冲工具和参与利率市场化的工具成为其中最大的亮点（见表5-1）。同时，《保险资金委托投资管理暂行办法》等资金委托政策的出台，明晰了保险资金与其他资管机构的合作路径，推动保险公司利用保险资产管理公司平台向全面资产管理进军。随着《保险资金委托投资管理暂行办法》允许基金公司和券商资管成为险资的管理人，外部竞争机制对保险资管形成压力，倒逼其管理机制不断改善。

表5-1　　　　　　　　　　保险资金投资运用历史沿袭

时间	投资范围
1995~1998年	银行存款、政府债券、金融债券
1999~2003年	银行存款、政府债券、金融债券、企业债券、基金
2004~2005年	银行存款、政府债券、金融债券、企业债券、基金、股票、境外投资
2006~2008年	银行存款、政府债券、金融债券、企业债券、基金、股票、境外投资、基础设施项目、不动产、商业银行股权
2009~2011年	银行存款、政府债券、金融债券、企业债券、基金、股票、境外投资、基础设施项目、不动产、企业股权
2012年至今	银行存款、政府债券、金融债券、企业债券、基金、股票、境外投资、基础设施项目、不动产、企业股权、股指期货、金融衍生产品、商业银行理财产品、信贷资产支持证券、集合资金信托计划、专项资产管理计划、基础设施投资计划、不动产投资计划和项目资产支持计划等金融产品。

注：截至2018年12月31日。
资料来源：原中国保监会官网。

2013年投资新政进入完善和观察期，政策的积极作用不断显现出来。原中国保监会不断丰富和细化投资新政内容，进一步提高保险资金运用市场化程度，例如，拓宽债权投资计划的行业范围，简化申请流程，引导保险资金进入到地方市政基础设施建设项目及新兴战略产业中去；整合比例监管政策，重新整合定义大类资产，取消一些不适应市场发展要求的比例限制，按照投资品种风险属性不同，纳入到大类资产配置比例中，不再单独设置具体比例，大幅增加保险公司的投资灵活性；积极鼓励创新投资方式，探索股债结合形式，满足保险资金对接实体经济的实际需求等。

2014年1月23日，原中国保监会颁布《关于加强和改进保险资金运用比例监管的通知》，重新将投资资产划分为流动性资产、固定收益类资产、权益类资产、不动产类资产和其他金融资产等五大类资产，针对五类资产制定了保险资金运用上限比例和集中度监管比例，不再对各大类资产包含的具体品种设限（见表5–2）。2014年8月13日，国务院下发《国务院关于加快发展现代保险服务业的若干意见》（简称新"国十条"），明确了现代保险服务业在经济社会发展全局中的定位，提出由保险大国向保险强国转变的目标。新"国十条"的出台将推动保险业快速发展，提升保险业的行业定位，拓宽保险业的服务领域；同时，将充分发挥保险资金长期投资的独特优势，进一步发挥保险公司的机构投资者作用，为股票市场和债券市场长期稳定发展提供有力支持。

表5–2　　　　保险资金各投资标的允许投资的最高比例要求

类别	可投资品种	最新监管规定
流动性资产	境内品种主要包括现金、货币市场基金、银行活期存款、银行通知存款、货币市场类保险资产管理产品和剩余期限不超过1年的政府债券、准政府债券、逆回购协议，境外品种主要包括银行活期存款、货币市场基金、隔夜拆出和剩余期限不超过1年的商业票据、银行票据、大额可转让存单、逆回购协议、短期政府债券、政府支持性债券、国际金融组织债券、公司债券、可转换债券，以及其他经原中国保监会认定属于此类的工具或产品	投资比例不低于本公司上季末总资产的5%

续表

类别	可投资品种	最新监管规定
固定收益类资产	境内品种主要包括银行定期存款、银行协议存款、债券型基金、固定收益类保险资产管理产品、金融企业（公司）债券、非金融企业（公司）债券和剩余期限在1年以上的政府债券、准政府债券，境外品种主要包括银行定期存款、具有银行保本承诺的结构性存款、固定收益类证券投资基金和剩余期限在1年以上的政府债券、政府支持性债券、国际金融组织债券、公司债券、可转换债券，以及其他经原中国保监会认定属于此类的工具或产品	投资比例无明确限制
权益类资产	境内上市权益类资产品种主要包括股票、股票型基金、混合型基金、权益类保险资产管理产品，境外上市权益类资产品种主要包括普通股、优先股、全球存托凭证、美国存托凭证和权益类证券投资基金，以及其他经原中国保监会认定属于此类的工具或产品。境内、境外未上市权益类资产品种主要包括未上市企业股权、股权投资基金等相关金融产品，以及其他经原中国保监会认定属于此类的工具或产品	1. 投资权益类资产的账面余额，合计不高于本公司上季末总资产的30%，且重大股权投资的账面余额，不高于本公司上季末净资产。账面余额不包括保险公司以自有资金投资的保险类企业股权 2. 投资单一蓝筹股票的余额占上季度末总资产的监管比例上限由5%调整为10%；投资权益类资产的余额占上季度末总资产比例达到30%的，可进一步增持蓝筹股票，增持后权益类资产余额不高于上季度末总资产的40% 3. 投资创业投资基金的余额纳入权益类资产比例管理，合计不超过保险公司上季度末总资产的2%，投资单只创业投资基金的余额不超过基金募集规模的20%
不动产类资产	境内品种主要包括不动产、基础设施投资计划、不动产投资计划、不动产类保险资产管理产品及其他不动产相关金融产品等；境外品种主要包括商业不动产、办公不动产和房地产信托投资基金（REITs），以及其他经原中国保监会认定属于此类的工具或产品	投资不动产类资产的账面余额，合计不高于本公司上季末总资产的30%。账面余额不包括保险公司购置的自用性不动产。保险公司购置自用性不动产的账面余额，不高于本公司上季末净资产的50%

续表

类别	可投资品种	最新监管规定
其他金融资产	境内品种主要包括商业银行理财产品、银行业金融机构信贷资产支持证券、信托公司集合资金信托计划、证券公司专项资产管理计划、保险资产管理公司项目资产支持计划、其他保险资产管理产品，境外品种主要包括不具有银行保本承诺的结构性存款，以及其他经中国保监会认定属于此类的工具或产品	投资其他金融资产的账面余额，合计不高于本公司上季末总资产的25%

注：截至2018年12月31日。

资料来源：中国银保监会官网。

2015年中国原保监会继续推行各种保险新政，不断释放政策红利。政策红利主要体现在两个方面：保险资金运用和保险行业监管。2015年2月，原中国保监会发布关于印发《保险公司偿付能力监管规则（1～17号）》的通知，自此，保险业进入了"偿二代"的实施准备期。"偿二代"体系监管规则的出台有助于提高保险业的资本使用效率，防范风险。2015年7月，原中国保监会颁布《关于提高保险资金投资蓝筹股股票监管比例有关事项的通知》，规定保险公司投资单一蓝筹股票的余额占上季度末总资产的监管比例上限由5%调整为10%，投资权益类资产的余额占上季度末总资产比例达到30%的，可进一步增持蓝筹股票，增持后权益类资产余额不高于上季度末总资产的40%。

2016年，原保监会加强了对保险资金运用监管，主要涉及保险资金对大额未上市股权和大额不动产投资的规范、组合类保险资产管理产品业务监管以及保险资金股票投资监管规范。在1984～2015年长达30多年的时间里，我国保险资金运用的业务范围不断拓宽。保险资产管理经历了从传统的银行存款、债券向股票、基金，再向另类投资品种的逐步转变。特别是在2012年，伴随"十三条新政"的出台，保险资金投资范围迅速开放，资产配置的空间和弹性上断扩大，打破了行业壁垒，实现了与银行、信托、证券等金融平台的同台竞技，保险投资覆盖了从公募领域到私募领域、从传统产品到另类工具、从境内市场到境外市场、从实体经济到虚拟经济的广阔领域，实现全面拓展政策红利的不断释放促进了保险行业的飞速发展，但是也伴随着问题的出现，因此，2016年原保监会加强了保险资金运用的监管，这也给市场一个信号："红利释放 + 规范发展"的监管思路将会成为今后保险行业以及保险资金运用的常态。

2017年，原保监会针对目前经济发展趋势，拓展投资渠道，创新投资方式，完善监管标准，同时加强风险管控，防范投资风险。面对2015~2016年保险业频频举牌的热潮，2017年1月，原保监会发布《中国保监会关于进一步加强保险资金股票投资监管有关事项的通知》，落实"财务投资为主，战略投资为辅"的保险资金运用监管导向。纵观2017年，原保监会对于保险标的资金运用一直着眼于政府与保险资金的结合，并对PPP项目公司给与充分的政策创新支持。2017年5月，原保监会在《关于保险业服务"一带一路"建设的指导意见》《关于保险业支持实体经济发展的指导意见》中提出，要创新保险资金运用方式，大力引导保险资金服务国家发展战略，支持保险资金通过债券、股权、股债结合、股权投资计划、资产支持计划和私募资金等方式，直接或间接投资实体经济及投资项目。《关于保险资金投资政府和社会资本合作项目有关事项的通知》《保险资金参与深港通业务试点监管口径》等一系列监管文件的出台，从委托投资、资管计划、参与PPP项目、股票投资、沪深港通业务等方面进行政策规范，同时对风险资本、业务规模及投资品种等做严格把控，引导稳健的价值投资，行业监管日渐规范，推动保险资管走向大资管平台。

2018年银保监会针对险资投资环境主要出台了两项政策。第一项是在2018年1月26日，原保监会发布新版险资监管"基本法"《保险资金运用管理办法》，首发于2010年7月并于2014年修改的《保险资金运用管理暂行办法》，在近8年之后，在汇总了历年险资运用和监管的经验后，摘掉了"暂行"的帽子。其中的亮点包括对股票和股权投资实施差别监管，赋予险企资金运用工作的独立性，明确原保监会对违规险企的监管处罚权限。整体来看，

《办法》对于2014年版和2016年征求意见稿版既有保留，亦有新的增减部分，其主要内容有纳入新品种，对股票、股权投资实施差别监管；对接"大资管"新政，严管另类投资；赋权资管独立性，增加高管职责；明确监管之责，增加处罚权限。2018年10月25日，银保监会发布《关于保险资产管理公司设立专项产品有关事项的通知》，允许保险资产管理公司设立专项产品，发挥保险资金长期稳健投资优势，参与化解上市公司股票质押流动性风险。银保监会鼓励保险公司使用长久期账户资金，增持优质上市公司股票和债券，拓宽专项产品投资范围，加大专项产品落地力度；更好发挥保险公司机构投资者作用，维护上市公司和资本市场稳定健康发展。

第二节　中国保险资产管理业经营状况

一、市场主体多样化

当前，我国保险资产管理行业发展日趋多元化、专业化。保险资产管理机构在立足保险主业的基础上，积极参与大资管竞争，逐渐拓展第三方业务并向综合性资产管理公司转变。2003年7月16日，国内第一家保险资产管理公司中国人保资产管理股份有限公司成立。2006年9月1日，太平资产管理有限公司批准筹建，标志着"9+1"的保险资产管理格局正式形成。此后，安邦资产管理有限责任公司、生命保险资产管理有限公司等公司相继成立。截至2018年年底，已经成立的保险资产管理公司共24家（详见本书附录2），总资产达到706.66亿元，同比增长约25亿元，净资产达386.56亿元，同比增长12.79%。2018年全年共实现营业收入184.87亿元，同比增长3.84%，较2017年增速减幅17.09%；净利润为76.57亿元，同比减少约27%（详见本书附录3）。

除了综合性保险资产管理公司，我国保险资产管理行业市场主体还包括9

家专业性保险资产管理机构、10家保险资产管理公司香港子公司、6家养老基金管理（或养老保险）公司、2家私募股权投资管理（GP）公司、1家财富管理公司。此外，还有202家保险公司的保险资产管理中心或保险资产管理部门。在2018年，银保监会先后批复同意工银安盛人寿、交银康联人寿、中信保诚人寿发起筹建工银安盛资产管理有限公司、交银康联资产管理有限公司和中信保诚资产管理有限公司3家合资保险资管公司。截至2018年年底，专业管理机构或部门管理资产规模约15.56万亿元，同比增长10.02%[①]。

整体来看，保险资产管理业投资模式包括委托投资和自主投资，其中委托投资占比76%，自主投资占比24%。在委托投资中包括委托关联方保险资管和委托外部管理人两种模式，其中委托关联方保险资管占比达到72%，委托外部管理人占比4%。在自主投资中，保险资金的投资模式包括直投购买保险资管产品，投资公募基金、信托、私募股权基金或者投资其他资产。

从保险资产管理机构上看，2018年年底保险资产管理机构总资产管理规模达到15.56万亿元，2018年总资产管理规模增长率达10.02%。截至2018年年底，行业管理系统内保险资金占比77.14%，管理第三方保险资金占比6.39%，管理银行资金占比3.53%，管理养老金及企业年金占比6.60%，管理其他资金占比6.34%。从增速来看，保险行业管理的银行资金同比下降39.58%，管理的养老金及企业年金同比增长32%，管理的其他资金同比增长67.88%。

二、行业规模不断扩大

近年来，我国保险业总资产逐年增长，年增长率均高于10%，而且大多数年份增长率高于20%。到2018年年底，我国保险业总资产超过18万亿元，相比2016年增长10.80%（见图5-1）。可见我国保险行业总规模不断扩大，且整体保持平稳良好的增长态势，这为保险资产管理业的快速发展提供了有

---

① 数据来源：中国保险资产管理业协会。

力的支撑。

图 5-1 中国保险业总资产及年增长率 (2006~2018 年)

数据来源: 原中国保监会官网、《中国保险年鉴 (2007~2016)》。

近 10 年来, 我国保险资金运用余额逐年递增, 2018 年年底保险资金运用余额比 2012 年翻一番有余, 达到 16.4088 万亿元, 较 2017 年增长 9.97%; 在 2017 年之前, 除了 2008 年和 2013 年的增长率有所下降外, 其他年份的保险资金运用余额增长率基本稳定在 20% 左右, 与保险业总资产的增长速率保持一致 (见图 5-2)。可见保险业可用于投资的资金与保险总资产发展规模息息相关, 保险资金可运用余额的不断快速增长将为保险资金投资提供动力和支持。但在扩大的同时, 我们应该意识到, 相对于 2014~2016 年保险业资金运用余额和保险业总资产高达 20% 的年增长率, 2018 年保险业资金运用余额和保险业总资产增速放缓, 已达近 10 年来的最低值。

三、收益率下行

如图 5-3 所示, 近年来, 我国保险资金运用收益出现了明显的下行趋势。2007 年资本市场的高速发展成就了保险资金运用平均收益率达到最高 (12.17%), 2008 年遭受全球金融危机的冲击和国内资本市场的转弱, 投资收益出现历史新低 (3.38%)。2010 年后, 随着保险资产管理政策的逐渐出

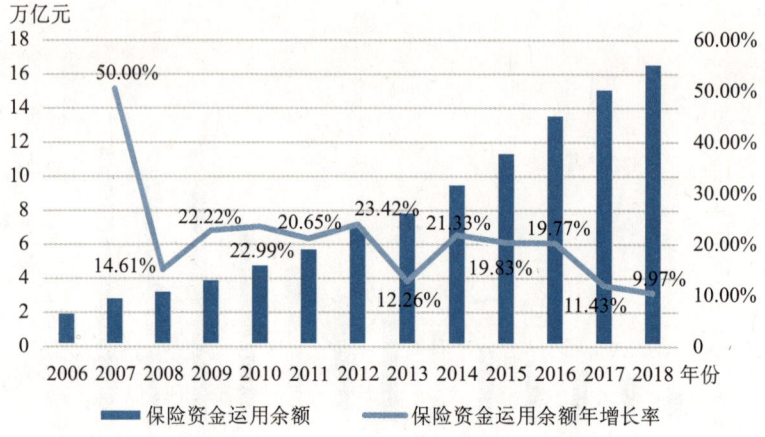

图 5-2　中国保险业资金运用余额及年增长率（2006~2018年）

数据来源：中国保险业协会官网、《中国保险年鉴（2007~2016）》。

图 5-3　中国保险业资金运用收益及平均收益率（2006~2018年）

数据来源：中国保险会和中国保险资产管理业协会官网、《中国保险年鉴（2007~2016）》。

台、投资渠道的不断放开，我国保险资金的运用模式更加灵活多元，保险业的投资收益率也逐年上升。2016年，保险行业受宏观经济探底、年初股灾、年末债灾的多重不利影响，保险资金运用收益较2015年明显下降，而2017年保险资金因为债券市场的萧条，资金投资收益率为5.77%。2018年保险资金投资收益率仅为4.3%，投资收益额为6800亿元，较2017年投资收益减少

1500 亿元，其中，险资在股票和基金上的投资高达百亿元，而 2017 年仅股票收益就达到了 1183.98 亿元。2018 年，上证指数累计下跌 24.59%，深证成指期间累计下跌 34.42%，创业板指期间累计跌幅为 28.65%，股票型基金全线亏损。过去两年领跑的蓝筹股扭头向下，令配置蓝筹较多的险资亏损颇多，这也成为保险投资业绩 2018 年出现下滑主要因素。

四、资产配置结构趋于稳定

我国保险资金的投资资产可分为 4 个部分，即固定收益类资产、权益类资产、另类资产和其他资产，资产配置的结构逐渐趋于稳定（见图 5-4）。固定权益类资产所占比重明显高于其他 3 类资产，但比例逐年降低，从 2011 年年底的 78.96% 降到 2017 年年底的 47.51%。保险公司为了保证资金运用的收益性，投资重心逐渐转移到权益类投资和以另类投资为主的其他投资。从图 5-4 中可以看到，2011 年权益类资产比例为 12.11%，2018 年占比 11.71%，其投资占比较为稳定；以房地产、对冲基金等另类投资为主的其他投资的占比从 2011 年 8.93% 提升到 2018 年的 39.08%。总体来看，目前保险资金配置的另类资产质量较为优良，其中基础设施和不动产项目多为国家或省市重点项目，绝大部分有国家级专项基金、国家开发银行、符合条件的大型商业银行或大型国有企业（集团）提供本息全额不可撤销连带担保责任，少部分辅以资产抵押作为增信措施，兑付风险较低。长期股权投资多为金融、消费、医药等行业，分红水平较高，潜在投资价值较大。

值得一提的是，相对于 2017 年，2018 年保险资金投资比例中，其他资产和权益类资产均有所下降，而银行存款及债权的投资比例有所上升。相较于 2017 年年底 40.19% 的高占比，2018 年险资投资于"其他投资"的资产占比有所下降。从上市险企的表述看，非标资产投资增速下滑，主要原因有三：一是部分非标资产到期及提前还本；二是受市场政策影响，非标资产供给下降；三是险企自身严选优质项目。而股票和证券投资基金两项资产占保险资金比重总体下行，除 2018 年 1 月末的 13.38% 高于 13% 外，其余月份均低于

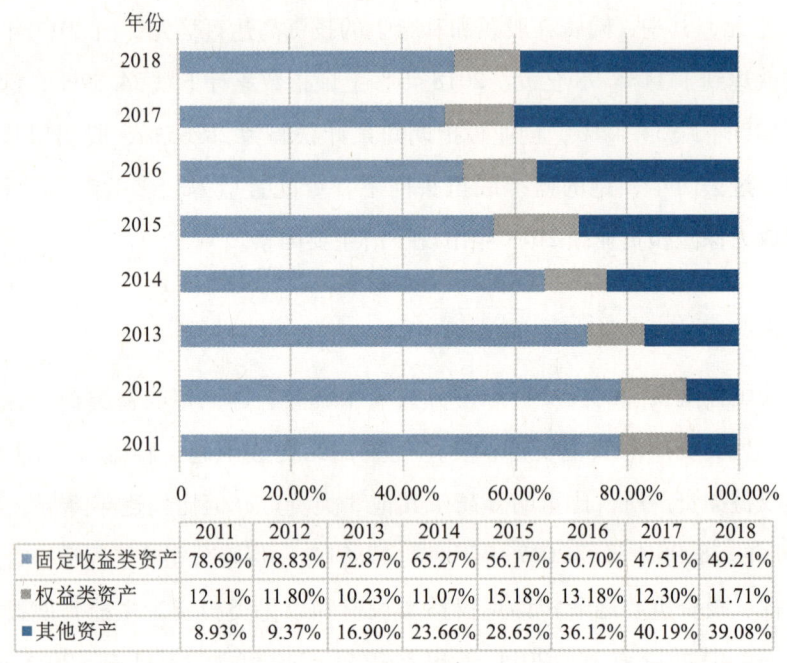

图 5-4 2011~2018 年中国保险资金投向

数据来源：中国保险协会和中国保险资产管理业协会官网、《中国保险年鉴》（2012~2017）。

13%。总体稳定在12%之上，6月末出现低点，仅为11.99%，11月末回升至12.42%，12月末占比又降低至11.71%，这一数字较2017年年底下降了0.59个百分点。银行存款占比明显提升，从2017年年底的12.92%提升至2018年年底的14.85%。目前有部分上市或全国性银行大额协议存款利率大约在4%~5%之间，具有一定的配置价值。2018年年初债券收益率一度快速上行，虽然随后债券收益率曲线下移，但仍为保险资金提供了配债良机。例如，至2018年2月，10年期国开债从低位反弹至5.1%，AAA级10年期信用债中债估值收益率最高达到5.5%以上。

五、产品创新发展迅速

根据中国保险资产管理业协会数据显示，2018年26家保险资产管理公司注册债权投资计划和股权投资计划共213项,合计注册规模4547.26亿元。其中,基础设施债权投资计划121项,注册规模2940.86亿元;不动产债权投资计划89项,注册规模1245.40亿元;股权投资计划3项,注册规模361.00亿元[①]。相对于2017年,其总注册规模和股权投资注册规模均有不同程度的减少。

本书根据Wind和保险资管公司官网披露数据统计了2018年保险资管产品的收益率情况,包括74只权益类产品、107只混合类产品和143只债权类产品、17只货币性产品和65只另类投资产品。由于保险资管产品属于私募类产品,没有强制披露义务,这一统计榜单并非行业覆盖,不代表保险资管行业最好水平。统计显示,受到2018年权益市场波动影响,2018年股票投资整体表现不佳,险资资管产品也不复2017年高收益态势。74只股票保险资管产品中,仅有3只产品2018年复权单位净值增长率为正,61只产品为负,64只产品净值平均下降17.64%。另有10只未披露净值增长表现。从单一产品看,保险资管产品股票类产品净值增长最高为0.64%,由华安财保安盈量化产品取得,排在第2位和第3位的产品为华安财保安赢1号和长江养老金色行业精选,净值分别增长0.32%和0。对比股票型基金净值2018年平均增长率 -22.83%(1346只股票型基金)、单一产品最大降幅87.72%的表现,64只保险资管的股票型资管产品净值平均下降17.64%,产品净值最大降幅为48.48%。107只混合型保险资管产品方面,有7只产品2018年复权单位净值增长率为正,51只产品为负,净值平均增长率为 -12.82%,另有49只未披露净值增长表现。这类产品的整体表现与混合型基金持平,根据Wind统计,后者2018年平均复权净值增长率为 -12.85%。143只债券型保险资管产品中,有96只产品2018年复权单位净值增长率为正,12只产品为负,平均收益率2.21%,另有35只未披露收益率表现。这类产品平均收益率不敌类型与之相近的债券基金,后者平均收益率为3.5%。如表5-3所示,其中,业绩

---

① 数据来源:中国保险资产管理业协会。

排在第 1 位的人保资产高收益 1 号获得了 32.22% 的复权单位净值增长率, 在债券基金中也能排到第 2。此外, 中英益利景宏 1 号、泰康资产——稳定收益也表现不俗, 截至 12 月 28 日, 复权单位净值增长率分别为 12.65% 和 10.33%。

表 5-3　　　　　　2017 年保险资产管理产品收益情况 (部分)

序号	保险资管产品 (债券型)	2018 年复权单位净值增长率 (%)
1	人保资产高收益 1 号	32.22
2	中英益利景宏 1 号	12.65
3	泰康资产——稳定收益	10.33
4	华安财保安华精选 2 号	9.55
5	太平洋卓越财富 1 号	9.27
6	平安资管纯债增强 (如意 26 号)	9.04
7	华安财保安华精选 1 号	8.66
8	太平洋卓越 165 号	8.45
9	泰康资产——信用优化资产	8.29
10	太平资产如意 6 号	8.19
11	泰康资产——信用精选资产	8.11
12	太平洋卓越全利纯债	7.77
13	中英益利福鼎 7 号	7.73
14	泰康资产——信用甄选	7.55
15	太平洋卓越纯债 2 号	7.38
16	太平洋卓越天平 1 号产品	7.34
17	泰康资产——短融增益 8 号	7.34
18	华安财保安华 1 号	7.27
19	民生通惠民汇 2 号	7.14
20	平安资管 (如意 29 号)	7.13

注: 权益型产品、固定收益型产品、混合型产品以及整体平均收益率采用简单算术平均方法进行计算。

数据来源: 各公司官网、财汇资讯。

第三节　中国保险资产管理业热点

一、权益类市场变动明显

1. 险资举牌或将卷土重来

2015年下半年保险公司掀起举牌上市公司的热潮，以前海人寿、国华人寿、安邦保险为代表的险资连续举牌多家上市公司，引起市场强烈关注，其激进的交易策略和"赚快钱"的套利方式一度让市场动荡。对于大出风头的保险资金，监管风向已经明确，原保监会强调，险资运营中，保险资金一定要做长期资金提供者，而不是短期资金炒作者，并提出要从严从重加强保险资金运用监管。受股市杀跌和原保监会监管加强影响，2016年上半年未出现险资集中举牌。2016年险资举牌共有12例，而2017年险资举牌现象进一步减少，仅有7例险资举牌信息。同时，在2017年的险资举牌中，通过二级市场集中竞价交易而达到举牌线的仅有1例，其余6个均为险资参与定增、认购新股而构成举牌的情况。

在2018年中，在资本市场上频频出现的"险资举牌"，在沉寂两年后有所回温，受股市低迷的影响，银保监会于2018年10月发布《关于保险资产管理公司设立专项产品有关事项的通知》，鼓励保险公司参与和支持资本市场发展，鼓励保险公司增持优质上市公司股票。受监管松绑的影响，险资在2018年共有10例险资举牌案例，而2018年10月份之后的就有6例，而本年度举牌上市公司的险资，呈现出以平安等大型险企为主的特点。

往年险资举牌上市公司，更倾向于财务投资，主要通过在二级市场买卖股票，在半年甚至一个季度内完成操作以获取差价。2018年的险资举牌则集中在自身产业的上下游，通过参与定增、认购新股，进行中长期的投资和战略布局。这种方式往往涉及大量资金动向，对标的公司本身已具有深入的了解和长期且明确的投资意向。

2. 基金投资

在2018年股市整体低迷的情况下,部分险企通过认购基金权益份额方式,成为有限合伙人,将资金投向新兴产业、医疗养老产业等,除此之外,还投资母基金,进而参与多个子基金项目,如人保财险、华泰人寿分别认购两项投资基金份额,成为有限合伙人,资金投向医疗养老企业以及"互联网+"等战略型新兴企业。整个2018年,共10家险企通过认购基金权益份额的形式,介入到新兴企业等项目投资,通过该种形式一方面谋取收益,另一方面为后期业务协同奠定基础。其投资方向涵盖互联网、高科技等新兴产业和医疗养老、商业零售等险企偏爱的市场较为稳定的企业。一般而言,险企参与投资后,主要通过标的企业独立上市、被收购、大股东回购、股权置换等方式实现退出,或通过处置标的项目资产,来实现本金和收益的分配。

此类参与基金权益份额认购的险企多为资金雄厚的大中型保险公司,而一般险企则更多地通过认购资金产品份额,进行资产配置。2018年中保协披露的资金运用关联交易显示,保险资金共计认购59.39亿元货币型基金份额,41.95亿元混合型投资基金份额,40.46亿元债券型基金份额,以及部分权益类、指数型基金。从风险偏好来看,货币型基金风险较小,主要投资对象为债券、央行票据等具有良好流动性的金融工具,某种程度而言,属储蓄类资产替代品种,险资可从中谋求稳定收益。相较货币型基金而言,债券型基金、混合型基金风险程度相对较高,但能获得更为可观的投资收益,出于分散风险、谋求收益的综合考量,险企亦会基于自身情况进行配置。当前经济环境下,保险资金出于稳健性考虑,更愿意选择低风险投资渠道。

二、另类投资

所谓另类投资,是指公开交易平台外的投资,在我国主要是指除银行存款、债券、股票等传统投资以外的投资品种,主要包括基础设施债权投资计划、不动产投资计划、股权投资计划以及信托金融产品等。事实上,近年来,国家出于支持实体经济发展的目的，一直在政策层面鼓励保险资金另类投资，例如基础设施项目、不动产项目、长期股权等。可以预见的是，国家还会陆续出台相关优惠政策，比如关于保险资金投资实体经济项目的税收问题、不动产抵押登记手续问题等，对保险资金给予更大支持力度。本报告将按照监管现状——发展现状——政策建议的逻辑进行分析。

(一) 另类投资监管现状

2012年，《关于保险资金投资有关金融产品的通知》首次提出"项目资产支持计划"，以满足保险资金配置需求，但该项规定仅允许保险资金投资信托公司集合资金信托计划、证券公司专项资产管理计划，并没有放开对于基金子公司设立的资产管理计划的投资限制。2014年，《项目资产支持计划试点业务监管口径》将保险项目资产支持计划引入试点阶段。该项规定限定了基础资产范围为信贷资产、金融租赁应收款、股权资产，禁止简易结构两层或多层嵌套，确立了逐单审批制度。2015年，《资产管理计划业务管理暂行办法》正式标志着保险资产管理公司的资产支持计划步入常态发展阶段。2016年，原中国保监会印发《保险资金间接投资基础设施项目管理办法》，更是在监管层面对另类投资给予大力度的支持。

(二) 另类投资成为保险资金配置占比最大的资产类别

随着2012年下半年保险投资领域逐渐放开，另类资产因其更适风格稳健、规模大、期限长的特点，投资占比从2012年不断攀升，从投向数据分析可以看出，起初债券所占比重明显高于其他3类资产，但比例逐年降低，从2012年年底的44.90%下降到2018年年底的34.36%，而另类资产投资占比则从2012年的9.5%持续上升至2016年的36.02%，年均增速超过6%，2016年首次成为保险资金投向占比最大的资产类别，具体如图5-5所示。

从趋势上明显可以看出，保险结构加大了对另类资产的配置力度，继2015年7月其他投资占比首度超过银行存款占比后，2016年1~6月以非标资产为代表的其他投资占比超过债券投资占比，成为险资配置的第一大资产并在2017年内继续保持，在不到一年的时间里先后完成了两次超越，充分反

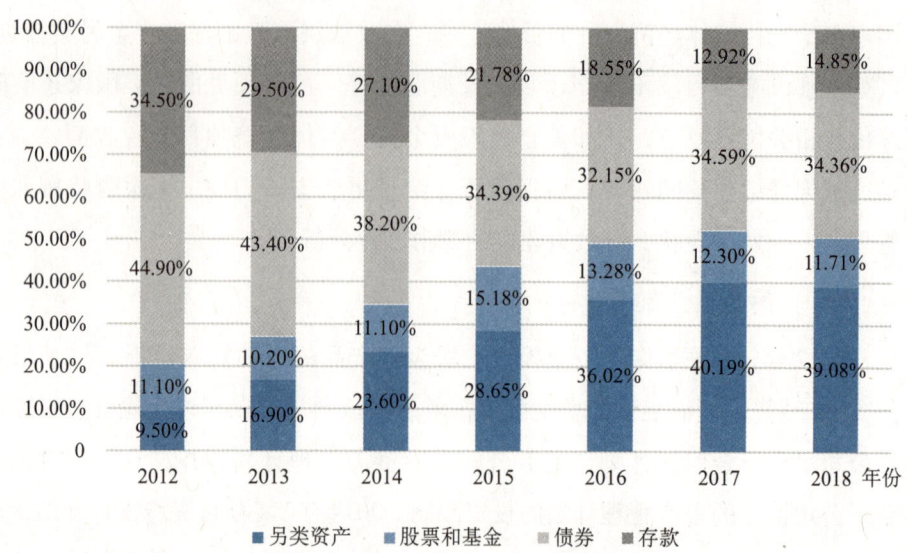

图 5-5　2012~2018 年中国保险资金投向

数据来源：中国保险业协会和中国保险资产管理业协会官网、《中国保险年鉴》（2012~2016）。

映出保险机构对高收益产品的需求日益增加，究其更深层次的原因：首先，宏观利率处于相对低位，债券配置价值下降；其次，另类投资符合保险资金具有资金量大、期限长的属性；再次，新增保费增速加快，再投资压力加大；最后，负债成本处于相对粘性，资产端压力趋紧。在利率持续处于相对低位以及险资与实体经济联系愈发紧密之际，另类资产依然是重要投资方向。

（三）国内外保险资金另类投资的比较分析及相关建议

1. 另类投资配比已趋于国际水平

我国保险资金另类投资尚处于初期，2006 年原保监会才正式发文开展间接投资基础设施项目试点，2007~2010 年陆续出台境外投资、股权投资等试行办法。2010 年原保监会颁布《保险资金运行管理暂行办法》扩大了保险资金的投资范围及非标资产的投资比例，另类投资自此才开始成为保险（资管）机构投资的关注对象。2010 年我国保险资金另类投资占比不足 10%，而 2018 年此比例已高达 39%，成为保险资金投向占比最大的资产类别。虽然 OECD 国家保险另类投资业务开展的时间相对较早，但 2008 年的美国次贷危机使得另类投资的端口收紧，2010年仅占总投资的10.5%，是近10年来最低。2010年后国际资本市场开始复苏，2013年此比例达到了22.53%，以平均每年2.58%的增长率保守估计，2015年达28.41%。如此看来，我国保险资金在另类投资配比方面已趋于国际水平。但由于我国保险资金另类投资的发展历程较短且发展速度过快，若无相应多元化产品支撑巨大的资金配比，投资风险与收益将难以合理匹配。因此，建议保险资管机构在现有的另类投资配比下，优化投资产品结构增加其多样性，在另类投资比例的稳健增长中寻求更高的投资收益。

2. 监管逐渐放开但不应极宽松

2014年2月原保监会发布的《关于加强和改进保险资金运用比例监管的通知》进一步拓宽了保险资金投资非标资产的比例。不动产类资产、权益类资产、境外投资、其他金融资产的账面余额分别不得高于上季末保险公司总资产的30%、30%、15%、25%。与2010年的规定相比，权益类资产方面，由之前的"股票及股票型基金不得超过20%，未上市公司股权资产不得超过10%"变为"权益类资产不得超过30%"，这使得私募股权的投资比例更加灵活；固定资产方面由之前的"投资基础设施及不动产债权投资计划不得超过20%"上调至30%，比例进一步放开。另一方面，2013年原保监会批准成立了保险资产管理业协会，将资管产品的审核制改为注册制。保险资管协会作为行业自律组织不仅可以起到规范保险投资行业的作用，还使企业与监管层的沟通更加方便灵活。除此之外，协会大大提升了产品的发行速度，由原来的30天审核变为了7天注册。

与发达的国家及地区对比可以发现，我国保险资金另类投资的宏观策略较美、日等国更为开放，趋于英国及我国台湾地区。但分析各国的资本市场不难发现，美国之所以更倾向于投资债券是因为其债券市场品种多样、收益灵活，监管得当，保险资金投资债券市场可以使资产负债得到更有效的匹配。此外较为谨慎的监管可抵御市场的系统性风险。而日本则由于长期处在低利率和严密的市场监管环境下，其整体的风险偏好较低。与日、美监管风格不同的是,英国的监管极为宽松,政府只针对保险公司制定偿债能力指标并定期考核,而保险资金的运用更多依赖于行业自律组织及保险公司自身的风险防范。英国保险投资的低监管、高收益得益于成熟的资本市场及从业人士较高的专业素养,未必适用于我国保险资金投资现阶段的发展,但有一定的借鉴意义。具体如表5-4所示。

表5-4　中国与其他国家及地区保险资金监管比例对比

国家或地区	规定的主要投资方式	比例
美国	股票、债券、抵押贷款、其他投资	股票和公司债不得超过20%,海外投资10%,不动产10%
英国	无具体规定	无具体规定
日本	银行存款、信贷、信托、有价证券、黄金债券、不动产、金融衍生品等	国内股票不得超过5%,债券贷款不得超过10%,不动产20%,其他投资不得超过15%
中国台湾	银行存款、股票、贷款、有价证券、不动产、境外投资、与保险相关事业、专项资金运用和公共投资、金融衍生品等	贷款35%,有价证券不得超过35%,海外投资45%,不动产39%,专项资金不得超过10%
中国	流动性资产、权益类资产、固定收益类资产、不动产、其他金融投资	不动产类资产、权益类资产、境外投资、其他金融资产的账面余额分别不得高于上季末保险公司总资产的30%、30%、15%、25%

资料来源:保险资产管理行业协会。

3. 加快另类投资产品研发

投资组合多元化可使配置的资产在原有的风险范围内扩大投资收益,国内外的保险业资产配置都遵循了这一基本的投资规律。但是如何进行非标资产的配置,怎样进行风险防范则是实际应用中每个保险资产管理机构运营的核心问题。

通过国内外保险资金运用的现状对比可以发现,我国保险资金的配置特别是在另类投资方面,由于政策的开放引导正处于活跃的整合期,整个保险投资市场对金融创新产品的需求强烈。尤其对能够提供较高的稳定收益及可匹配长期负债的产品的需求更加强烈。但这种需求需要各种资本市场（证券、基金、信托等）新渠道的有效对接，方可实现保险业资金的合理配置。而当前，我国保险资产管理机构自行开发的资产管产品仅局限于债权计划、股权计划、项目资产支持计划，相对于英国、中国台湾地区等国家及地区，其投资渠道较窄，投资类型较为单一。保险资管机构应积极研发创新型资管产品以丰富另类投资的品种。

三、大资管时代下的统一监管

2017年11月，多部门联合发布了《中国人民银行、银监会、证监会、保监会、外汇局关于规范金融机构资产管理业务的指导意见（征求意见稿）》，2018年4月27日，中国人民银行、中国银保监会、证监会、外汇局正式颁布了资管新规，自此包括保险资管在内的百万亿元的资管业务的监管靴子终于落地，该资管新规将从打破刚性兑付、规范资金池、净值化转型等角度产生直接影响。

（一）资管新规政策原则梳理

1. 打破刚性兑付

新规明确刚性兑付行为：违反真实、公允确定净值原则的保本保收益产品，滚动发行使本金、收益、风险在不同投资者间转移，自筹资金偿付或委托其他机构代偿。监管在处置资管风险问题时的角色也从传统观念中的"求稳"改为加强责任认定，首次提出对刚性兑付行为进行处罚，自行筹集资金偿付或者委托其他金融机构代为偿付均被认定为刚性兑付行为。而且对刚性兑付行为采取投诉举报奖励制度，本质上是引导市场对资管产品认知的转变，使其回归代客理财本源。

2. 消除多层嵌套

金融机构不得为其他金融机构的资产管理产品提供规避投资范围、杠杆约束等监管要求的通道服务。当前资管行业存在通过多层嵌套、通道、分级产品加杠杆的方式投向底层资产的运作模式，新规对底层资产分散度提出更高要求，现行模式可行性大打折扣。规范资金池运作禁止资金池业务，要求资管产品资金和底层项目期限匹配。过去资管产品通过借短贷长的操作，实现在表外滚动融入短期资金。

3. 投资到长期项目

新规要求金融机构应当做到每只资产管理产品的资金单独管理、单独建账、单独核算，不得开展资金池运作。

4. 降低期限错配风险

投资非标资产其终止日不能晚于封闭产品到期日和开放产品最近一次开放日，继续要求强化久期管理。

（二）资管新规对保险业的影响

1. 统一监管标准，抓住大资管发展新机遇

目前我国金融机构资管规模已达百万亿元，相较于银行、信托、基金等金融机构，保险资管产品整体规模较小，据保险资产管理业协会数据披露，截至2018年年底我国保险资管计划余额为2.08万亿元。新规将保险资管正式纳入大资管监管范畴，确立主体地位。保险资管计划属私募类产品，发行范围限合格投资者，主要包括债权投资计划、股权投资计划和组合类产品等，目前整体规模有限，我们认为新规影响不大。此外，新规中特意提到养老金产品不适用，投资范围相对于普通资管产品将更为灵活。

2. 打破刚性兑付，凸显保险产品优势

资管新规要求产品实行净值化转型，在去通道、去杠杆背景下，结合打破刚性兑付的监管要求，我们预计理财产品收益率下行，保险产品提供稳定的预定利率兼顾保障功能，竞争力提升。我们认为随着保险产品竞争力的增强，保险需求有望进一步释放，部分理财资金流向稳定收益与风险的保险产品，优势凸显将为保险资管提供更多可能。

3. 长久期资产配置，更受高净值客户青睐

保险产品缴费期通常为20年左右，在资产负债管理的大框架下，较长的负债久期需要有较长期限的资产相匹配。在当前的经济环境下，长端利率正在高位下行阶段，长久期资产将成为重要的底仓品种，以此降低短期波动对预测的影响。保险资金稳健配置的特点将实现风险与收益的均衡，长久期配置收益较为可观，对高净值客户的吸引力有望进一步提高。

（三）保险资管的发展前景

目前看来，再多维度政策规范下，保险资产管理业正步入良性规范发展周期。大资管新规发布之前，已有多项政策对保险资管业务发展进行了全面的规范，涉及产品设计、资金运用、委托投资、资产负债管理等方面，行业已步入良性规范的发展周期。2018年1月，原保监会发布《保险资金运用管理办法》，为行业发展的纲领性文件，进一步明确保险资金投资的主要形式，拓宽了投资范围，规定了保险资金运用的管理模式，加强了风险控制。

1. 明确合格投资人门槛

2013年，原保监会发布《关于保险资产管理公司开展资产管理产品业务试点有关问题的通知》，对合格投资人进行资金门槛的明确，要求向单一投资人发行的定向产品，投资人初始认购资金不得低于3000万元人民币；向多个投资人发行的集合产品，投资人总数不得超过200人，单一投资人初始认购资金不得低于100万元。

2. 限定资产配置比例上限，动态检测风险指标

2014年1月，原保监会发布《关于加强和改进保险资金运用比例监管的通知》，系统梳理了现有的比例监管政策，并在整合和资产分类的基础上，形成了多层次比例监管框架，涵盖大类资管监管比例和集中度风险监测比例。

3. 专项投资细则完善，全方位多角度规范业务发展

证监会、银保监会及相关部门先后出台一系列监管文件，从委托投资、资管计划、参与PPP项目、股票投资、沪深港通业务等方面进行政策规范，同时对风险资本、业务规模及投资品种等做严格把控，引导稳健的价值投资，行业监管日渐规范，推动保险资管走向大资管平台。

第四节 中国保险资产管理的机遇与挑战

一、中国保险资产管理的机遇

(一) 政策"松绑",投资渠道多元化

随着市场化改革进程的不断深化,我国保险资金运用渠道不断多元化。从2012年至今,监管机构高密度地出台各项创新政策,确立了"简政放权、放管结合""放开前端、管住后端"的监管思路,保险资产管理市场化改革稳步推进。"保险投资13条"与《保险资金运用管理办法》出台以后,保险资金投资渠道不断拓宽、资产配置策略组合越来越丰富,固定收益类资产仍是保险资金投资取向的主流,但股票、基金、信托等更多权益型资产的政策放开,开辟了保险资产管理发展的新局面。

(二) 保险资金运用余额不断增加

截至2018年年底,我国的保险总资产达到了18万亿元,资金运用余额达16.41万亿元,按照《关于加快发展现代保险服务业的若干意见》明确的目标,2020年全国保费收入将达到5.1万亿元。2014~2020年,7年间保险资金可运用规模预计将超过20万亿元。虽然2018年保险业发展一度陷入停滞状态,但保险资金运用余额规模不断扩大,需求端的资金极度充裕,投资管理的空间充足,随着投资渠道的不断放开,合适的投资机会涌现,保险资产管理将迎来更加快速的发展。

(三) 保险资金优势更加凸显

保险的资金来源是保费收入,这种负债收入具有长期稳定性,与其他一些金融机构的短期性收入相比,保险资金在长期投资和实体投资上具有独特的优势。此外,"新国十条"明确提出了要充分发挥保险资金长期投资的独特

优势,以及利用债券投资计划和股权投资计划等方式,来支持重大基础设施建设、棚区改造、城镇化建设等民生工程和国家重大工程。

二、中国资产管理的挑战

(一) 面临更高的风险管理要求

随着原保监会等相关部门陆续出台新政放宽投资限制,保险资金将有更多的资产配置组合,各家险企将面临更多的选择。过去集中投资于低风险高信用等级的各类债券、基金、银行存款等标的将逐渐转向期限较短但收益、风险均相对较高的权益类资产,投资的系统性风险、流动性风险、利率风险等各类风险将随之增加。因此,保险公司应及时调整风险管理策略,建立更加适时的风险管理体系。

(二) 自身资产管理水平有待提高

2012年,《保险资金委托投资管理暂行办法》的出台标志着保险资金可以委托证券公司和基金公司进行投资管理。这有利于减轻保险资金运用的压力,并且券商等同业机构的参与将对保险资产管理公司的管理水平提出更高的要求,逼迫其加快提升自身能力。

(三) 保险资产投资收益率有待稳步提升

近几年来,由于经济下行压力加大,优质资产收益率不断降低,这对于部分负债成本较高的保险机构来说,固定收益类资产收益已经难以覆盖保单的获取价格,从而严重影响保险机构的持续经营。部分中小型保险公司开始积极拓展经营策略,寻求差异化、多元化渠道,走出一条"资产驱动负债"的道路,其中以安邦保险、华夏人寿、生命人寿等公司为主要代表。但是这种比较激进的发展策略在高额的资产负债匹配风险监管层强化金融监管的政策下,也被认为已经失灵,风光不再。保险资产投资,仍有很长的路要走。

(四) 监管面临新挑战

近几年来,保险公司纷纷尝试新的投资模式,举牌上市公司、海外投资等行为逐渐常态化，营销模式也从单一的线下模式转为线上线下混合销售。原中国保监会相继出台有关保险公司资金运用信息披露准则的文件，尽量让险资的运用透明化、公开化。2015年12月出台的《关于加强保险公司资产配置审慎性监管有关事项的通知》，通过压力测试的方式加强对于短债长投带来的流动性风险的监管。2018年1月出台的《保险资金运用管理办法》对现有制度进行了系统性的梳理，明确了监管机构的责任。我国资产管理行业在创新改革的同时会面临众多的挑战，相关监管部门应及时调整监管政策，完善监管体系，跟上新时代产业发展的速度。

保险蓝皮书

保险产品与服务
第三部分

第六章 中国人身保险产品和服务分析

第一节 人身险保险公司市场份额分析

自2013年起,原保监会开始披露寿险公司原保费收入、保险投资款新增交费(主要为万能险)和投连险独立账户新增交费。其中,原保险保费收入执行企业准则解释公告2号下的保费收入确定准则,而原保险保费收入加保户投资款本年新增交费与投连险独立账户本年新增交费之和与执行解释公告2号之前的保费收入一致,行业称之为规模保费。非保险合同占比是指保户投资款本年新增交费与投连险独立账户本年新增交费之和占保险公司原保险保费收入、保户投资款本年新增交费与投连险独立账户本年新增交费之和的比例,非保险合同占比反映了万能和投资连结保险等理财型保险的比重。

因此,我们将基于原保费收入和规模保费两个口径分别分析寿险公司的市场份额占比。

一、原保费收入口径下的市场份额占比

在中国人身险市场上,中资保险公司市场占有率为91.9%,占有绝对优势。外资保险公司市场占有率为8.1%。

其中,国寿股份、平安人寿、太保人寿在中资保险市场份额中又占有优势。根据相关资料数据,在中资保险市场份额中,2018年市场占有率前10名的保险公司分别是国寿股份、平安人寿、太保人寿、华夏人寿、太平人寿、新华人寿、泰康人寿、人保寿险、富德生命人寿、天安人寿,如图6-1所示。

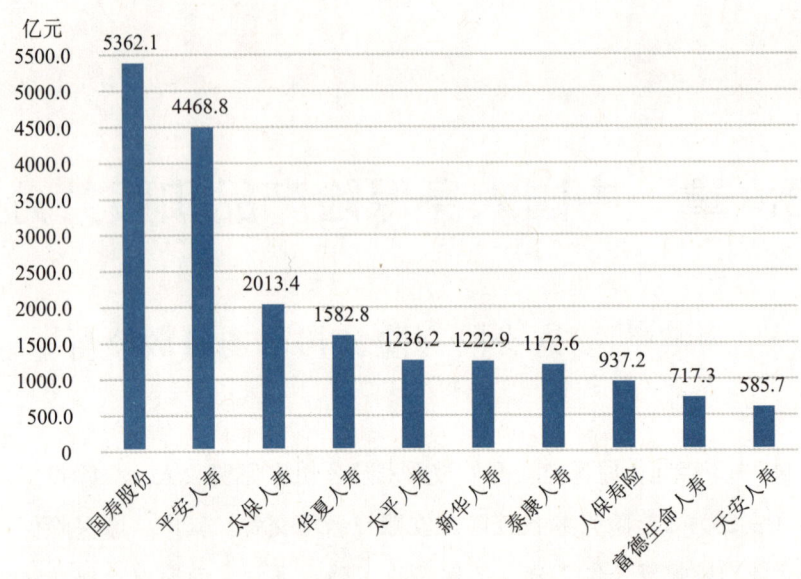

图6-1 2018年原保费收入前10名的中资保险公司（单位：亿元）

2018年中国人寿和平安人寿在中资保险公司的市场占有率分别为22.22%和18.52%，为第一梯队，远高于排名第3的太保人寿，太保人寿的市场占有率为8.34%。排名第4~10位的保险公司的市场占有率在2.4%~7%之间。与2017年人身险原保费收入排名相比，安邦人寿（安邦保险集团于2019年7月10日正式更名为大家保险集团）因受监管措施的影响此次排名未列入前10名，华夏人寿的排名有明显的提升，从第10升至第3。保费收入前10名的保险公司的原保费收入占市场总额的80%，说明市场集中程度较高。

外资保险公司在中国保险市场的市场占有率为8.1%。市场占有率前3名的外资保险公司分别是工银安盛（1.28%）、恒大人寿（1.23%）、友邦人寿（1%）。

二、规模保费口径下的市场份额

按规模保费划分的市场占有率，2018年市场占有率前10名的保险公司包括国寿股份、平安人寿、安邦人寿、华夏人寿、太保人寿、泰康人寿、新华人寿、太平人寿、富德生命人寿、人保寿险（见图6-2）。银保监会持续对保险行业监管整顿，行业回归长期保障，使部分主打万能险等理财型产品的险企保费规模下滑。不过，安邦人寿、华夏人寿、富德生命人寿等险企非保险合同占比依然较高，使其规模保费口径下的市场份额占比有所提升，尤其是安邦人寿的非保险合同占比高达91.5%，使其规模保费排名提升至第3。2018年非保险合同占比排名前5名的保险公司包括和谐健康（98.5%）、安邦人寿（91.5%）、安邦养老（88.8%）、珠江人寿（28.3%）、上海人寿（62.6%），非保险合同占比超过50%的险企还有弘康人寿、昆仑健康、东吴人寿、英大人寿。整体来看，非保险合同占比较高的主要为中小险企。

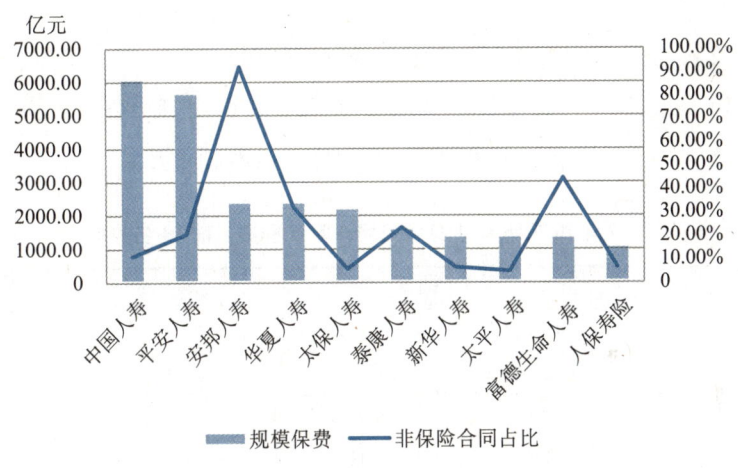

图6-2 2018年规模保费前10名的保险公司

外资保险公司市场占有率前5名包括恒大人寿（1.08%）、工银安盛（0.98%）、友邦人寿（0.79%）、中信保诚（0.55%）和中意人寿（0.45%）。其中，恒大人寿和中信保诚的保户投资款本年新增交费为50.9亿元和15.3亿元，非保险合同占比分别为13.6%、18.3%。

不同的保险公司在两种保费口径下保费排名的差异体现了寿险企业在公司战略选择上的差异，即寿险公司在选择"价值"还是"规模"上出现分化。一方面，以平安人寿为代表的大型寿险公司，已经有长期保障型产品及个险渠道，依赖其稳定成熟的客户和市场份额，采取稳健的"回归保障"的市场策略；另一方面，寿险行业集中程度较高，在与传统大型寿险公司竞争时，中小型寿险公司在短时间内难以逾越大型公司在长期保障型产品上的优势，因而，只能先通过销售银保渠道，发展理财型业务，迅速扩张规模，实现弯道超车。然而，如今行业回归长期保障，中小险企转型道路艰巨，失去万能险等理财产品带来的弯道超车模式，开始面临困境。而以传统业务为主的大型险企，经过多年的发展，传统业务实力较强，在新政策环境下未来发展将更为顺利，形成"强者恒强，弱者淘汰"的局面。

三、分地区人身险保费占比

原保监会对我国各省市的保费进行了统计和排名，各省市保费收入排名显示，我国人身险保费收入排名前10名的省份分别为广东、江苏、山东、河南、四川、北京、浙江、河北、湖北、上海。表6-1和图6-3为2017年和2018年各省市人身保险市场份额前10名地区保费收入及其占比。

表6-1　2017年和2018年人身险市场市场份额排名前10名的地区　　　单位：亿元

地区	2018年	占比	2017年	占比
广东	2545.40	9.34%	2451.82	9.17%
江苏	2458.46	9.02%	2635.52	9.85%
山东	1899.80	6.97%	1754.70	6.56%
河南	1765.56	6.48%	1576.47	5.89%
四川	1466.00	5.38%	1443.03	5.40%
北京	1370.67	5.03%	1568.77	5.87%
浙江	1279.23	4.70%	1222.53	4.57%
河北	1260.85	4.63%	1227.09	4.59%
湖北	1118.95	4.11%	1038.24	3.88%
上海	920.70	3.38%	1158.49	4.33%

资料来源：原保监会统计数据。

图 6-3 2017 年和 2018 年人身险市场份额排名前 10 的地区

如表 6-1 和图 6-3 所示，2018 年人身险保费收入排名前 10 名的地区与 2017 年基本一致，主要包括北上广、江浙等经济较发达的地区和河南、四川等人口基数较大的地区。与 2017 年相比，江苏、北京、上海地区 2018 年人身险原保费收入有所下降。由于保费收入的上升，广东的人身险市场份额从 2017 年的第 2 名上升至第 1 名。2017 年和 2018 年前 10 名的地区保费收入之和占比分别为 60% 和 59%，变化不大。

第二节　人身险公司产品结构分析

一、寿险保费收入出现明显下滑，健康险市场发展迅速

2018 年人身险公司原保险保费收入 26260.87 亿元，同比增长 0.85%；2017 年人身险公司原保险保费收入 26039.55 亿元，同比增长 20.04%，人身险保费增速出现了明显的下滑。按照寿险产品的保障范围分，寿险原保费结构（或产品结构）可以划分为人身意外险、健康险和寿险。2018 年意外险和健康险的增速分别为 19.33%、24.12%，而寿险业务相比于 2017 年，却下降

了 3.41%。从产品结构来看，人身意外险、健康险和寿险占人身险保费的比例分别为 3.95%、20.00% 和 76.06%。人身意外险占人身险保费的比重较小且相对稳定。虽然寿险保费占比自 2010 年起逐步下滑，但是寿险保费的占比仍然较高。2010 年之后健康险保费与寿险保费占比反向变动，表明保险公司对产品结构的调整。健康险保费占比在 2018 年达到了 20% 的水平，与成熟市场已十分接近，说明健康险市场发展十分迅速。

急促的生活节奏和来自工作、交际与生活成本的压力给当代人的健康带来许多威胁。人们也越来越注重对自己健康的关注和保障。同时"大数据"与医疗科技的发展也推动了保险公司对健康风险的精准定价和管理优化。全社会的健康管理意识增强，健康保险在人身风险保障类保险产品中受到消费者的追捧，健康险业务在人身险业务中的份额也逐渐增大。随着税优保险政策的推广，更多的寿险公司拿到了税优健康险的牌照，健康险将成为各大寿险公司发展的重要方向。具体如图 6-4 和图 6-5 所示。

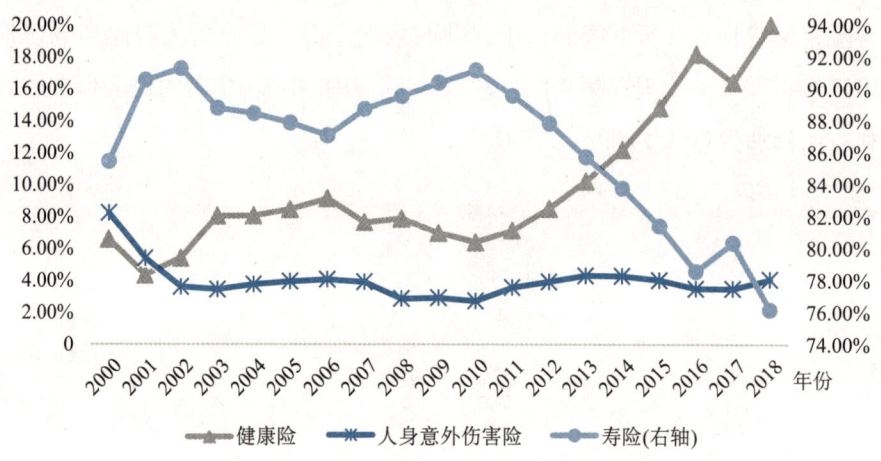

图 6-4　2000~2018 年寿险各险种占比

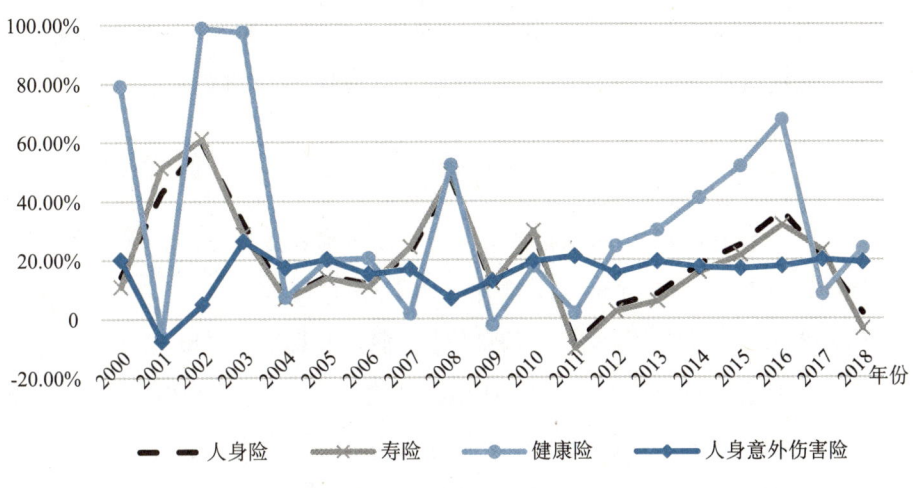

图 6-5　2000~2018 年寿险各险种保费同比增速

二、保险产品结构改善，保障型产品保费收入稳步上升

各大寿险公司调整产品结构，采取"回归保障"的市场策略，加大保障型产品的比重，其原因在于：第一，老龄化、城镇化和居民可支配收入上升等因素导致居民对保障型保险产品的需求增加。第二，为了促进万能险的健康发展，防范保险期限错配风险和流动风险，保监会下发《关于规范中短存续期人身保险有关事项的通知》，提高寿险企业销售中短存续期的偿付能力要求以及销售规模，受监管政策的影响，中小寿险公司被动缩小理财型产品规模，扩大保障型产品规模。第三，政策层推进供给侧改革，去"杠杆"去"产能"、去"资产泡沫""严监管"等一系列政策加剧了"资产荒"的局面，保险公司资产端收益率下滑，而负债端成本难以下降，其中，中短存续期产品成本负债尤高，进一步压缩利润，甚至将面临亏损。

从保费收入结构来看，在平安人寿规模保费收入中，分红险、万能险、传统险占比分别为 61.40%、2.89% 和 35.65%，其中传统险保费收入 1161.26 亿元，同比增长 32.87%，占比提高 4.06%。在新华保险的保费收入中，分红险、万能险、传统险的占比分别为 63.59%、0.05% 和 36.36%，其中传统险保费收入 280.37 亿元，同比增长 13.51%，占比提高 3.82%。从整体上来看,寿险公司进行了业务结构的调整,传统险规模保费收入有所上升,万能险规模保费收入有所下降,符合整个行业回归保障的趋势。

三、保险产品结构改善,保障型产品保费收入稳步上升

我们将基于2018年原保监会对市场上健康险业务披露的相关数据,对健康险业务的市场份额、产品结构和服务水平进行分析。

2018年,根据原保监会统计信息公开披露情况观察,在81家人身保险公司中,有11家公司健康险业务原保费收入同比有所下降,有12家人身保险公司原保费收入同比增长率低于8%,有36家人身保险公司增长率高于45%,有14家人身保险公司增长率高于100%。健康险保费规模前10名的保险公司依次为平安人寿、国寿股份、新华人寿、太保寿险、太平人寿、泰康人寿、人保寿险、华夏人寿、平安养老和友邦人寿。其中人保寿险的健康险保费同比下降了0.41%。华夏人寿和太平人寿的健康险保费增长率分别为63.28%和90.86%。总体上来看,综合能力较强、经营水平排名较为靠前的人身保险公司健康险业务保费收入年度增长在30%~75%之间,仍然保持着较高的增长(见图6-6)。

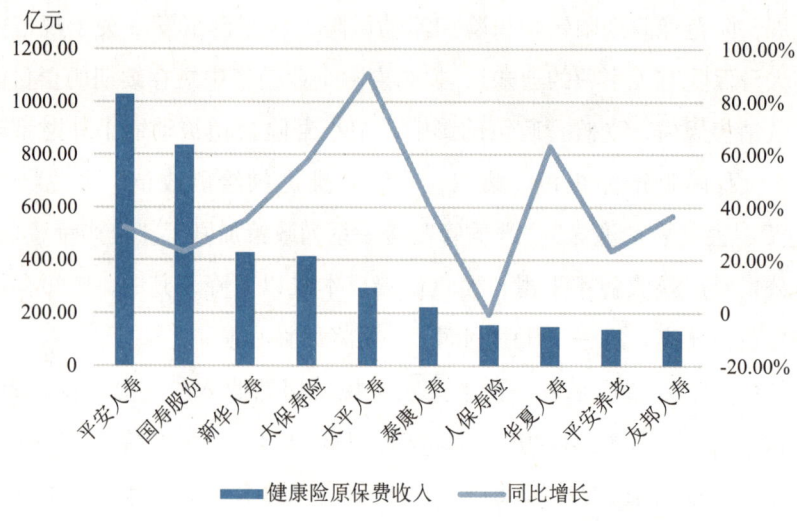

图6-6 2018年健康险保费收入前10名及其保费增速

然而，保费收入仅仅只代表的是该业务给保险公司带来的现金流流入的部分，为了更加全面地分析健康险业务对保险公司的盈利影响，本书对原保监会披露的 2018 年各人身保险公司健康险业务赔付支出进行了比较，发现部分保险公司 2018 年业务赔付支出额占累计保费收入的比例（赔付率）较高，健康险赔付率前 5 名的公司依次为国寿存续（108.77%）、和泰人寿（95.93%）、平安养老（78.85%）、太保安联健康（76.89%）和中邮人寿（76.19%）。还有一部分保险公司健康险业务虽然年保费收入增长率已经大于 45%，但是赔付率高于行业整体水平，详见表 6 - 2。

表 6 - 2　2018 年保费增长率和赔付率均较高的部分人寿保险公司

公司	保费收入年增长率	赔付率
和泰人寿	146.22%	95.93%
太保安联健康	78.29%	76.89%
渤海人寿	173.89%	51.84%
东吴人寿	94.86%	49.90%
上海人寿	236.70%	49.67%

资料来源：原中国保监会统计数据。

表 6 - 3 中的人身保险公司相比上述公司则正好相反，其健康险赔付率水平较低且健康险保费增速高于行业平均水平。

表 6 - 3　2018 年保费增长率较高而赔付率较低的部分人寿保险公司

公司	保费收入年增长率	赔付率
复星联合健康	846.90%	5.56%
招商仁和	652.30%	3.61%
横琴人寿	632.81%	5.52%
弘康人寿	183.03%	4.27%
君康人寿	113.69%	5.46%

资料来源：原中国保监会统计数据。

因此，公司在经营健康险的过程中，不能仅仅追求销售业绩，同时还应当科学地核保核赔，降低公司的经营成本。作为社会风险分散的主体，保险公司只有自己拥有健全的风险管理体系，才能够给被保险人带来更加优质的服务。

尽管经过多年的发展，人们对于购买健康保险的意识仍然较为薄弱，大部分二线以下的城市或者农村地区的居民都只依赖基本医疗保障制度对自身的健康进行保障。然而，基本医疗保障制度除了存在着城乡差距大、对重大疾病保障能力有限、资源分散、分级诊疗缺失等问题，已经不能满足现代人的健康保障需求。

随着科技的不断发展和人们生活习惯的变化，我国的疾病谱发生了巨大变化，慢性病的治疗费用逐渐成为我国医疗卫生费用的主要支出项。目前，我国每年70%的死亡人口都来自于慢性病。近年来，我国的基层医疗卫生机构平台开始搭建相关的有效运行的健康管理模式，体现了全社会对于健康管理的重视。

第三节 人身险保险公司服务及消费者投诉分析

2018年，原中国保监会机关和各保监局共接受涉及保险公司的保险消费投诉88454件。其中，涉嫌违法违规投诉1963件，占比2.22%；保险合同纠纷投诉86491件，占比97.78%。其中，涉及财产险公司48633件，占比55%；涉及人身险公司39821件，占比45%。

一、涉及保险合同纠纷投诉情况

2018年，中国银保监会及其派出机构接收并转保险公司处理的保险合同纠纷投诉86491件。其中，涉及财产保险公司48296件，占比55.84%，较上年同期下降0.75%；涉及人身保险公司38195件，占比44.16%，较上年同期下降9.79%。

人身保险公司合同纠纷投诉量居前10位的为：中国人寿7134件，同比下降36.07%；平安人寿4985件，同比增长14.73%；太平洋人寿3762件，同比下降8.18%；新华人寿3643件，同比下降5.67%；泰康人寿2982件，同比下降19.54%；富德生命人寿2029件，同比增长1.00%；人民人寿1661件，同比下降39.29%；人民健康1631件，同比增长184.64%；华夏人寿1215件，同比增长37.76%；阳光人寿1064件，同比增长8.79%。具体如图6-7所示。

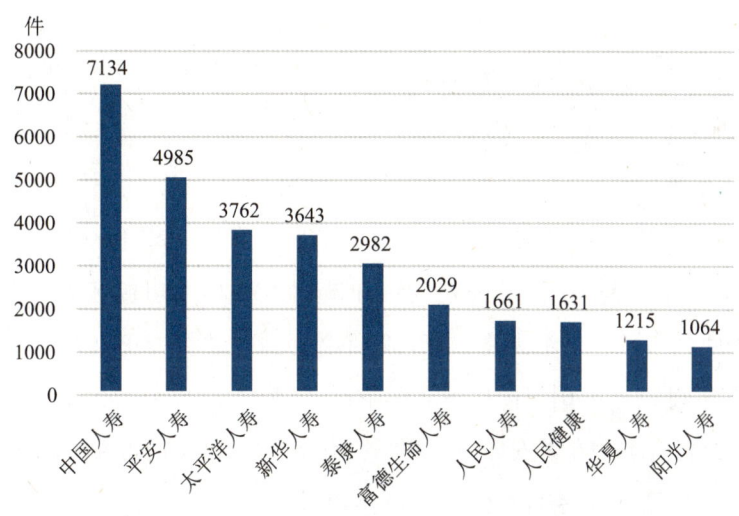

图6-7 保险合同纠纷投诉量前10位的人身保险公司

二、涉嫌违法违规投诉情况

2018年，中国银保监会及其派出机构接收由监管机构负责处理的保险公司涉嫌违法违规投诉1963件。其中，涉及财产保险公司337件，占比17.17%；涉及人身保险公司1626件，占比82.83%。其中，人身险公司涉嫌违法违规投诉量居前10位的为：中国人寿（324件）、平安人寿（272件）、阳光人寿（178件）、新华人寿（137件）、太平洋人寿（129件）、泰康人寿（124件）、人民人寿（64件）、富德生命人寿（54件）、太平人寿（50件）、华夏人寿（48件），具体情况及所占比例如图6-8所示。

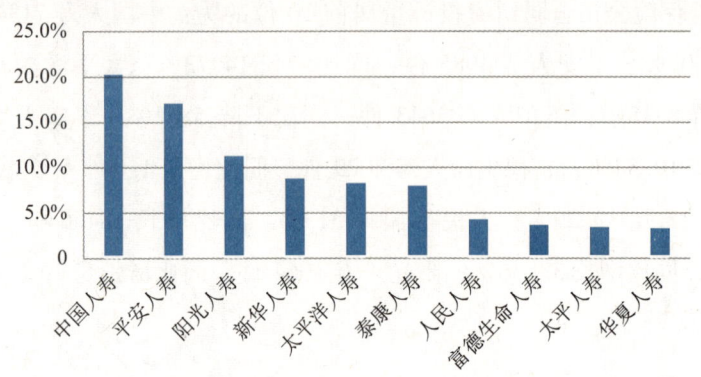

图6-8　2018年涉嫌违法违规投诉总量前10名的人身险公司

三、投诉与业务量对比情况

2018年，人身险公司亿元保费投诉量平均值为1.52件/亿元。其中，亿元保费投诉量居前10位的公司为：和谐健康（22.12件/亿元）、人民健康（11.14件/亿元）、华汇人寿（10.02件/亿元）、北大方正（7.27件/亿元）、复星联合健康（4.61件/亿元）、瑞泰人寿（4.10件/亿元）、合众人寿（4.06件/亿元）、德华安顾（4.00件/亿元）、同方全球人寿（3.53件/亿元）、中美联泰（3.44件/亿元）。具体如图6-9所示。

从图6-8和图6-9我们可以看出，投诉量排名前10的保险公司与亿元保费投诉量排名前10的保险公司出入较大，显然，由于投诉总量与总体保费体量直接相关，以投诉总量来判定保险公司的服务质量是有失偏颇的。

当然，即便投诉量与亿元保费投诉量平均值处于低水平，但也并不意味着这家保险公司的服务水平很高，可能只代表着保费规模太小。显然，这两个数据只能作为方向性的参考，如果能够将投诉量与保单数量相对应，也许能够在一定程度上增添说服力。根据数据显示，2018年人身险公司万张保单投诉量平均值为0.36件。其中排名前10的保险公司如图6-10所示，包括北京人寿（2.59件/万张）、工银安盛（1.91件/万张）、汇丰人寿（1.76件/万

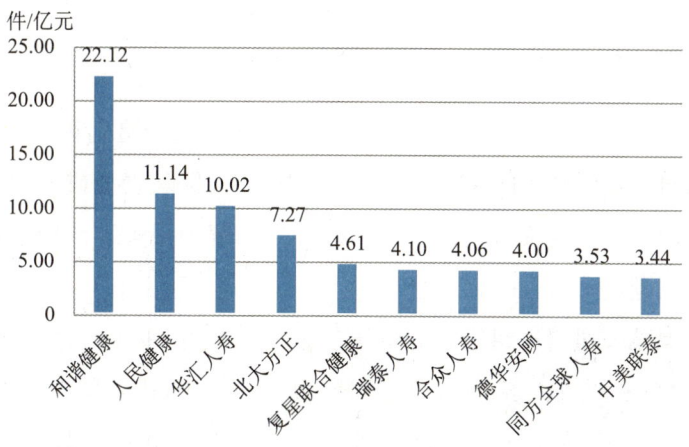

图 6-9　2018 年人身保险公司亿元保费投诉量平均值排行

张)、信美相互人寿(1.70 件/万张)、昆仑健康(1.69 件/万张)、同方全球人寿(1.67 件/万张)、复星保德信(1.52 件/万张)、中德安联(1.51 件/万张)、恒安标准(1.42 件/万张)、长生人寿(1.37 件/万张)。在人身险原保费收入排名前 10 的公司中,富德生命人寿、天安人寿、新华人寿、华夏人寿的万张保单投诉量超过平均值,分别为 1.26 件/万张、1.06 件/万张、0.99 件/万张、0.80 件/万张。

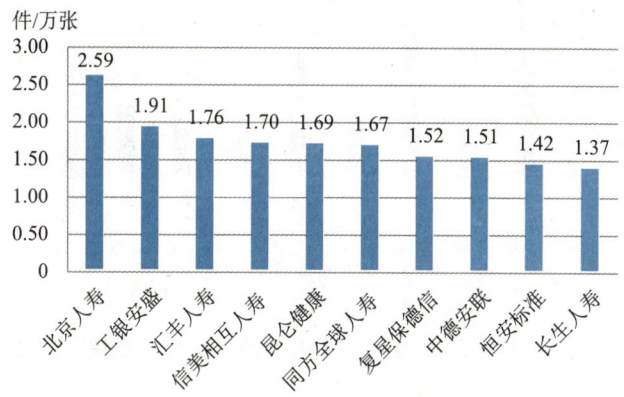

图 6-10　2018 年万张保单投诉量排名前 10 的保险公司

四、人身险销售纠纷问题仍然比较突出

2018年,中国银保监会及其派出机构共接收人身险销售纠纷投诉16976件,占人身险投诉总量的42.6%,主要反映夸大保险责任或收益、未明确告知保险期限和不按期交费的后果、未充分告知解约损失和满期给付年限、虚假宣传等问题。

人身保险公司销售纠纷投诉量居前10位的为:中国人寿3097件,同比下降40.65%;平安人寿1971件,同比增长14.66%;新华人寿1894件,同比下降15.93%;太平洋人寿1686件,同比下降5.70%;泰康人寿1518件,同比下降28.70%;富德生命人寿988件,同比下降21.65%;人民人寿907件,同比下降48.20%;阳光人寿850件,同比增长13.18%;华夏人寿490件,同比增长37.25%;太平人寿376件,同比下降55.61%。具体如图6-11所示。

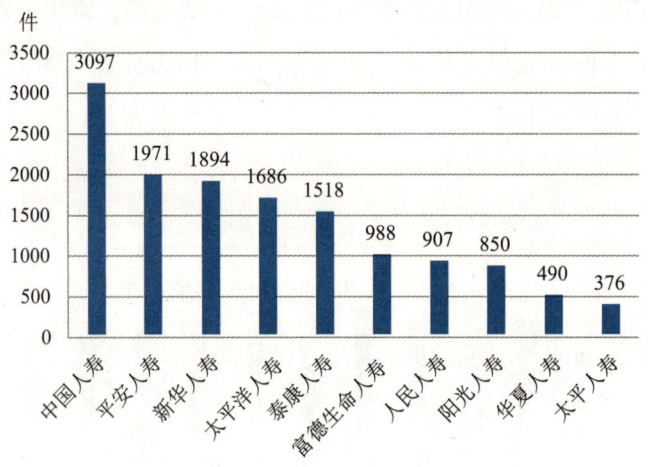

图6-11 人身险销售纠纷投诉量居前10位的保险公司

第七章 中国财产保险产品和服务分析

第一节 中国财险市场份额分析

一、原保费收入下的市场份额

我国财险市场经过多年竞争、融合和调整,已经形成一定的格局,如车险业务主要被市场上的"老三家"占据市场份额。相比10年前,市场主体已经相对增加,但是市场的集中度仍然很高,市场竞争方式多数采取低费率竞争。同时,险种结构失衡,财险业务主要集中在车险、农险和企财险,主要原因包括财险产品更新较慢、新产品搭便车现象泛滥、难以区分市场主体的差异性以及人们的风险管理意识不够等。财险保险人的勘察、专业评估程度参差不齐,免赔责任未能阐明清晰,拒赔事件较多。还有就是相关的法律法规与监管标准都不够完善,业务流程混乱,导致问责机制不够清晰,限制了责任保险和信用保证保险等的发展。

2018年财产险公司原保费收入总额为11755.69亿元,较2017年增加了11.52%,增长速度较上年有所放缓,但仍基本保持稳定,如表7-1、图7-1所示。

表7-1　　2014~2018年财险公司原保费总额及同比增长情况　　单位:亿元

年份	原保费收入总额	同比增长率
2018	11755.69	11.52%
2017	10541.38	13.76%

续表

年份	原保费收入总额	同比增长率
2016	9266.17	10.01%
2015	8423.26	11.65%
2014	7544.40	16.41%

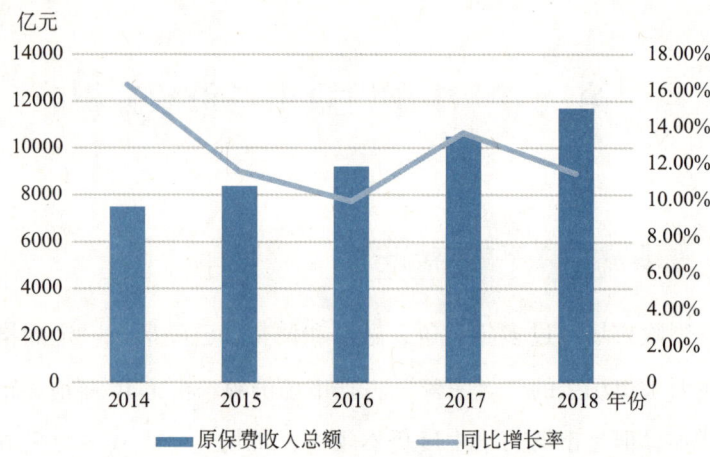

图7-1 2014~2018年财产险公司原保费收入的同比增长率

2018年，财产险业务原保险保费收入10770.08亿元，同比增长9.51%，依然保持了较高的增长速度。其中，机动车辆保险、企财险、货运险和责任险4个主要险种的原保险保费收入合计8969.02亿元，同比增长5.96%，增速较2017年同样有所放缓，但仍然占财产险业务原保险保费收入的83.28%，占比较2017年同期上涨了3个百分点。表7-2为2018年原保费收入排名前5名的财险公司在2016~2018年的市场份额。

表7-2 2018年原保费收入排名前5名的财险公司2016~2018年的市场份额

单位：亿元

2018年排名	公司名称	2016年		2017年		2018年	
		金额	占比	金额	占比	金额	占比
1	人保财险	3104.53	33.50%	3492.90	33.14%	3880.03	33.01%
2	平安财险	1779.08	19.20%	2159.84	20.49%	2474.44	21.05%

续表

2018年排名	公司名称	2016年		2017年		2018年	
		金额	占比	金额	占比	金额	占比
3	太保财险	960.71	10.37%	1039.94	9.87%	1173.80	9.98%
4	国寿财产	597.36	6.45%	662.15	6.28%	691.06	5.88%
5	大地财产	319.58	3.45%	371.23	3.52%	424.15	3.61%

按原保险保费收入划分市场占有率，2018年市场占有率前10名的保险公司为：人保财险、平安财险、太保财险、国寿财产、大地财产、中华联合、阳光财产、太平保险、出口信用和天安保险。2018年，人保财险、平安财险和太保财险依旧分列前3，市场占有率分别为33.01%、21.05%和9.98%，而余下的7家财险公司的市场占有率则在1%~6%之间，详见图7-2。

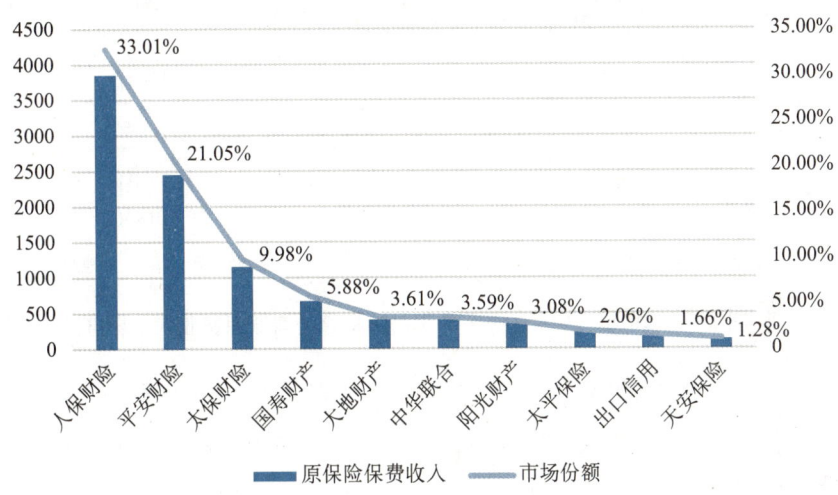

图7-2　2018年财产险原保费收入市场份额（单位：亿元）

与往年情况相同，2018年，从行业集中度来看，财产险市场依旧呈现寡头主导格局：保费规模排名前10名的保险公司，原保费收入总计10016.83亿元，占到了全行业的85.21%，而其中排名前3的人保财险、平安财险和太保财险遥遥领先，3家公司占全行业之比高达64.06%；与此同时，排名10名之后的财产险公司的市场份额都低于1%。

图7-3显示了排名前5名的财险公司2016～2018年的原保费收入市场份额,可以直观看出,市场排名前列的财险公司市场份额都很稳定:其中人保财险的市场份额一骑绝尘,虽稍有下降但基本稳定在33%,相较之下,排名第2的平安财险的市场份额则有较为明显的上升趋势,从2016年的19%上升到了2018年的21%。总体来看,各大财险公司的市场份额都很稳定,主要是由财产保险是补偿性保险和短期保险的性质决定的,很难通过类似于"投连险"的投资功能来大规模地吸引顾客,集中抢占市场。

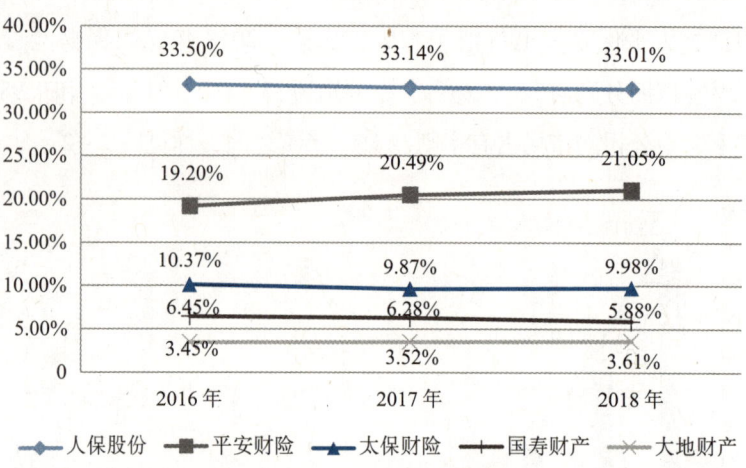

图7-3 2016～2018年排名前5名的财险公司原保费收入市场份额

从资本结构来看,2018年中资财险公司的市场占有率为98.06%,占有绝对的优势,外资财险公司的规模则十分有限。2018年排名前7名的外资财险公司市场份额如表7-3所示。外资保险公司的市场份额总占比为1.94%,其中占比前3名的外资保险公司分别为安盛天平(0.54%)、国泰产险(0.33%)和中航安盟(0.20%)。

表7-3 2018年原保费收入排名前7名的外资财险公司市场份额　　单位:亿元

公司名称	金额	占比
安盛天平	633476.09	0.54%
国泰产险	384691.27	0.33%

续表

公司名称	金额	占比
中航安盟	230720.21	0.20%
利宝互助	194992.16	0.17%
美亚	159035.53	0.14%
安联	104907.96	0.09%
三星	85241.12	0.07%

二、分地区财产险保费占比

原中国保监会对我国各省市的保费进行了统计和排名，各省市保费收入排名显示，2018 年我国财产保险保费收入排名前 10 名的省市分别是：广东、江苏、浙江、山东、河北、河南、四川、上海、北京和安徽。表 7-4 为 2018 年和 2017 年我国财产险市场份额排名前 10 名的地区及其情况。

表 7-4　　2018 年和 2017 年财产险市场份额排名前 10 名的地区　　单位：亿元

地区	2018 年	占比	2017 年	占比
广东	926.9687	8.61%	823.0281	8.37%
江苏	858.8125	7.97%	813.9964	8.28%
浙江	673.9829	6.26%	621.8300	6.32%
山东	619.6511	5.75%	586.3716	5.96%
河北	529.7830	4.92%	487.3578	4.96%
河南	497.2969	4.62%	443.5928	4.51%
四川	492.0843	4.57%	496.3608	5.05%
上海	485.0894	4.50%	428.6148	4.36%
北京	422.6694	3.92%	404.3849	4.11%
安徽	408.7959	3.80%	366.2783	3.72%
前 10 名合计	5915.1341	54.92%	5471.8155	55.64%

资料来源：原中国保险监督管理委员会网站。

如图7-4所示，2018年财产险保费收入前10名的省市与2017年相同，且只有四川省的排名下降了两位，变成了第7位。分析可以发现，在北上广等经济发达地区和人口基数大的地区财产保险保费收入的体量大，前10位的省市的财产险保费收入超过了全国保费收入的50%。

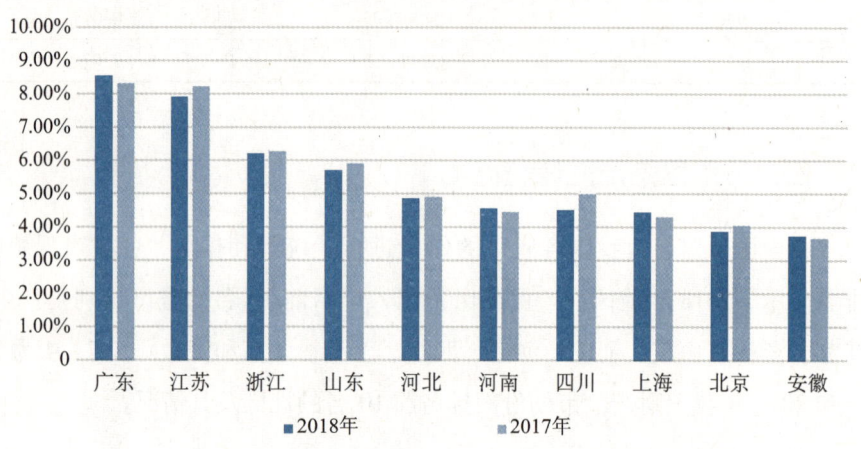

图7-4 2018年和2017年财产险市场份额排名前10名的地区

第二节 财产保险公司产品结构分析

一、财产险保费增速稳定

2018年，财产险业务原保险保费收入10770.08亿元，同比增加935.42亿元，同比增长9.51%，增幅较2017年同期下降3.21个百分点。其中，机动车辆保险、企财险、货运险和责任险4个主要险种原保险保费收入合计8969.02亿元，同比增长5.96%，增幅较2016年同期下降了4.49个百分点，占财产险业务原保险保费收入的83.28%。

2018年，机动车辆保险原保险保费收入7834.02亿元，同比增长4.16%，占财产险业务的比例为72.74%。其中，交强险原保险保费收入2034.38亿元，同比增长8.85%，占机动车辆保险原保险保费收入的比例为25.97%。企业财产保险原保险保费收入423.11亿元，同比增长7.91%，占财产险业务的比例为3.93%。货运保险原保险保费收入121.11亿元，同比增长20.88%，占财产险业务的比例为1.12%。责任保险原保险保费收入590.79亿元，同比增长30.92%，占财产险业务的比例为5.49%，占财产险公司业务的比例为5.03%。农业保险原保险保费收入572.65亿元，同比增长19.54%，占财产险业务的比例为5.32%，占财产险公司业务的比例为4.87%。信用保险原保险保费收入242.46亿元，同比增长13.08%，占财产险业务的比例为2.25%，占财产险公司业务的比例为2.06%。保证保险原保险保费收入645.01亿元，同比增长70.09%，占财产险业务的比例为5.99%，占财产险公司业务的比例为5.49%。

2004~2018年财险各主要产品保费收入在财险总保费收入的占比情况如图7-5所示。2009~2018年财险各险种同比增速情况如图7-6所示。

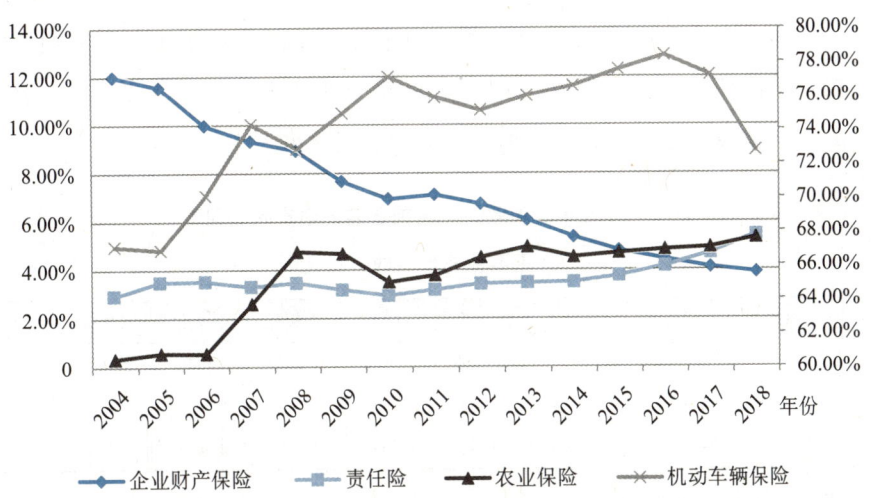

图7-5　2004~2018年财险各主要产品保费收入在财险总保费收入的占比

注：左轴为企业财产保险、责任险、农业保险的费收入在财险总保费中的占比；右轴为机动车辆保险的保费收入占财险总保费收入的占比。

资料来源：原中国保监会统计数据。

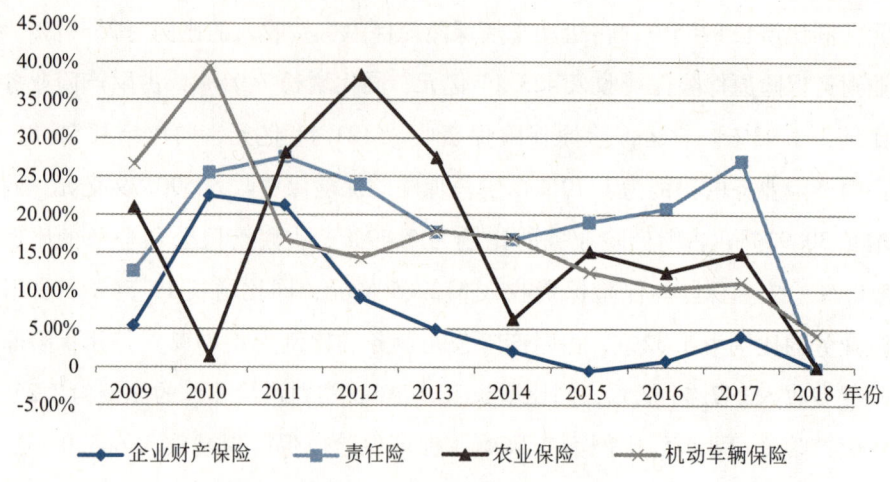

图7-6 2009~2018年财险各险种同比增速

资料来源：原中国保监会统计数据。

二、商车费改利好机动车辆保险业务

从各家财险公司产品结构来看，虽然机动车辆在各公司有所不同，但纵观历史数据的比较，均比较稳定。表7-5为2018年保费收入排名前3名的财产险公司主要业务保费收入占各公司总保费收入的情况。

表7-5　　　　2018年保费收入排名前3名的财产险公司
主要业务保费收入占比　　　　　　单位：亿元

保险公司	机动车辆保险	占比	责任险	占比	企财险	占比	农险	占比
人保财险	2589.04	66.73%	217.06	5.59%	130.76	3.37%	264.60	6.82%
平安产险	1817.68	73.46%	84.63	3.42%	57.01	2.30%	12.23	0.49%
太保产险	879.76	74.95%	52.88	4.51%	52.34	4.46%	42.43	3.61%

资料来源：2018年保险年鉴。

排名前3名的财险公司中，机动车辆保险保费收入占原保费收入总额的比例均在70%左右，所以机动车辆保险的保费收入变化对总保费收入变化的影响很大。

图7-7为2004～2018年机动车辆保险保费收入在总保费收入中的占比变化和增长速度的变化。我们看到，机动车辆保险的占比持续上升，但增速呈下降趋势。2015年以来，车辆保费增速下降的原因主要受商车费改影响，商车费改试点地区单均保费下降，然而车险综合费用率明显升高。商车费改引起的行业手续费竞争实际上是中介渠道受益，车险客户总体受损，恶性价格竞争，这将导致中小产险公司严重亏损，中小型产险公司受制于有限的经营网点和过高的渠道成本，其承保盈利将进一步弱化。

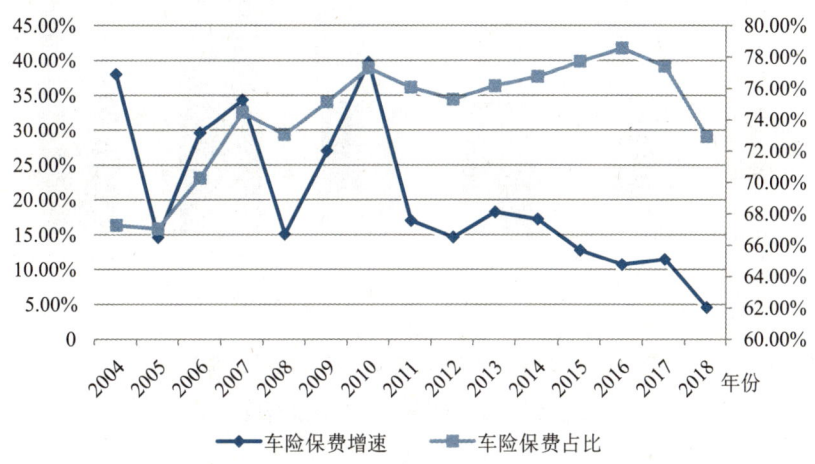

图7-7 2004～2018年车险占比及车险增速情况

注：左轴为车险保费增速；右轴为车险保费的占比。

2018年3月9日，原保监会下发《关于调整部分地区商业车险自主定价范围的通知》，国内商业车险"三次费改"正式开始，其主要的影响在于降低价格以及影响行业格局。如图7-8所示，2018年年底车险行业综合成本率99.86%，较2014年年底下降了0.44%，尽管保持着盈利，但承保利润率仅为0.14%。从目前的成本率来看，商车费改利大于弊，行业从费改前的2014年承保亏损，到2015年、2016年、2017年和2018年实现承保盈利。这主要是由于费改后行业小额案件出险频率大幅下降，综合赔付率下降较为明显，2018年车险行业综合赔付率56.70%。比2017年下降1.57%，较2014年年底下降6.7%。赔付率的下降，给费用率留出了更大的空间，2018年全行业产险公司综合费用率为40.74%，同比增加1.18个百分点，赔付率的降幅小于费用率的涨幅，成本率上升。随着商车费改的逐步推进，逐步引导产险公司提供差异化的服务和产品创新，车险的盈利情况将逐步得到改善。

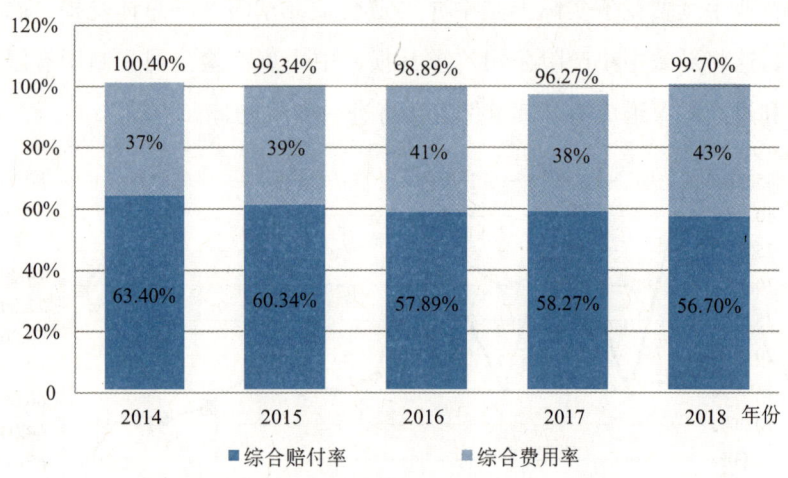

图7-8 2014~2018年机动车辆保险"三率"分析

（综合赔付率+综合费用率=综合成本率）

三、受政策支持，农业险发挥保障民生功能，保费增长迅速

农业保险在我国是一个特殊的险种，由于难以估计其标的物发生灾害的概率，且农业保险的出险一般来自于自然天灾，造成的损失较广、难以止损，容易对社会的经济造成严重的影响，因此财政一般会对农业保险做出一定的补贴。

为了更加直观地体现农业保费的增长与政府对农业保险的补贴，我们绘制了图7-9，从图7-9中我们可以粗略地看到政府对农险的补贴趋势与农险保费收入变化趋势很相似。在起始年间，财政对保费的补贴占据了农业保险收入的大部分份额，然而在随后的年份，它们之间的差距越来越大。同时，在农险保费收入增速变缓前，政府对其补贴的增速有所滞缓，直至2010年农险保费收入增速再次提高，政府的补贴立刻尾随增加。从中可以总结，我国财政对农业保险的补贴并不过于盲目。

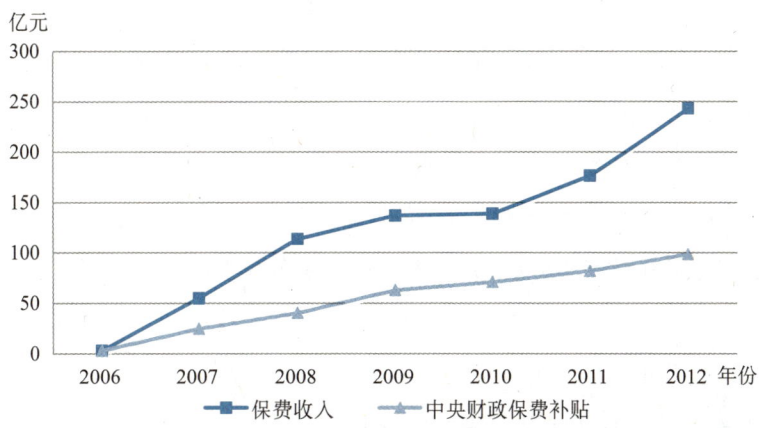

图 7-9　2006~2012 年农业保费收入与中央财政对保费的补贴

表 7-6 显示，我国农业保险收入额度的逐年增长，尤其是在 2007 年，保费收入是上一年的 13 倍。到了 2011 年，农业保险的保费已经达到 173.3 亿元，然而 1 年后的保费收入达到了 240.1 亿元。同时，我们通过支出比例可以观察到，中央对农业保险的补贴占中央财政支出的比例越来越高。

表 7-6　　　　　2007~2012 年保费收入与中央财政各项支出　　　　单位：亿元

年份	保费收入	中央财政保费补贴	中央农林水事务财政支出	中央财政支出	中央对种植业保险保费补贴比例		中央补贴占农林水事务支出比	中央补贴占中央财政支出比
					东部	中西部		
2007	51.8	21.5	313.7	11442.1	25%	25%	6.9%	0.19%
2008	110.7	37.3	308.4	13344.2	35%	35%	12.1%	0.28%
2009	133.9	59.7	318.7	15255.8	35%	40%	18.7%	0.39%
2010	135.7	67.8	387.9	15989.7	35%	40%	17.5%	0.42%
2011	173.3	78.7	416.6	16514.1	35%	40%	18.9%	0.48%
2012	240.1	95.5	502.5	18764.6	35%	40%	19.0%	0.51%

资料来源：原中国保监会统计数据。

农业保险的经营不仅涉及保险公司的经营效益，还关系到财政支出的效率,因此高效的补贴机制和充分的再保险安排有利于农业保险的持续健康经营。

为鼓励农民积极投保,政府实施差异化保费补贴机制,我们可以参考美国基于保险险种、保障水平和保险单位3个指标确定保费补贴比例。不同保险产品面临的风险损益不同,需要采用差异化的保费补贴。例如,产量保险产品的保费补贴水平高于收入保险产品,团体保险产品的保费补贴水平高于个体保险产品。对于不同保障水平的农业保险,美国对保障水平越高的险种,政府对其保费补贴比例越低,如对于最低保障水平的巨灾保险。关于按照保险单位的差异化进行保费补贴,2008年农业法案将保险单位作为决定保费补贴比例的新标准,从而进一步细化保费补贴的差异性。

2003年中共中央提出"积极发展财险、人身保险和再保险市场",那时我国再保险市场刚刚起步,我国农业再保险市场仍然一片空白。表7-7列出了农业再保险市场的发展历程。

我国农业再保险虽是一个政府主导、市场逐步参与、多方协助的农业再保险体系,但仍然存在许多亟需完善的方面,如法律的缺失、技术的滞后、再保险主体的不足等。在这一方面我们应加强与国际再保险市场的交流,增强与国外机构的合作,提高农业巨灾风险的分散能力。

表7-7 农业再保险市场的发展经历

年份	事件
2004年	初步形成,建立全国农业再保险体系
2005年	先建立农业再保险保障体系,通过集合相关保险及再保险公司的力量共担风险,最大限度转移,分散农业风险
2007年	中再集团与多个农业保险承保主体签订农业再保险合作框架协议,浙江、海南等省政府与当地农业保险承保主体达成了封顶赔付和超额分担协议
2008年	着眼点在"建立",农业再保险比例分保合同的安排从理论探讨走向实际操作,以超赔保障为普遍需求,比例分保由市场、政府分担超赔的再保险体系已经初显雏形
2009年	北京市农村工作委员会和中再集团、瑞在北京分公司签署了再保险协议,转移北京市政府承担的政策性农业保险超赔风险,首创我国政府出资直接购买商业保险之先河

续表

年份	事件
2010 年	着眼点在"健全",农业再保险进入总结、提高阶段
2011 年	《中国保险业发展"十二五"规划纲要》提出加快推动建立国家政策支持的农业再保险体系和地震、洪水等巨灾风险再保险体系
2012 年	中央一号文件指出,健全农业再保险体系,逐步建立中央财政支持下的农业大灾风险转移分散机制。农业保险正沐浴和煦的政策春风
2013 年	《农业保险条例》在确立全国农业保险制度的同时,把确定各地农业保险经营模式的权利交给了省、市、自治区
2014 年	中国农业保险再保险共同体正式成立。农共体由人保财险等 23 家具有农业保险经营资质的保险公司和中国财产再保险公司共同发起组建
2015 年	中国农业保险再保险共同体承保能力扩大到 2400 亿元,可满足国内 96% 以上的分保需求
2018 年	《关于将三大粮食作物制种纳入中央财政农业保险保险费补贴目录的有关通知》提出将对水稻、小麦、玉米的制种和种子生产环节中的各类风险进行保费补贴,补贴比例依照地区而异

四、互联网的介入,信用保证保险有了新的发展空间

2018 年 10 月 17 日,银保监会发布《关于开展信用保证保险业务专项自查工作的通知》组织开展信保业务专项自查工作,此举为贯彻落实党中央、国务院关于加强金融风险防控工作的重要决策部署,防范化解信尾保险和保证保险业务风险,强化保险公司主体责任,评估《信用保证保险业务监管暂行办法》执行效果。目前,我国大部分财险公司均开展了信用保证保险业务,但只占财险公司整体业务中很小一部分。近几年来,信用保证保险市场需求增加,专业参与者不断加入,专业信用保证保险公司阳光信保成立至今已有两年,专注于信用保证保险领域的第一家相互保险社——众惠财产相互保险社于 2017 年 2 月成立。同时,由于互联网的介入,信用保证保险开始与各种形态结合,通过互联网渠道嵌入场景进行销售,例如个人贷款保证保险、企业贷款保证保险等,有效降低了个人及企业融资成本。

第三节 财产险公司保财险服务及消费者投诉分析

一、财产险公司服务现状

第一,我国财产险市场主体为了增强竞争力,采用降低费率、扩大责任范围等方式,导致最后保费充足率下降。同时,由于价格竞争引起财产险的风险管理能力降低,对承保标的的防灾防损等服务措施跟进不到位。

第二,自然灾害、大型公共灾害事故频繁发生,其原因一是人为的操作风险管理不到位,二是保险公司未根据现行风险敞口进行有效的经验分析、更新对灾害发生概率的预测。

当然,由于财险标的多样性,风险因素各异,每个行业甚至每一种标的的风险状况都不尽相同。大型保险公司对标的的风险管理服务形式一般是由总公司统一组织公司内外的风险管理专家集中研究,制定出相应的防灾防损实施模板在整个系统内推广,但该方法多少会有遗漏的风险种类或服务内容,且实际操作中又存在各种变数。对于小型保险人而言,由于资金和规模有限,很难对公司承保的全部业务风险进行全面的掌握,这时候就需要专业的评估机构,如再保险人、经纪人、公估人、专业咨询公司等风险管理专家根据保险人的实际需求,辅助其进行风险的专业量化和预防。但是其缺陷是各机构主体与委托人之间可能因为维护自身利益而存在逆选择问题,小型保险人没有把握风险管理的核心技术将难以提高其市场份额和实现进一步的战略目标。

二、财产险公司投诉情况及反映的问题

(一)财产险公司投诉情况

2018年,原中国保监会机关及各保监局接受的由保险监管机构负责处理的保险公司涉嫌违法违规投诉1963件,其中,涉及财产保险公司的337件,

占比17.17%。处理的合同纠纷投诉86491件，其中，涉及财产保险公司48296件，占比55.84%。合同纠纷投诉量居前10位的财产险公司依次为：人保财险（9280件）、平安财险（6863件）、国寿财险（4465件）、太平洋财险（3007件）、众安在线（2135件）、中华财险（1837件）、大地财险（1817件）、安心财险（1624件）、天安财险（1601件）和太平财险（1550件）。这10家公司投诉量总和占财产险公司投诉量总量的70.77%。

从图7-10和图7-11可以看出，投诉总量排名前10位的保险公司与亿元保费投诉量平均值排名前10位的保险公司出入较大。显然，由于投诉总量与总体保单数量即总体保费体量直接相关，以投诉总数来判定保险公司的服务质量是有失偏颇的。

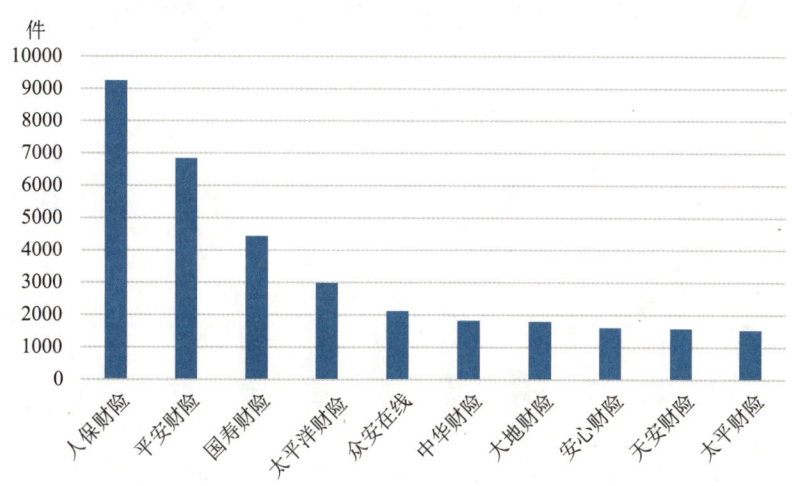

图7-10　2018年合同纠纷投诉量前10位的财产险公司

从图7-12可以看出，从整体来看，2018年财产险保费规模排名前10名的财产险公司的亿元保费投诉量有6家以上高于行业平均水平4.14件/亿元。也就是说，即使投诉量与亿元保费投诉量都处于低水平，也不能说明一家保险公司的服务水平很高，因为可能只代表着该公司的保单规模太小。显然，这两个统计值只能作为方向性的参考，如果能够将投诉量与保单数量相对应，也许能在一定程度上增添说服力。

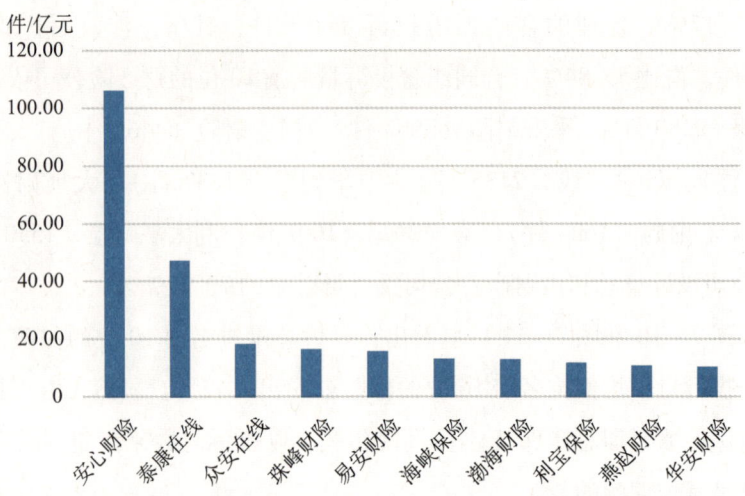

图 7-11 2018 年亿元保费投诉量前 10 位的财险公司

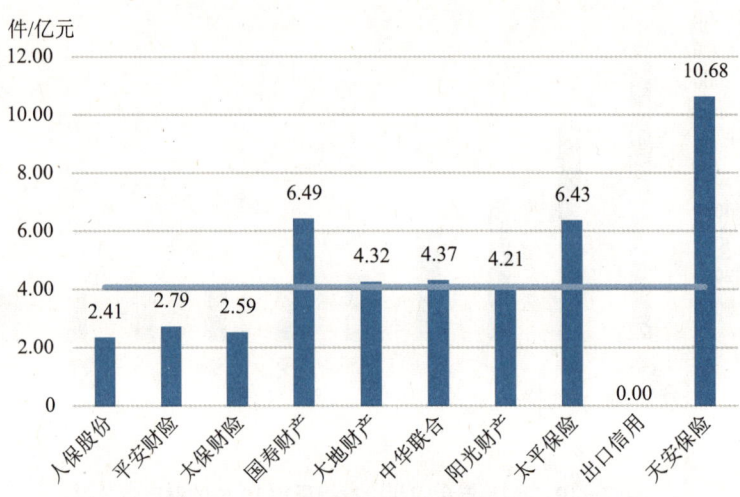

图 7-12 2018 年财产险保费规模前 10 名公司亿元保费投诉量
（出口信用保险公司数据缺省）

（二）投诉反映的问题

据银保监会公开数据显示，2018 年，财产险投诉主要集中在机动车辆保险理赔，中国银保监会及其派出机构共接收机动车辆保险理赔纠纷投诉 28820 件，占财产保险公司理赔纠纷投诉总量的 74.20%。主要反映承保时未充分说明义务导致理赔争议、保险责任认定不合理、定损金额争议、理赔时效慢、理赔资料繁琐等问题。

如图7-13所示,财产保险公司机动车辆保险理赔纠纷投诉量居前10位的为:人保财险5860件,同比下降18.17%;平安财险4570件,同比下降5.71%;国寿财险3239件,同比增长11.04%;太平洋财险2158件,同比下降3.70%;中华财险1289件,同比下降49.61%;太平财险1155件,同比下降25.00%;大地财险1128件,同比增长33.65%;华安财险936件,同比增长12.10%;阳光财险899件,同比下降13.89%;天安财险822件,同比下降0.12%。

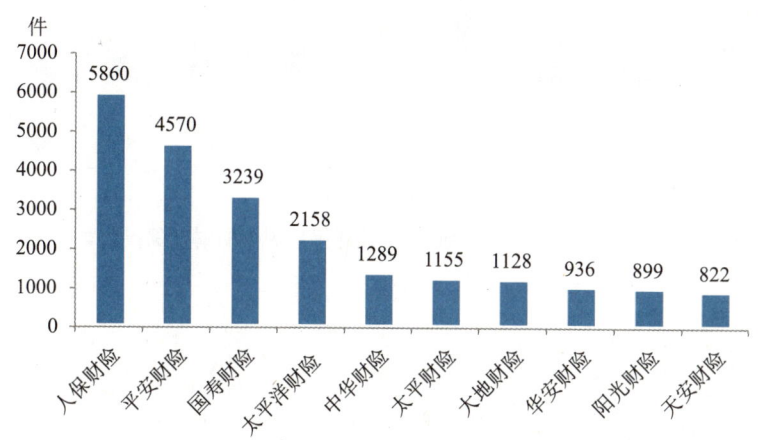

图7-13 机动车辆保险理赔纠纷投诉量前10位的财产保险公司

2018年,互联网保险消费投诉大幅增长。中国银保监会及其派出机构共接收互联网保险消费投诉10531件,同比增长121.01%。其中,涉及财产保险公司8484件,同比增长128.25%。主要反映销售告知不充分或有歧义、理赔条件不合理、拒赔理由不充分、捆绑销售保险产品、未经同意自动续保等问题。

互联网保险消费投诉量居前10位的为:众安在线2144件,同比增长70.16%;安心财险1634件,同比增长670.75%;泰康在线1413件,同比增长267.97%;人民健康849件,同比增长3437.50%;平安财险548件,同比增长 51.80%；国泰财险 359 件，同比增长 435.82%；天安财险 337 件，同比增长 1023.33%；人保财险 298 件，同比增长 8.36%；新华人寿 257 件，同比增长 403.92%；易安财险 213 件，同比增长 326.00%。其中财险公司占 8 家，如图 7-14 所示。

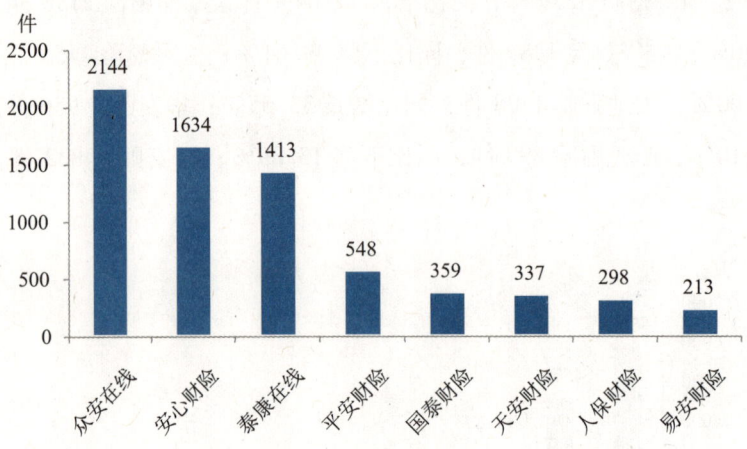

图 7-14　互联网保险消费投诉量前 8 位的财产保险公司

保险蓝皮书

中国保险市场发展的技术、创新与监管

第四部分

第八章　中国互联网保险发展研究

第一节　互联网保险发展情况概述

一、互联网保险基本认识

互联网在保险行业的影响越来越大，特别是近几年互联网从产品设计、销售、投保、核保以及理赔等各个方面改变着传统保险行业。社会各界对于互联网保险的探索和尝试也在不断深化。为深入研究互联网保险，探索互联网在保险行业更深层次的应用和发展，先从发展的角度梳理互联网保险的发展历程，明确互联网保险的概念和特征。

（一）互联网保险的基本定义

随着互联网技术的进步，保险业对于互联网在保险中的应用和尝试也在不断深化，互联网对于保险来说从最初的作为信息推送的营销手段，不断深化，逐步形成了由点成线、由线成面、由面成体的体系化认识，其发展大体可以分为四个阶段。

1. 萌芽阶段：Web1.0

互联网在保险行业中最初的应用是作为一种营销手段，一种信息推送的媒介，此阶段信息推送的模式还是单向推送为主。Web1.0阶段，互联网应用主要是保险公司、保险中介机构以及保险服务网站将产品信息单向简单地通过互联网展示给消费者。业界认为保险营销属于顾问式营销，互联网保险不可能成为主流的销售方式。监管者对互联网保险的管理也局限于销售领域，原中国保监会发布的《保险代理、经纪公司互联网保险业务监管办法（试行）》，监管的重点还局限在保险销售领域。

2. 发展阶段：Web2.0

随着互联网技术的发展，互联网互动性特点的增强，为互联网保险的发展注入了新的动力。2004年，各种SNS社会性网络服务的互动性应用不断丰富，"开放、平等、协作和共享"的互联网精神影响力不断增强。有了互联网技术的升级与支持，保险业界得以将有关宣传之外的售前咨询、产品报价、合同订立以及后续实务处理各环节逐步实现网络化，通过互联网与客户在更广泛的互动沟通中实现更多的保险服务。与实践相对应，互联网保险的概念从最初的新型销售渠道认识，扩大到保险信息咨询、保险计划书设计、投保、缴费、核保、承保、保单信息查询、保权变更、续期缴费、理赔和给付等保险全过程的网络化。在这个阶段，互联网保险电商开始出现，原中国保监会在《保险公司开业验收指引》基础上，针对专业网络保险公司开业验收提出新的标准要求。

3. 移动互联阶段

当前，互联网技术已进入到移动互联时代。移动互联、大数据、云计算等新兴信息技术融合发展，传统的经济形态乃至信息产业本身的运作模式正在被打破，竞争热点逐步从传统市场向移动互联市场转换，与互联网相关的商业模式创新风起云涌。发扬互联网精神，实践互联网思维，应用互联网技术，构建广阔、持续、快捷、简约、低廉、精准的网络服务平台，支持社会大众实现商务、社交的各种需求，成为移动互联时代成就大事业的基本特征。在移动互联时代，新型互联网电商迅速崛起，互联网金融成为创新热点，传统金融业受到互联网势力的冲击与影响，纷纷成立电商公司主动应对复杂多变的挑战，加深对互联网的认识与理解，积累互联网业务的经验，努力抢抓发展机遇。作为金融业的重要组成部分，保险公司和监管机构高度重视互联网保险的发展，对互联网保险概念的认识不断深化。从整体上来讲，当前的互联网保险是指保险领域的各要素与互联网技术实现充分结合的一种新型发展方式。监管机构正在草拟的《网络保险业务监管办法》将为未来的互联网保险奠定发展基础，同时，对未来的发展方向与发展格局产生重要影响。

4. 基于4G技术的多媒体移动互联阶段

展望未来，在互联网移动化的基础上，随着4G的普及，多媒体技术广泛应用将成为下阶段的重要特征。4G带宽大幅度扩充，为语音、视频等多媒体，以及虚拟现实技术等纵深应用发展提供了基本条件，今后，人与人网络沟通的即时性、便捷性、连续性、有效性将得到实质跨越，更多复杂的金融服务将通过移动互联网得以实现，互联网金融将成为金融领域的主流趋势，互联网保险发展的技术条件将更为坚实，保险价值链的实现方式必须通过多媒体移动互联技术全方位创新升级。未来的互联网保险与传统保险相互渗透、相互融合，逐步向一体化、趋同化发展。互联网保险发展将作为保险领域的主要方式和日常形态存在，所谓传统保险将逐步成为历史。

从互联网保险发展的四个阶段可以看出，互联网保险的发展与互联网技术的进步和发展是密不可分的，互联网技术发展的状况在很大程度上决定了互联网保险的发展方向和发展趋势。近几年，保险科技的迅猛发展，特别是以大数据、云计算、人工智能、区块链等技术为代表的新一轮信息技术革命为互联网保险赋予了新能力、新发展、新未来。

（二）互联网保险的主要特征

互联网保险和传统保险相比，除了拥有保险的自然属性和社会属性之外，还有自身所独有的、体现互联网属性的特点特征，主要体现在以下几点：

（1）虚拟性。互联网保险的商务活动主要在网络进行。互联网保险机构的代表不是办公所在的建筑物，不是地址而是网址，营业厅不是物理柜面而是主页画面。互联网保险的咨询、投保、承保等若干环节在互联网上实现，保险活动的往来体现为数字化的虚拟性特征，这在很大程度上降低了保险机构的运作成本。同时，网络突破了地域限制，地理位置的重要性也大为降低，为提高保险服务的速度和质量创新了技术条件。

（2）直接性。互联网使客户与保险公司间的互动更加直接，解除了传统条件下双方活动时间、空间的障碍，体现出更为明显的直接性特征。客户可以登录保险公司网站或者在相关商务活动中直接提出保险需求，处理保险事宜。随着互联网经济的普及与发展，拉直保险价值链成为可能，保险中介所处的中间环节将进一步减少，以复杂、迂回为特点的传统保险实务流程将升级为标准、简约、直接为特点的新一代互联网保险实务流程。

（3）便捷性。互联网的信息检索功能使客户获取保险资讯更加方便，保险公司网站的在线客户也可以实时解答客户关于保险的业务问题，并可以指导客户通过网络直接投保，网络支付功能的应用支持客户随时缴纳保险费而不用去柜面排队。互联网在保险业的广泛普及，使各种保险服务更加贴近客户、融入市场，便捷性成为互联网保险的显著特征之一。此外，这种便捷性还呈现出不断强化的发展趋势。

（4）风险性。互联网本身具有的风险性，使互联网保险体现出不同于传统保险的风险性特征。互联网发展进步的前提必须是安全性得到可靠的保障。客户信息安全、账户安全、交易安全以及系统运行的安全等是互联网保险发展中必须慎重解决的重大问题。某保险公司与合作的中介公司系统接口安全性未得到保障，导致数十万客户信息泄露，成为媒体和公众广泛关注的问题，这说明对于互联网保险来说，必须解决好安全问题，务必要做到取信于民。

二、互联网保险发展现状

（一）互联网发展现状

根据中国互联网络信息中心《第43次中国互联网络发展状况调查统计报告》所提供的数据，我们得以从用户的角度对互联网发展现状与趋势进行简要的归纳。

2018年是贯彻党的十九大精神的开局之年，是改革开放40周年，是决胜全面建成小康社会、实施"十三五"规划承上启下的关键一年，中国互联网络发展迅速，呈现出七个特点。

一是互联网普及率接近六成，入网门槛进一步降低。

截至 2018 年 12 月，我国网民规模达 8.29 亿，普及率达 59.6%，较 2017 年年底提升 3.8 个百分点，全年新增网民 5653 万。我国手机网民规模达 8.17 亿，网民通过手机接入互联网的比例高达 98.6%。2018 年，互联网覆盖范围进一步扩大，贫困地区网络基础设施"最后一公里"逐步打通，"数字鸿沟"加快弥合；移动流量资费大幅下降，跨省"漫游"成为历史，居民入网门槛进一步降低，信息交流效率得到提升。

二是基础资源保有量稳步提升，IPv6 应用前景广阔。

截至 2018 年 12 月，我国 IPv6 地址数量为 41079 块/32，年增长率为 75.3%；域名总数为 3792.8 万个，其中".CN"域名总数为 2124.3 万个，占域名总数的 56.0%。在 IPv6 方面，我国正在持续推动 IPv6 大规模部署，进一步规范 IPv6 地址分配与追溯机制，有效提升 IPv6 安全保障能力，从而推动 IPv6 的全面应用；在域名方面，2018 年我国域名高性能解析技术不断发展，自主知识产权软件研发取得新突破，域名服务安全策略本地化定制能力进一步增强，从而显著提升了我国域名服务系统的服务能力和安全保障能力。

三是电子商务领域首部法律出台，行业加速动能转换。

截至 2018 年 12 月，我国网络购物用户规模达 6.10 亿，年增长率为 14.4%，网民使用率为 73.6%。电子商务领域首部法律《中华人民共和国电子商务法》正式出台，对促进行业持续健康发展具有重大意义。在经历多年高速发展后，网络消费市场逐步进入提质升级的发展阶段，供需两端"双升级"正成为行业增长新一轮驱动力。在供给侧，线上线下资源加速整合，社交电商、品质电商等新模式不断丰富消费场景，带动零售业转型升级；大数据、区块链等技术深入应用，有效提升了运营效率。在需求侧，消费升级趋势保持不变，消费分层特征日渐凸显，进一步推动市场多元化。

四是线下支付习惯持续巩固，国际支付市场加速开拓。

截至 2018 年 12 月，我国手机网络支付用户规模达 5.83 亿，年增长率为 10.7%，手机网民使用率达 71.4%。线下网络支付使用习惯持续巩固，网民在线下消费时使用手机网络支付的比例由 2017 年年底的 65.5% 提升至

67.2%。在跨境支付方面，支付宝和微信支付已分别在40个以上的国家和地区合规接入；在境外本土化支付方面，我国企业已在亚洲9个国家和地区运营本土化数字钱包产品。

五是互联网娱乐进入规范发展轨道，短视频用户使用率近八成。

截至2018年12月，网络视频、网络音乐和网络游戏的用户规模分别为6.12亿、5.76亿和4.84亿，使用率分别为73.9%、69.5%和58.4%。各大网络视频平台注重节目内容质量提升，自制内容走向精品化。网络音乐企业版权合作不断加深，数字音乐版权的正版化进程显著加快。越来越多的游戏公司开始侧重海外业务，国产游戏在海外市场的影响力进一步扩大。短视频用户规模达6.48亿，用户使用率为78.2%，随着众多互联网企业布局短视频，市场成熟度逐渐提高，内容生产的专业度与垂直度不断加深，优质内容成为各平台的核心竞争力。

六是在线政务服务效能得到提升，践行以民为本的发展理念。

截至2018年12月，我国在线政务服务用户规模达3.94亿，占整体网民的47.5%。2018年，我国"互联网+政务服务"深化发展，各级政府依托网上政务服务平台，推动线上线下集成融合，实时汇入网上申报、排队预约、审批审查结果等信息，加强建设全国统一、多级互联的数据共享交换平台，通过"数据多跑路"，实现"群众少跑腿"。同时，各地相继开展县级融媒体中心建设，将县广播电视台、县党报、县属网站等媒体单位全部纳入，负责全县所有信息发布服务，实现资源集中、统一管理、信息优质、服务规范，更好地传递政务信息，为当地群众服务。

七是新兴技术领域保持良好发展势头，开拓网络强国建设新局面。

2018年，我国在基础资源、5G、量子信息、人工智能、云计算、大数据、区块链、虚拟现实、物联网标识、超级计算等领域发展势头向好。在5G领域，核心技术研发取得突破性进展，政企合力推动产业稳步发展；在人工智能领域，科技创新能力得到加强，各地规划及政策相继颁布，有效推动人工智能与经济社会发展深度融合；在云计算领域，我国政府高度重视新一代信息产业发展，企业积极推动战略布局，云计算服务已逐渐被国内市场认可和接受。

(二) 互联网保险发展现状

2018年，互联网财产保险市场经营主体较为稳定，共有70家财产险公司开展互联网保险业务，与2017年年底持平。2018年，互联网财产保险保费收入695.38亿元，占产险公司原保险保费收入总额11755.69亿元的5.92%，同比增长40.91%，其中：车险保费收入368.73亿元，同比增长20.0%，占比53.03%；非车险保费收入326.65亿元，同比增长75.34%，占比46.97%。

2018年，互联网人身保险市场经营主体较为稳定，共有62家人身险公司开展互联网保险业务，相比2017年年底增加1家，其中中资公司38家，外资公司24家。继2017年互联网人身保险规模保费首次出现负增长，2018年互联网人身保险市场规模发展势头持续放缓，全年累计实现规模保费1193.2亿元，同比下降13.7%。相比2013~2015年互联网人身保险的高速增长，近3年来，互联网人身保险行业规模保费收入趋于稳定，传统人身险公司借助互联网渠道快速、低成本地接触海量客户，"线下"到"线上"转移的发展方式已进入瓶颈期。

总体来看，当前，互联网保险市场规模在整个保险市场规模中的占比仍然较小，但从未来发展趋势来看，云计算、大数据和人工智能等保险科技的出现和应用将更好助力互联网保险转型升级。加之居民消费水平不断提高，互联网用户保险意识逐渐增强，人口老龄化加剧也不断催生消费者对健康、养老、医疗等方面的保障需求，互联网保险特别是互联网健康保险市场前景趋好。

三、互联网保险发展展望

(一) 互联网发展趋势

回顾20多年的发展历程，我国互联网始终保持健康快速发展的良好态势,并将持续发挥对经济高质量发展的引领作用。我国互联网普及率的持续提升和充沛的互联网基础资源保有量,为互联网蓬勃发展提供了土壤。1997~2018年,我国网民数量从62万增长至8.29亿,互联网普及率从0.03%增长至59.6%,网站数量从1500个增长至523万个。截至2018年12月,我国拥有的IPv4地址数量达3.39亿个,IPv6地址数量达41079块/32;我国域名总数为3792.8万个,其中".CN"域名总数为2124.3万个,占比为56.0%。这些数据充分表明,我国互联网运行总体平稳、稳中有进的态势没有改变,我国互联网发展仍处于并将长期处于重要战略机遇期,实现"网络强国"的历史进程不会逆转,发展的潜力依然巨大。

(1)数字经济为我国经济注入新动能。当今世界正在经历一场更大范围、更深层次的科技革命和产业变革。互联网、大数据、人工智能等现代信息技术不断取得突破,数字经济蓬勃发展,各国利益更加紧密相连。因此,需要把握好新一轮科技革命和产业变革的历史契机,做大做强数字经济,以信息化培育新动能,用新动能推动新发展。国家互联网信息办公室《数字中国建设发展报告(2017年)》显示,2017年我国数字经济规模达27.2万亿元,占GDP比重达32.9%,仅次于美国,位居全球第2,预计到2020年,传统行业的数字化改造将为我国带来超过40万亿元的总市场规模;《2018全球数字经济发展指数》显示,通过数字基础设施、数字消费者、数字产业生态、数字公共服务、数字科研5方面综合评价数字经济的水平、结构与发展路径,我国全球排名第2,位列美国之后。在国家一系列政策的推动下,我国数字经济持续保持蓬勃发展态势,数字技术发挥了对传统产业创新升级的驱动作用,有利于提高全要素生产率,提升新型工业化、农业现代化、服务业现代化的发展水平。

(2)互联网与实体经济深度融合发展。在深入推进供给侧结构性改革的过程中,实体经济和互联网相互支撑、协同促进,实体经济离不开互联网的支持,互联网更离不开实体经济的发展,互联网与实体经济融合发展的趋势日趋明显。云计算、工业互联网成为驱动企业数字化转型的重要动力,大型互联网平台企业持续通过互联网、大数据、云计算、人工智能等技术赋能实体经济,形成一批行业领先的工业互联网平台。与此同时,电子商务平台收入继续保持快速增长。2018年,电子商务平台收入3667亿元,同比增长13.1%。各大电商门店加速落地,与传统零售商联盟化趋势加强,线上线下资源进一步整合;供给端升级加速了资源流动和协同分工,有效提升了供应链效率。总体来看,实体经济在转型过程中将进一步应用数字技术不断优化流程、提升效率、创造新价值,企业转型将带来产业的转型,进而推动整个经济发展模式的升级。

(3)数字消费持续释放居民需求潜力。数字消费是创新最活跃、增长最迅速、辐射最广泛的新兴消费领域,有利于在更高水平、更高层次、更深程度实现供需新平衡,引领高质量发展。我国网民规模世界第一,互联网消费市场发展领先全球,我国数字经济以电子商务为先导力量获得迅速发展,引领数字产业崛起和产业数字化转型。根据2018年全球数字经济发展指数,我国数字消费者指数排名全球第一,数字消费者产生的数据成为我国数字经济发展的关键生产要素,其规模与活性造就了我国数字经济的发展奇迹。我国数字消费市场正在形成全球影响力,我国网络零售交易规模、移动支付市场全球最大,其中跨境电子商务交易飞速增长。截至2018年12月,我国网络购物用户规模达6.10亿,较2017年年底增长14.4%,占网民总体比例达73.6%。2018年网络消费继续保持升级态势,消费升级为行业增长提供了强劲动力,也进一步推动市场成熟发展。在数字消费领域,我国将大力发展适应消费升级的中高端移动通信终端、可穿戴设备、超高清视频终端、智慧家居等新型数字产品,以及智能汽车、服务机器人等前沿信息数字产品。

(4)个人互联网应用加快构筑网络生态体系。随着数字化进程的推进和数字经济的发展,互联网应用场景不断扩大,所能承载的应用服务越来越多。我国个人互联网应用保持良好发展势头,主要体现为:一是网络支付习惯持续巩固,截至2018年12月,网络支付用户规模达6.00亿,年增长率为13.0%;二是互联网娱乐进入规范发展轨道,短视频用户使用率近八成。网络视频、网络音乐、网络游戏的用户规模分别为6.12亿、5.76亿和4.84亿，使用率分别为73.9%、69.5%和58.4%。短视频用户规模达6.48亿，用户使用率为78.2%。随着众多互联网企业布局短视频，市场成熟度逐渐提高，内容生产的专业度与垂直度不断加深，优质内容成为各平台的核心竞争力；三是在线教育市场取得快速发展，截至2018年12月，我国在线教育用户规模达2.01亿，年增长率为29.7%，使用率为24.3%。未来，随着个人互联网应用的进一步发展，将推动形成更加多元、安全、智能的网络社会生态体系。

（二）保险业发展趋势

2019年是新中国成立70周年，也是中国银保监会组建后的第一个完整年份。现代保险服务业既是我国改革开放的必然产物，也是我国经济金融改革开放的重要力量。我们相信，2019年，在党中央国务院的正确领导下，中国银保监会一定会解放思想、与时俱进，不忘初心、牢记使命，在现代保险监管体系建设的道路上迈出新的步伐。监管理念将更加成熟，监管定位将更加清晰，从严监管理念将逐渐树立。监管组织体系将进一步健全，监管队伍的专业化水平将显著提升。保险监管框架将日臻完善，偿二代监管制度全面实施，三支柱现代监管框架将进一步完善，机构监管和功能监管相结合、微观审慎和宏观审慎监管相结合的现代保险监管机制将不断健全。监管法规体系将更加完备，监管技术手段将逐步改进，全覆盖、标准化的保险统计数据体系将基本建成，现场和非现场监管信息系统将基本齐全。

在银保监会的引领下，2019年，保险业不断发展壮大，在服务经济发展、社会治理和民生保障方面发挥着越来越重要的作用。2019年，保险市场主体238家，目前有财产险公司88家，人身险公司91家，再保险公司12家，保险集团（控股）公司12家，保险资产管理公司24家；全国共有保险中介集团公司5家，全国性保险代理公司240家，区域性保险代理公司1550家，保险经纪公司499家，已备案保险公估公司353家，个人保险代理人871万，保险兼业代理机构3.2万家（代理网点22万余家），银行类保险兼业代理法人机构1971家（代理网点近18万余家）。截至2018年年底，保险营销人员预计为1000万人，增长约200万人。不同业务类型、多种组织形式的市场主体日趋丰富，专业化分工与合作的市场格局初步奠定。保费规模达到3.80万亿元，保险业总资产达到18.33万亿元，我国已成为世界第二保险大国。保险改革取得突破性进展，保险公司改制上市、产品定价机制改革、市场准入退出改革、资金运用体制改革等深入推进，市场配置保险资源的决定性作用得到发挥。农业保险、巨灾保险、大病保险、责任保险、养老保险、健康保险等关系国计民生的保险业务不断壮大，资金运用规模达到16.41万亿元，保险从业人员1000多万人，保险业的服务能力显著提升。

2019年，保险业风险总体可控，但面临的形势依然复杂严峻。要按照党中央、国务院的部署，开拓进取，奋发有为，扎实推进各项工作。要全面贯彻党的十九大、十九届二中、三中全会精神和中央经济工作会议精神，坚持党对金融工作的集中统一领导，坚持稳中求进工作总基调，践行新发展理念，以服务供给侧结构性改革为主线，着力提高保险服务实体经济能力，打好防范化解保险风险攻坚战，坚定不移深化改革扩大开放，推动保险业向高质量发展转变，为全面建成小康社会提供更有力的保险支撑。推动保险业回归本源，充分发挥保险保障和保险资金的独特优势，更好地服务国家战略和实体经济。

（三）互联网保险发展趋势

新一轮科技革命与产业变革为保险行业转型升级打开了新的窗口期，保险业将迎来全新的战略发展机遇。在互联网保险发展的下一阶段，有4个方面的趋势值得关注。

（1）数字资产战略意义提升，行业步入转型升级加速期。随着全社会的数字经济占比的持续提升，前沿科技在保险业的应用加深，行业"数字资产"理念的战略将进一步落地，保险业的数据体系将更加丰富和完备，其数据管理和应用模式在新技术的驱动下也将得到不断革新。作为支持新一代信息技术应用的关键要素，数据是保险业生存的命脉，"数字资产"战略将促使行业突破"资本驱动""负债驱动"的传统模式，将数据变为驱动行业发展的根本，实现数字化时代的资产重塑，加速推动保险业全面转型升级。

（2）保险科技成为行业价值创新的主要动能。互联网行业的快速发展不仅带来了新的市场业态，也催生了以保险行业为核心的科技应用。保险科技突破了互联网技术的范畴，将人工智能、区块链等新兴技术应用于行业价值链的各个环节，推动创新不断深入，为行业发展带来更多的价值。未来的创新，不仅有来自于渠道、产品的创新，更有大量与保险流程应用相结合的创新。例如，人工智能在保险业的创新应用，不仅体现在前端的语音智能交互，也有后端在核保或理赔环节实现的自动化智能作业。无论是提升行业效率，还是优化用户体验，保险科技的每个技术应用点都将为行业带来更深刻的价值。

（3）科技提升保障能力，助力实现普惠金融。近年来，随着保险科技的快速发展应用，保险业在用户触达、客户服务和体验提升等方面都取得了进步。以2017年为例，全国互联网保险新增保单占保险业整体新增数的71%。科技的应用，降低了保险产品触达客户的门槛，有效的提升了保险的覆盖率，强化了整个社会的风险保障能力，也培养了用户的保险意识。未来，随着通信技术的升级，终端设备的多元化，科技将帮助保险业实现更广泛的客户群体连接。同时，在科技助力之下，保险业不仅面向更多样化的客户需求、提供更高性价比的保险产品，其服务能力也持续加强。科技在帮助实现金融普惠目标的同时，更将为保险业打开全新的增长空间。

（4）新主体推进互联网保险生态圈扩容。互联网保险的发展推动传统保险产业链逐步向保险生态演进。除传统保险公司和保险中介之外，专业互联网保险公司、互联网巨头、创新渠道等更多元的主体参与其中，共筑保险生态的市场活力。保险科技的萌芽与发展，将带来新的产业格局。其中，保险业的央企、国企具备资源优势，是高密度研发和高水平创新人才的重要承载体和推进行业自主创新战略的重要力量。民营企业在新兴技术的快速跟进、落地实践上具有灵活的优势，将成为行业探索新兴技术、新颖模式的主力，以及激活行业创新活力的助推器，将有效发挥创新试点的作用。与此同时，垂直领域的新兴科技创业公司将利用其技术创新的专业与活力，与保险业实现更好的融合，成为生态圈重要新成员。多元化的主体发挥各自优势，形成合力，为互联网保险生态的可持续发展提供源源不断的动力。

第二节 2018 年中国互联网保险市场发展分析

一、互联网保险市场发展概况

互联网保险和保险科技的发展，是当今时代保险行业转型升级的核心动能，也是中国从保险大国向保险强国跨越的重要契机。纵观全球保险科技发展进程，我国在保险科技应用方面已走在世界前列。通过利用互联网和新技术，保险业不断丰富产品供给、提升服务能力、优化客户体验、提高运营效率，保险业服务经济社会发展的能力不断增强。

近年来，保险业深入推进大数据、云计算、人工智能、物联网、区块链等新兴技术的行业应用，持续拓展行业的创新能力。例如，依托大数据和云计算技术，保险业实现了对互联网海量高并发交易的支持；基于人工智能为代表的创新技术，保险业发展出包括智能保顾在内的一系列产品应用，在优化客户产品体验的同时，释放了更多的保险需求。数字经济时代的到来，不仅带来了新的发展要求，也为互联网保险和保险科技的发展提出了新命题。

过去几年，互联网保险市场实现高速增长，规模从 2013 年的 291.15 亿元增至 2018 年的 1888.58 亿元，年化增长率 45%；同期，互联网保险的渗透率也从 2013 年的 1.69% 提升至 2018 年的 4.97%，高峰时甚至达到 9.2%，具体数据如表 8-1、表 8-2 所示。

表 8-1　　　　2013~2018 年互联网险保费收入情况

年份	互联网保费收入（亿元）			增长率		
	财产险	寿险	合计	财产险	寿险	合计
2013	236.66	54.50	291.15	—	—	—
2014	505.70	353.20	858.90	113.69%	548.10%	195.00%
2015	768.36	1465.60	2233.96	51.94%	314.95%	160.10%
2016	502.29	1796.70	2298.99	-34.63%	22.59%	2.91%
2017	493.49	1383.20	1876.69	-1.75%	-23.01%	-18.37%
2018	695.38	1193.20	1888.58	40.91%	-13.74%	0.63%

表 8-2　　　　2013~2018 年互联网险保费市场份额情况

年份	互联网保险市场份额			增长率		
	财产险	寿险	合计	财产险	寿险	合计
2013	3.81%	0.49%	1.69%	—	—	—
2014	6.70%	2.78%	4.24%	75.96%	462.29%	151.08%
2015	9.12%	9.24%	9.20%	36.09%	232.04%	116.74%
2016	5.42%	8.28%	7.43%	-40.57%	-10.38%	-19.28%
2017	4.68%	5.31%	5.13%	-13.64%	-35.87%	-30.91%
2018	5.92%	4.54%	4.97%	26.36%	-14.46%	-3.17%

二、互联网财产保险市场分析

2018 年，88 家财产险公司中共 69 家公司开展互联网财产保险业务，占比 78.41%。2018 年互联网财产保险保费收入 695.38 亿元，同比增长 40.91%。其中，车险 368.72 亿元，占比 53.03%，同比增长 20.03%；非车险保费收入 326.65 亿元，同比增长 75.34%，占比 46.97%。2018 年互联网车险、非车险都实现了大幅度增长，特别是非车险。由此可见，2018 年互联网财产险保险结构进一步优化。

由表 8-3 可以看出，2018 年互联网财产保险总保费收入的前 3 名依然是平安产险、众安在线和人保财险，但众安在线互联网财产保险总保费收入排名和份额较 2017 年均有提升，而人保财险排名和份额均有下降，排名由 2017

年第 2 位下降至第 3 位。

表 8-3　　2018 年互联网财产保险保费收入排名表

序号	公司	签单数量（单）	保费收入（万元）	保费市场份额
1	平安产险	130217680	1285924	18.49%
2	众安保险	7254613352	1122311	16.14%
3	人保财险	1183171717	1059598	15.24%
4	太保产险	705181406	422347	6.07%
5	大地保险	1133359220	406516	5.85%
6	国泰产险	10080936198	358304	5.15%
7	泰康在线	116829731	295191	4.25%
8	太平财险	1145704414	287584	4.14%
9	国寿财险	5441916	163038	2.34%
10	安心保险	11414619	153014	2.20%
11	中华财险	1032112	133136	1.91%
12	华泰财险	757423623	132410	1.90%
13	易安财险	25956159	128135	1.84%
14	阳光产险	595655894	113003	1.63%
15	华安保险	5251397	99670	1.43%
16	天安财险	981433	95852	1.38%
17	永诚保险	917515	95702	1.38%
18	永安保险	3656505	93520	1.34%
19	华海财险	919755	87630	1.26%
20	前海财险	75532809	55003	0.79%
21	亚太财险	2668309	48583	0.70%
22	中银保险	323207	32718	0.47%
23	浙商保险	574584617	30217	0.43%
24	安盛天平	319339692	29856	0.43%
25	安联保险	3271488	28591	0.41%
26	阳光渝融	506887	25198	0.36%
27	美亚保险	982878	18089	0.26%
28	鼎和保险	125711	16971	0.24%
29	安诚财险	164692	14053	0.20%

续表

序号	公司	签单数量（单）	保费收入（万元）	保费市场份额
30	诚泰保险	229502	12047	0.17%
31	中路保险	43084	10954	0.16%
32	长安责任	363708	10595	0.15%
33	都邦财险	254457	10408	0.15%
34	紫金保险	272730	9653	0.14%
35	安邦财险	148516	9091	0.13%
36	众惠财险	136217	7523	0.11%
37	建信财险	3278137	7246	0.10%
38	中意财险	3137444	6841	0.10%
39	史带财险	496085	6385	0.09%
40	泰山保险	52960	5258	0.08%
41	富德产险	1064907	3026	0.04%
42	汇友建工	28967	2854	0.04%
43	合众财险	1154294	2519	0.04%
44	英大财险	74114	2514	0.04%
45	国元农业	71515	2512	0.04%
46	利宝保险	77593	1753	0.03%
47	富邦财险	169428	1324	0.02%
48	国任财险	7581	1288	0.02%
49	恒邦保险	34857	1106	0.02%
50	华农保险	119	1035	0.01%
51	安信农保	105897798	923	0.01%
52	锦泰保险	5325	780	0.01%
53	苏黎世	19071	780	0.01%
54	渤海财险	40114	534	0.01%
55	现代财险	98652	529	0.01%
56	中国信保	1297	436	0.01%
57	安华农险	91399	406	0.01%
58	中煤保险	102135	289	0.00%
59	三井住友	8232	214	0.00%
60	北部湾	8129	190	0.00%

续表

序号	公司	签单数量（单）	保费收入（万元）	保费市场份额
61	瑞再企商	1156	139	0.00%
62	海峡保险	2924	139	0.00%
63	东京海上	6313	137	0.00%
64	中原农业	9299	95	0.00%
65	安达保险	6403	68	0.00%
66	三星财险	185	39	0.00%
67	燕赵财险	102284	21	0.00%
68	鑫安保险	473	6	0.00%
69	众诚保险	292	2	0.00%
	总计	24253662632	6953816	100.00%

由表8-4可以看出，2018年互联网车险总保费收入的前3名依然是平安产险、人保财险和大地保险，3家合计占比59.76%。

表8-4　　　　2018年互联网财产保险车险保费收入排名表

序号	公司	签单数量（单）	保费收入（万元）	保费市场份额
1	平安产险	3725078	1088592	29.52%
2	人保财险	3284276	786577	21.33%
3	大地保险	1545764	328295	8.90%
4	太保产险	1522296	279477	7.58%
5	太平财险	1303192	176803	4.79%
6	中华财险	711019	127709	3.46%
7	众安保险	5420900	114603	3.11%
8	天安财险	725130	92485	2.51%
9	永诚保险	439054	89262	2.42%
10	华安保险	665751	86885	2.36%
11	华海财险	793921	83664	2.27%
12	国寿财险	495830	72748	1.97%
13	永安保险	582063	66356	1.80%
14	阳光产险	283169	54187	1.47%
15	安心保险	580651	50115	1.36%

续表

序号	公司	签单数量（单）	保费收入（万元）	保费市场份额
16	泰康在线	285134	39820	1.08%
17	亚太财险	357799	39365	1.07%
18	中银保险	159219	26080	0.71%
19	鼎和保险	80477	16090	0.44%
20	安诚财险	58205	13582	0.37%
21	诚泰保险	120877	9436	0.26%
22	长安责任	78127	8920	0.24%
23	安邦财险	54252	7524	0.20%
24	紫金保险	31304	5833	0.16%
25	泰山保险	25797	5147	0.14%
26	安盛天平	30134	4816	0.13%
27	都邦财险	13236	3196	0.09%
28	英大财险	13070	2308	0.06%
29	富德产险	13036	1945	0.05%
30	国元农业	5170	1477	0.04%
31	国任财险	7581	1288	0.03%
32	恒邦保险	6609	1094	0.03%
33	锦泰保险	2879	669	0.02%
34	浙商保险	1517	314	0.01%
35	北部湾	260	136	0.00%
36	合众财险	569	136	0.00%
37	渤海财险	1296	127	0.00%
38	海峡保险	673	89	0.00%
39	中原农业	348	43	0.00%
40	三星财险	185	39	0.00%
41	中路保险	199	39	0.00%
42	建信财险	38	6	0.00%
43	安联保险	5	0	0.00%
44	安华农险	-	-2	0.00%
	总计	23426090	3687273	100.00%

由表 8-5 可以看出，众安保险、国泰产险和人保财险在互联网财产保险非车险部分的表现突出，占据市场份额 50.18%，其中国泰财险增长最快。众安保险、泰康在线、安心保险和易安保险 4 家互联网保险公司 2018 年在互联网财产保险非车险部分表现亮眼，累计保费收入占比达 45.74%，占互联网非车险保费收入将近一半。

表 8-5 　　2018 年互联网财产保险非车险保费收入排名表

序号	公司	签单数量（单）	保费收入（万元）	保费市场份额
1	众安保险	7249192452	1007708	30.85%
2	国泰产险	10080936198	358304	10.97%
3	人保财险	1179887441	273021	8.36%
4	泰康在线	116544597	255371	7.82%
5	平安产险	126492602	197333	6.04%
6	太保产险	703659110	142869	4.37%
7	华泰财险	757423623	132410	4.05%
8	易安财险	25956159	128135	3.92%
9	太平财险	1144401222	110781	3.39%
10	安心保险	10833968	102899	3.15%
11	国寿财险	4946086	90290	2.76%
12	大地保险	1131813456	78221	2.39%
13	阳光产险	595372725	58816	1.80%
14	前海财险	75532809	55003	1.68%
15	浙商保险	574583100	29903	0.92%
16	安联保险	3271483	28590	0.88%
17	永安保险	3074442	27164	0.83%
18	阳光渝融	506887	25198	0.77%
19	安盛天平	319309558	25039	0.77%
20	美亚保险	982878	18089	0.55%
21	华安保险	4585646	12785	0.39%
22	中路保险	42885	10915	0.33%
23	亚太财险	2310510	9218	0.28%
24	众惠财险	136217	7523	0.23%

续表

序号	公司	签单数量（单）	保费收入（万元）	保费市场份额
25	建信财险	3278099	7240	0.22%
26	都邦财险	241221	7212	0.22%
27	中意财险	3137444	6841	0.21%
28	中银保险	163988	6638	0.20%
29	永诚保险	478461	6439	0.20%
30	史带财险	496085	6385	0.20%
31	中华财险	321093	5427	0.17%
32	华海财险	125834	3966	0.12%
33	紫金保险	241426	3820	0.12%
34	天安财险	256303	3367	0.10%
35	汇友建工	28967	2854	0.09%
36	诚泰保险	108625	2611	0.08%
37	合众财险	1153725	2383	0.07%
38	利宝保险	77593	1753	0.05%
39	长安责任	285581	1675	0.05%
40	安邦财险	94264	1567	0.05%
41	富邦财险	169428	1324	0.04%
42	富德产险	1051871	1082	0.03%
43	国元农业	66345	1035	0.03%
44	华农保险	119	1035	0.03%
45	安信农保	105897798	923	0.03%
46	鼎和保险	45234	881	0.03%
47	苏黎世	19071	780	0.02%
48	现代财险	98652	529	0.02%
49	安诚财险	106487	470	0.01%
50	中国信保	1297	436	0.01%
51	安华农险	91399	408	0.01%
52	渤海财险	38818	407	0.01%
53	中煤保险	102135	289	0.01%
54	三井住友	8232	214	0.01%
55	英大财险	61044	206	0.01%

续表

序号	公司	签单数量（单）	保费收入（万元）	保费市场份额
56	瑞再企商	1156	139	0.00%
57	东京海上	6313	137	0.00%
58	锦泰保险	2446	112	0.00%
59	泰山保险	27163	111	0.00%
60	安达保险	6403	68	0.00%
61	北部湾	7869	54	0.00%
62	中原农业	8951	51	0.00%
63	海峡保险	2251	51	0.00%
64	燕赵财险	102284	21	0.00%
65	恒邦保险	28248	12	0.00%
66	鑫安保险	473	6	0.00%
67	众诚保险	292	2	0.00%
	总计	24230236542	3266543	100.00%

2018年，产险公司互联网保险业务保费规模累计695.38亿元（见表8-6）。主要渠道有保险公司自营网络平台（PC官网、移动APP、移动官网手机WAP、微信公众号）、保险专业中介机构、第三方网络平台和其他。

从渠道角度分析，保险公司通过公司PC官网累计实现保费收入51.84亿元，占比7.45%；通过移动终端（APP、WAP和微信等方式）实现累计保费收入258.00亿元，占比37.10%，其中通过移动APP实现保费收入149.45亿元，通过移动官网手机WAP实现保费收入3.76亿元，通过微信平台实现保费收入104.79亿元；通过保险专业中介机构实现累计保费收入130.43亿元，占比18.76%，通过第三方网络平台实现累计保费收入233.71亿元，占比33.61%；通过其他渠道实现累计保费收入21.40亿元，占比3.08%。

从险种角度分析，非车险险种占比共计46.97%，其中意外健康险167.64亿元，占比24.11%；财产险16.37亿元，占比2.35%；责任险25.05亿元，占比3.60%；信用保证险52.66亿元，占比7.57%；其他非车险（主要包括退货运费险）64.93亿元，占比9.34%。

表8-6　2018年互联网财产保险业务保费规模累计排名表

渠道分类	渠道细项	险种分类	签单数量（单）	保费收入（万元）	保费占比
保险公司自营网络平台	PC官网	车险	1603693	188247	2.71%
		财产险	3439282	9056	0.13%
		意健险	193060694	98006	1.41%
		信用保证险	27221900	201787	2.90%
		责任险	1678352	20110	0.29%
		其他	2039490	1170	0.02%
		合计	229043411	518376	7.45%
	移动官网手机WAP	车险	251688	30855	0.44%
		财产险	35280	416	0.01%
		意健险	402866	5942	0.09%
		信用保证险	494	49	0.00%
		责任险	7541	36	0.00%
		其他	13947	256	0.00%
		合计	711816	37555	0.54%
	移动APP	车险	6347891	1444919	20.78%
		财产险	7643399	1494	0.02%
		意健险	2983840	39558	0.57%
		信用保证险	23913	41	0.00%
		责任险	12941392	8066	0.12%
		其他	460653	447	0.01%
		合计	30401088	1494525	21.49%
	微信公众号	车险	4905732	1013648	14.58%
		财产险	186261	1730	0.02%
		意健险	2224363	22622	0.33%
		信用保证险	16343	30	0.00%
		责任险	217182	8722	0.13%
		其他	834111	1149	0.02%
		合计	8383988	1047899	15.07%

续表

渠道分类	渠道细项	险种分类	签单数量（单）	保费收入（万元）	保费占比
保险专业中介机构		车险	7140144	468160	6.73%
		财产险	108917501	11003	0.16%
		意健险	1926683574	748452	10.76%
		信用保证险	460229	138	0.00%
		责任险	20030077	48770	0.70%
		其他	11203027	27786	0.40%
		合计	2074434552	1304308	18.76%
第三方网络平台		车险	2333304	446628	6.42%
		财产险	1215318126	136158	1.96%
		意健险	5505827344	675128	9.71%
		信用保证险	2242700233	316576	4.55%
		责任险	1045867099	156025	2.24%
		其他	11821476621	606594	8.72%
		合计	21833522727	2337110	33.61%
其他		车险	843638	94816	1.36%
		财产险	2005352	3877	0.06%
		意健险	9166313	86670	1.25%
		信用保证险	1183561	8031	0.12%
		责任险	755577	8749	0.13%
		其他	63210605	11901	0.17%
		合计	77165046	214044	3.08%
总计		车险	23426090	3687273	53.03%
		财产险	1337545201	163734	2.35%
		意健险	7640348994	1676377	24.11%
		信用保证险	2271606673	526651	7.57%
		责任险	1081497220	250478	3.60%
		其他	11899238454	649304	9.34%
		合计	24253662632	6953816	100.00%

三、互联网人身保险市场分析

2018年,91家人身险公司中,目前共62家公司开展互联网人身保险业务,占比68.13%。表8-7给出了2018年62家开展互联网人身保险业务的具体情况。对于互联网保险业务的支持与推进,如今已经成为行业共识,越来越多的公司将拥抱互联网,抓住社会消费主力群体,借国家政策助力行业发展的重要战略,越来越多的公司关注和重视互联网保险市场。

表8-7　2018年互联网人身保险各险种承保件数与年化规模保费行业汇总

公司名称	年度累计					
	承保件数			年化规模保费		
	件数（万件）	占比	排名	保费（万元）	占比	排名
建信人寿	56.02	0.24%	21	2944907.78	24.68%	1
国华人寿	324.62	1.40%	15	1900814.27	15.93%	2
工银安盛	35.27	0.15%	22	1637816.25	13.73%	3
中国平安	486.85	2.11%	13	1269248.78	10.64%	4
弘康人寿	27.81	0.12%	26	889431.32	7.45%	5
农银人寿	138.89	0.60%	20	672072.16	5.63%	6
中国人寿	6719.92	29.06%	1	565695.50	4.74%	7
光大永明	29.28	0.13%	25	442150.42	3.71%	8
合众人寿	1412.04	6.11%	6	395646.93	3.32%	9
平安健康	742.27	3.21%	10	286324.12	2.40%	10
中国人民	2117.36	9.16%	3	182637.38	1.53%	11
太平人寿	27.26	0.12%	27	87293.34	0.73%	12
泰康人寿	5.97	0.03%	35	70350.94	0.59%	13
安邦人寿	1.28	0.01%	46	60945.52	0.51%	14
新华人寿	1151.22	4.98%	7	59407.74	0.50%	15
中意人寿	7.38	0.03%	34	52679.00	0.44%	16
中国人民	935.08	4.04%	8	47380.68	0.40%	17
泰康养老	158.73	0.69%	19	42306.19	0.35%	18
平安养老	1750.14	7.57%	4	41288.95	0.35%	19
百年人寿	16.52	0.07%	29	32249.85	0.27%	20
复星联合	8.91	0.04%	31	27982.21	0.23%	21

续表

公司名称	年度累计					
	承保件数			年化规模保费		
	件数（万件）	占比	排名	保费（万元）	占比	排名
阳光人寿	1466.81	6.34%	5	27078.33	0.23%	22
天安人寿	0.52	0.00%	54	25880.40	0.22%	23
德华安顾	488.67	2.11%	12	25065.86	0.21%	24
富德生命	910.71	3.94%	9	24038.17	0.20%	25
君龙人寿	2285.22	9.88%	2	21800.64	0.18%	26
中美联泰	222.35	0.96%	18	12921.75	0.11%	27
渤海人寿	1.10	0.00%	47	10330.09	0.09%	28
昆仑健康	33.11	0.14%	24	8472.86	0.07%	29
中华联合	34.23	0.15%	23	8224.09	0.07%	30
中银三星	240.46	1.04%	16	7076.66	0.06%	31
瑞泰人寿	519.13	2.25%	11	7010.35	0.06%	32
华贵人寿	3.60	0.02%	39	5793.95	0.05%	33
中国太平	445.22	1.93%	14	5222.44	0.04%	34
太平养老	229.52	0.99%	17	4946.23	0.04%	35
同方全球	3.72	0.02%	38	4684.94	0.04%	36
和谐健康	2.32	0.01%	41	3311.48	0.03%	37
中信保诚	5.08	0.02%	36	2770.90	0.02%	38
长城人寿	0.13	0.00%	60	2185.00	0.02%	39
复星保德	0.94	0.00%	50	2155.81	0.02%	40
利安人寿	15.05	0.07%	30	2135.50	0.02%	41
华泰人寿	0.65	0.00%	52	1900.02	0.02%	42
招商局仁	26.89	0.12%	28	1398.68	0.01%	43
恒安标准	1.85	0.01%	42	1231.04	0.01%	44
中英人寿	0.71	0.00%	51	1194.73	0.01%	45
中德安联	7.86	0.03%	33	1182.91	0.01%	46
长生人寿	1.10	0.00%	48	1081.30	0.01%	47
信泰人寿	1.38	0.01%	45	903.29	0.01%	48
友邦保险	4.16	0.02%	37	821.11	0.01%	49
中荷人寿	0.63	0.00%	53	512.32	0.00%	50
中宏人寿	8.90	0.04%	32	510.43	0.00%	51
中融人寿	0.19	0.00%	58	459.51	0.00%	52
招商信诺	1.60	0.01%	43	404.09	0.00%	53

续表

公司名称	年度累计					
	承保件数			年化规模保费		
	件数（万件）	占比	排名	保费（万元）	占比	排名
中韩人寿	1.38	0.01%	44	389.21	0.00%	54
北大方正	0.37	0.00%	56	208.24	0.00%	55
民生人寿	1.09	0.00%	49	102.44	0.00%	56
幸福人寿	3.20	0.01%	40	99.31	0.00%	57
前海人寿	0.47	0.00%	55	91.67	0.00%	58
北京人寿	0.05	0.00%	61	84.28	0.00%	59
陆家嘴国泰	0.22	0.00%	57	36.28	0.00%	60
吉祥人寿	0.04	0.00%	62	20.29	0.00%	61
英大泰和	0.15	0.00%	59	14.41	0.00%	62
总计	23123.60	100.00%	—	11932380.33	100.00%	—

2018年，互联网人身保险保费收入1193.20亿元，同比负增长13.74%。从险种结构上来看（见表8-8），互联网人寿保险仍是主力险种，2018年，互联网人寿保险规模化保费为675.37亿元，占比56.60%。其中健康险规模化保费为122.87亿元，占比10.30%；意外险规模化保费为57.14亿元，占比4.79%；年金保险规模化保费为337.86亿元，占比23.75%。

表8-8 2018年互联网人身保险各险种承保件数与年化规模保费

险种	产品类别	年度累计（单位：万件、万元）	
		承保件数 合计	年化规模保费 合计
人寿保险	人寿保险合计	663.86	6753691.57
	定期寿险	102.39	24724.83
	终身寿险	10.22	472358.11
	两全保险	450.02	553938.27
	分红保险	24.21	2402569.93
	投连保险	53.85	1274148.28
	万能保险	23.17	2025948.16

续表

险种	产品类别	年度累计（单位：万件、万元）	
		承保件数	年化规模保费
		合计	合计
健康保险	健康保险合计	8900.62	1228748.68
	重大疾病保险	671.64	338757.86
	防癌保险	70.71	71886.29
	其他疾病保险	3240.10	150769.10
	定额给付型医疗保险	422.75	26880.67
	费用报销型医疗保险	4493.04	640408.98
	失能收入损失保险	2.31	3.85
	护理保险	0.06	43.13
意外险	意外保险合计	12856.13	571383.65
	交通意外险	5569.00	243765.55
	旅游意外险	3039.06	35618.30
	其他类意外险	4248.08	292000.00
年金保险	年金保险合计	703.00	3378556.57
	养老年金保险	396.66	544740.40
	非养老年金保险	306.34	2833816.14
合计		23123.60	11932380.47

总体来看，2018年，互联网寿险规模保费收入趋于稳定，传统人身险公司借助互联网渠道快速、低成本地接触海量客户，"线下"到"线上"转移的发展方式已进入瓶颈期。

表8-9给出了2018年互联网人身保险各险种年化规模保费官网和渠道占比情况，表8-10给出了2018年互联网人身保险各险种承保件数官网和渠道占比情况。

2018年，开展互联网人身保险业务的保险公司中，50家公司通过自建在线商城（官网）展开经营，61家公司通过与第三方渠道进行合作，其中，49家公司采用自建官网和第三方渠道"双管齐下"的商业模式。2018年通过第三方渠道共实现规模保费991.9亿元，占互联网人身保险总规模保费的

83.1%，同比减少5.8个百分点；通过自建官网实现规模保费201.3亿元，较去年同期增长31.2%，占互联网人身保险总规模保费的16.9%。

2018年，通过保险公司官网进行投保的客户数量合计达1280万人，同比增长94.9%。

表8-9 2018年互联网人身保险各险种年化规模保费官网和渠道占比

险种	产品类别	年度累计（单位：万元）			
		年化规模保费			
		官网	占比	渠道	占比
人寿保险	人寿保险合计	556150.00	27.63%	6197541.57	62.48%
	定期寿险	7896.11	0.39%	16828.72	0.17%
	终身寿险	2228.33	0.11%	470129.78	4.74%
	两全保险	350720.14	17.42%	203218.13	2.05%
	分红保险	67029.37	3.33%	2335540.56	23.55%
	投连保险	64106.07	3.18%	1210042.21	12.20%
	万能保险	64169.99	3.19%	1961778.17	19.78%
健康保险	健康保险合计	563737.15	28.00%	665011.53	6.70%
	重大疾病保险	178278.94	8.86%	160478.92	1.62%
	防癌保险	56182.12	2.79%	15704.17	0.16%
	其他疾病保险	140282.61	6.97%	10486.49	0.11%
	定额给付型医疗保险	4369.03	0.22%	22511.64	0.23%
	费用报销型医疗保险	184613.17	9.17%	455795.81	4.60%
	失能收入损失保险	3.85	0.00%	—	0.00%
	护理保险	7.42	0.00%	35.71	0.00%
意外险	意外保险合计	441099.15	21.91%	130284.50	1.31%
	交通意外险	189281.88	9.40%	54483.67	0.55%
	旅游意外险	4929.02	0.24%	30689.28	0.31%
	其他类意外险	246888.26	12.26%	45111.74	0.45%
年金保险	年金保险合计	452159.79	22.46%	2926396.78	29.50%
	养老年金保险	147.59	0.01%	544592.81	5.49%
	非养老年金保险	452012.20	22.45%	2381803.94	24.01%
	合计	2013146.09	100.00%	9919234.38	100.00%

表8-10　　2018年互联网人身保险各险种承保件数官网和渠道占比

险种	产品类别	年度累计（单位：万件）			
		承保件数			
		官网	占比	渠道	占比
人寿保险	人寿保险合计	471.63	5.24%	192.23	1.36%
	定期寿险	22.45	0.25%	79.94	0.57%
	终身寿险	0.09	0.00%	10.13	0.07%
	两全保险	437.87	4.87%	12.15	0.09%
	分红保险	3.34	0.04%	20.87	0.15%
	投连保险	4.69	0.05%	49.16	0.35%
	万能保险	3.19	0.04%	19.98	0.14%
健康保险	健康保险合计	3802.36	42.25%	5098.26	36.09%
	重大疾病保险	138.24	1.54%	533.40	3.78%
	防癌保险	33.47	0.37%	37.25	0.26%
	其他疾病保险	3055.60	33.96%	184.50	1.31%
	定额给付型医疗保险	61.16	0.68%	361.60	2.56%
	费用报销型医疗保险	511.58	5.69%	3981.46	28.19%
	失能收入损失保险	2.31	0.03%	—	0.00%
	护理保险	0.01	0.00%	0.05	0.00%
意外险	意外保险合计	4689.08	52.11%	8167.05	57.82%
	交通意外险	369.43	4.11%	5199.56	36.81%
	旅游意外险	677.26	7.53%	2361.80	16.72%
	其他类意外险	3642.39	40.48%	605.69	4.29%
年金保险	年金保险合计	35.66	0.40%	667.34	4.72%
	养老年金保险	0.19	0.00%	396.46	2.81%
	非养老年金保险	35.46	0.39%	270.88	1.92%
合计		8998.72	100.00%	14124.88	100.00%

2018年，开展互联网人身保险业务的公司中，建信人寿以294.5亿元的规模保费继续位列首位。如图8-1所示，规模保费位列前10名的公司还有：国华人寿、工银安盛人寿、平安人寿、弘康人寿、农银人寿、国寿股份、光大永明人寿、合众人寿及平安健康，累计实现规模保费1100.4亿元，占互联网人身保险总规模保费的92.2%，行业集中率较高。由此可见，规模保费排名前列的银行系保险公司居多，网销规模保费占比也普遍较高，依托其母行

庞大的客户资源及手机银行、网上银行等线上平台，成就了银行系保险公司开展互联网业务的天然优势。

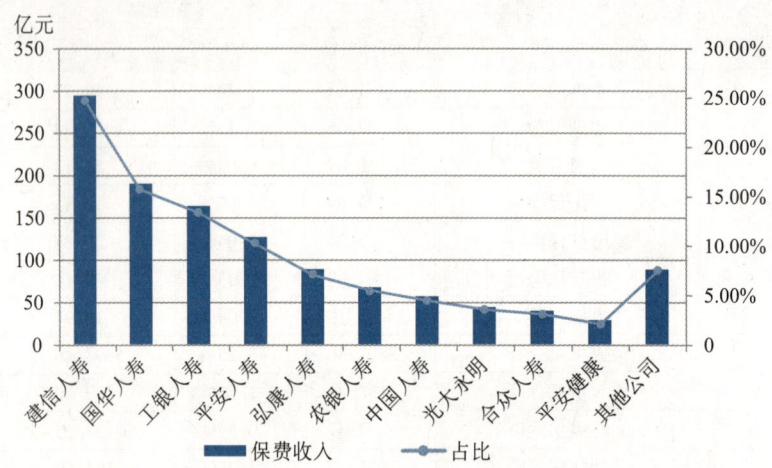

图 8-1 2018 年我国互联网人身保险规模排名前 10 位

2018 年，互联网人身保险累计承保件数统计数据中（如图 8-2 所示），中国人寿名列前茅，承保 6719.92 万件，占比 29.06%。这 10 家人身险公司共承保 1.95 亿件，占互联网人身险市场累计承保件数的 84.29%。

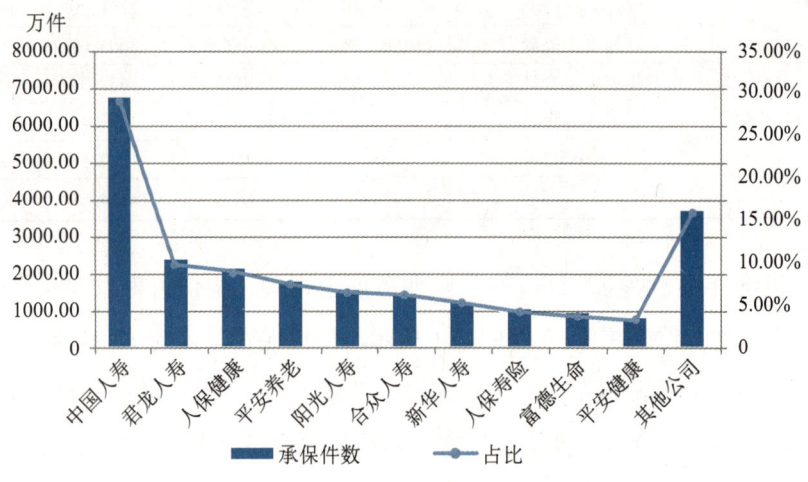

图 8-2 2018 年我国互联网人身保险承保件数排名前 10 位

从业务增速的角度看，互联网人身保险业务增长排名前 10 的公司分别为：复星保德信人寿、前海人寿、人保健康、合众人寿、信泰人寿、恒安标准人寿、中信保诚人寿、华泰人寿、百年人寿及平安健康。由此可以看出，中小寿险公司正在积极进行金融创新，加大保险科技布局，通过互联网渠道大力发展业务。

对中小寿险公司来讲，互联网渠道开辟了新的发展机遇，成为中小寿险公司突破传统渠道瓶颈制约、借助理财型产品实现保费规模跨越式发展的一大助力。同时，也可以看出，传统大型寿险公司意识到互联网大数据时代的到来，积极做出适应和改变，为自己的传统优势继续加分。目前，已经逐步形成大中小型寿险公司齐头并进前行、各有侧重的趋势。互联网时代发展斗转星移，各家寿险公司只有不断顺应时代的需求才可以走得更远。

从表 8-11 可以看出，富德生命、中国平安、新华人寿、建信人寿、农银人寿 5 家公司，其客户通过网销官网直接投保人数占 2018 年互联网人身保险各公司网销官网投保客户总数的 95.46%，集中度较高。

表 8-11　　2018 年互联网人身保险各公司网销官网投保客户数、占比和网站流量

公司名称	年度累计		
	投保客户数（人）	占比	网站流量（次）
富德生命	6912445	54.00%	19986253
中国平安	2552211	19.94%	4460550698
新华人寿	2232377	17.44%	3585021
建信人寿	422335	3.30%	3779903
农银人寿	99463	0.78%	266350
中意人寿	92357	0.72%	3953319
和谐健康	70799	0.55%	2315376
中信保诚	58978	0.46%	4403849
中国人寿	44227	0.35%	376899263
中德安联	43000	0.34%	3675122
平安养老	41461	0.32%	189093043
平安健康	35094	0.27%	—

续表

公司名称	年度累计		
	投保客户数（人）	占比	网站流量（次）
阳光人寿	30780	0.24%	13268328
太平人寿	25814	0.20%	530267
友邦保险	23179	0.18%	3026261
国华人寿	20613	0.16%	4527216
泰康人寿	15769	0.12%	1253949
安邦人寿	13205	0.10%	1471478
民生人寿	10886	0.09%	678229
德华安顾	10851	0.08%	100005
中银三星	8100	0.06%	373220
华贵人寿	4985	0.04%	—
君龙人寿	4291	0.03%	28120
渤海人寿	4121	0.03%	—
陆家嘴国泰	3732	0.03%	—
中英人寿	3373	0.03%	310656
北大方正	2970	0.02%	389831
中国太平	2937	0.02%	829920238
中国人民	2746	0.02%	5487655
前海人寿	2492	0.02%	16412463
英大泰和	1016	0.01%	
昆仑健康	725	0.01%	522155
招商信诺	706	0.01%	5622537
同方全球	478	0.00%	159270
工银安盛	461	0.00%	1514774
吉祥人寿	420	0.00%	498204
百年人寿	190	0.00%	653037
中国人民	180	0.00%	42381
信泰人寿	34	0.00%	369394
中华联合	33	0.00%	277167
复星保德	13	0.00%	413728
长生人寿	10	0.00%	41590

续表

公司名称	年度累计		
	投保客户数（人）	占比	网站流量（次）
中美联泰	3	0.00%	3358330
恒安标准	—	0.00%	1527657
合众人寿	—	0.00%	1423497
弘康人寿	—	0.00%	881708
中融人寿	—	0.00%	295963
利安人寿	—	0.00%	260856
珠江人寿	—	0.00%	227144
中法人寿	—	0.00%	—
华汇人寿	—	0.00%	—
光大永明	—	0.00%	—
长城人寿	—	0.00%	—
复星联合	—	0.00%	—
中宏人寿	—	0.00%	—
华夏人寿	—	0.00%	—
北京人寿	—	0.00%	—
天安人寿	—	0.00%	—
华泰人寿	—	0.00%	—
中荷人寿	—	0.00%	—
瑞泰人寿	—	0.00%	—
幸福人寿	—	0.00%	—
东吴人寿	—	0.00%	—
招商局仁	—	0.00%	—
太平养老	—	0.00%	—
中韩人寿	—	0.00%	—
泰康养老	—	0.00%	—
总计	12799860	100.00%	5964375505

第三节 2019年中国互联网保险发展趋势研判

一、保险科技引领互联网保险发展

保险行业参与主体将保险科技应用于保险各流程中的情况越来越普遍，尤其是大数据、人工智能、区块链、物联网和云计算等技术的快速发展和成熟，为互联网保险创新提供了技术支撑，保险科技的应用已经贯穿整个保险流程，包括售前、售中和售后，甚至保险科技为保险行业带来了颠覆性的创新，提升了用户体验、优化了后台管理甚至颠覆传统保险模式促成新的商业模式（关于保险科技创新我们将在第九章展开论述）。

大数据不仅颠覆性地升级和创新了保险行业的各个环节，也是保险行业参与主体（包括保险公司、保险中介机构和服务性公司）的核心资产，大数据技术对于优化和创新保险产品、细分市场、对客户进行精准营销、降低运营成本，对于降低理赔率、进行风险管理等具有重要的意义，目前很多公司已经将大数据技术应用至欺诈检测、风险评估与定价等方面。

互联网保险打破了时空的界限，为消费者和经营者都带来了更多的便捷，颠覆了传统的线下销售模式，新的销售模式带来方便的同时，也给保险公司带来了诸多问题，如因信息不对称造成的保险诈骗等。而区块链具有的去中心化、合约智能化与高可靠性、高安全性、高隐私性的特点，为保险诈骗等问题提供了解决方案，通过区块链技术管理用户和保单信息，则将极大地降低部分用户实施保险诈骗行为的可能性。

人工智能技术在保险运作流程中的应用，使保险流程更加精简，服务速度更加快速，不仅可以提升用户的体验，而且也可以降低运营成本，也得到了保险行业的重视，保险科技仍是互联网保险发展的热点，保险参与主体将来在保险科技上的投入会越来越多，其应用范围也会越来越广。

二、互联网保险新生态体系待完善

随着互联网保险、金融科技、保险科技的新发展，监管科技应运而生，监管科技是监管体系、模式、手段与科技创新深度融合的产物，将随着市场发展和技术进步不断升级，也为金融科技、保险科技的发展提供强有力保障。

（1）高质量发展必须协同构建互联网保险新生态。一是善用监管科技，发挥监管科技和金融科技"一体两面"的合力，建立高水平监管体系，确保金融业回归本源，合理配置金融资源，更好服务实体经济。二是提高监管效率，积极研究利用区块链、人工智能、大数据、云计算等新兴技术手段改进监管，提高监管科技应用能力，完善宏观审慎监管体系。三是运用监管科技，按照需求引领和问题导向相结合的思路，围绕实体经济发展中有效的保险需求和传统保险服务的短板，引导保险机构更好地助推创新驱动发展、拓宽保险可获得性。

（2）可持续发展必须协同构建互联网保险新生态。当前的保险业监管法规、监管方式和市场准入等监管措施，早于互联网技术、保险科技的出现，可能导致监管领域不足和空白，也可能对新的商业模式和市场准入的新机构带来障碍。因此，要树立可持续、动态、包容的监管导向，运用新监管科技手段平衡风险与创新的关系，调整现行传统的监管模式以应对新变化新挑战。可借鉴国内外的"创新中心""创新加速器""监管沙盒"等监管措施，确保监管的有效性。

（3）基础设施建设必须协同构建互联网保险新生态。一是加大对金融监管部门大数据的监管平台建设投入，形成大数据平台建成一体化。二是要使金融监管实现对新金融业态、互联网金融日常行为的监管，需要联合相关部委实施国家信用数据库建设工程。三是要加快推进全国联网、覆盖范围全面的国家信用体系数据库建设，健全信用数据管理配套服务体系。四是要做好整体规划、顶层设计，在大数据金融安全监管平台的基础上，进一步构建数字金融、数字社会，进而应对新金融技术、新业态给金融监管带来的严峻挑战。

习近平总书记在党的十九大报告中特别指出"创新是引领发展的第一动力,是建设现代化经济体系的战略支撑"。相对于传统保险而言,互联网保险在新兴技术的应用实践与积累上先于了行业发展的节奏,对传统保险业数字化转型升级起到了创新引领作用。互联网保险带来的市场竞争反应如一剂良药般,不仅激发了行业的创新活力,也加速了行业整体数字化转型的速度。"数字技术驱动"的未来已来,行业监管在防范系统性金融风险的框架之下,应更全面地认识互联网保险在业内的创新示范作用,通过顶层政策设计与监管实践,为维护业内更为平稳的数字化转型升级提供良好的市场环境。

第九章 中国保险科技创新发展研究

第一节 保险科技发展内涵与战略意义

一、保险科技的背景

随着金融信息技术的不断发展,保险科技随之应运而生。金融科技(Financial Technology,简称 FinTech)一词是指科技在金融领域的应用,旨在创新金融产品和服务模式、改善客户体验、降低交易成本、提高服务效率,更好地满足人们的需求。保险科技(Insurance Technology,简称 InsurTech)的概念,是在金融科技概念的基础上,由国际保险监督官协会(IAIS)在《保险科技创新报告》中提出,并将其定义为"金融科技在保险领域的分支,即有潜力改变保险业务的各类新兴科技和创新性商业模式的总和"。保险科技可以说是金融科技的衍生品。

大数据、云计算、人工智能、区块链,这些现在人们耳熟能详的前沿信息技术正逐渐深入到人类社会的各个场景,从紧贴人们生活的共享单车、外卖订餐,到涉及全球企业的无人港、无形的有形资产比特币,新技术的触手无处不在。在科技改变一切的大浪潮下,传统保险行业也必将受到影响与冲击。是停滞不前,等待被新技术所掀起的巨变彻底从市场上抹除,还是选择拥抱变革,借新技术的东风乘风破浪,是所有传统保险巨头、处于转型期的商业保险公司以及新兴科技型保险公司需要考虑的问题。

保险科技概念诞生于这股全新的浪潮中,它是金融科技在保险领域的分支,具有彻底改变保险业务的潜力与能力,是赋能保险行业的各类新兴科技和创新性商业模式的总和。保险科技也能够帮助保险公司和保险市场逃离无序竞争、同质竞争的环境,在碎片化、场景化、生活化的镜头切换中凭借技术"自发"地产生保险需求,实现保险生态的整体跃迁。

不管承认与否,未来已来。相信在不久后,保险科技将会从四面八方渗透到人们的日常生活当中,也将通过多种方式参与到高精尖的医疗产业、前沿的科学创新研究、复杂的基础设施建造工程、大型体育赛事及演出活动甚至是永恒的哲学思考领域中去。到那时,"普惠"的保险服务也将自然而然地成为人们生活的一部分,进而使保险真正成为社会与经济发展的助力引擎。

随着金融信息技术的不断发展,保险科技随之应运而生。保险科技可以说是金融科技的衍生品,但是随着保险业的发展壮大及世界金融危机的蔓延,金融业留给市场创新的空间逐渐缩小,一些创新者开始寻求其他金融服务的机会市场。从目前阶段来看,保险科技的发展得益于几方面事实:

(1)首先,由于保险市场与保险行业的成长,市场对保险科技的关注度极大提高。

毋庸置疑,"风险管理+风险保障"是保险本源,也是保险公司最为关键的核心能力。然而,随着互联网时代的发展,保险市场不断涌现出新的场景、新的风险、新的诉求。传统意义上的风险识别、风险控制与风险定价手段在成本、效率、产品、价格等多个方面已经无法满足日益增长的保险市场需求。

事实上,早在2005年,全球保险科技生态系统就已开始呈现急剧增长。2005年开始,通过"IT"赋能开展医疗险业务、进行理赔和给付处理以及投身于"数据保护"领域的早期机构已多达660家,融资总额达到177亿美元;2010年,车险、房屋保险、产险相关经营机构、大数据及分析相关机构、理赔管理相关机构、寿险和养老金及储蓄相关机构纷纷出现。2018年,保险公司与创新公司的合作进一步增强,超过50%的保险公司建立了与科技创新企业的合作关系,而在2017年,这一比例仅为45%。

随着新科技越来越多的融入到人类的日常行为、商业策略与经济模式中,这些尚未通过足够时间检验的新兴技术将带来新的不确定因素,由此产生的风险标的、风险因素、风险场景将无法获得传统保险的风险管理与保障，从而产生极大的风险暴露。与此同时，新科技在风险管理中的应用，也带来了风险管理工具的创新。

目前，基于互联网、云计算、大数据等新兴技术的全新保险产品与服务已经产生，而基于物联网、车联网、地理信息系统、人工智能系统等新兴技术手段的全新风险管理模式，也在逐渐渗透到整个行业中。

（2）其次，全球政策环境为新技术与保险业的深度融合打下良好基础，为各国在下一轮经济竞争与发展中积累实力和培养驱动力。

从国际上看，由于保险业是金融行业的重要支柱，在一国经济社会发展中扮演着重要的角色，因此保险科技本身也得到了不同国家和地区政府的高度重视。例如，美国白宫监管政策对于金融科技/保险科技相对比较友好，各管理部门以及监管机构通过一系列手段刺激金融科技/保险科技的创新，美国政府同时对于新兴金融科技/保险科技生态提供了 10 项鼓励原则。英国政府所实施的"项目革新"计划与"监管沙盒"（Regulatory Sandbox）制度，保证了英国的金融科技/保险科技处于相对领先的地位。德国财政部与德国联邦金融监管局共同对推动德国金融科技/保险科技发展采取了一系列的措施；德国财政部推出 FinCamp 的系列活动，活动旨在通过促进财政部、传统金融业以及联邦金融监管局（BaFin）与金融科技企业的对话，探讨金融科技未来的发展，这项活动有利于鼓励德国金融科技的发展，聚焦金融科技的发展前沿。德国政府、欧盟复兴计划（European Recovery Program，ERP）专项基金以及欧盟都为金融科技/保险科技初创企业提供了创业支持计划。这些支持计划将会提供给初创企业利率更优惠的长期贷款，并且有更长的宽限期。

而在国内，国务院在《关于加快发展现代保险服务业的若干意见》中，积极鼓励和支持保险产品服务创新，切实增强保险业自主创新能力，积极培育新的业务增长点。支持保险公司积极运用网络、云计算、大数据、移动互联网等新技术促进保险业销售渠道和服务模式创新。原中国保监会在 2017 年上半年启动《保险业新技术应用促进办法》起草工作，在《征求意见稿》中提及软件无形资产可计入险企偿付能力认可资产，提议设立非营利性质的行业新技术应用促进基金，为具备行业推广价值的新技术研究和孵化提供专项资金支持。而诸如《国务院关于印发"十三五"国家信息化规划的通知》《国务院关于印发促进大数据发展行动纲要的通知》《国务院关于印发新一代人工智能发展规划的通知》更是从国家规划层面指出新科技对于国家发展的重要性。保险行业应抓住机遇，在新兴数据科技版图中提前布局，对诸如大数据、云数据、人工智能、区块链等新兴技术领域进行系统考察，引领行业及社会整体风险管理水平的不断进步与完善。

（3）最后，面对行业多元化发展的未来，在大金融体系下，保险业必须顺势而为。

保险业的触手遍布日常经济生活中的各个角落，其所提供的服务与产品具有覆盖面广、融合度高、必要性强的特点，保险与国民经济生活的稳定与发展息息相关，特别是在诸如医疗产业、汽车及零部件产业、建筑行业、跨国运输行业、农业等关键产业中具有广泛影响；此外，保险行业自身的上下游产业，例如保险经纪公司、保险代理公司等各类保险中介也构成了广阔的关系网。而随着行业边界逐渐模糊，保险行业在技术、产品、服务、资本多个层面融合的逐步深化，保险公司的身份将发生转化。凭借新科技的运用，保险行业将有机会提高风险管理效率，降低行业运营成本，从传统单一的保险产品与服务的提供者，转变为场景化风险管理与服务的整合者。

2018年，诸如区块链技术、人工智能、无人驾驶汽车、基因检测、可穿戴设备等新兴科技与保险行业的结合发展，帮助保险公司在产品创新、产品营销、公司运营与信息咨询等方面搭建了全新的平台与渠道，行业多家公司计划构建或已经开始构建新一代云平台核心系统；大数据开始集中应用在保险营销和理赔环节；凭借新型随身设备，基于细微个体进行差异化分析后，保险公司开始提供高度个性化的产品，以满足个性化需求；人工智能在保险业的应用上也取得了明显进步。

综上所述，保险科技必将在保险公司、新兴科技企业与初创企业的战略布局与产品发展规划中获得极高的关注。

二、保险科技的内涵

保险科技,从概念上讲可以理解为科学技术在保险行业中的具体运用。保险科技以保险产品与服务为外在表现形式,以诸如大数据、云计算、车物联网、人工智能、区块链等新兴科技为内在核心基础,在保险公司产品创新、产品营销、公司运营与管理等方面被广泛应用,为消费者提供个性、全面、高效的风险管理与保障服务。从这个维度上讲,保险产品或保险服务是科技的载体。

然而,与制造业不同的是,"金融服务"为消费者带来的"满足感"才是实现经济利益的本质所在。从这个维度上看,在"保险科技"概念所涵盖的内容中,保险作为一种风险管理技术,其优先级要高于"科技"的地位。保险作为一种特殊的风险补偿机制,对其依赖的内在要素与外部环境有特殊的要求,一旦偏离保险的本质,那么保险科技本身也失去了价值。因此,在理解保险内涵的基础上,研发或寻找适合保险业发展的科技技术,似乎更加合理。

当然,科技也不是一个死板而固化的概念。当今时代,科技的发展使得保险能够更细微地渗透进普通人的行为中,甚至,有时只是一闪而过的念头,如果被技术捕捉到了,也能转为各类服务。这也使得保险公司和保险市场能够逃离无序竞争、同质竞争的环境,在碎片化、场景化、生活化的镜头切换中凭借技术"自发"地产生保险需求,实现保险生态的整体跃迁。

三、保险科技发展的促动因素

互联网、数据科技的不断发展,引领着新一轮的全球信息技术革命,新技术的触手不断深入经济社会发展的各个领域。随着全球互联网进入中速发展阶段,全球互联网行业整体出现两大特点:一方面,用户规模、网络流量保持持续增长,互联网服务覆盖面显著提高;另一方面,全球移动互联网的极速扩张浪潮开始退却，互联网增长引擎开始由"人人互联"到"物物互联"方向转变。这种倾向，对保险行业的发展模式也产生了巨大的影响，而快速发展的技术也正从三个方面对保险行业施压：

1. 客户需求的不断提高

随着诸如阿里、腾讯、百度等互联网科技巨头带来的优质的便利化与个性化服务体验，传统的保险产品已经无法满足客户的需求。鉴于保险市场上产品同质化问题严重，产品功能与服务缺乏个性化，产品条款复杂，理赔条件繁琐，这些都将影响传统保险产品在互联网背景下的存活。然而，随着可穿戴设备与智能车载数据收集系统的逐渐普及，保险公司有机会收集更多的客户数据来为消费者提供个性化的健康险与车险，这颠覆了传统保险市场。

2. 潜在竞争者的威胁

第二个方面是来自竞争者的压力。相比于传统保险公司，拥有科技技术对旗下产品加持的保险公司更易获得消费者的青睐；而随着技术的进步，本来无法度量和定价的可保风险不断增多，也带来了更多的市场机会，而传统的保险公司则无力涉足这些领域。区块链技术的发展进一步加快了新兴创业企业抢占传统保险公司市场份额的节奏。区块链产品去中心化、合约智能化与高可靠性、高安全性、高隐私性的特点，将帮助创业公司瓜分现有市场。

3. 内部管理流程的优化

最后，借助大数据技术、人工智能技术、机器学习技术、区块链技术的拓展应用，保险公司降低内部管理成本、提升准备金效费比、提高产品定价收益成为了可能。目前，传统保险公司在理赔处理、保险诈骗预防以及风险定价方面投入了大量的成本，而基于大数据技术与机器学习技术产生的全新风险预测算法，将帮助保险公司实现承保、核保流程的自动化；而通过区块链技术管理用户和保单信息，则将极大地降低部分用户实施保险诈骗行为的可能性。时代和技术的压力将迫使传统保险公司加速内部的流程优化，落后者将面临被竞争对手甩开的风险。

四、保险科技发展的战略意义

我们应该注意到,由于保险行业本身的回溯性与长期性,大多数传统保险企业普遍依赖于历史数据与以往客户,而在面对未来新用户的差异化需求时,其往往无法依靠曾经已获得的数据与信息,而失去了新的发展机遇与增长点。因此,在新技术与新消费思维不断发展的今天,传统保险公司必须在现有业务模式的基础上,积极寻求全新发展机遇,在新科技领域发掘创新机会,以迎合快速变化的消费需求。

相信在不久后,保险科技会从四面八方渗透到人们的日常生活当中,并将通过多种方式参与到高精尖的医疗产业、前沿的科学创新研究、复杂的基础设施建造工程、大型体育赛事及演出活动甚至是永恒的哲学思考领域中去。到那时,"普惠"的保险服务必将自然而然地成为人们生活的一部分。

第二节　保险科技生态体系建设与应用

一、保险科技的发展历程

根据最新的统计,全球保险科技一共分为10个板块(如图9-1所示),医疗险、寿险、车险、理赔给付、资产管理、分销是核心市场,和保险市场的主业密切相关。另外一部分是科技服务市场,多是服务保险业的,包括IT赋能、比特货币区块链、大数据及分析、数据保护四大部分。无论是核心市场还是科技服务细分市场,保险科技都将通过加工数据、优化流程以及提供附加服务等为经营主体带来新的盈利来源;与此同时,保险科技在企业内部的应用也将大幅提升企业运转效率。

医疗险	寿险、养老金和储蓄	车险、房屋保险、产险	理赔和给付处理	分销
健康险 预约管理 实践管理	退休 (自动化)投资组合管理 投资人 财务疑问	驾驶员辅助系统 责任保险以及针对消费者需求的相关服务 如:移动和旅行	理赔和给付的日常管理及管理解决方案	零售保险服务、经纪、市场(销售平台)、虚拟助手
示例: OSCAR INSUREON ZOCDOC PRACTICE FUSION TELADOC ZENEFITS	示例: NUTMEG BETTERMENT PERSONAL CPITAL WEALTHFRONT WOBI	示例: MOBILEYE TELOGIS EDAIJIA THUMBTACK SERVICE MARKETPLACE	示例: BENEFITMALL MAXWELL HEALTH IPIELINE	示例: POLICYBAZAAR COVERHOUND ASSURONE COMPARE ASIA INTERACTIONS

图 9 – 1　全球保险科技市场板块分布情况

虽然从全球范围来看,保险科技的产生时间与发展速度要远落后于金融科技的发展,但从国内情况来看,中国保险科技在很长时间内以"互联网保险"的概念存在,在产生时间及发展速度上与"互联网金融"相比差距并不太大。

中国保险科技发展至今,大约经历了四个阶段的发展:

第一阶段(1998~2004 年)。原中国保监会成立伊始,传统保险机构开始着重 IT 建设和数据保护;直到 2000 年左右,出现了第一批着手建立自己网站的保险公司,成为中国保险科技的萌芽阶段。

第二阶段(2004~2011 年)。2004 年起,伴随着中国平安保险公司网销的奠基及第三方支付公司出现,行业内开始出现类似于传统大超市的网上保险超市,顾客可以按需选择投保,网络销售和电话销售在这一阶段快速发展。即便如此,保险的电商化依然在行业中处于较边缘的地位。

第三阶段(2011~2013 年)。2011 年开始,伴随着移动互联网崛起与移动支付超高速的发展,保险科技开始运用于移动端;行业内开始出现了为互联网设计的各类保险,包括创新型保险、场景类保险等;同时,保险公司根据互联网的特点,也衍生出了一系列风险管理的新方式。在这一阶段里,各种各样的互联网保险创业公司涌现,基本覆盖了整个保险的价值链。

第四阶段(2013 年至今)。2013 年对于保险科技的发展具有开创意义,众安在线作为国内首家互联网保险公司顺利开业,保险行业逐渐开始认识到,互联网保险绝不是将传统保险复制到互联网上来销售，而是对于传统保险模式的结构性改变。人工智能、物联网、大数据、基因工程、区块链等各类技术的出现，正逐步渗透到保险的核保、承保、理赔等各个环节。

二、中国互联网保险科技现状

中国保险科技现阶段的发展，本质上归功于互联网技术对保险行业的赋能。保险随着互联网技术的进步，保险业界对互联网保险的认识也在体验和探索中不断发展，并逐步形成了体系化认识。而保险科技随着互联网保险的演变，从单纯的营销渠道变革、保险业务全流程的变革逐渐深化为商业模式、价值链实现方式的变革。从影响关系的角度讲，我们认为保险科技会从线下和线上两个角度作用于保险市场生态主体，而互联网保险业务的发展也将为保险科技提供更广阔的"用武之地"。因此，有必要准确判断互联网保险的发展潜力。

概括来说，互联网已经从保险的前端销售、中台风险管理、控制与保险产品定价，以及后端保险资金运用对保险行业产生了全面影响。未来，保险科技的进一步发展将从更高维度激活互联网保险发展的潜力。我们首先从互联网保险市场现状、市场主体、驱动因素及发展趋势四个方面简述互联网保险对保险科技未来的影响。

（一）互联网保险市场现状

根据中国保险行业协会的统计显示，2018年，互联网保险保费收入1888.58亿元，自2013年以来年均增长45%以上。尽管近两年互联网保险保费收入增速放缓，表现不温不火，但在保险科技第一股众安在线上市的带动下，或将迎来新的发展期，有数据预测中国保险科技市场2021年将达到1.4万亿人民币的总规模。

截至2018年，我国已成立4家互联网保险公司，分别是众安保险、泰康在线、安心保险和易安保险，4家互联网保险公司与生俱来的互联网基因为保险业注入新的活力。第一，互联网思维不仅从产品设计、营销销售方式等多方面颠覆了保险的传统模式,且互联网保险更注重对场景的捕捉,主动去发现消费者的需求,为消费者提供更符合需求的保障。第二,客户可以通过互联网更加便捷有效地获取保险信息,很大程度上改善了传统保险存在的信息不对称问题,而此问题的改善提高了消费者对于保险的认可度和信任度。第三,互联网使用人群偏年轻化,与传统互联网保险市场相比,互联网渠道为保险业注入了大批年轻化的消费者。

(二) 互联网保险参与主体

根据原中国保监会披露的数据统计,2012我国只有39家保险机构经营互联网保险业务,到了2015年则达到110家,而2018年累计有62家人身险公司、69家财产险公司以及300多家中介公司获批开展互联网业务,总体来看开展互联网保险业务的公司数量在不断增加,而且传统的保险公司大都通过自建网站、或者与第三方平台合作等模式开展了互联网保险业务,保险公司基本已全部触网。互联网保险市场主体不仅数量不断增加,其主体多样性也在不断增加。

互联网保险主体主要包括保险公司、保险专业中介机构、第三方网络平台以及互联网巨头、初创科技公司等。目前互联网保险市场主体开展业务的形式主要分为以下4类:

(1) 传统保险行业巨头通过外包、平台间合作或自主技术研发,建立线上营销渠道,形成线上线下数据互通与协同发展。

(2) 互联网行业巨头(例如百度、腾讯、阿里、京东等)凭借自身的客户优势,参与互联网保险行业竞争,建立大金融平台与综合金融服务体系。

(3) 新兴互联网保险公司:凭借自身在互联网与保险领域的双重优势,开辟新兴保险领域,创造全新保险需求,针对各类碎片化需求设计针对性的险种(例如退货运费险、手机碎屏险等)。

(4) 线上销售/比价等中介机构或第三方平台:此类第三方平台通过帮助保险公司开拓市场,或为消费者提供咨询服务获得收益。这些熟悉客户偏好且知晓各家保险公司产品特点的中间人将会具有较强的议价能力。

(三) 互联网保险驱动因素

一切内在的互联网保险的驱动因素都依托于互联网精神的培育，而互联网精神可以用"自由、开放、平等、协作、共享"几个关键词来概括。基于这样的互联网精神，互联网保险的思想内涵如图9-2所示。

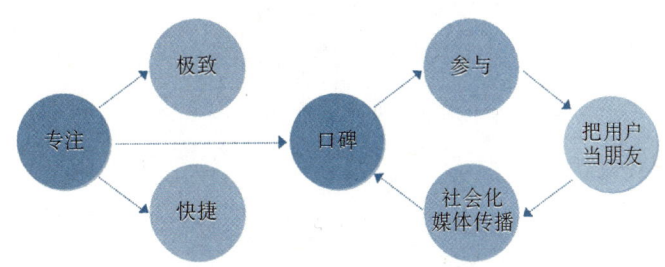

图9-2 互联网保险的思想内涵

具体来说，互联网保险发展的驱动因素主要包含以下几个方面：

1. 碎片化/场景化需求

在新时代下，生活因为场景不同被切割成无数碎片，相应的风险需求随之而生。与此同时，随着互联网日益成为人们获取知识和信息的重要来源，移动支付、全球定位、生物识别等技术的赋能使得互联网能够直接掌握潜在的保险场景资源，精准把握消费者的碎片化/场景化需求。

2. 流量优势

中国拥有世界最大的互联网用户人口，互联网渗透率增长较快，各网络平台流量规模和增速较快，消费者对于互联网消费的接受程度高。而互联网保险业务的快速增长亦得益于平台的流量优势，互联网保险的核心亦是"流量变现"。

3. 互联网信息技术优势

信息技术让这个世界重新洗牌，而日益复杂的生产生活和环境水平因素使得人们暴露在高维风险当中。为了解决高维风险带来的隐患，互联网信息技术逐渐显现其优势，通过最大程度地降低成本及信息不对称带来的影响，使保险产品更易于被消费者所接受。

4. 互联网思维

传统企业所依赖的稀缺和不可复制资源构成了行业巨头们的竞争优势：专利技术优势、企业文化优势、地理位置优势、人才优势、成本优势似乎是新兴企业无法轻易复制和获取的。但是，互联网思维可以降低此类优势的稀缺性和必要性，使这些竞争优势荡然无存，并重构新的竞争优势。凭借庞大的流量、用户体验及运营模式建立起的全新竞争维度，通过跨维度整合资源，以免费对抗收费，以简单战胜繁琐，进而解决传统保险的痛点。

（四）互联网保险发展趋势

现有的互联网保险盈利模式空间有限，虽然短期内保费增量仍然可观，但其商业模式易于复制、保险产品较为单一的特点都增加了互联网保险发展的不确定性。

但是值得欣喜的是，互联网所连接内容的逐渐丰富，将极大地拓展智能设备与互联网络的功能。通过智能设备和互联网，我们可以随时随地把自己和朋友联系起来；把我们驾驶的汽车、居住的房子、自身的健康和安全连接起来；我们可以自主地定制符合自身的偏好、需求和期望的产品。互联网开始彻底改变我们的生活，对于保险公司来说，客户对保险的要求和期望也会发生根本性的改变，所以保险公司的运营必须跟上这种不可逆的变革。

发扬互联网精神，实践互联网思维，应用互联网技术，构建广阔、持续、快捷、简约、低廉、精准的网络服务平台，支持社会大众实现商务、社交的各种需求，成为移动互联时代成就大事业的基本特征。作为金融业的重要组成部分，保险公司和监管机构也在高度重视互联网保险的发展，对互联网保险概念的认识不断深化。

从根本上来说，无论是互联网保险还是保险科技，其都是基于新兴技术或平台进行保险商业模式的创新与产业价值链的优化，行业中希望在未来引领商业潮流的企业都需要正视保险科技所带来的正面效应，并确定如何将保险科技融入自身业务中。无论是通过并购具有专利优势的初创企业，甚至选择与已有成熟技术的科技巨头合作，亦或是选择建立适宜于自己的研发平台，甚至成为创新公司的数据来源与实验对象，保险公司都应妥善利用长期经营而产生的商业品牌优势与客户资源，并将创新思维融入公司文化，从战略层次思考未来保险公司的发展。

三、保险科技生态圈

建立利于保险科技发展的市场生态体系，是保险科技发展的前提条件与基石。为此，我们提出保险科技生态圈概念。保险科技生态圈主体主要分为3个层次、8个主体：以保险公司、保险中介渠道机构、保险消费者等主体为内层的保险科技市场层；以保险科技公司、信息咨询公司、产业行业巨头等主体为中层的保险科技维持层；以监管机构、金融投资企业等主体为外层的保险科技监管层。3个层次之间互相嵌套影响，不同主体间以保险科技为纽带，加强不同主体间正负反馈的连贯性，构成了互惠互利、合作共赢的闭环结构，如图9-3所示。

图9-3 保险科技生态圈

（1）保险科技市场层是保险科技实际服务于保险行业的主战场，也是传统保险行业主要根植的生态层次，整个保险科技生态圈，都是为了服务由保险公司、保险中介渠道机构、保险消费者三方主体而构成的生态内环而构成的。保险公司作为保险产品与服务的提供者，需要保险科技为其产品开发、渠道拓展、风险控制、公司管理等多方面业务进行支持；保险中介渠道机构在专注于客户拓展与维护的同时，需要依靠保险科技为其拓展快捷的线上线下联动方式，并提高保险中介在整个产业链中的地位；保险消费者作为保险产品与服务的消费者，在获得保险科技带来的物美价廉、公开透明的产品同时，也会为保险科技的发展带来积极的反馈作用。

（2）保险科技维持层由保险科技公司、信息咨询公司与产业行业巨头组成，三者共同保证了保险科技本身的研发、拓展与进步，依靠三者之间的沟通与合作，信息、数据与技术产生了"1+1+1>3"的协同效应，为整个保险产业的进步提供了有力的技术支持。保险科技公司是保险科技的主要研发主体，凭借技术优势不断拓展保险服务的外延，通过提升信息采集、分析的效率与质量，为内层企业提供更高效、更精确、更稳定、更直观的服务；信息咨询公司是保险科技的预期使用者与概念重塑者。通过自身在信息使用手段上的先天优势，信息咨询公司可以有效利用保险科技所带来的海量数据，为保险生态圈中的各个主体提供深刻而独到的见解与思路，帮助各个主体拓展新的市场；产业行业巨头是保险科技的主要输入端，汽车厂商和车联网技术的结合，运输物流企业和物联网技术的结合，医疗机构与便携技术、大数据技术的结合，将会为保险生态圈注入源源不断的海量数据，使保险产品的精准化、差异化实现可能。

（3）保险科技监管层包裹了保险科技市场层与保险科技维持层，构成了保险科技生态圈的外层结构。在保险监管机构与金融投资企业的引领、监管与调节下，保险科技生态圈得以在制度框架内有效运行，并规避可能产生的大规模系统风险。保险监管机构承担着鼓励、引导和监管的职能，确保了保险科技发展的风险底线，是整个保险科技生态圈的晴雨表与稳定器；金融投资企业是保险科技发展的风向标，提升了保险科技发展的上限，通过充足的资金、先进的管理经验，帮助保险科技公司良性发展。

四、保险科技应用领域

中国保险科技可分为三大类，第一类是数字化保险技术，包括电子保单、自动核保、大数据处理等；第二类是连接型保险技术，包括远程定损、SaaS保险分销、物联网等；第三类是智能化保险技术，包括无人驾驶、虚拟现实、保险机器人等。下面列举一些我国主要的保险科技类型：

（一）电子保单

电子保单是指保险公司借助遵循PKI体系的数字签名软件和企业数字证书，为客户签发的具有保险公司电子签名的电子化保单。电子保单由签名服务器、时间戳服务、PKI应用密码机以及USB Key等电子设备的分工合作完成相应功能，具有安全、高效、省心、便捷、环保等独特优势。目前，各大保险公司基本都可以提供电子保单，并且依靠较为成熟的技术手段保证电子保单的不可篡改性和不可否认性。电子保单的应用，降低了保险公司的营业成本，成功解决了保单递送的实效问题，提高了用户体验。

（二）大数据

大数据技术就是通过海量的、价值密度低的、高速动态的、多样的数据信息，运用人工智能、机器学习技术，从点到线、从线到面地对数据进行深入挖掘，发现依靠传统手段无法发觉的热点和难点问题，辅助企业和政府进行战略性的布局。

借助大数据技术，保险公司可以对客户进行细致化的分类，使精准营销成为可能。大数据背景下的精准化定价和差异化产品，将成为保险行业市场风险管理与营销的利器；同时，大数据技术可以加快对索赔请求的处理，降低失误率，提升保险行业收益管理。

（三）远程定损

远程定损是中国电信基于IP技术和宽带网络技术提供的一种远程视频监

控业务。远程定损网络视频监控业务主要用于现场管理,适用于自上而下的垂直管理体系中。它通过网络视频监控业务平台,将分散、独立的采集点图像信息进行联网处理,实现跨区域的统一监控、统一管理及分级存储,满足进行远程监控、管理和信息传递的需求。

远程定损主要应用于保险理赔环节,可以帮助各方节约时间,保险公司定损人员只需要在保险公司监控室内通过远程实时观看定损的出险标的物,通过电话与现场工作人员沟通,及时调整位置,再通过远程的图像抓拍、存档,就可以完成定损全过程,能够大幅缩减案件处理时间。

(四) SaaS 保险分销

软件即服务(Software as a Service,简称 SaaS)是一种通过互联网提供软件的模式。SaaS 提供商为企业搭建信息化所需要的所有网络基础设施及软件、硬件运作平台,并负责所有前期的实施、后期的维护等一系列服务,企业无需购买软硬件、建设机房、招聘 IT 人员,即可通过互联网使用信息系统。

目前 SaaS 在保险领域主要运用于产品和渠道的分销,使用者多为中小型保险中介机构,通过 SaaS 平台不仅能更智能地服务用户的需求,还降低了企业的 IT 部署成本,增强了解决方案的易用性。

(五) 物联网

物联网以互联网为基础,通过传感设备搭建一个物品识别和管理的自动化系统。目前,物联网较为成功使用的领域主要包括车联网和可穿戴设备。

车联网(Internet of Vehicle,简称 IOV)是指通过车与车、车与路、车与人、车与传感设备等交互,实现车辆与公众网络通信的动态移动通信系统。它可以通过车与车、车与人、车与路互联互通实现信息共享,收集车辆、道路和环境的信息,并在信息网络平台上对多源采集的信息进行加工、计算、共享和安全发布,根据不同的功能需求对车辆进行有效地引导与监管,以及提供专业的多媒体与移动互联网应用服务。车联网通过装载在车辆上的电子标签通过无线射频等识别技术,实现在信息网络平台上对所有车辆的属性信息和静态、动态信息进行提取和有效利用,并根据不同的功能需求对所有车辆的运行状态进行有效的监管,提供综合服务。在保险领域的运用主要是车载 OBD。

可穿戴设备即直接穿在身上,或是整合到用户的衣服或配件的一种便携式设备。可穿戴设备不仅仅是一种硬件设备,更可以通过软件支持以及数据交互、云端交互来实现强大的功能,可穿戴设备将会为我们的生活、感知带来很大的转变。在保险领域的运用主要健康管理。

(六) 区块链技术

区块链技术(Blockchain)通过建立电子信息、加密、确认交易、实时广播、添加区块和网络复制记录等 6 个步骤完成工作,通过这些步骤,区块传递和储存的信息具有了去中心化、开放性、透明性、匿名性、数据不可篡改性和自治性六大特征,这些特征使得过去信息安全性低、信息连续性差、信息采集成本高、推广渠道限制多、信息不对称等问题有了一个可靠的解决途径。

目前区块链在保险领域的运用主要包括做数字资产的流通、金融合约的自动执行和个性化风险定价、评级和服务等。

(七) 无人驾驶技术

无人驾驶技术包括无人驾驶汽车、无人机等。无人驾驶汽车是人工智能在汽车领域的突破,是自动驾驶的升级版本,它通过车载的传感系统对环境进行感知,模仿人类对行车路线进行规划,最终实现对车辆的完全控制,以完成人类的预设目标。目前,对无人驾驶汽车的研究已经在世界各地如火如荼的展开,一些自动驾驶车辆也已经出现,并将对车险及相关保险产生极大的冲击。

无人机是无人驾驶航空器的简称,指的是驾驶员无需登记操作的各种航空器,通常利用无线电遥控设备和自备程序对飞机进行操控,包括了地面系统、飞行系统、任务载荷和使用保障人员 4 个组成部分。无人机机内无驾驶员的特点使得无人机代替人类进行一些危险的、复杂的、费时的工作,在保险领域主要表现在查勘定损人员亲临现场,既能够有效指导客户开展在前预防,应付突发灾难,及时赶赴受灾现场,也可以保护查勘人员的安全,降低人工成本,并通过无人机设备和计算机的链接,更精准、更全面地对损失进行评估。目前无人机主要运用于保险大面积的核保勘测与理赔查勘关节。

(八) 人工智能

人工智能(Artificial Intelligence,简称 AI),是研究、开发用于模拟、延伸和扩展人的智能的理论、方法、技术及应用系统的一门新的技术科学。人工智能是计算机科学的一个分支,它企图了解智能的实质,并生产出一种新的能以人类智能相似的方式做出反应的智能机器,该领域的研究包括机器人、语言识别、图像识别、自然语言处理和专家系统等。

人工智能目前可以解决保险行业痼疾,主要集中在运用大量人力进行处理、但极易产生委托代理问题和信息不对称问题的领域,在保险营销、核保和理赔、定价过程中都可发挥积极的作用。目前一些保险公司已经开始使用保险机器人,解决部分机构劳动产能低下问题。

(九) 虚拟现实

虚拟现实(Virtual Reality,简称 VR),也称灵境技术或人工环境,是利用电脑模拟产生一个三度空间的虚拟世界,提供使用者关于视觉、听觉、触觉等感官的模拟,让使用者如同身临其境一般,可以及时、没有限制地观察三度空间内的事物。使用者进行位置移动时,电脑可以立即进行复杂的运算,将精确的3D世界影像传回,让使用者产生临场感。虚拟现实中看到的场景和人物全是假的,是把人的意识代入一个虚拟的世界。

虚拟现实在保险领域的运用尚未起步,但已有一些初创公司开始构思将保险销售、保险事故现场还原、保险售后增值服务等环节融入到 VR 之中。

第三节　保险科技市场发展与价值重塑

一、保险业的价值构成

保险行业的价值，可以概括成 3 个方面的内容：产品贡献、品牌价值和竞争策略。

产品贡献是保险的核心价值，应该充分体现在产品研究与设计的各环节中。保障性是保险产品最为基础、最为关键的核心价值所在，虽然整个保险业界都非常注重保险产品的保障性，但不同公司的产品理念和经营方式却各有千秋。在处于关键节点的 2018 年，保险市场需要重新审视保险产品的"保障性"内涵。

2017 年，原中国保监会下发的《关于规范人身保险公司产品开发设计行为的通知》，是监管部门关注保险产品贡献、坚定价值回归的具体体现。依据密集出台相关政策，引导寿险产业从以往重收益、重规模的杀鸡取卵型、竭泽而渔型产品模式，向重保障、重价值的可持续发展型产品模式转变，有利于保险行业重塑整体形象，净化发展态势，实现行业持久健康发展。

保险公司品牌价值同样对行业发展有重大影响。由于保险行业所提供产品与服务的滞后性，也即保费缴纳时间点与保险赔付时间点的时间差异，需要极大的商业信任作为支撑，才能保证保险商业行为的延续性，这就导致了保险公司在人们心目中的品牌价值至关重要。当前，人们进行消费决策时考虑的因素越来越专业化、深入化，他们需要了解更多产品背后的知识，来促成最后的消费行为。保险产品，尤其是寿险产品的兑现时间差较长，对保险公司品牌公信力提出了要求。保险公司的品牌价值不仅源于业务能力、服务模式及市场前景，履行社会责任亦成为评判保险品牌的标准之一。

保险市场各主体的竞争策略对市场健康发展至关重要。在保险市场中，各方利益互相交织,构成了复杂的价值网络。包括保险服务提供者、以保险经纪代理公司为代表的保险中介、第三方机构(医院、汽车修理厂等)、保险公司股东、政府在内的诸多利益实体,构成了保险价值网络的关键节点,这些关键节点将保费以已赚保费、销售佣金收入、主营业务收入、利润分配、税收等形式进行分配,形成了完整的保险市场竞合体系,每个节点的竞争策略,都会影响保险市场的有序性与有效性。

目前,中国保险市场集中度仍然较高,大型老牌保险公司占据了渠道、品牌、技术等多方优势,构成了寡头垄断式的保险市场竞争格局,中小型保险公司需要寻找更加适宜其差异化发展的细分市场,实现弯道超车;而新兴的互联网保险公司与第三方互联网中介平台,则是凭借互联网价格低廉、覆盖面广、渗透度高的渠道特点,以及后发信息技术优势,逐渐抢夺了部分传统险企的市场份额,并在各类新型保险产品上获得了竞争优势。

综上所述,保险行业价值主要包含产品贡献、企业品牌价值及各主体的竞争策略。在当前阶段,保险科技能够助力这3个方面的发展,在产品端帮助保险公司寻找新的运作模式,在品牌建立方面帮助保险公司瞄准市场定位,在竞争策略方面帮助保险公司降低运营成本。

二、保险科技创新视角

1. 保险业务拓展

保险业务拓展的核心在于:帮助消费者了解保险产品,来促使消费活动的产生。从这个层面上看,传统保险公司通常从公司自身情况出发,以保险公司保费收入与盈利为核心,具有较强的任务导向性。而在保险科技背景下,保险业务拓展应以客户价值为核心,充分考虑客户的个体特征与需求,设计和推荐有针对性的保险产品。

国外一些初创公司在这方面具有明显特色,如Knip、Cuvva等公司。他们设计的保险产品更为便捷,更符合用户的需求,同时也具有个性化、透明化和数字化的特征。

2. 中小型险企

保险科技运用规模的逐渐提升，促进了新兴企业级软件提供商的发展。依靠大数据、车联网、物联网等数据科技，这些软件供应商构建了符合消费购买规律的产品定价模型，对传统保险行业巨头耗时许久、耗费甚多的传统产品形成了替代优势。这些保险科技公司使中小型险企在寡头垄断的保险行业中获得后发优势，赢得市场份额成为了可能。

3. 互助模式

P2P商业模式的兴起，使保险回到了互助、共担、分享的传统保险观念。互助模式建立在人类社会性的基础上，通过客户之间的社交网状关系发挥作用，并吸引更多的客户加入，最终实现风险的分摊。这种基于人合的保险模式，一方面从一定程度上降低了保险费用与保险赔付支出，提高了保费运用效率，另一方面也减少了营销欺骗与保险欺诈现象，避免了道德风险。

4. 形成交易共识

区块链技术将从根本上改变金融行业的工作原理，对于保险公司来说，虽然目前保险公司对于区块链的应用场景尚且有限，但这种技术应用非常有前途。不管是身份验证的智能合约方面，还是理赔管理的欺诈预防方面，区块链技术都可以提供底层技术支持，保证整个流程的一致性和对参与各方的透明度。

5. 用户参与

我们认为，这是保险科技在个性化服务创新中最具代表性的特色。在国外许多独角兽保险公司或科技公司中，保险产品演变成了客户生活方式的一部分，产品凭借其陪伴性而更加具有黏性。数字原住民（从小就在互联网环境中成长的人群）更喜欢构筑于保险产品之上的生活方式App。

6. 提升用户体验

消费者只有在申请索赔或给付时，才会发现保险的真正价值。新的技术解决方案不仅能够改善客户在索赔过程中的体验，还能够降低索赔成本和索赔支出。未来，"智能保顾""保险助手""VR赔付"或将出现，进一步提升消费者在保险全流程中的体验满意度。

7. 应用数据

保险科技能够识别并获取包括有关赔付比例、承保风险的新数据源，并通过云端进行存取。此外，保险生态主体还能以全新方式使用数据科学、机器学习、人工智能和高性能计算等处理数据的技术。

当保险展业成为改变客户与保险公司交互关系的关键因素，数据玩家才是握有保险行业基础变革钥匙的主导者。

除了从上述角度进行创新外，保险科技还能够从监管层面进行创新，监管科技（RegTech）也将成为世界各国保险监督管理机构在当前及下一个阶段的研究重点。相信通过运用保险科技，监管流程更加顺畅、反馈机制更具效率、监管手段更加多样、数据传输更具安全性和时效性。

总而言之，保险科技的创新角度非常丰富，既涉及保险业全业务流程，又涉及保险市场的内外部环境及生态系统架构，是全方位创新的视角。

而保险科技创新的阶段性结果即是生态系统的初步搭建完成。从全球保险业发展态势来看，一个新的保险科技生态系统正在形成中，传统保险公司、初创保险企业、非保险机构以及监管机构可结合自身优势，捕捉保险科技发展机遇，共推行业发展。

三、保险价值链的重塑

保险公司通过设计和运作保险机制为消费者提高完整、系统的风险转移服务。这一服务包括一系列环节和步骤，其中每一个环节和步骤都在为客户创造和传递一些新的价值，从而构成了保险公司的价值链（如图9-4所示）。保险公司的价值链包括产品设计、宣传咨询、生产销售、资金运用、保险赔付等环节，保险科技领域的生态企业正在衍生和重构保险的价值链。保险科技赋能后的保险不是人们理解的简单的销售渠道变迁或风险控制模式、理赔流程的简单优化，而是利用科技模式改变保险业的运作逻辑，从而改变整个行业所遵从的价值体系，提升其所在价值链的生产效率。

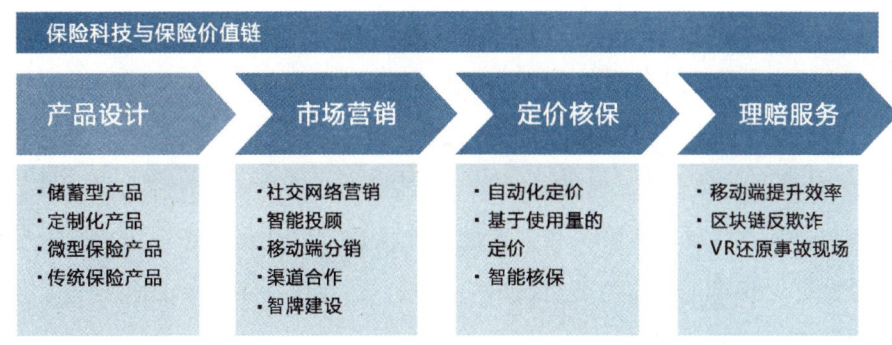

图 9-4　保险科技与保险价值链

保险科技创新重塑价值链的情景有以下 3 种：

(一) 保险公司仍掌握着客户资源

在这种情况下，价值链变化较小，保险公司仍负责产品开发、销售、核保、核赔、与客户互动等工作。一部分组织架构更为灵活的保险公司由于充分意识到科技创新的重要性，能够在产品定价、风险识别及反欺诈方面积极运用信息技术获得竞争优势并节约成本。而那些无法融入科技创新的保险公司，由于利润空间被压缩，只能另辟蹊径，通过与消费者建立互信互惠关系、提升主观感受等方式提高品牌忠诚度，甚至会将商业模式变为预防，成为风险预防专家。另一部分则有可能在日益激烈的竞争环境中被驱逐出市场。

由于自然、社会、监管或资本壁垒等原因，科技公司参与保险业的程度不深，只能作为保险消费者的信息中介方存在，并通过并购、风险投资或内部激励等方式维持生存。

从客户角度而言，保险公司仍然是产品与服务的关键供应商，产品价格、投保流程仍然会受到保险公司的控制，客户可选择的商品仍然有限。但由于整个市场保险科技水平的提升，客户能享受到的保险服务体验将会得到提升。

(二) 保险价值链分解，生态系统进入更多参与者

目前国内保险公司业务链条上的各个环节大多为自己亲自上阵完成，但从技术和平台带来的精细化分工趋势的角度讲，保险公司完全可以将包括产品设计、查勘定损在内的多个环节，交给效率更高、成本更低廉的外部机构

来完成,而保险公司则可以将有限的资源投入到自身最具有竞争优势的其他环节中去,保险生态体系的分工也会更加明晰。

因此,保险生态系统需要不断整合、丰富,生态系统整合者需要建立"先人后己"的商业模式。尤其是在一个生态系统建立之初,参与者往往需要让出部分利益,吸引加盟者和强大的合作伙伴,以此将生态系统的核心平台运营地更加成熟,焕发生态系统的生命力,引导市场主体的良性竞争,创造良好的市场秩序。

而随着科技的进步,更有效率且更加廉价的产业连接将促使产业融合的发生。在这种情况下,科技公司开始掌握客户资源,但多会选择与保险公司结盟。保险公司依然作为最终的风险承载人,在模式上会更加专注。而科技公司则成功建立了一种客户关系,客户互动点的复杂数据分析由科技公司负责,为消费者提供最佳的保险购买选择,甚至将保险产品嵌入其他服务中。客户的保险需求将逐步被科技公司所提供的服务所驱动。但科技公司仍然不能够替代保险公司,因此,科技公司会选择一些更大、服务更好的保险公司合作。而整个保险市场的竞争也将会逐步转变为科技公司间及与保险中介间的竞争。

从客户角度而言,由于科技公司满足了客户的个性化需求,也减少了客户对保险的比较与选择,客户可能不会再知道或关心他们所选择的保险公司是哪一家,而更为看重科技公司提供的服务体验。

(三) 大型科技公司将传统中小保险公司挤出市场

这种情况下,科技公司可以利用资本实力及其在数据挖掘和数据管理方面的优势来选择自己承担风险,将保险服务作为自身服务的一个组成部分,提供完整的类保险产品,从而获取整个保险价值链。一些科技公司甚至可以开发出比保险公司更为强大的理赔和预防措施,从而使其比传统保险公司更具有竞争力。大部分传统中小保险公司将会因此出局,而再保险市场的作用将会因此变大。

需要注意的是,无论基于上述哪种情景,基于生态系统内部主体、市场供需双方、技术与场景融合的"连接"功能是保险科技重塑价值链的核心内容之一：

（1）连接用户的需求和承保能力。消费群体的主力在改变，金融服务的需求在模糊。当前，我们面对越来越多线上 C 端的用户、企业 B 端的用户甚至是政府 G 端的用户，以及通过第三方平台整合、聚集的特定人群，为捕捉他们的消费模式和差异化需求，保险科技将通过个性化定价实现千人千面。除了产品，在服务模式的选择上，基于生活圈的一站式综合服务平台成为趋势，打造此类平台，或为平台用户的特定风险和需求提供综合增值服务，能够更好地连接用户需求与承保能力，增加用户黏性和留存。

（2）随着数据科学与定价策略的不断演变，过去无法获得、不可测量的数据都展现在人们面前，驱动定制化技术与生活场景深度融合。使用互联网等技术连接的设备，如可穿戴设备、物联网 RFID 设备等的数量预计持续增长，这些设备收集和分析的数据也将呈指数级增长。基于电商背景崛起的淘宝运费险、基于房屋共享经济诞生的 Airbnb 房东保障险、基于 P2P 诞生的 Lending Works 违约保险和平台保证险，基于网络创业项目众筹诞生的 Indiegogo 项目的跳票险……新时代下，凡是有分散风险的需求并且能够定价，保险就有发挥作用的一席之地。

四、保险市场观的重塑

在这个崇尚资源整合和资本运作的时代，同行是冤家的历史正在被改写，不同的行业有不同的生态和竞争环境。到底是"合作"还是"对抗"，不能一概而论。越来越多的公司在与另一家公司直接竞争时，宣布与竞争公司达成重大合作。IBM 和 SAP 以及微软和 Salesforce 之间的合作，表明企业之间的竞合关系变得愈发复杂。这两起合作都发生在云服务领域，尽管公司想开展你死我活的市场竞争，但消费者们却更希望两方进行联合，彼此取长补短，将产品进行组合，以提供更加优质的服务。

毫无疑问，中国保险市场的竞争将日益激烈，而消费者对于保险服务的需求日趋个性化、多样化。在此背景下，保险企业与中介机构、保险企业与其他行业巨头、初创科技企业及金融机构之间的"竞合关系"（Coopetition）将会从下面3个方面展现出来。

1. 重塑服务

人们消费习惯的改变引发了消费需求的升级，这就需要保险市场应将自身的服务模式加以转型，以适应客户更为苛刻的需求。而科技创新在产品定价、风险管控、理赔反欺诈等各方面具有明显优势。保险企业需要持续通过自主研发或与其他机构合作，引入保险科技技术，用更便捷的渠道，更安全的方式，帮助消费者获得符合自身需求的保险产品和服务，获得最优的用户体验。

2. 重塑数据

保险业在长期发展过程中，积累了海量的数据，如何利用这些数据，使其成为企业的资产，帮助企业在未来获得持续竞争力，成为了摆在保险行业巨头面前的现实问题。而数据体量与维度的大幅增长，也吸引更多竞争者进入保险行业。保险产业链内包括年金保险、车险、P2P保险、小微企业保险、保险分析软件、手机移动支付、产品保险、租赁或业主保险、健康保险和宠物保险在内的多个细分市场，都在海量数据与全新数据处理技术的帮助下获得了显著的成长。

同时，许多先进的数据分析工具使企业能够比以往任何时候都能获取更多关于个人的信息，并通过将其与与日俱增的计算能力和越来越多的智能算法相结合，让企业能够更准确地阐释投保人行为，改进包括保险在内的产品、渠道、风险、授信与决策等，推动管理智能化及服务体验个性化。这也是是重塑数据过程中最为核心的问题。

3. 重塑平台

从淘宝，滴滴，美团，今日头条，陌陌这些大平台中我们可以初见端倪，"大平台＋小个体"时代正在逐步到来。保险企业拥抱科技，打造基于平台的生态圈或基于生态圈的平台已经成为当前阶段的竞合主题，前者有保险企业主导，如"平安一账通"等平台；后者由生态圈所属企业主导，如腾讯微信"Wesure 微保"平台等。

平台技术支撑着企业业务与数据，平台技术应以满足高性能、开放、安全、云端化诸多特征以适应业务的发展和数字化转型的需要。

第四节　保险科技创新趋势与实现路径

一、中国保险市场发展潜力

当前，中国已经成为排名世界第二的保险大国，保险市场规模已经超过了日本，仅次于美国。但保险大国并不意味着保险强国。整体上看，中国保险市场仍然存在着保险密度和保险深度不高、渗透率低、行业影响力不足等问题，和银行业、证券业相比，同为大金融体系三大支柱之一的保险业总资产占比极低。

究其原因，在于中国目前的保险行业存在着严重的供需不匹配问题。一方面，供给端保险产品同质化问题严重；分红、投连、万能保险等非保障类险种占比极高；缺乏灵活、适应性强的定价机制等问题，使传统保险公司无法提供具有足够吸引力的产品；另一方面，需求端的风险保障及相关服务需求远远得不到满足；健康、养老、巨灾产品相对缺乏，客户体验有待提高。处于新经济形式大背景下的传统保险公司，必须以回归保险保障本质为目的开始转型，积极服务大众，提供更多符合市场需求的保险产品，满足客户日益提高的风险保障需求。

这些问题暴露出了行业发展的缺失，也是行业未来发展潜力和发展空间的有力证明。未来，在新常态的经济发展背景下，监管变化和保险科技同时驱动保险行业向黄金发展期迈进。保险科技将促进保险行业的商业模式和产品组合继续深度创新。全球多家顶级咨询机构一致认为，技术是保险行业最重要的颠覆性力量。保险公司可以基于移动互联网技术、云计算、大数据、人工智能、物联网、认知计算和生物识别等技术制定自身的科技战略，并着手构建新阶段的核心能力，保险生态体系的其他主体可以积极探寻行业内空白机会，创新业务模式，通过竞合策略，实现多方共赢。

二、全球保险科技发展趋势

金融行业变革发展的脚步不断加快。尽管保险业无法在一夜之间发生巨变，但随着技术不断涌入金融市场，全球保险公司都在积极布局，以便寻求机遇、主动出击。伴随着新技术的不断出现，新的保险产品与服务模式也不断涌现，以提升风险洞察能力和增进客户体验为主旋律的保险科技应用逐渐吸引了全球保险市场生态主体的关注。

在消费者数据与风险数据与日俱增的背景下，大数据技术为人们提供大量信息和方便的同时，也将对传统精算技术产生冲击，提高了风险因子的度量难度。因而，这二者之间的取长补短成为保险行业需要关注的问题之一。与此同时，作为保险行业主要创新点的"精准量化风险""以数字化交互方式服务客户"，逐渐被保险市场生态主体所重视。

而在欧洲，人们对于过多依赖数据分析甚至出现意想不到的后果而愈加担忧，信息技术的安全隐患亟待解决。在引进新技术的同时，全球保险行业也注意到与之共同上升的网络风险。

保险科技在世界各地的发展相当活跃，北美洲市场以美国为主，欧洲市场有英国、法国和以色列等，亚太市场上，中国和印度所占市场份额较大。但是，各个国家和地区的创新侧重点不同。首先以美国为例，其创新重点主要与IT赋能新业务、大数据、个人数据相关，如与保险科技紧密相关的健康险业务。在欧洲，车险、比价、房屋险市场需求旺盛，其中英国市场对于创新起主导作用。另外，在亚太地区，车险、比价、IT公司发展迅速。纵观全球，保险科技已广泛应用于各个国家的保险市场。

同时正是由于保险科技的广泛扩展，很多行业均有涉足，这也引起了监管部门和规制者的关注，监管科技便应运而生。国际金融协会（IIF）将监管科技（RegTech）定义为"能够高效和有效解决监管和合规性要求的新技术"，这些新技术主要包括机器学习、人工智能、区块链、生物识别技术、数字加密技术以及云计算等。监管科技能够应用在包括客户管理、合规检测、监管报告和预防欺诈等方面。

我们应当注意到，投资保险科技相关的项目，对于保险公司而言是扩大产品和服务的范围、拓宽客户基础以及更好地利用分析能力的绝佳机会。现阶段，保险科技类投资呈现多样化、区域性显著的特点。尽管目前保险科技类的风险投资规模较小，但其在未来仍有非常大的发展空间。

根据毕马威发布的金融科技脉搏报告（Pulse of Fintech）显示，尽管保险科技总体交易量从103亿美元下降到了57亿美元，但在2018年期间仍然有超过240个保险科技交易，仅比2017年少了十几个。

三、保险科技创新趋势研判

根据传统公司战略理论，企业的创新过程可以分为两类：渐进式创新与激进式创新。渐进式创新是在原有产品的基础上，温和地进行产品改良与升级；激进式创新则是开发全新的产品，实现产品的升级换代。然后从商业本质上看，这两种创新模式都是将产品的功能与效用不断提高，不断获取高端消费者的市场份额。换言之，这种创新是针对尚不满足的消费者进行的产品或服务模式的升级。

而对于新市场和低阶市场来说，技术的变革往往带来的是破坏性的创新（Disruptive Innovation）形式。狭义上讲，这种形式的创新致力于生产更便宜、更便利和更简单的商品，并提供给尚未消费或要求不高的消费者，破坏性创新的关注重点是"低阶"需求；广义上说，能够给业界和市场在竞争格局上或者生态系统里带来颠覆的创新成果就可以被称为破坏性创新。从某种意义上来说，与互联网的"降维打法"有异曲同工之妙，二者相结合后，加以政策引导，便可为"普惠金融"提供更便捷的服务。

目前,保险科技带来的破坏性创新成果及思考主要包含以下几方面:

1. 保险产品及服务形态多样化发展

首先,智能推荐系统可以使第三方比价平台或中介平台结合消费者的需求及消费习惯向消费者进行产品的推荐或比较;第二,基于使用量的保险将依托移动终端的数据积累和模型架构实现真正落地,使得保险定价更加精准、合理并富有弹性;第三,保险事故现场查勘、理赔流程实现优化,通过让用户上传汽车损坏照片或视频,实现智能定损、快速核赔;第四,细分消费者市场及标的类型,拓宽承保领域。

2. 行业的边界性正在消失

保险科技对保险业发展的一个直接影响是:保险行业与其他行业的边界性正在消失。举个例子,以往寿险产品保障的是人的生老病死,是人的一种生命状态。而现在,中国人寿、中国平安、泰康人寿等大型寿险企业依托专业的核保技术及健康保险数据,纷纷将自身定位于"大健康"产业的践行者,保险与健康管理、医学等领域的界限逐渐模糊。美国 Clover Health 作为一家独角兽初创公司,将保险的职能范围进一步扩大,他们通过运用大数据技术实现对被保险人获得某种疾病的"提前预警",借助该预警机制帮助被保险人降低患病几率,减少患病支出。在非寿险领域,通过运用物联网技术和遥感技术等实现对巨灾风险、农业风险的监测与预警同样成为保险科技攻克的重点,相应的,保险与灾害学、地理学、农业、养殖业等专业领域的边界也在逐渐消失。

3. 一个思考:"自动化"世界的新风险

科技已经改变了人与人、人与金融、人与服务的交互方式,很快,它也将改变人与家居、人与街道、人与交通,甚至是人与自然的交互方式。在这种趋势下,在智慧城市、电子医疗、无人驾驶和智能交通等不同的领域,保险产品和服务将会产生不同程度、不同方向的颠覆性创新。

不过,与此同时,我们应当保持清醒,自动化、程序化、智能化的世界的背后事实上是万事万物的"数据化"。这种"数据化"带来的隐患是一旦发生保险事故，问责将成为一个十分困难的问题。设想一下，传统的车辆碰撞事故，无非就是一方全责、一方负主要责任和双方同等责任三种情形，而无人驾驶汽车的碰撞事故将会变得非常复杂，虽然对于车况及行车数据的查勘将变得简单，但背后仍存在数据设定对错或哪方数据"承担责任"的科技"伦理"问题。类似的，在保险科技领域，大数据征信逐渐成为保险定价的重要依据，而大数据建模的合理性却鲜有人问之，这在承保、核保和核赔等领域都会带来新的问题。

未来，中国保险市场中源于科技创新的破坏性创新模式仍将延续。借助全新技术手段，保险公司将有可能破坏原有的市场格局与竞争规则，并拓展自身的产品外延与价值体系。通过颠覆传统市场格局，凭借新科技发展起来的全新保险机构将成为行业的先行者与标准的制定者，不断推动自身的发展，促进行业的进步。

在互联网、数据化、人工智能、物联网的大背景下，未来国内保险行业也将迎来产品、技术和服务升级的高潮。保险科技能够改变的领域和内容越来越多，保险科技的应用场景也会随着社会的发展常变常新，破坏性创新的趋势仍将延续下去。

四、保险科技创新发展机遇

随着保险流程日益转向移动平台，大众风险保障的需求越来越强烈，消费者看待保险的方式也正在从"没必要购买"转向"保险必不可少"。在这样的发展背景下，保险科技赋能保险业发展，将真切地变革保险业的整条价值链与发展格局（如图9-5所示），非常明显的几个变化就是：①核心导向发生变化；②数据价值日益凸显；③产品形态更符合个性化/长尾需求；④定价手段发生变革；⑤业务场景更加多元；⑥业务流程更加迅捷；⑦降低运营成本，解放低端劳动力。

保险科技风口带来的创新机会主要包含以下几方面：

1. 定价手段精准化

凭借数据收集与处理方式的进一步进化，保险科技能够对不同个体的风

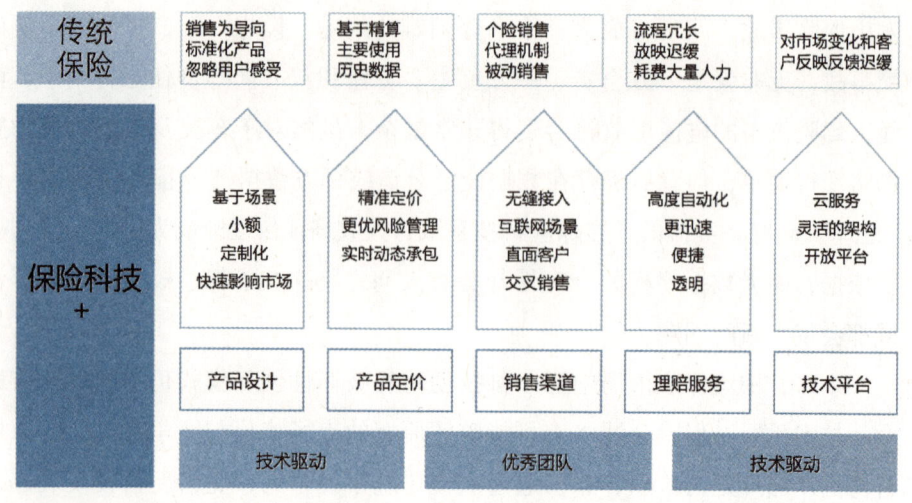

图9-5 "保险科技+"下的保险创新机会

险进行精确的分析，并设计高度个性化的产品，满足消费者更具体的消费需求。而对于共享经济，符合不同用户的差异化需求的产品，才更有可能获得成功。例如，凭借大数据与物联网技术，可穿戴设备将获取不同个体之间的身体情况信息，保险公司据此可以对重疾险、健康险进行更精准的定价；而车险则可以通过车载行车记录仪，形成"个性化"风险管理数据及定价。伴随着大数据技术的逐步推广，定价手段精确化将帮助保险行业提供更优质的服务。

2. 投保方式智能化

智能投保已经在保险行业得到了推广与应用，随着人脸识别技术、信息自动匹配技术的引入，极大的提高了保险公司经营服务效率，改善了客户的投保体验，使客户从投保开始即感受到保险的人性化关怀。借助智能投保顾问系统，消费者可以将自己的需求对接保险产品供应商丰富的产品库，并可以随时根据自己的需求，定制个性化的保险产品。在这个业务系统中，多元化的产品供应平台是实现客户差异化需求、提供精准定制化服务的关键。借助丰富的产品以及销售管理规范的支持，智能投保系统将打破保险市场信息不对称的桎梏，为消费者提供更加丰富、平等、个性、透明的服务。

3. 设备与渠道多元化

远程通信技术、多功能传感器、便携物联网设备已经成为保险科技运用的经典范例，长期来看，这些全新设备与技术能够为保险公司带来了符合预期的市场效益。例如，亚马逊公司的 Echo 设备通过名为"Alexa"的语音助手与用户进行交互，用户足不出户，就可以通过该服务让 Alexa 为自己普及保险知识，以及查询保险代理人的联系方式。

健身追踪器、智能手表和其他可穿戴设备也成为了推动远程医疗发展的主要动力。更为重要的是，在处理索赔和风险管理方面也出现了新的方式——用数字代理或无人机取代对自然灾害造成损害所需的人工评估。

保险科技的最新技术成果能为保险公司提供最有用的数据以降低成本、提高消费者和保险公司双方的效率并确保各个环节都有品质如一的用户体验。

4. 服务范围扩张化

纵观保险业的发展，保险业的供给总是随着科技的进步呈现扩张趋势。在科技水平不断提高的带动之下，保险领域中一些过去不可保、不愿保的风险逐渐转化为可保、能保、愿保的实际产品，扩大了保险人的服务范围。可以预见，随着保险科技的发展，未来将会有更多曾经超越我们认知的保险产品出现，弥补风险防范的空白区域。

5. 中国保险业产销分离加速化

随着保险科技的创新，无论是保险公司还是保险中介机构，其销售模式将会随着保险科技的变化而进行相应调整。从当前中国保险市场的初创科技公司类型来看，绝大部分保险科技公司都是以保险销售渗透作为首要任务，其作用更类似于保险中介机构。这些保险科技公司会更着眼于通过更有效率、高质量的方式提出建议、提供服务，以此接触大众市场；同时将会采用全面以客户为中心的方式，完善和简化的保险服务流程，再通过直通渠道实现与保险供应商的连接，包括直接与保险公司连接以及与代理人、经纪人的渠道连接，为客户打造一站式综合服务，实现以更小的销售渠道达成更高的产能，在保险销售方面形成优势。另一方面,产销分离也符合国际成熟市场的发展惯例,保险公司通过运用保险科技,可以在产品定价、理赔服务等方面形成核心优势,养成可持续的竞争能力。在这种影响之下,中国保险业的产销分离将提速。

第十章 中国保险市场监管趋势研究

第一节 保险监管整体情况

一、2018年保险监管的问题与成效

2018年，对保险监管部门来讲是极具挑战的时期。银保监会认真学习贯彻落实全国金融工作会议精神，特别是认真贯彻落实党的十九大报告提出的坚决打好三大攻坚战，其首战要防范化解金融风险。按照党中央、国务院的部署，一年来银保监会坚持强监管、出重拳、治乱象、守底线、补短板、立规矩。银保监会加大了监管力度，也加大了对"有照驾驶"但属于"违规驾驶"的违纪违规的经营活动进行查处的力度。同时，对那些"无照非法驾驶"，从事违规乃至违法的金融活动也给予严厉的惩治和禁止。

2018年，保监监管在取得一定成效的同时，前几年监管及行业发展存在的一些问题也集中在最近两年爆发，2018年一些问题已经得到改善或遏制，但尚未取得完全性改进，主要包括：

一是股东乱象及公司治理失效。有的保险公司股权结构复杂，部分股东通过多层交叉持股或代持股，代为行使股东权利等协议控制，将看似零散的保险公司股权积少成多，实质上构成了关联关系和一致行动关系，合并后的关联方持股比例远超监管上限，并最终形成实际控制人。一些投资性公司成为保险公司股东，往往也只是初始接口，其背后还牵涉一系列其他投资性公司和个人，由此形成树状发散，环环相扣的利益链条，有的嵌套10层甚至更多，其隐藏的股东不得而知。有的保险公司直接由大股东或其委派的人员控

制。这些大股东深度控制公司的投资决策权、财务管理权、项目控制权和人事任命权等关键权利，通过各种手段绕开"三会一层"违规运作，大搞"一言堂"，凌驾于公司治理和内部控制之上。个别股东入股保险公司时，报送虚假材料，骗取行政许可，持续对公众披露虚假信息。

二是资本不实和股东占款。个别公司实际控制人利用保费收入形成的资金，自我注资、循环使用、虚增资本，置监管规则于不顾，导致偿付能力监管失效。个别公司人为操纵偿付能力，调整特定时点的偿付能力充足率，如通过资产临时出表，通过平台公司掩盖资产真实状况，偿付能力监管可能如马奇诺防线般被绕过。个别公司将保险资金直接或间接转移至平台公司或个人公司，截留、挪用、转移保险资金，投资商业住宅等。个别公司擅自超售投资型业务，隐匿资金、脱离监管，个别股东占用、挪用保险资金。

三是激进经营和高风险偏好。有的公司实际控制人把保险公司异化为融资工具，把保险资金作为投资工具，形成"激进产品、激进销售、激进投资、虚增资本"的高杠杆高风险的恶性循环。有的公司战略和定位背离保险主业，脱离保险保障功能，热衷于短和快的发展模式，集中发展短期高现价产品，迅速做大规模聚拢资金，甚至粉饰其偿付能力和经营数据。有的保险公司无视保险业经营发展和保险资金运用客观规律，为获取高收益，一再倒逼资产端提升风险偏好，甚至孤注一掷、铤而走险。

四是资产负债管理理念缺失。个别公司认为，保险可以源源不断、永无止境地进来，根本没有成本、收益、期限、现金流管理等基本经营理念，根本没有资产负债匹配的基本管理意识。有的保险公司总经理、总精算师等只负责保险业务，投资、资产负债匹配等则"事不关己，高高挂起"，失职渎职。有的公司明知故犯，心存侥幸心理，利用高现价产品冲规模、抢市场，市场形势变了，现金流不足了，流动性风险暴露了，才恍然大悟。有的公司缺乏资产负债管理必要的能力和技术，为获取高收益，盲目把资金投向不动产、未上市股权、信托产品等低流动性资产，加大资产负债管理难度。

五是违规关联交易和利益输送。个别保险公司与非保险股东作为一致行动人开展举牌上市公司和跨领域并购，以大股东意志为导向，将保险资金盲目投资到一些毫不相干的行业。有的公司关联交易真实比例长期高于监管比例，保险资金被投向实际控制人的非保险业务，保险公司沦为低成本融资平台和风险最终承受者。有的公司通过信托、股权投资基金等方式，将资金投向股东关联方，变相占用保险资金。有的公司利用未上市股权、不动产、基础设施等另类投资，向有关机构或个人输送利益，产生道德风险。

六是非理性举牌和跨境并购。有的公司无序举牌，操控保险资金在资本市场横冲直撞、快进快出，不顾金融业基本定位，冲击实体经济，引发社会激烈争议。有的公司无视风险，大肆跨领域并购不熟悉、不相干的公司，盲目跨市场参股控股其他金融机构，不顾中国现实国情和社会公众接受程度，把保险资金异化为真正的"险"资。有的公司无视规矩，盲目开展大额跨境并购、跨境资金转移，利用内保外贷加杠杆放大风险，游离于境内监管之外，危害金融市场稳定和国家安全。

七是层层嵌套和底层资产不清。有的保险机构将资金投向信托计划、银行理财、私募基金等产品，再由信托、银行等将这些资金投向其他基础资产，难以穿透监管，增加了杠杆，减少了透明度，加大了风险，模糊了资金的真实投向，掩盖了风险的真实状况，很容易成为有毒资产。个别保险公司在嵌套过程中不断加杠杆，循环放大风险，危及保险资金安全。个别保险公司利用金融产品嵌套和通道，设立平台公司，形成资金池，掩饰最终底层资产，隐匿资金真实去向，达到违法违规运用保险资金的目的。

八是对财务投资和控股投资的认识不清。有的公司对保险资金的负债属性、安全属性认识模糊，以为什么都能投，不满足于以收益为目的的财务投资，铤而走险，以控股投资方式投资一些毫不相干的企业。少数公司热衷控制股权，为达到控制目的，不计成本、不惜代价，出现了很多"匪夷所思"的投资行为，甚至与被投资公司管理层发生激烈冲突。

九是守法合规意识淡漠。有的公司运用"假委托"形式变相自行开展股权投资、金融产品投资等，有的公司以投资顾问形式"转委托"，不履行主动管理职责，规避监管要求，打"政策擦边球"，抱有侥幸心理。有的公司漠视法律法规、违规开展重大股权投资、长期超比例投资，在偿付能力不足的情况下开展高风险投资、直接投向商业住宅等。有的员工存在股票投资"老鼠仓"，内部交易等行为。

十是考核激励机制扭曲。有的公司激励制度只注重短期投资收益，不注重合规、风险和资产负债管理，导致投资行为过度偏向短期超额收益，放大风险。有的公司的高管盲目追求百万甚至千万的高薪酬、高奖励，不以服务实体经济和国家战略为导向，以牺牲国家利益和行业长远利益为代价，达到个人利益最大化。个别公司为了业绩，不当创新、过度创新，为了创新而创新，甚至为恶意套利而创新。有的保险产品与保险无关，却败坏保险声誉；有的资管产品使原本简单的交易结构复杂化，雁过拔毛、过路收费。

二、2019年保险监管整体趋势研判

（一）保险改革将进一步深化，全面开放新格局将逐步形成

2019年，是新中国成立70周年，也是中国银保监会组建后的第一个完整年份。现代保险服务业既是我国改革开放的必然产物，也是我国经济金融改革开放的重要力量。2019年，在党中央国务院的正确领导下，中国银保监会一定会解放思想、与时俱进，不忘初心、牢记使命，在现代保险监管体系建设的道路上迈出新的步伐。监管理念将更加成熟，监管定位将更加清晰，从严监管理念将逐渐树立。监管组织体系将进一步健全，监管队伍的专业化水平将显著提升。保险监管框架将日臻完善，偿二代监管制度全面实施，三支柱现代监管框架将进一步完善，机构监管和功能监管相结合、微观审慎和宏观审慎监管相结合的现代保险监管机制将不断健全。监管法规体系将更加完备，监管技术手段将逐步改进，全覆盖、标准化的保险统计数据体系将基本建成，现场和非现场监管信息系统将基本齐全。

在银保监会的引领下，2019年，保险业不断发展壮大，在服务经济发展、社会治理和民生保障方面发挥着越来越重要的作用。2019年，保险市场主体

达到 238 家,其中财产险公司 88 家,人身险公司 91 家,再保险公司 12 家,保险集团(控股)公司 12 家,保险资产管理公司 24 家;全国共有保险中介集团公司 5 家,全国性保险代理公司 240 家,区域性保险代理公司 1550 家,保险经纪公司 499 家,已备案保险公估公司 353 家,个人保险代理人 871 万,保险兼业代理机构 3.2 万家(代理网点 22 万余家),银行类保险兼业代理法人机构 1971 家(代理网点近 18 万余家)。不同业务类型、多种组织形式的市场主体日趋丰富,专业化分工与合作的市场格局初步奠定。保费规模达到 3.80 万亿元,保险业总资产达到 18.33 万亿元,我国已成为世界第二保险大国。保险改革取得突破性进展,保险公司改制上市、产品定价机制改革、市场准入退出改革、资金运用体制改革等深入推进,市场配置保险资源的决定性作用得到发挥。农业保险、巨灾保险、大病保险、责任保险、养老保险、健康保险等关系国计民生的保险业务不断壮大,资金运用规模达到 16.41 万亿元,保险从业人员已达 1000 多万人,保险业的服务能力显著提升。

(二)服务国家重大战略,支持现代化经济和社会体系建设

2019 年,保险业风险总体可控,但面临的形势依然复杂严峻。要按照党中央、国务院的部署,开拓进取,奋发有为,扎实推进各项工作。全面贯彻党的十九大、十九届二中、三中全会精神和中央经济工作会议精神,坚持党对金融工作的集中统一领导,坚持稳中求进工作总基调,践行新发展理念,以服务供给侧结构性改革为主线,着力提高保险服务实体经济能力,打好防范化解保险风险攻坚战,坚定不移深化改革扩大开放,推动保险业向高质量发展转变,为全面建成小康社会提供更有力的保险支撑。推动保险业回归本源,充分发挥保险保障和保险资金的独特优势,更好地服务国家战略和实体经济。

一是服务精准脱贫攻坚战。推进大病保险精准脱贫,推动保险业开展建档立卡贫困人口补充商业医疗保险,提高覆盖面和服务水平。完善农业保险制度,加快发展多种形式的农业保险,提高农业保险保障水平,助力乡村振兴战略;加大对深度贫困地区的支持力度,适当降低涉农保险产品费率;启

动部分粮食主产省收入保险和完全成本保险试点，推进巨灾保险实践探索，稳步扩大"保险+期货"试点；稳步推进保险资金支农支小服务试点；研究设立中国农业再保险公司，完善财政支持的大灾风险分散机制。

二是服务污染防治攻坚战。大力推进绿色保险产品和服务升级创新，推动涉及重金属、石油化工等领域的环境污染责任保险试点。积极推动将投保环境污染责任保险纳入相关法律法规，组织行业制定环境污染责任保险示范条款。积极引导保险资金支持绿色低碳产业发展，主动将环境风险因素纳入投资决策体系。积极参与环境风险治理体系建设，充分借助环境风险管理评估专业机构力量，提升保险业支持环境改善的服务能力。

三是服务国家供给侧结构性改革。围绕"三去一降一补"，支持保险资产管理机构发起设立去产能并购重组基金，促进钢铁、煤炭等行业加快转型升级。建立财务性股权投资负面清单管理方式，发挥保险资金适合转化为长期资本的优势。重点把握供给侧结构性改革、基础设施网络建设、区域发展战略、国家重大科技项目、先进制造业和高新技术产业等战略机遇，拓宽保险资金支持国家重大战略的渠道。研究推进中国保险投资基金设立服务国家战略专项基金，高效对接国家战略。

四是服务其他战略。鼓励保险机构服务京津冀协同发展、长江经济带、粤港澳大湾区等区域发展。推动关系国计民生的责任保险发展，研究规范责任保险经营行为，助力社会治理创新。研究启动新材料首批应用保险补偿和专利保险试点，更好地服务"中国制造2025"。推动商业长期护理保险发展，鼓励保险业参与长期护理保险制度试点；积极发展商业健康保险，推动税优健康保险平台与国家税务平台对接，助力多层次医疗保障体系建设。支持保险机构拓展企业年金和职业年金业务，开展税延养老保险试点，积极参与基本养老保险基金等市场化投资管理，助力多层次养老保障体系建设。

（三）防范化解金融风险，深化整治保险业市场乱象

2019年，保险业要坚持稳中求进、服务大局，抓住主要矛盾和矛盾的主要方面，扎实推进整治市场乱象各项工作，严厉整治各类违法违规行为，严

守不发生系统性金融风险的底线。

一是进一步统一对深化整治保险业市场乱象重要性的思想和认识,坚决防止出现等待观望、推诿责任和消极应付等情况。

二是坚持做到监管改革和整治乱象两手抓、两促进,增强"四个意识",严守各项纪律,确保职责调整和乱象整治工作协同推进。

三是坚持底线思维,把握工作节奏,严格落实责任,抓好问题整改、督导检查等各项工作。按照"稳定大局、统筹协调、分类施策、精准治乱"的要求,重点解决当前存在的突出问题,稳妥消化存量,严格控制增量。

四是持续保持对违法违规行为严处罚、严问责的高压态势,做到依法监管、有法必依、违法必惩、执法必严,并依法公开相关处罚信息。

(四)保险业要严守定位,回归本源,转型发展

近年来,保险业紧紧围绕服务实体经济,深化供给侧结构性改革,坚决整治市场乱象,努力防范和化解各类风险,业务结构和质量逐步改善,服务经济社会能力有所提升,各项工作取得明显成效。但同时也要看到,保险业公司治理结构仍然不够规范,内控机制需要进一步加强,服务经济社会发展的能力和水平迫切需要进一步提高,全行业转向高质量发展的任务依然十分艰巨。

2019年,保险业要严守定位,回归本源,转型发展,坚持服务实体经济的根本导向,坚守长期稳健风险管理和保障的基本属性。要把服务重点领域和薄弱环节作为着力点,将治理市场乱象作为有力抓手,将深化改革开放作为基本动力。加快调整机构体系、市场结构和产品结构,牢固树立以客户为中心的指导思想,努力推进科技创新和管理创新,降低运营成本,提升服务质效。不断改善客户体验,增强社会的满意度,为全面建成小康社会,满足人民群众对美好生活的需要做出新的更大贡献。

党的十九大提出,中国特色社会主义进入新时代,我们比历史上任何时期都更接近、更有信心和能力实现中华民族伟大复兴的目标。中央的蓝图就是保险工作的根本遵循,可以说,保险业的奋斗目标与我国进入高质量发展

阶段相适应，与两个一百年特别是到新中国成立一百年时把我国建成社会主义现代化国家相匹配。在实现宏伟目标的伟大历史进程中，在推动我国经济实现高质量发展的过程中，2019年保险业肩负着光荣而神圣的使命，必须在维护金融安全、服务实体经济、完善社会保障、分散社会风险等任务中努力成为中坚力量、发挥支柱作用，决不能成为建设社会主义现代化强国的短板和弱项，要努力建设与社会主义现代化强国相匹配的新时代现代保险服务业。

第二节 财险市场监管情况

一、2018年财险监管情况概述

2018年，财产保险监管工作以习近平新时代中国特色社会主义思想为统领，坚决贯彻落实党中央国务院的决策部署和党委的各项要求，深入推进"两不误、两促进"工作落地生根，在防风险、治乱象、补短板和服务实体经济等方面采取了有力措施，推动财产保险事业稳步前进。

一是行业发展迈上新台阶。2018年，财产保险行业保费收入突破万亿大关，达到10770亿元，同比增长9.51%，行业提供风险保额5777万亿元，同比增长90.65%。

二是服务乡村振兴和助力脱贫攻坚工作取得新成果。全国农业保险全年实现保费收入572.65亿元，为1.95亿户次农户提供风险保障3.46万亿元，承保粮食作物面积11.12亿亩。涉农小额贷款保证保险实现保费收入4.1亿元，赔付支出8.3亿元，帮助20万农户撬动"三农"融资贷款138亿元。农房保险为1.4亿多间农房提供风险保障3.6万亿元。开发扶贫专属农业保险产品147个，涉及22个省区的60种农作物。

三是防范化解风险取得新进展。截至2018年年末，财产险公司的平均综合偿付能力充足率为274%。财产保险行业激进经营和市场乱象得到有效遏制,转型发展取得积极成效,业务结构优化,保险保障功能增强。偿付能力指标始终保持在合理区间较高位运行,战略风险、声誉风险等风险有所降低,保险公司风险管理能力稳步提升,保险业抵御风险的基础不断夯实。同时,外部环境变化影响增大,保险业周期性、结构性、体制性问题仍然存在。

四是治理市场乱象取得新成效。当前保险业风险总体可控,但面临的形势依然复杂严峻。保险监管要坚定不移以习近平新时代中国特色社会主义思想为指导,深入落实习近平总书记关于金融工作的系列重要指示精神,认真贯彻党中央、国务院决策部署,坚持稳中求进工作总基调,持续深化金融供给侧结构性改革,平衡好稳增长和防风险的关系,精准有效处置重点领域风险,持续加强偿付能力监管,着力构建偿付能力风险分析监测体系,坚决打好防范化解金融风险攻坚战,努力引导保险业高质量发展,持续提升服务实体经济质效。

二、2018 年财险监管主要动态

2018 年 2 月,银保监会印发《反保险欺诈指引》,有利于保护保险消费者合法权益,切实防范化解保险欺诈风险,促进保险业健康可持续发展及社会诚信体系的构建。

2018 年 3 月,银保监会印发《关于开展商业车险自主定价改革试点的通知》,进一步深化了商业车险条款费率管理制度改革,更好地发挥市场在资源配置中的决定性作用。

2018 年 3 月,银保监会印发《关于调整部分地区商业车险自主定价范围的通知》,更好地发挥市场在资源配置中的决定性作用,推动了《中国保监会关于深化商业车险条款费率管理制度改革的意见》的进一步落地。

2018 年 7 月,银保监会印发《关于商业车险费率监管有关要求的通知》,加强了商业车险产品费率监管,保护了消费者合法权益。

2018 年 8 月,银保监会印发《关于切实加强和改进保险服务的通知》,为促进保险业进一步提升服务质量和水平,维护保险消费者合法权益,对销售行为不规范、理赔服务不到位、纠纷处理不及时等突出问题进行了要求。

2018年8月，银保监会印发《关于进一步做好信贷工作提升服务实体经济质效的通知》，要求深化保险资金运用在投资范围、比例、偿付能力等方面的改革，进一步缩短投资链条，降低投资成本，提高投资效率。发挥保险业风险管理和保障功能，不断丰富财产保险、人身保险等产品和业务模式，改进保险服务，稳定企业和居民财务预期。

2018年10月，银保监会印发《关于开展信用保证保险业务专项自查工作的通知》，为防范化解信尾保险和保证保险业务风险，强化保险公司主体责任，评估《信用保证保险业务监管暂行办法》执行效果，银保监会组织开展了信保业务专项自查工作。

三、2019年财险监管趋势研判

2019年，车险成为财产保险监管的重点工作，银保监会会进一步加强车险监管，维护车险消费者合法权益，推进车险高质量发展，为下一步的商业车险改革营造良好市场环境。

2019年，保险业必须把防范系统性风险与服务实体经济更紧密结合起来。防范系统性风险是实体经济持续健康发展的重要前提，要通过有效监管防范化解各类经营风险和防止局部风险扩散蔓延，维护金融市场稳定，同时推动房地产长效机制建设，促进国际收支总体平衡。服务好实体经济是防范系统性风险的根本举措，银行业保险业必须从大局出发，按照"六稳"要求，坚决服务供给侧结构性改革，稳步推进结构性去杠杆，妥善处理防风险与稳增长、调结构的关系。有效增加资金投放和融资供给，积极支持国家重大战略实施，扎实推进普惠金融，助力打好脱贫和污染防治攻坚战。大力支持民营企业和小微企业，在信贷供给增加的基础上保持融资成本处于合理水平。鼓励各类机构通过内部挖潜和采用新技术等多种手段，提高金融服务效率。

第三节　人身险市场监管情况

一、2018 年人身险监管情况概述

2018 年，人身保险监管工作以习近平新时代中国特色社会主义思想为统领，坚决贯彻落实党中央国务院的决策部署和党委的各项要求，深入推进"两不误、两促进"工作落地生根，在防风险、治乱象、补短板和服务实体经济等方面采取了有力措施，推动人身保险事业稳步前进。

2018 年，人身险行业保费收入为 27246 亿元，同比增长 1.87%，行业提供风险保额 1120 万亿元，同比增长 0.10%。其中，寿险业务 20722.86 亿元，同比减少 732.70 亿元，下降 3.41%，人身险业务占比 76.06%；健康险业务 5448.13 亿元，增加 1058.67 亿元，增长 24.12%，人身险业务占比 20.00%；意外险业务 1075.55 亿元，增加 174.23 亿元，增长 19.33%，人身险业务占比 3.95%。

2018 年，人身保险监管工作恪守本职工作，推动人身保险监管事业在压力和挑战中不断前进：防范化解风险取得新成效，维护了行业稳定经营的局面；从严监管迈出新步伐，推动监管逐步从宽松软走向严紧硬；全面深化改革实现新突破，市场配置资源的关键地位已经确立；转变发展方式进入新阶段，行业从"靠天吃饭"走向更加稳健和可持续发展；行业基础建设迈上新台阶，确保行业发展行稳致远。

二、2018 年人身险监管主要动态

2018 年 2 月，银保监会印发《反保险欺诈指引》，有利于保护保险消费者合法权益，切实防范化解保险欺诈风险，促进保险业健康可持续发展及社会诚信体系的构建。

2018年4月，银保监会印发《个人税收递延型商业养老保险产品开发指引》，个人税收递延型商业养老保险产品（以下简称税延养老保险产品）开发指引，是个人税收递延型商业养老保险试点期间，保险公司开发设计税延养老保险产品的基本要求和统一规范。参与试点的保险公司应按照本指引和相关规定，开发设计税延养老保险产品。

2018年5月，银保监会印发《个人税收递延型商业养老保险业务管理暂行办法》，有利于促进个人税收递延型商业养老保险试点健康发展，服务多层次养老保障体系建设。

2018年5月，银保监会印发《关于组织开展人身保险产品专项核查清理工作的通知》，为持续规范人身保险公司产品开发管理行为，防范人身保险产品风险，银保监会开展了人身保险产品专项核查清理工作。

2018年6月，银保监会印发《人身保险公司精算报告编报规则》，有利于深入推进防控金融风险的重要工作部署，客观、全面、准确地反映人身保险行业状况，进一步强化人身保险负债监管，推动行业着眼长远、稳健经营。

2018年7月，银保监会印发《个人税收递延型商业养老保险资金运用管理暂行办法》，有利于规范个人税收递延型商业养老保险的资金运用行为，促进个人税收递延型商业养老保险试点健康发展。

2018年7月，银保监会印发《关于扩大老年人住房反向抵押养老保险开展范围的通知》，有利于进一步深化商业养老保险供给侧结构性改革，积极发展老年人住房反向抵押养老保险，对传统养老方式形成有益补充，满足老年人差异化、多样化养老保障需求，并决定将老年人住房反向抵押养老保险扩大到全国范围开展。

2018年8月，银保监会印发《关于切实加强和改进保险服务的通知》，为促进保险业进一步提升服务质量和水平，维护保险消费者合法权益，对销售行为不规范、理赔服务不到位、纠纷处理不及时等突出问题进行了要求。

2018年8月，银保监会印发《关于进一步做好信贷工作提升服务实体经济质效的通知》，要求深化保险资金运用在投资范围、比例、偿付能力等方面的改革，进一步缩短投资链条，降低投资成本，提高投资效率。发挥保险业风险管理和保障功能，不断丰富财产保险、人身保险等产品和业务模式，改进保险服务，稳定企业和居民财务预期。

三、2019 年人身险监管的发展趋势

2019 年，人身保险业务收入结构将进一步优化，短期产品将大幅压缩，保险保障功能将不断增强。保险监管部门将按照法律法规和相关监管规定要求，继续对各公司报备产品进行严格核查，持续追踪公司产品经营情况，定期通报监管工作中发现的问题。同时研究推进产品信息公开披露制度，加大媒体和公众监督力度。对产品管理主体责任履行不到位，产品回溯工作走过场，产品开发设计违规或不符合精算原理，以及仍涉及负面清单或历次问题通报中列明的不合理、不规范情形的，银保监会将依法采取监管措施或实施行政处罚，严格追究相关人员责任。

2019 年，银保监会将进一步强化对保险销售误导的查处惩戒力度。针对损害保险消费者合法权益的典型问题和突出公司，组织开展"精准打击行动"，从严整治、从快处理、从重问责，发挥警示和震慑作用；针对人身保险销售、渠道、产品和非法经营等方面问题开展人身保险"治乱打非"专项整治，查处违法违规行为，整顿规范市场秩序，切实保护好消费者合法权益。

2019 年，人身保险行业要坚持不懈治理金融市场乱象，进一步遏制违法违规经营行为，依法处置高风险机构，下大力气补齐监管短板，做到远近兼顾，标本兼治。坚定不移深化金融改革扩大开放，着力完善公司治理机制，优化金融机构体系，推进市场化兼并重组，扩大保险业开放，加快建立多层次、广覆盖、差异化保险体系，形成全方位、多层次、宽领域的高水平开放新格局。创新和完善监管方式方法，做到审慎监管与行为监管、风险监管与合规监管、定量监测与定性判断、前瞻预判与持续防控，以及国际经验与中国国情相结合，动态前瞻把握好工作节奏与力度，真正提升监管能力和监管效率。

第四节 保险资金运用监管情况

一、2018年资金运用监管情况概述

2018年,在党中央、国务院全面深化改革的大背景下,中国银保监会以问题为导向,按照"放开前端、管住后端"的总体思路,坚持通过改革的方法,有效化解了资金运用配置渠道单一、收益率长期偏低等突出问题和矛盾,取得了较好效果,得到社会各界积极评价,成绩有目共睹。

一是着力治乱象并及时弥补风险漏洞和制度短板。针对举牌问题,发布《关于进一步加强保险资金股票投资监管有关事项的通知》,加强股票投资和举牌监管,对股票投资实施分类管理,禁止保险机构与非保险机构一致行动人共同收购上市公司。针对境外投资问题,严格遵守国家境外投资有关政策,限制房地产、酒店、影城、娱乐业、体育俱乐部等投资,规范保险机构内保外贷业务,提高投资能力要求。稳妥处置重点公司风险,密切关注流动性风险状况,及时采取一系列措施,缓解流动性风险,维护市场稳定。

二是把防风险摆放在突出位置,保持从严从紧监管态势。推进资产负债权利硬约束。发布了《保险资产负债管理监管办法》及相关监管规则,并进行多轮测试和有关培训等工作,并开始试运行。开展风险排查专项整治。针对合规风险、监管套利、利益输送、资产质量等问题,组织开展现场检查,对于发现的违规问题将依法严肃处罚。强化内部控制建设。加强对股权投资、不动产投资和金融产品投资的内控要求。与财政部联合发文,防范地方政府债务风险,严格规范保险资金参与地方政府债务。强化股权投资计划、保险私募基金等业务监管。建立股权投资信息报告系统,强化对保险机构、投资机构、中介机构的非现场监管,完善保险资金股权投资事后监管机制。严明去通道要求,通过研究修订委托投资办法,进一步明确委、受托人职责,禁

止开展通道业务。

2018年年底，保险资金运用余额164088.38亿元，较年初增长9.97%。其中，银行存款24363.50亿元，占资金运用余额的比例为14.85%；债券56382.97亿元，占比34.36%；证券投资基金8650.55亿元，占比5.27%；股票10569.33亿元，占比6.44%。2018年，保险公司资金运用收益共计6859.07亿元，资金运用平均收益率4.33%。

二、2018年资金运用监管主要动态

2018年1月，银保监会印发《关于保险资金设立股权投资计划有关事项的通知》，规范了保险资产管理机构股权投资计划设立业务，切实防范了保险资金以通道、名股实债等方式变相抬高实体企业融资成本，避免了保险机构通过股权投资计划直接或间接违规增加地方政府债务规模，更好发挥了保险资金服务实体经济作用。

2018年1月，银保监会印发《保险资金运用管理办法》，有利于规范保险资金运用行为、防范保险资金运用风险、保护保险当事人合法权益、维护保险市场秩序。

2018年1月，银保监会印发《关于加强保险资金运用管理，支持防范化解地方政府债务风险的指导意见》，强化了保险机构责任意识，支持保险机构更加安全高效服务实体经济，防范化解地方债务风险。

2018年2月，银保监会印发《关于规范保险机构开展内保外贷业务有关事项的通知》，规范了保险集团（控股）公司、保险公司开展内保外贷业务，加强境外融资业务监管，防范了境外融资风险。

2018年3月，银保监会印发《保险资产负债管理监管规则（1~5号）》，要求保险公司按照监管规则要求，认真开展资产负债管理量化评估和能力自评估，编制并报送资产负债管理季度报告和年度报告。

2018年6月，银保监会印发《关于保险资金参与长租市场有关事项的通知》，规范了保险资金投资住房租赁市场行为，防范了投资风险。

2018年7月,银保监会印发《关于发布保险资产负债管理季度报告XBRL分类标准及启用保险资产负债管理监管信息系统模块的通知》,推动了保险资产负债管理监管规则顺利实施。

2018年8月,银保监会印发《关于进一步做好信贷工作提升服务实体经济质效的通知》,要求深化保险资金运用在投资范围、比例、偿付能力等方面的改革,进一步缩短投资链条,降低投资成本,提高投资效率。发挥保险业风险管理和保障功能,不断丰富财产保险、人身保险等产品和业务模式,改进保险服务,稳定企业和居民财务预期。

2018年10月,银保监会印发《关于保险资产管理公司设立专项产品有关事项的通知》,主要是为了发挥保险资金长期稳健投资优势,参与化解上市公司股票质押流动性风险,加大保险资金投资优质上市公司力度。

三、2019年资金运用监管趋势研判

(一)提升保险资金服务实体经济质效

优化资产支持计划发行程序,提升资产支持计划发行效率,增加产品供给,丰富保险资金配置渠道,更好服务保险主业发展;有利于盘活实体经济存量资产,促进融资结构调整,提升保险资金服务实体经济质效,切实推动保险机构更好服务国家重大改革举措。

(二)鼓励保险资金维护资本市场稳定

为更好发挥保险公司机构投资者作用,维护上市公司和资本市场稳定健康发展,鼓励保险公司使用长久期账户资金,增持优质上市公司股票和债券,拓宽专项产品投资范围,加大专项产品落地力度。支持保险公司开展价值投资、长期投资,研究推进保险公司长期持有股票的资产负债管理监管评价机制。对于保险资金一般股票和重大股票投资等,依法合规加快有关备案、核准工作。同时,在已出台保险资产管理公司专项产品政策的基础上,适当拓宽专项产品投资范围,在依法合规和风险可控的前提下,允许专项产品通过券商资产管理计划和信托计划,化解股票质押流动性风险,更好地发挥相关

机构的专业与项目资源优势,加快专项产品落地进程,吸引更多保险资金以多种方式参与资本市场投资。

(三) 坚决打好防范化解金融风险攻坚战

2019年,银保监会将以习近平新时代中国特色社会主义思想为指导,牢固树立"四个意识",不断增强"四个自信",切实践行"两个维护",坚持党中央对金融工作的集中统一领导,贯彻落实国务院金融委的具体部署,坚持稳中求进工作总基调,持续深化金融供给侧结构性改革,平衡好稳增长和防风险的关系,精准有效处置重点领域风险,深化保险业改革开放,着力增强金融服务实体经济能力,坚决打好防范化解金融风险攻坚战,推动保险业向高质量发展转变,为全面建成小康社会提供更有力的金融支撑。

保险蓝皮书

第五部分

中国保险机构的社会责任

第十一章 中国保险公司的社会责任评价

第一节 保险（集团）公司社会责任的概念与分析方法

一、研究背景

"企业社会责任"（Corporate Social Responsibility，CSR）最早由学者Oliver Sheldon于1924年提出，但是直到20世纪末才引入到中国。因此，对我国企业来说，企业社会责任还是一个新生事物。我国现代保险业起步较晚，但是保险公司承担社会责任具有内在必然性，这是由保险的性质与职能所决定的（李勇杰，2009；卓志等，2009）。保险的本质是"经济保障"，体现的是"我为人人，人人为我"的互助共济的分配关系（魏华林等，2011）。保险除了具有经济补偿和分散风险的基础职能外，还发挥着社会管理功能（吴定富，2004）。因此，保险公司应积极履行社会责任。

2005年，中国平安保险（集团）股份有限公司发布《企业公民报告》，拉开了我国保险公司主动承担社会责任的序幕。此后，中国人寿保险股份有限公司、中国人民保险集团股份有限公司、中国太平洋保险（集团）股份有限公司等多家保险（集团）公司也开始发布企业社会责任报告。值得一提的是，中国保险行业协会于2011年首次披露了68家保险公司社会责任报告。2014年，原中国保监会发布了《中国保险业社会责任白皮书》，这是首份展示全行业履行社会责任状况的报告；2015年12月，出台《关于保险业履行社会责任的指导意见》，旨在进一步提升保险业社会责任水平。由此可以看出，我国保险业已经开始关注并主动承担社会责任，但是从总体上讲，我国保险业社会责任仍处于起步阶段。在中国社会科学院发布的《中国企业社会责任研究报告（2015）》中，保险业社会责任发展指数排在倒数第5名，而排名最靠前的中国人寿保险股份有限公司在300强榜单中仅排名79。由此可见，我国保险业在履行社会责任上仍任重而道远。从历年中国保险行业协会披露的所有68份社会责任报告可以看出，不同保险公司对社会责任的认知程度是不同的，从而导致报告篇幅差异悬殊，披露内容参差不齐，这不利于利益相关者对报告的使用与管理，也不利于进一步增强我国保险业社会责任意识和愿望（郝臣等，2015）。因此，建立科学的社会责任评价体系显得十分必要。

本书正是在此背景下，基于"利益相关者原则"对我国保险公司社会责任评价体系进行探讨，以增强我国保险公司的社会责任意识，实现企业和社会的可持续发展。

二、保险公司社会责任的定义

1924年，学者Oliver Sheldon首次提出"企业社会责任"的概念，认为企业不应该仅仅追求经济利益，也应该主动承担包含道德因素在内的社会责任，为社区提供服务（Oliver，1924）。Howard R. Bowen被认为是"企业社会责任之父"，他在1953年《企业家的社会责任》一书中首次对企业社会责任进行了系统的阐述，他认为企业社会责任是企业家按照社会所期望的目标或价值观来制定政策和实施计划的义务（Howard，1953）。此后，学术界对企业社会责任进行了更为广泛和深入的研究，特别是20世纪80年代以后，利益相关者理论被引入到企业社会责任的研究中，使企业社会责任研究得到进一步的丰富和完善，出现了大量的研究成果。Modic（1988）、Clarkson（1995）、Waddock和Graves（1997）、Matten和Crane（2005）等都认为企业社会责任是企业对各利益相关者的责任，包括对消费者、员工、环境、社区等的责任。

我国学者对企业社会责任的研究始于20世纪90年代。1990年，袁家方出版了我国首本有关企业社会责任的专著，他在书中将企业社会责任定义为"企业在争取自身的生存与发展的同时，面对社会需要和各种社会问题，为维护国家、社会和人类的根本利益，必须承担的义务"（袁家方，1990）。此后，众多学者在西方学者研究的基础上，结合中国国情，对企业社会责任有更多的认识和理解，初步取得了共识，即一致认为企业社会责任是指企业在追求股东利润最大化之外，还应对其他利益相关者的利益承担责任和义务，以实现社会的可持续发展（刘俊海，1999；杨瑞龙和周业安，2000；卢代富，2002；李立清和李燕凌，2005；田虹，2006；姜启军和顾庆良，2008；黎友焕，2010；刘建梅，2012；孙红梅等，2014；洪旭，2015）。

但是，学术界对保险公司社会责任并未有一个明确的、较为广泛接受的定义。本书基于利益相关者理论，并参考相关文献和资料，给予保险（集团）公司社会责任的定义如下：保险（集团）公司社会责任是指保险（集团）公司在寻求股东利润最大化之外，还应对其他利益相关者（员工、客户等）的利益承担责任和义务，以实现企业和社会的可持续发展。

三、保险公司社会责任评价模型与评价方法

企业社会责任评价模型有很多，根据 Reed 等（1990）的研究，至少有 14 种企业社会责任评价模型。目前，比较流行的方法主要有三种："金字塔"模型、"三重底线"模型、"利益相关者"模型。"金字塔"模型是由 Carroll（1979，1983，1991，1999）提出的，该模型包含经济责任、法律责任、伦理责任和慈善责任（自愿责任）。Aupperle 等（1985）、Maignan & Ferrell（2000）、Marín（2012）、Mustafa（2012）、蔡月祥（2011）等学者基于"金字塔"模型构建了企业社会责任评价指标体系。"三重底线"模型是以 Elkington（1997）提出的"三重底线"理论为基础来构建企业社会责任评价体系，该理论强调企业在经营过程中必须满足经济底线、环境底线和社会底线。道琼斯可持续发展世界指数和《可持续发展报告指南》G4 版都是基于"三重底线"模型来构建指标体系的。黄群慧等（2015）对三重底线进行改进，构建基于责任管理、市场责任、社会责任、环境责任"四位一体"的评价体系。"利益相关者"模型是以利益相关者理论为基础来构建企业社会责任评价体

系。Clarkson（1995）、Turker（2009）、Harrison & Wicks（2013）、刘淑华（2015）等学者基于利益相关者理论构建企业社会责任指标体系。虽然这些研究成果在选择利益相关者方面存在细微差异，但是基本可以归纳为以下维度，即股东、员工、客户、社区、政府等。这3个模型各有利弊，相较而言，"利益相关者"模型的评价维度较为清晰，能准确地回答"企业应该为谁承担责任"这一重要问题，而"三重底线"模型和"金字塔"模型对企业社会责任概念的界定存在模糊性（肖红军等，2014）。因此，本书基于"利益相关者"模型构建评价指标体系。

  保险公司除了具有一般企业的特征外，还具有产品的无形化、被保险人是重要的利益相关者、保险资金运用的负债性、间歇性和不定性等特点，发挥着经济补偿、资金融通和社会管理等功能。保险公司的这些特点和功能决定了传统的企业社会责任评价体系并不完全适用于保险公司，因此有些学者根据保险公司的特点对传统指标体系进行了改进。他们基于"金字塔"模型（谭中明和陈渊，2009）、"三重底线"模型（武晨凤，2010；成敏，2012）、"利益相关者"模型（王蕾，2010；谢彩玲，2011）、平衡计分卡模型（邓启稳，2010）等构建保险公司社会责任评价指标体系。总体上讲，这些指标体系覆盖范围较为全面，但是可操作性较差，数据获取难度较高，从而导致推广价值不高。因此，有必要基于可得性、客观性、均衡性等原则构建我国保险公司社会责任评价指标体系。

  目前，对于保险公司社会责任的评价非常少，主要有谢彩玲（2011）运用层次分析法研究了中国人寿和中国平安企业社会责任绩效，但是层次分析法的主观性较强，专家对行业的认知程度会直接影响最终的结果。除了层次分析法，因子分析方法和主成分分析法也是常用的、公认度较高的综合评价方法，此方法在社会责任评价中被多次使用（陈晶晶，2010；洪旭等，2011；阳秋林等，2012；赵天燕等，2012；吴金娜，2013）。

  本书综合以上各类文献，基于"利益相关者原则"，尽量注重原理清晰明了、主观性较小、从而避免人为因素的影响，因此本书采用主成分分析方法、因子分析方法等对保险公司社会责任进行综合评价。

四、指标设立和赋值

保险（集团）公司社会责任报告是研究保险（集团）公司社会责任履行情况的重要资料。本书基于保险（集团）公司披露的 2018 年社会责任报告、各公司官网披露的社会公益活动等，从内容、相关活动的次数、公司级别等几个方面就社会责任的评价指标进行构建和赋值，以此来反映各保险（集团）公司对社会责任的重视程度。

指标的设定主要参考全球报告倡议组织（GRI）《可持续发展报告指南》G4 版、原中国保监会发布的《关于保险业履行社会责任的指导意见》等相关文件和内容，以及各（集团）公司社会责任报告的实际发布情况，进行设立。

第二节　中国保险公司的社会责任评价

根据原保监会网站，截至 2018 年 12 月 31 日，中国共有 91 家人身险保险公司成立营业，其中中资公司 63 家，外资公司 28 家。

其中，国寿存续没有公布年度信息披露报告；和谐健康、安邦人寿、华汇人寿、安邦养老没有公布 2018 年年度信息披露报告，这 5 家保险公司不予评价。

国寿养老、长江养老、新华养老、人保养老仅经营养老保障管理业务、企业年金、职业年金等业务，暂不经营负债型的人寿保险业务，不适用偿付能力的监管要求，这 4 家养老保险公司不予评价。

新光海航的万张保单投诉量，没有数据，只有亿元保费投诉量。中法人寿、幸福人寿、国联人寿、德华安顾、恒安标准、昆仑健康部分数据特殊，对以上保险公司不予评价。

中融人寿、三峡人寿、瑞华健康、海保人寿、国富人寿、国宝人寿、北京人寿、华贵人寿的部分数据没有查到，不予评价。

这样，最后共对67家人身险公司进行社会责任评价分析。

到2018年年底，共有88家财产险公司经营开业，其中66家中资公司，22家外资公司。

其中，出口信用保险和安邦财险没有公布2018年年度信息披露报告；太平科技成立于2018年1月，融盛财险于2018年6月29日成立开业，距离2018年年底不到一年，不予评价；长安责任2018年的综合偿付能力充足率为负，不予评价；劳合社经营业务特殊，不予评价。

安心联合财险、中远海自保、汇友互助、粤电自保、黄河财险、铁路自保的部分指标缺失，不予评价。

最后，共有76家财产保险公司参与保险公司社会责任评价。

目前，对于保险公司社会责任的评价研究还非常少。我们在搜集整理有关数据时，发现很多保险公司对于社会责任的数据信息披露不够重视，我们难以根据各方面的公开数据和资料对保险公司进行社会责任分析和评价。最后，基于数据资料的公开性和可得性原则，我们分别对67家人身保险公司和76家财产保险公司进行社会责任的评价分析。

一、数据信息来源

保险公司社会责任评价的数据主要来源于各保险公司的年度信息披露报告和社会责任报告、各公司官方网站信息、历年的《中国保险年鉴》以及原保监会、保险学会、保险行业协会官网信息等，即全部数据都是来源于公开渠道。

二、我国保险公司社会责任评价指标体系

（一）指标构建

本书基于可得性、客观性、均衡性等原则，根据保险公司的特点，构建保险公司社会责任的评价指标。共包括股东责任、员工责任、客户责任、政

府责任、社区责任五个一级指标,来反映保险公司社会责任的不同方面,并在每个一级指标下设立 46 个二级指标。由于人身保险公司和财产保险公司在社会责任的表现方面存在一些差异,需要对两者进行分开评价,因此评价指标体系也存在一定差异。下文所涉评价指标若无特别说明,则该指标既适用于人身保险公司,也适用于财产保险公司(指标的定义略。部分指标的定义可以参考第四章、第五章的相关内容;感兴趣的专家学者也可以和课题组联系)。

1. 股东责任

保险公司对股东的责任主要体现在实现利润最大化,因此人身保险公司和财产保险公司均设立总资产收益率、净资产收益率、投资收益率、净投资收益率、资本管理系数、资产保值增值率、净利润、净利润增长率、净资产周转率 9 个二级指标。

2. 员工责任

保险公司对员工的责任主要体现在提供舒适的工作环境,按时发放足额的工资福利以及提供学习和晋升的机会等方面,因此人身保险公司和财产保险公司均设立人均工资福利、员工获利水平、人均净利润、人均工资增长率、人均综合收益、人均被罚款次数、人均产能 7 个二级指标。

3. 客户责任

从广义上讲,保险公司的客户包括投保人、被保险人、受益人、保单持有人等。保险公司对客户的责任主要体现在产品和服务上,即产品是否能够满足客户的需求,服务是否让客户满意。因此,人身保险公司设立险种集中度系数、手续费及佣金比率、综合赔付率、偿付能力充足率、违规指数、综合费用率、综合费用率增长率、现金盈余保障倍数、保费收入费用增长比、准备金安全率 10 个二级指标。

财产保险公司设立险种集中度系数、单位保费保额、综合赔付率、偿付能力充足率、万张保单投诉量、综合费用率、现金盈余保障倍数、流动性比率 8 个二级指标。

4. 政府责任

保险公司对政府的责任主要体现在遵纪守法、按时纳税和带动社会就业3个方面，因此设立纳税额、纳税增长率、人均纳税额、资产税费比、已缴税费占比、职工人数、就业人数增长率、净资产增长率、违规指数9个二级指标构成。其中，违规指数根据原中国银保监会发布的对保险公司的行政处罚情况进行评分得到。

5. 社区责任

保险公司对社区的责任主要体现在支持公益事业、信息披露、环境友好3个方面，因此设立公益捐款总额、大型公益活动次数、对企业社会责任认识度、信息披露数据质量得分、捐款次数、万张保单投诉量、亿元保费投诉量7个二级指标。其中，公益捐款总额及大型公益活动次数是根据企业社会责任报告和官网新闻进行整理评分；对企业社会责任认识度是从官网是否设置社会责任专栏和是否发布企业社会责任报告两个方面进行衡量；信息披露数据质量得分《2019中国保险公司竞争力评价研究报告》中的第二章相关内容得到。

（二）数据处理与评价方法

为了保证评价结果的科学性和客观性，需要对原始数据进行线性标准化处理。根据指标性质，可以分为越大越好型指标、越小越好型指标和取中间某值最好。越大越好型指标（如总资产收益率、净资产收益率等指标）采用函数进行转换；越小越好型指标（如综合费用率、被罚款次数等指标）采用函数进行转换；对于取中间值最好的指标，通过设立分段函数进行函数转换；从而使得所有数据均在0~1之间。

本书采用主成分分析与因子分析方法进行保险公司社会责任综合评价。具体内容参见本书第三章的相关介绍。

由于本专题是我们首次对保险公司的社会责任进行评价，以后随着相关工作的开展以及与业界的沟通联系，评价分析方法也会逐步完善改进。

三、特别说明

（1）本书分析都是采用公开发布的披露数据进行分析，我们根据实质重于形式的原则，对发现个别公司披露数据存在错误或异样的年报信息进行调整或者在涉及该指标时进行批注说明。

（2）本书分析采用的数据皆来源于已公开的资料或课题组成员的个人分析，但我们不保证上述信息的完整与准确性，中国精算研究院不因使用本报告而产生的一切后果承担责任，只以此作为学术研究以及学界和业界的信息交流与参考。同时本书分析为课题组成员的个人观点，并不代表中国精算研究院的观点。有关问题的来源、讨论或争议，请使用电话或电子邮件的方式与我方联系。

第三节　中国人身保险公司社会责任评价的结果与分析

在确定了指标和提取数据后，为了保证对人身保险公司社会责任评价的客观性和科学性，首先根据指标的正向和逆向进行数据的预处理，使处理后的全部指标数据为正向，即其数据愈大愈好；其次，指标数据中有些是比率指标，有些是数值指标，为了避免"以大欺小"以及避免指标单位对评价结果的影响，我们对全部数据进行归一化处理，即全部指标数据都在 $0 \sim 1$ 间取值；最后在运用主成分分析与因子分析方法进行社会责任评价时，我们是对全部二级指标数据进行分析处理，因此二级指标与一级指标的隶属关系不影响对人身保险公司社会责任的评价结果。

为了便于对人身保险公司的社会责任履行情况进行比较，根据各人身保险公司社会责任评价结果，对各保险公司的社会责任履职情况进行了分级，分别是：AAA、AA 和 A 三级，其中，被评定为 AAA 级的有 25 家公司，被评定为 AA 级的有 25 家公司，被评定为 A 级的有 17 家公司，3 个级别的公司数量基本各占1/3。

一、2018年人身保险公司社会责任评价的得分与排名

数据预处理后,我们根据67家人身保险公司的41个二级指标数据。为了比较科学的反映保险公司的社会责任,综合运用主成分分析与因子分析方法,得到一个67×41数据矩阵,共选取16个主成分,其累计解释率达到86.23%,每个主成分都是这16个二级指标的线性组合,如图11-1所示。

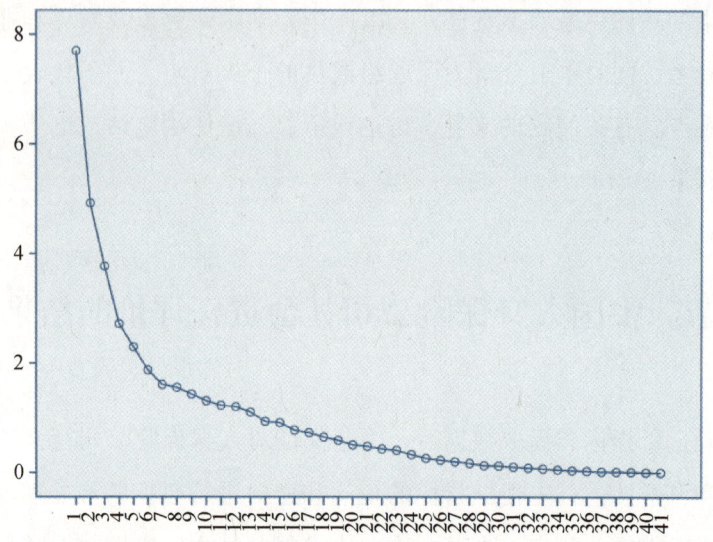

图11-1 2018年人身保险公司社会责任评价主成分分析陡坡图(碎石图)

最终评价结果如表11-1所示:

与《保险蓝皮书——中国保险市场发展分析(2018)》相关内容不同的是,2019年分析保险公司社会责任方面表现的时候,重新选取新的方法即评级的方式,该种方法相较于2018年的得分方式更加突出等级,而不是量化的分数,于保险公司而言,可以更为直观的看出自身在行业内部所处的梯队,而无需知晓具体分数上的差异,具有更大的参考意义。67家保险公司,我们按照比例分配AAA级25家,AA级25家,A级27家(未披露),排名不分先后。

表 11-1　　2018 年我国人身保险公司社会责任评级情况

序号	公司	评级	序号	公司	评级
1	国寿股份	AAA	26	弘康人寿	AA
2	平安寿险	AAA	27	建信人寿	AA
3	太保寿险	AAA	28	光大永明	AA
4	君康人寿	AAA	29	富德生命	AA
5	中德安联	AAA	30	中宏人寿	AA
6	友邦人寿	AAA	31	同方全球人寿	AA
7	新华人寿	AAA	32	民生人寿	AA
8	前海人寿	AAA	33	工银安盛	AA
9	交银康联	AAA	34	中信保诚	AA
10	泰康人寿	AAA	35	中意人寿	AA
11	华夏人寿	AAA	36	利安人寿	AA
12	平安健康	AAA	37	天安人寿	AA
13	恒大人寿	AAA	38	珠江人寿	AA
14	太平人寿	AAA	39	横琴人寿	AA
15	中美联泰	AAA	40	上海人寿	AA
16	中邮人寿	AAA	41	平安养老	AA
17	阳光人寿	AAA	42	爱心人寿	AA
18	君龙人寿	AAA	43	渤海人寿	AA
19	长城人寿	AAA	44	复星保德信	AA
20	国华人寿	AAA	45	中荷人寿	AA
21	招商信诺	AAA	46	中英人寿	AA
22	人保寿险	AAA	47	泰康养老	AA
23	北大方正人寿	AAA	48	百年人寿	AA
24	招商仁和	AAA	49	和泰人寿	AA
25	英大人寿	AAA	50	人保健康	AA

从表 11-1 可以看出，2018 年，在我国人身保险公司在履行社会责任方面，国寿股份继 2017 年、2016 年仍旧排名第一，评级为 AAA；平安寿险、太保寿险等 24 家公司紧随其后，也被评为 AAA 级；弘康人寿、民生人寿等 25 家公司被评为 AA 级。

我们计算统计的结果显示出,在这 67 家保险公司中,有一半多的保险公司社会责任评价在 60 分以上,这说明大部分保险公司对履行社会责任较为重视,表现良好,并且公司差距并不大。

二、分项指标分析

(一) 股东责任分析

数据预处理后,我们根据 67 家人身保险公司的 9 个二级指标数据,得到一个 67×9 数据矩阵。根据主成分分析方法,我们选取 5 个主成分,其累计解释率为 86.18%,每个主成分都是这 9 个二级指标的线性组合。

评价结果如表 11 -2 所示:

表 11 -2 2018 年我国人身保险公司股东责任排名与得分情况 (前 20 名)

排名	公司名称	得分	排名	公司名称	得分
1	中德安联	100.0	11	中宏人寿	86.9
2	君康人寿	99.9	12	华泰人寿	85.4
3	中美联泰	99.9	13	中荷人寿	84.9
4	君龙人寿	98.4	14	利安人寿	83.8
5	平安健康	96.8	15	英大人寿	83.4
6	同方全球人寿	93.0	16	华夏人寿	83.1
7	恒大人寿	89.7	17	民生人寿	81.2
8	交银康联	88.8	18	横琴人寿	80.5
9	平安寿险	88.0	19	中信保诚	80.1
10	友邦人寿	87.3	20	泰康人寿	80.1
	整体平均值			75.4	
	整体标准差			12.4	
	整体中位数			76.0	
	超过平均值的数量与比例			39;58.2%	

从表 11 -2 可以看出,2018 年,在我国人身保险公司股东责任方面,中德安联位居第一,君康人寿、中美联泰分别排名第二和第三。前三家公司得分非常接近,不超过 0.2 分。股东责任整体平均分为 75.4 分,超过平均值的

企业共有 39 家，占比 58.2%，说明我国人身保险公司股东责任得分主要集中在平均值以上，而且从中位数（76.04 分）可知得分主要位于中间分段；从整体标准差（12.4）可以看出不同人身保险公司在履行股东责任方面的差异较小。

(二) 员工责任分析

数据预处理后，我们根据 67 家人身保险公司的 7 个二级指标数据，得到一个 67×7 数据矩阵。根据主成分分析方法，我们选取 4 个主成分，其累计解释率为 87.63%，每个主成分都是这 7 个二级指标的线性组合。

评价结果如表 11-3 所示：

表 11-3 2018 年我国人身保险公司员工责任排名与得分情况（前 20 名）

排名	公司名称	得分	排名	公司名称	得分
1	弘康人寿	100.0	11	恒大人寿	65.7
2	友邦人寿	97.3	12	信美人寿	65.5
3	中德安联	88.3	13	前海人寿	65.3
4	中邮人寿	85.3	14	太保安联健康	65.2
5	君康人寿	82.7	15	中宏人寿	65.1
6	中美联泰	77.3	16	中信保诚	65.1
7	民生人寿	69.7	17	招商信诺	64.7
8	上海人寿	69.4	18	华夏人寿	64.7
9	中英人寿	69.1	19	同方全球人寿	64.1
10	瑞泰人寿	66.7	20	太平养老	64.0
整体平均值			59.5		
整体标准差			11.6		
整体中位数			56.8		
超过平均值的数量与比例			28；41.8%		

从表 11-3 可以看出，2018 年，在我国人身保险公司员工责任方面，弘康人寿位居第一，友邦人寿和中德安联分别以 97.3 分、88.3 分排名第二和第三。从表中可以看出，在员工责任的表现上，各公司的差别还是较大的，第一名 100 分，第二十名就是 64.0 分了。超过平均值（59.5 分）的企业共有

28家，占比41.8%，说明我国人身保险公司员工责任得分主要集中在平均值以下，而且从中位数（56.8分）可知得分主要位于低分段；整体标准差（11.6）说明不同人身保险公司在履行员工责任方面存在的整体差异不算很大，大部分公司都集中于平均分以下。

（三）客户责任分析

数据预处理后，我们根据67家人身保险公司的10个二级指标数据，得到一个52×10数据矩阵。根据主成分分析方法，我们选取6个主成分，其累计解释率为87.48%，每个主成分都是这10个二级指标的线性组合。

评价结果如表11-4所示：

表11-4 2018年我国人身保险公司客户责任排名与得分情况（前20名）

排名	公司名称	得分	排名	公司名称	得分
1	和泰人寿	100.0	11	泰康养老	93.4
2	君康人寿	97.6	12	渤海人寿	92.3
3	弘康人寿	96.1	13	中意人寿	91.5
4	光大永明	96.1	14	君龙人寿	91.5
5	恒大人寿	95.6	15	前海人寿	91.4
6	汇丰人寿	95.6	16	英大人寿	90.9
7	信美人寿	94.6	17	复星保德信	90.1
8	中邮人寿	94.3	18	爱心人寿	90.0
9	利安人寿	93.7	19	天安人寿	89.1
10	横琴人寿	93.5	20	中荷人寿	88.6
整体平均值					84.8
整体标准差					9.1
整体中位数					86.5
超过平均值的数量与比例					37；55.2%

从表11-4可以看出，2018年，在我国人身保险公司客户责任方面，和泰人寿位居第一，第二是君康人寿（97.6分），弘康人寿以96.1分紧随其后；并且90分以上的有18家公司。由此可见，保险行业整体对客户责任方面比较重视，表现也有所提升。行业整体平均得分相较于2017年大幅提升，由

2017 年的 69.7 分增加至 84.8 分，超过平均值的企业也由 2017 年的 27 家增加到 37 家，占比达到 55.2%，中位数也从 68.2 分大幅增长到 86.5 分，说明我国人身保险公司客户责任得分在 2018 年整体水平明显提高，在服务水平有突出进步。整体标准差（9.1 分）说明不同人身保险公司在履行客户责任面仍然差异不是很大。

（四）政府责任分析

数据预处理后，我们根据 67 家人身保险公司的 8 个二级指标数据，得到一个 67×8 数据矩阵。根据主成分分析方法，我们选取 5 个主成分，其累计解释率为 86.32%，每个主成分都是这 8 个二级指标的线性组合。

评价结果如表 11-5 所示：

表 11-5　2018 年我国人身保险公司政府责任排名与得分情况（前 20 名）

排名	公司名称	得分	排名	公司名称	得分
1	国寿股份	100.0	11	太平人寿	81.5
2	平安寿险	99.0	12	前海人寿	81.3
3	交银康联	97.1	13	平安健康	80.9
4	复星联合健康	94.5	14	阳光人寿	79.3
5	中德安联	91.3	15	新华人寿	78.0
6	泰康人寿	89.9	16	平安养老	73.9
7	太保寿险	89.0	17	中美联泰	73.1
8	长生人寿	87.4	18	华夏人寿	72.2
9	友邦人寿	82.3	19	中英人寿	71.6
10	同方全球人寿	81.6	20	中信保诚	68.8
	整体平均值			65.5	
	整体标准差			14.0	
	整体中位数			61.9	
	超过平均值的数量与比例			24；35.8%	

从表 11-5 可以看出，2018 年，在我国人身保险公司政府责任方面，国寿股份位居第一，而 2018 年排名第二的平安寿险（99.0 分），与 2017 年排名没有变化，交银康联以 97.1 分位列第三. 在政府责任方面，得分在 90 分以上

的保险公司有5家。行业平均值为65.5分,超过平均值的企业共有24家,占比达到34.8%。从中位数(61.9分)可知得分主要位于低分段;整体标准差(14.0)较大,说明不同人身保险公司在履行政府责任面存在的整体差异较大。

(五) 社区责任分析

数据预处理后,我们根据52家人身保险公司的7个二级指标数据,得到一个35×8数据矩阵;根据主成分分析方法,我们选取5个主成分,其累计解释率为89.46%,每个主成分都是这7个二级指标的线性组合。

评价结果如表11-6所示:

表11-6 2018年我国人身保险公司社区责任排名与得分情况(前20名)

排名	公司名称	得分	排名	公司名称	得分
1	中国人寿	100.0	11	中信保诚	71.4
2	平安寿险	97.7	12	天安人寿	71.3
3	前海人寿	80.0	13	君康人寿	70.7
4	光大永明	79.4	14	太平人寿	69.4
5	太保寿险	78.5	15	建信人寿	69.3
6	招商信诺	76.7	16	招商仁和	68.4
7	中邮人寿	74.1	17	长城人寿	68.4
8	农银人寿	73.9	18	利安人寿	67.9
9	新华人寿	72.0	19	民生人寿	67.7
10	国华人寿	72.0	20	爱心人寿	67.1
整体平均值					63.5
整体标准差					9.7
整体中位数					62.2
超过平均值的数量与比例					27;40.3%

从表11-6可以看出,2018年,在我国人身保险公司社区责任方面,中国人寿位居第一,排名第二的是平安寿险(97.7分),其余公司的得分都不高于80分,说明在社区责任方面,各公司之间的差距很大。行业整体平均值为63.5分,且超过平均值的企业共有27家,占比40.3%,而2017年,行业

整体平均值跌至 59.8 分，显然各公司在 2018 年的社区责任方面比 2017 年有较大的进步。而且从中位数（62.2）可知得分主要位于低分段；整体标准差（9.7）说明不同人身保险公司在履行员工责任面存在的整体差异较不算大。

第四节 中国财产保险公司社会责任评价的结果与分析

在确定了指标和提取数据后，为了保证对财产保险公司社会责任评价的客观性和科学性，首先根据指标的正向和逆向进行数据的预处理，使处理后的全部指标数据为正向，即其数据愈大愈好；其次，指标数据中有些是比率指标，有些是数值指标，为了避免"以大欺小"以及避免指标单位对评价结果的影响，我们对全部数据进行归一化处理，即全部指标数据都在 0~1 间取值；最后在运用主成分分析与因子分析方法进行社会责任评价时，我们是对全部二级指标数据进行分析处理，因此二级指标与一级指标的隶属关系不影响对财产保险公司社会责任的评价结果。需要明确的是，在社会责任评价中，我们对其中 5 个二级指标都进行了加权，这样共有 43 个二级指标参加了社会责任评价。

为了便于对财产保险公司的社会责任履行情况进行比较，根据各财产保险公司社会责任评价结果，对各保险公司的社会责任履职情况进行了分级，分别是：AAA、AA 和 A 三级，其中 AAA 级有 25 家，AA 级有 25 家，A 级有 26 家，三个级别的公司数量基本各占 1/3。

一、2018 年财产保险公司社会责任评价的得分与排名

数据预处理后，我们根据 76 家财产保险公司的 43 个二级指标数据，得到一个 76×43 数据矩阵，综合运用主成分分析与因子分析方法，共选取 16 个主成分，其累计解释率达到 84.1%，每个主成分都是这 43 个二级指标的线性组合，如图 11-2 所示。

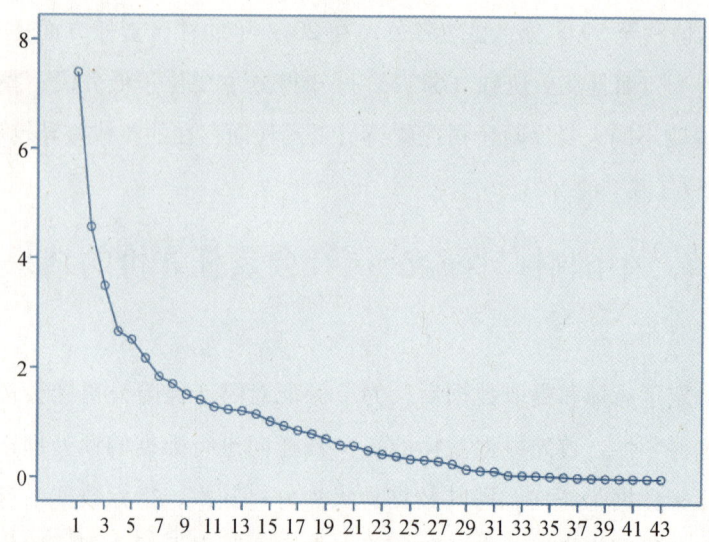

图 11-2 2018 年财产保险公司社会责任评价主成分分析陡坡图（碎石图）

最终评价结果如表 11-7 所示：

表 11-7 2018 年我国财产保险公司社会责任评级情况

序号	公司名称	评级	序号	公司名称	评级
1	人保财险	AAA	15	华泰财险	AAA
2	平安财险	AAA	16	瑞再企商	AAA
3	国寿财险	AAA	17	泰康在线	AAA
4	建信财险	AAA	18	史带财险	AAA
5	太保财险	AAA	19	久隆财险	AAA
6	大地财产	AAA	20	中银保险	AAA
7	英大财险	AAA	21	华海财险	AAA
8	太平保险	AAA	22	苏黎世	AAA
9	鼎和财险	AAA	23	锦泰财险	AAA
10	阳光财险	AAA	24	美亚财险	AAA
11	爱和谊	AAA	25	北部湾财险	AAA
12	中石油专属保险	AAA	26	东海航运	AA
13	安信农险	AAA	27	安诚财险	AA
14	中华联合	AAA	28	三井住友	AA

续表

序号	公司名称	评级	序号	公司名称	评级
29	永安财险	AA	40	安联财险	AA
30	乐爱金	AA	41	渤海财险	AA
31	阳光农险	AA	42	中路财险	AA
32	都邦财险	AA	43	华安财险	AA
33	安达保险	AA	44	天安财险	AA
34	鑫安车险	AA	45	合众财险	AA
35	国泰财险	AA	46	紫金财险	AA
36	亚太财险	AA	47	华农财险	AA
37	泰山财险	AA	48	国元农险	AA
38	东京海上	AA	49	三星财险	AA
39	中意财险	AA	50	安盛天平	AA

从表11-7可以看出，2018年，在我国财产保险公司在履行社会责任方面，人保财险、平安财险、国寿财险分别位列前三，评级为AAA。财产险公司被评为AAA的有25家，AA级的有25家，其余26家为A级。从社会责任得分评价结果来看，评价为AAA的25家财险公司得分均在60分以上，80分以上的只有3家公司。其中人保财险100分，平安财险和国寿财险的得分在80到90分之间，人保财险的优势明显；评价为AA的25家财险公司得分均在56至63分之间，可见评价为AA的公司较为集中；而评价为A的财险公司得分均在40至56分之间。

二、分项指标分析

（一）股东责任分析

数据预处理后，我们根据76家财产保险公司的9个二级指标数据，得到一个76×9数据矩阵。根据主成分分析方法，我们选取6个主成分，其累计解释率为85.1%，每个主成分都是这9个二级指标的线性组合。

评价结果如表11-8所示：

表11-8　2018年我国财产保险公司股东责任排名与得分情况（前20名）

排名	公司名称	得分	排名	公司名称	得分
1	爱和谊	100.0	11	安信农险	86.9
2	平安财险	97.6	12	华海财险	86.9
3	人保财险	96.4	13	北部湾财险	86.6
4	鼎和财险	91.1	14	太保财险	86.6
5	安联财险	89.5	15	大地财产	85.2
6	日本财险	89.4	16	史带财险	85.2
7	英大财险	89.1	17	阳光财险	84.8
8	三井住友	88.9	18	东京海上	84.6
9	美亚财险	87.6	19	现代财险	84.5
10	阳光农险	87.6	20	鑫安车险	84.0
整体平均值					75.1
整体标准差					12.7
整体中位数					78.7
超过平均值的数量与比例					46；60.5%

从表11-8可以看出，2018年，在我国财产保险公司股东责任方面，爱和谊、平安财险、人保财险名列前三名，得分都在95分以上，差距不大。在2016年和2017年的股东责任评价中，人保财险均位居第一。在股东责任评价方面，前20名企业的得分均在84分以上；超过平均值（75.1分）的公司共有46家，占全部公司的60.5%；而且从中位数（78.7分）可知得分主要位于中间分段；整体标准差（12.7），说明不同财产保险公司在履行股东责任面存在一定的差异。

（二）员工责任分析

数据预处理后，我们根据76家财产保险公司的9个二级指标数据，得到一个76×9数据矩阵。根据主成分分析方法，我们选取5个主成分，其累计解释率为91.1%，每个主成分都是这9个二级指标的线性组合。

评价结果如表11-9所示：

表11-9　　2018年我国财产保险公司员工责任排名与得分情况（前20名）

排名	公司名称	得分	排名	公司名称	得分
1	中石油专属保险	100.0	11	久隆财险	68.5
2	三井住友	93.6	12	爱和谊	67.9
3	瑞再企商	91.4	13	史带财险	66.6
4	国泰财险	87.8	14	安信农险	66.2
5	建信财险	82.0	15	合众财险	64.8
6	东海航运	79.7	16	鼎和财险	64.2
7	信利保险	73.3	17	安达保险	62.8
8	乐爱金	73.1	18	中路财险	62.6
9	泰康在线	70.5	19	鑫安车险	62.3
10	众惠相互	68.9	20	美亚财险	62.3
整体平均值			58.1		
整体标准差			11.8		
整体中位数			55.7		
超过平均值的数量与比例			30；39.5%		

从表11-9可以看出，2018年我国财产保险公司在履行员工责任方面，中石油专属保险的得分最高，三井住友（93.6分）位列第二，瑞再企商得分91.4分，排名第三。从表中可以看到，员工责任得分较高的企业数量极少，大于90分的仅三家，80到90分分数段只有两家，70到80分只有四家公司，其余的公司都集中在40到70分之间。行业平均分为58.1分，超过平均分的企业共30家，占比为39.5%，这表明我国财产保险公司员工责任得分主要集中在平均值以下，而且从中位数（55.7分，最低分40分）可知得分主要位于较低分段；行业得分标准差11.8，这说明不同财产保险公司在履行员工责任方面具有一定的差异。

（三）客户责任分析

数据预处理后，我们根据76家财产保险公司的8个二级指标数据，得到一个76×8数据矩阵。根据主成分分析方法，我们选取5个主成分，其累计解释率为82.3%，每个主成分都是这8个二级指标的线性组合。

评价结果如表 11-10 所示:

表 11-10 2018 年我国财产保险公司客户责任排名与得分情况（前 20 名）

排名	公司名称	得分	排名	公司名称	得分
1	阳光信用	100.0	11	乐爱金	80.8
2	诚泰财险	94.5	12	众安财险	79.4
3	国泰财险	90.4	13	安诚财险	78.6
4	海峡金桥	87.2	14	安联财险	77.4
5	泰康在线	86.6	15	燕赵财险	76.7
6	建信财险	84.2	16	史带财险	76.3
7	鑫安车险	84.1	17	前海联合	76.1
8	富德财险	83.5	18	瑞再企商	75.9
9	东海航运	82.3	19	中银保险	75.9
10	恒邦财险	81.5	20	国元农险	75.2
整体平均值					73.4
整体标准差					8.3
整体中位数					72.9
超过平均值的数量与比例					33；43.4%

从表中可以看出，2018 年，在我国财产保险公司客户责任方面，阳光信用位居第一，诚泰财险和国泰财险分别以 94.5 分、90.4 分排名第二和第三。由表可知，客户责任前 20 名的财险公司之中，仅有 3 家企业得分在 90 分以上，其余的企业集中在 70 到 80 分左右，不存在较为明显的差异。超过平均值（73.4 分）的企业共有 33 家，占比 43.4%，说明我国财产保险公司客户责任得分主要集中在平均值以下，而且从中位数（72.9 分）可知得分主要位于中间分段，与 2017 年的市场情况差异不大；整体标准差（8.3）说明不同财产保险公司在履行客户责任面存在的整体差异较小。

(四) 政府责任分析

数据预处理后，我们根据 76 家财产保险公司的 9 个二级指标数据，得到一个 76×9 数据矩阵。根据主成分分析方法，我们选取 5 个主成分，其累计解释率为 84.67%，每个主成分都是这 9 个二级指标的线性组合。

评价结果如表 11-11 所示：

表 11-11　2018 年我国财产保险公司政府责任排名与得分情况（前 20 名）

排名	公司名称	得分	排名	公司名称	得分
1	人保财险	100.0	11	乐爱金	59.6
2	平安财险	77.7	12	太平保险	58.4
3	太保财险	69.7	13	大地财产	57.6
4	建信财险	69.2	14	永安财险	57.5
5	中石油专属保险	68.6	15	都邦财险	57.1
6	苏黎世	68.2	16	泰康在线	56.0
7	易安财险	66.6	17	安诚财险	55.5
8	中华联合	64.0	18	华海财险	55.2
9	阳光财险	63.8	19	中路财险	55.2
10	国寿财险	62.0	20	合众财险	54.5
整体平均值			53.0		
整体标准差			8.8		
整体中位数			51.2		
超过平均值的数量与比例			23；30.3%		

从表 11-11 可以看出，2018 年，在我国财产保险公司政府责任方面，与 2017 年一样，人保财险位居第一，而且是唯一一家得分 80 分以上的公司，排名第二的平安财险得分 77.7 分，排名第三的太保财险得分 69.7 分，显然在政府责任方面，人保财险占有绝对优势。超过平均值（53.0 分）的企业共有 23 家，占比 30.3%，说明我国财产保险公司政府责任得分主要集中在平均值以下，而且从中位数（51.2 分）可知得分主要位于低分段；整体标准差（8.8）说明不同财产保险公司在履行政府责任方面存在的整体差异不大，且集中于低分段。

（五）社区责任分析

数据预处理后，我们根据 50 家财产保险公司的 8 个二级指标数据，得到一个 76×8 数据矩阵。根据主成分分析方法，我们选取 5 个主成分，其累计解释率为 88.50%，每个主成分都是这 8 个二级指标的线性组合。

评价结果如表 11-12 所示：

表 11-12 2018 年我国财产保险公司社区责任排名与得分情况（前 20 名）

排名	公司名称	得分	排名	公司名称	得分
1	人保财险	100.0	11	众诚保险	60.6
2	国寿财险	78.1	12	平安财险	59.8
3	华安财险	66.7	13	中原农业	59.4
4	华泰财险	63.8	14	安诚财险	59.3
5	太平保险	63.3	15	日本财险	58.9
6	美亚财险	62.9	16	英大财险	58.9
7	长江财险	62.5	17	三星财险	58.7
8	都邦财险	61.1	18	苏黎世	58.5
9	东京海上	61.0	19	前海联合	58.1
10	国任财险	60.9	20	太保财险	57.8
整体平均值					55.3
整体标准差					7.6
整体中位数					54.6
超过平均值的数量与比例					32；42.1%

从表 11-12 可以看出，2018 年，在我国财产保险公司社区责任方面，人保财险继 2016 年、2017 年后，连续 3 年位居第一，并且远远高于排名第二的国寿财险（78.1 分），可以说是一枝独秀。其余 74 家公司的社区责任得分都在 40 到 67 分之间。超过平均值（55.3 分）的企业共有 32 家，占比 42.1%，说明我国财产保险公司社区责任得分主要集中在平均值以下，而且从中位数（54.6 分）可知得分主要位于中间分段；整体标准差（7.6 分），说明不同财产保险公司在履行政府责任面存在的整体差异相对较小，大部分位于低分端。

第十二章　中国保险机构履行社会责任事例介绍

2018年是贯彻党的十九大精神的开局之年，也是保险业界实施"十三五"规划承上启下的关键一年。中国银保监会在党中央、国务院统一领导下，有计划、有步骤地推进了银保监会组建工作；同时按照党的十九大、中央经济工作会议、全国金融工作会议和全国"两会"精神，统筹安排深化银行保险监管机构改革；总体来看，2018年，实现了机构组建和监管工作"两不误、两促进"。一是打好了防范化解金融风险攻坚战。坚持稳中求进工作总基调，有序推进了降低企业杠杆率、拆解影子银行、严厉打击非法金融活动、遏制房地产泡沫化倾向、配合整顿地方政府隐性债务等工作，加强了对各类风险的防范和化解。二是更好地支持了现代化经济体系建设。围绕供给侧结构性改革，加强了与地方和企业的联系协调，推动了结构调整和兼并重组，支持市场化、法治化债转股。提升了差异化服务能力，有力支持了乡村振兴、区域协调和创新驱动等国家重大战略实施。进一步做实了普惠金融，督促引导银行保险金融机构回归本源、专注主业，改进了小微、"三农"金融服务。三是深化了银行保险体系改革开放。引导银行保险金融机构健全公司治理，探索了有中国特色的现代金融企业制度，全力推动银行保险业向高质量发展转变。进一步扩大了对外开放，以开放促改革，激发了市场活力，推动形成了银行保险业全面开放新格局。

总体看，保险市场发展稳中向好，产品保障功能凸显，资金运用收益稳步增长，保险科技广泛应用，行业风险防控能力持续增强。

为了全面贯彻落实党的十九大精神，以习近平新时代中国特色社会主义思想为指导，全面落实中央经济工作会议、全国金融工作会议和中国银保监会的相关部署，我们根据社会责任的"利益相关者原则"，对在政府责任、员工责任、股东责任、客户责任和社区责任等方面表现优秀的保险公司、保险中介机构、保险集团等进行了遴选，然后对保险机构的社会责任工作进行展示。

第一节　中邮人寿保险股份有限公司

一、公司简介

中邮人寿保险股份有限公司（以下简称"中邮保险"）是中国邮政集团旗下的全国性人身险公司，公司总部位于北京，注册资本金215亿元人民币，2009年9月9日正式挂牌开业。开业以来，中邮保险从服务国家经济发展、推动社会民生建设的战略高度出发，充分依托邮政网络和资源，以"服务基层、服务三农"为己任，全力打造"政府满意、监管放心、百姓欢迎"的新型高效商业保险公司。

截至2019年7月底，中邮保险业务已拓展至20个省（自治区、直辖市）、277个地市、1460个县市、31072个网点，其中70%以上的网点、客户、业务均在县及县以下区域。总资产达1687亿元，累计实现保费2658亿元，累计服务客户1122.7万人。2019年1~7月，实现利润9.3亿元，利润总额列银行系寿险公司第1位，同比增长18.9%，进入稳定盈利周期；实现保费收入430.4亿元，其中期交保费收入384.3亿元，占总保费比重为89.3%，同比提高25.7个百分点，长期期交新单保费同比增长141%。各项运行关键指标持续保持行业优良水平，重点风险防控有力，偿付能力充足率持续达标，资产质量优良，成立以来，未发生重大风险事件和案件。中央财经大学发布的《中国保险公司竞争力评价研究报告》显示，中邮保险综合竞争力自 2011 年起连续 8 年保持行业前 10 位。先后被授予最具成长性、最具社会责任、最佳诚信服务、价值成长性十佳保险公司和百姓信赖保险机构等荣誉称号。

二、社会责任理念介绍

中邮保险坚持"服务基层 服务三农"的战略定位，努力促进经济效益、社会效益和生态效益的协调统一，将履行社会责任融入到企业战略、经营发展和企业文化全过程。在经济效益方面，经过 10 年的发展，中邮保险经营规模和效益不断提升，确保了国有资产的保值增值，为社会经济发展做出了贡献；在社会效益方面，主动融入国家精准扶贫战略，积极开展公益活动，推进民生保障工程；在生态效益方面，积极响应国家打好三大攻坚战的号召，稳步推进绿色金融创新力度，发展绿色保险，助力经济社会可持续发展。

三、公益奖项

中邮保险曾多次获得社会责任相关荣誉。2015 年，"五年，五天，五座城市，五种团聚"公益活动入选首届中国保险公益"好声音"和"好品牌"项目；2016 年，荣获全球契约组织中国网络颁发的"实现可持续发展目标（SDGs）中国先锋企业"、中国保险报颁发的"年度服务创新奖"、金融时报颁发的"年度最具成长性保险公司"、半月谈杂志社颁发的"百姓信赖的保险机构"；2017 年，荣获每日经济新闻颁发的"年度最具社会责任保险公司"、中国名牌杂志社颁发的"普惠金融百姓最满意商业保险"；2018 年，荣获中国经营报颁发的"年度社会责任贡献奖"、证券时报颁发的"中国保险业精准扶贫方舟奖"、和讯网颁发的"年度保险扶贫先锋奖"。

四、社会责任事例

中邮保险不断强化社会责任担当，关注社会民生，关爱弱势群体，积极开展社会公益活动,助力国家精准扶贫战略。

(一)"三下乡"活动事例

开业 10 年来,中邮保险坚持成立周年不办庆典活动,而是致力于社会公益,组织开展"送知识、送温暖、做调研"三下乡活动,目前已连续开展了 9 年。

精心开展"五年,五天,五座城市,五种团聚"公益活动,关爱空巢老人和留守儿童;举办"守护明日之星 关爱留守儿童"系列公益活动,关爱留守儿童身心健康,助力留守儿童成长成才;举办"重走长征路 播撒中邮情"主题公益活动,慰问老红军及红军遗属、组织员工参观革命纪念馆、引导客户进行红色洗礼、为民众普及保险意识和健康管理知识,向全社会传递正能量;积极投入"7.8 全国保险宣传日",组织开展"发现保障背后的故事""保险扶贫健步走"等系列活动,普及保险知识,宣传保险文化,服务人民美好生活;定期走访大学生"村官",关爱大学生工作生活,提供支持和帮助;深入田间地头面对面了解广大农民的生产生活保障需求;组织健康义诊,为贫困人口提供免费体检,选派业务精通人员进行结对帮扶,并结合实际情况,制定专属帮扶方案,完善文化设施,建设集健身健康和文化活动于一体的"中邮保险文化健康服务站",满足村民精神文化需求。

(二)扶贫项目事例

中邮保险精准聚焦,瞄准建档立卡贫困人口致贫、返贫原因精准发力,发挥保险专业优势,为建档立卡贫困人口定制保险保障方案,通过开通绿色理赔服务通道,为建档立卡贫困人口提供优质便捷的保险服务,让出险的贫困家庭实实在在感受到保险"雪中送炭"的作用。截至目前,中邮保险累计为 36.5 万名贫困民众提供 192 亿元风险保额。

(1)在河南光山瞄准建档立卡贫困人口返贫原因精准发力。2017 年向光山县建档立卡贫困人口及文殊乡杜槐村、砖桥镇李岗村村民等共计 43418 人赠送每人 10 万元保额的意外伤害保障,在一定程度上防范"因伤致贫、返贫"情况的发生;2018 年,为河南光山地区 95948 名贫困人口(其中,29144

名为返贫、未脱贫的建档立卡人员，66804 名为脱贫且享有扶贫政策人口）累计提供风险保额 37.43 亿元。截至目前，中邮保险累计向河南光山地区贫困人口提供风险保额达 80 亿余元，累计赔付 394.6 万元。

（2）在陕西商洛开展信贷保险扶贫。2017 年以来，中邮保险共为 2838 名扶贫贷款申请人提供总保额达 2.8 亿元的人身意外伤害保障，解除扶贫贷款申请人因意外造成无法还款的后顾之忧；为 66 个村 25107 名贫困村民提供 10.5 亿元，涵盖人身意外伤害和意外医疗保障的三农小额保险，增强贫困人口抗风险能力。

（3）在湖南永顺主动参与政府保险精准扶贫工作。中邮保险与永顺县签订扶贫保险合作协议，为湘西土家族、苗族自治州永顺县 4 个乡镇 2.13 万建档立卡贫困人口提供"扶贫特惠保"服务，同时安排专人专岗负责服务工作，优化保险理赔流程，确保服务快速、准确、高效。

（4）联合扬州邮政，与江都区扶贫办达成合作，成功开发"中邮安心小额扶贫保险"。2018 年，中邮保险为当地 13147 名贫困及低保对象提供保险保障服务，合计风险保额为 26294 万元，实现经济效益和社会效益双提升。

（5）在四川凉山、南充捐赠团体意外伤害保险。2017 年，中邮保险为四川省南充市仪陇县五块石村、铁山村、瓦子坪村等 9 个村的 379 位贫困户赠送了一份团体意外伤害保险，合计风险保额近 4000 万元。2018～2019 年，中邮保险为四川凉山州昭觉县、喜德县 6280 名建档立卡贫困人口提供 6280 万元风险保额，其中 2018 年为昭觉县 2581 名建档立卡贫困人口提供 2581 万元风险保额，2019 年为喜德县 3699 名建档立卡贫困人口提供 3699 万元风险保额。

（6）在菏泽曹县两个邮政帮扶村开展免费赠险活动。中邮保险山东分公司在菏泽曹县古营集镇武桥口、祝店两个山东邮政帮扶村，开展"远离贫困，从一份保障开始"免费赠险活动，为两村 1227 名贫困户和村民免费办理团体意外伤害险和意外医疗险，合计风险保额达 2.23 亿元。

（三）理赔服务事例

中邮保险始终秉承"视客户为亲人"的服务理念，为给消费者提供更贴心高效的服务，建立了突发事件预先赔付机制，即在消费者发生意外需要理赔时，先将理赔款送到出险家庭手中，手续随后再进行补办。在突发事件发生时，中邮保险工作人员不仅第一时间到达现场进行理赔，给予受灾民众亲人般的关怀与慰藉，而且根据困难情况，为消费者提供必要的经济援助，帮助受灾家庭渡过难关。2013年4月20日8时02分，四川省雅安市芦山县发生7.0级地震，震后1小时18分，芦山县"中邮保险理赔服务点"成为保险行业第一个在灾区设立的理赔服务点；在甬温线特大铁路交通事故、昆山工厂特大爆炸、东方之星沉船事件、天津港特大爆炸事件中，中邮保险理赔小组都第一时间赶赴现场，进行理赔，承担起安抚民心、助力赈灾的保险责任。

未来，中邮保险将继续坚持"服务基层、服务三农"的责任定位，将保险服务快速贯穿到市县和乡镇，主动参与国家保险扶贫项目，积极投身公益事业，创新公益形式，丰富公益内容，不断延伸保险服务的"最后一公里"，为促进城乡社会均衡发展和共同进步，"决胜全面建成小康社会"贡献力量。

第二节 长城人寿保险股份有限公司

一、公司简介

长城人寿保险股份有限公司（以下简称"长城人寿"）是始建于2005年的全国性人寿保险公司，是北京市西城区国资委重要子企业，是北京金融街投资（集团）有限公司旗下金融板块控股公司。公司总部设于北京，注册资本55.31亿元，总资产近400亿元，已在北京、山东、河北、河南、四川、安徽、湖北、广东等省市设立12家分公司，机构总数超过230余家，旗下拥有长城财富资产管理股份有限公司、北京金融街保险经纪股份有限公司两家控股子公司。

长期以来，长城人寿始终坚持稳健发展原则，强调保费规模、价值贡献、利润增长三者平衡发展。公司始终坚持价值导向，持续优化业务结构，重点发展高价值类业务，同时加强业务品质管理；资金运用方面，持续优化资产配置，拓展投资渠道，提升投资团队专业化水平；管理工作方面，不断提升科学、精细化管理水平，强化风险管控，确保战略目标的实现。

公司坚守保险产品的保障本质，从客户的实际需要出发，建立了以综合保障类产品为骨架，以长期储蓄类产品为依托，以意外、特定群体产品为补充的"保障+服务"特色产品体系，并根据细分客户不断创新，逐步开发特定群体、特定保障等特色产品，不断满足客户的个性化需求。

公司一直秉承"客户至上"的服务理念，积极探索创新服务模式，推出理赔"六个一工程""在线核保""微信理赔"、异地保全、E化服务等举措，积极运用互联网信息技术优势，突破时间、空间的限制，着力改善客户服务体验，为超200万客户提供了便捷、快速的优质服务。

公司还积极投身公益事业，履行社会责任，建立"萌芽100"公益品牌。自2009年以来，通过"'萌芽100'爱心图书室"项目，已向城镇农民工子弟小学和农村贫困地区小学累计捐赠图书近37万册，建成"萌芽100"爱心图书室131座，超过40万人受益。该项目曾连续两年入围我国政府慈善最高奖项——中华慈善奖。

公司连续5年跻身"中国服务业企业500强"，先后获得"中国寿险行业客户服务最具影响力品牌""中国寿险行业最具发展潜力品牌""中国最具社会责任感企业""最受百姓喜爱的保险品牌""最受信赖的寿险公司""保险业最佳理赔企业""值得信赖保险公司"等60多个奖项。

长城人肩负着"有长城，更保险"这一崇高企业使命，秉持"客户至上 价值优先 开放共享 跨越发展"的经营理念，坚决落实监管"保险姓保"政策要求，以实际行动践行"传递爱与责任"，向着"让每个家庭都拥有保险"的愿景奋进。

二、社会责任理念介绍

长城人寿保险股份有限公司自2005年成立以来，响应国家扶贫工作号召，积极投身各项公益事业，踊跃参与各项公益活动，让爱心根植于每个长城人的内心深处，以实际行动传递保险从业者的爱与责任。

三、重点公益项目

2009年长城人寿自主创建和实施"萌芽100"爱心图书室公益项目，秉持"爱心成就希望"的理念，寓意"以百分百的真诚和奉献，为孩子提供百分百的温暖与关爱"，致力于为农村贫困地区及城镇农民工子弟小学捐建可持久使用的爱心图书室。

2010年1月16日，长城人寿援建的第一所"萌芽100"爱心图书室在河南省鹤壁淇县南小屯村小学的正式落成，长城人寿正式开启"萌芽100"公益品牌建设，历经10年，"萌芽100"爱心图书室已覆盖河南、四川、山东、湖北、河北、广东、湖南、江苏、安徽、青岛、北京11个省市，长城人寿公益事业初见规模。

2018年开始，长城人寿"萌芽100"爱心图书室项目开启了从数量向质量的转变过程，项目更加注重学生和校方的实际需求，加强已建图书室的回访活动。通过对受捐学校的一次次深度回访，切身体会到同学们在生活和学习中遇到的现实问题，设身处地的为同学们提供了实实在在的帮助。

截至2019年6月，"萌芽100"公益项目累计在全国11个省市捐建爱心图书室131所，累计捐赠全新图书37万册，累计受益学生逾40万人。

四、其他公益项目

长城人寿在用心打造自己公益品牌的同时，也积极参与各省保监局、西城区国资委等社会各界发起的公益活动（详见七、社会责任事例）。

五、公益奖项

长城人寿自成立以来，在公益事业上从未停止脚步，为公益事业做出了积极贡献，得到了社会的广泛认可，荣获了诸多荣誉奖项。其中，公司"萌芽100"公益项目于2012年、2013年两次入围"中华慈善奖——最具影响力慈善项目",2015年、2016年、2018年、2019年四次在"中国公益节"获评"最佳公益项目""最佳公益创新""年度责任品牌""年度特别致敬大奖"等大奖,长城人寿也在2018年被中国青少年发展基金会评为"希望工程"优秀合作伙伴,同年"萌芽100"爱心图书室项目被山东省保险行业协会评为山东保险业扶贫公益典型项目,长城人寿在国际金融报社主办的"2018年中国资本市场扶贫先锋论坛"上荣获"2018年度教育扶贫先锋企业",2019年在"中国网优秀金融扶贫先锋榜"评选活动中,长城人寿荣膺"精准扶贫先锋机构"大奖。

六、公益事业未来展望

长城人寿作为一家国资背景的保险公司,未来将坚定不移地落实国家扶贫政策,做公益事业的排头兵和精准扶贫的践行者。在自身继续做好公益事业的同时,长城人寿将凭借200余家分支机构、近2万名营销人员和百万客户资源,积极带动社会爱心人士投身到公益事业当中,不断扩大公益规模,为脱贫攻坚贡献自己的力量,用爱心的火花点燃起永不熄灭的爱的火焰。

七、社会责任事例

2019年开始,在国家提出精准扶贫口号的大背景下,长城人寿加快了公益步伐。

2019年1月,长城人寿广东分公司响应韶关保险协会号召,参与"迎新春、送温暖"关爱街道困难群众扶贫活动及开展慰问关怀困难党员的活动,向困难党员捐款1100元钱。

2019年1月,长城人寿山东分公司开展下乡扶贫献爱心活动,为西董镇中的五家贫困户捐款2350元。

2019年2月,长城人寿安徽分公司响应庐阳区政府亳州路街道提出"撸起袖子 捐献热血 分享生命"无偿献血活动,共计13人参与献血。

2019年3月，长城人寿青岛分公司为家庭困难员工齐可友捐款37650元。

2019年3月，长城人寿山东分公司开展慰问德州陵城区郑家寨贫困户活动，向6个郑家寨贫困户捐赠食用油、大米、饼干、方便面、糕点等物资。

2019年4月，长城人寿河南分公司响应平顶山市保险行业协会号召，参与湛河区改善农村人居环境活动中资助泥河村垃圾清运项目，捐款2000元。

2019年5月，长城人寿青岛分公司响应青岛市市南区慈善协会号召，参与救助贫困地区女童的公益项目——"春蕾计划"定向募捐活动，捐款1000元。

2019年6月，长城人寿总公司根据区国资委结对帮扶工作统一安排部署扶贫工作，向金融街慈善基金会捐助190000元。

2019年6月，长城人寿广东分公司响应保协号召，开展2019年广东扶贫济困日募捐活动，向广东扶贫基金会捐款6244元。

第三节　中国人民人寿保险股份有限公司

一、公司简介

中国人民人寿保险股份有限公司（以下简称"中国人保寿险"或"人保寿险"）成立于2005年11月，注册资本金257.61亿元，总部设在北京。中国人保寿险是中国人民保险集团旗下的重要成员，主要经营人寿保险、年金保险、健康保险、意外伤害保险等保险业务及上述业务的再保险业务。公司在全国31个省、自治区、直辖市及5个计划单列市设立36个省级分公司，在总公司设立了1个营业部，在292个地市、1594个县（市、区）设立分支机构和服务网点，通过柜面、电话、微信、APP、互联网等多种方式为客户提供全面服务体验。为践行新发展理念，实现高质量发展，更好地服务经济社会发展，满足人民美好生活需要，公司积极响应行业"回归本源、回归保障"

要求，积极贯彻中国人民保险集团向高质量发展转型的"3411工程"，稳增长、重价值、强基础、转方式、优结构、换动能，坚持以客户为中心的经营理念，发展成效受到股东、客户、同业和社会各界的普遍认可。公司拥有完善的公司治理和专业的管理团队，实施差异化经营、精细化管理，强调合规经营、严控风险。

公司秉承"人民保险 服务人民"宗旨，不忘初心，牢记使命，坚持以人民为中心，积极参与国家健康养老产业、基础设施和民生工程建设，为客户提供无忧人生、百万身价B款、人保福等100多款保险产品服务。公司主动承担社会责任，在贫困地区开展捐建"希望工程图书室"活动，积极助推脱贫攻坚，开展抗灾救灾、保险理赔和爱心捐助活动，受到了社会各界的广泛赞誉。

二、获奖情况

2018年2月，中国青少年发展基金会授予中国人保寿险"最佳合作伙伴"称号，对2017年人保寿险携手中国青基会开展"公益筑梦活动"，捐赠100万元，为红军长征经过的10个省份的100所希望小学建立"人保寿险—希望工程图书室"表示充分肯定。

2018年6月，由《国际金融报》举办的2018年国际先锋理财机构评选结果在沪揭晓，该评选经过量化数据指标评估、专家评委团评审和网络投票3大环节，评选出真正具有"先锋精神"的优秀金融机构，中国人保寿险荣获"2018国际先锋金融机构"奖。

2018年8月，中国金融思想政治工作研究会与中央和国家机关工委《紫光阁》杂志社联合举办2018年度"牢记使命 奋进新时代——全国金融系统党建创新成果微视频展示活动"，四川省分公司、浙江省分公司获"优秀提名奖"奖项；重庆分公司获"百优案例"殊荣。

2018年7月，保险公众宣传日期间，人保寿险在《每日经济新闻》主办的2018年（第三届）中国保险业创新与发展论坛上荣获"优秀人寿保险公司"奖。

2018年6月，荣获"2018年7.8全国保险公众宣传日'给7.8点个赞'手指舞优秀表演者"称号。

2018年9月，第十四届呼叫中心产业国际领航者峰会暨年度颁奖典礼在京召开，人保寿险客户服务部客服中心荣获"2018年度中国十佳客户体验奖"，客服中心培训经理马良荣获"2018年度中国呼叫中心十佳卓越管理人奖"。

2018年9月，由中国保险行业协会主办的2018年保险行业协会信息化典型案例评选揭晓评选结果，中国人保寿险的渠道整合平台、E动神州移动销售平台荣誉上榜，均荣获2018年保险行业协会信息化典型案例二等奖。

2018年10月，"2018保险新闻及品宣业务研修班"暨保险业优秀新媒体作品评选活动在云南举行，人保寿险报送的《理赔微电影：保险理赔员的故事》荣获"保险业十佳新媒体作品"奖。

2018年11月2~3日，"第十一届中国保险文化与品牌创新论坛"暨"第十三届中国保险创新大奖颁奖盛典"在云南举行，人保寿险荣获"2018中资人身险公司综合竞争力排行榜10强""2018年度销售支持创新奖"两项大奖。

2018年11月，由中国保险报主办，中央财经大学中国精算研究院等高校及科研学术机构专家"保险蓝皮书"课题组评选的"2018中国市场竞争力十佳保险公司"榜单揭晓，中国人保寿险荣誉上榜。

三、社会责任

（一）对股东

1. 公司价值稳健增长

2018年在寿险回归保险本源、行业竞争加剧的严峻形势下，人保寿险认真贯彻落实集团"3411工程"战略部署，坚定不移"转方式、优结构、换动能"，坚定不移"稳增长、重价值、强基础"，聚焦价值期缴，转型发展效果显著。2018 年，公司原保险保费收入 937.17 亿元，其中首年期缴规模保费 169.1 亿元，期缴（含续期）同比增长 17.7%，实现新业务价值 57.35 亿元，同比增长 0.8%，公司业务结构进一步优化，价值创造能力持续提升。

2. 治理水平稳步提升

人保寿险不断完善公司治理结构，持续优化公司治理水平，股东大会、董事会、监事会及高级管理层工作依法合规，切实维护股东利益。公司严格遵守《中华人民共和国公司法》《中华人民共和国保险法》等相关法律法规，认真执行银保监会《关于规范保险公司治理结构的指导意见（试行）》和本公司章程等规定和要求，坚守规范、高效的公司治理原则，优化公司治理制度体系，提高经营管理的决策效率，确保公司稳健发展并努力提升公司价值。

3. 投资者关系得到加强

人保寿险通过半年度、年度业绩发布路演，积极参加投资银行在境内举办的投资峰会和投资论坛等方式，与资本市场保持密切沟通。并通过定期向股东单位提供财务报表、投资管理报告等资料，向董事、监事编发《公司治理信息参阅》，增进股东、投资者对公司的深入了解。

4. 风险管控水平持续提升

人保寿险持续贯彻落实党中央防范化解重大风险相关精神，积极对标银保监会风险防控要求，深入推进集团"3411 工程"落地实施，坚定不移"转方式、优结构、换动能"，全面提升风险管控能力，保障和促进公司持续健康发展。

人保寿险以加强风险防控能力为宗旨，进一步强化"三会一层"的风险管理监督职能，细化各项偿付能力风险管理具体工作流程。系统上下全面梳理风险管理制度体系，提升制度的可操作性，进一步完善专项风险管理机制，形成分类指导、自上而下的风险管理制度体系，层层压实风险管理责任。同时，结合监管要求，全面开展整体性风险排查和各重点风险专项排查，通过风险排查、内控管理、对标整改、固化成果四大步骤，初步形成各大类风险常态化、长效化工作机制。

(二) 对客户

1. 开发满足客户多样化需求、服务国计民生的保险产品

人保寿险始终坚持以"人民保险服务人民"为宗旨,以客户为中心,通过挖掘客户需求和细分市场,从保险产品和产品附加服务两方面出发,提供了无忧人生、人保福组合、百万身价和税延养老等涵盖健康、意外、养老等全方位的保险产品。我们致力于不断丰富产品体系,充分满足客户的需求,提升客户体验。

2. 强化投诉管理,提升服务质量

人保寿险贯彻落实向高质量发展转型的工作要求,多措并举有效提升服务质量。2018年,公司制定考核方案,强化追踪督导,加强销售人员品质管理,全面贯彻落实中国银保监会服务评价工作,建立科学的服务指标综合管理体系,提升综合服务质量水平。同时强化投诉管理,坚持问题导向、标本兼治的工作原则,落实分公司投诉处理主体责任,拓宽保险消费者的诉求渠道,通过电话、在线等渠道,及时、妥善处理客户投诉。2018年银保监会公布的公司投诉案件数量较2017年下降38.92%,在2018年银保监会公布的保险行业服务评价结果中,公司各项服务评价指标持续提升,获得BBB类服务评级结果。

3. 倾听客户心声,开展满意度调查活动

为加快向"做服务最好寿险公司"的目标迈进,深入了解客户需求及对公司产品、服务等方面的评价情况,完善客户体验管理体系,聚焦问题,加快提升公司客户服务质量,2018年,公司针对产品、承保、基础服务、理赔、增值服务、投诉、触点服务等方面开展了客户满意度调查活动。其中,共有2万多名客户参与调查,公司总体客户满意度得分为87.8分,整体表现良好。

(三) 对员工

人保寿险秉持人才是最大竞争力原则,以开放包容的心态在2018年积极开展人才引进工作。按照"市场化选聘、契约化管理、差异化薪酬、市场化

退出"原则,通过不同渠道及平台,加快引进急需的专业人才和关键人才。坚持以专业化为导向,持续提升干部员工队伍质量。大力弘扬"忠诚、专业、创新、高效、规范"的企业文化。

公司目前设立管理序列和专业序列双职业发展通道,双通道之间设立转换机制,满足员工多样化的职业发展需求。

以集团公司"领航工程"为契机,完善优秀年轻干部常态化发现、培养、选拔、任用工作机制,进一步创新理念、创新思路、创新模式,以大力发现培养为基础,以强化实践锻炼为重点,以确保选准用好为根本,以从严管理监督为保障,健全年轻干部选拔、培育、管理、使用环环相扣又统筹推进的全链条机制,提升企业核心竞争力。

(四)对合作伙伴和企业

1. 深化银行业务合作,推进渠道多元化建设

面对回归本源的发展形势和严格规范的监管政策,中国人保寿险不断深化与银行渠道的合作关系,充分了解合作渠道的政策导向、合作策略,以及同业公司的发展动态,有针对性地研究政策、产品和销售模式,大力发展网银、自助终端、手机银行等电子渠道。截至2018年,人保寿险与百余家银行机构建立了稳定的合作关系,不断拓展农商行农信社等新的银行合作渠道,推进渠道多元化建设,为银行保险业务发展奠定良好基础。同时积极与银行开展联合业务培训,年内先后与农行、两邮、中行、工行、华夏银行召开培训班等,强化业务合作。另外,在年内,公司与兴业银行和华夏银行开展了联合启动会,成功的开启了股权银行的业务发展,两家银行的业务发展取得了跨越式的突破。通过系统上下的共同努力,2018年公司在工行、农行、建行、中行、邮政、兴业、华夏七大银行均保持了最高合作等级,全国性股份制银行发展进一步加快,渠道合作的广度和深度进一步得到拓展。

2. 拓宽合作边界,提升业务拓展能力

2018年人保寿险在全国范围共服务2.9万家企业客户,市场范围覆盖金融、通信、能源、制造等行业,与3087个政府机关、事业单位合作开展社保补充、老年人意外、女性安康等民生项目，为1.9万个家庭提供重疾和意外保障。

（五）对社会

2018年，人保寿险坚持以提高人民健康养老获得感为核心，以"保险+养老（服务）"为特色，着力健康养老产业，为国家健康养老事业发展做出了贡献。按照中国人民保险集团"3411工程"，公司重点拓展广州等中心城市，与广州市人民政府、广州市金融局、天河区人民政府等政府部门建立了长期稳定的合作，双方多次会谈沟通，建立专人负责的定期联络机制，广州方面多次引导资源，深化共赢发展。目前已将落实集团健康养老产业规划、构建健康养老生态圈、服务公司战略转型的重要平台——人保健康养老管理（广州）有限公司作为重点项目，在广州方面的大力支持下，2018年8月20日于广州天河正式领取了营业执照，顺利开业。

1. 积极参与社会保障体系建设

借助集团一体化资源优势，助力推进健康中国建设。利用微信公众号发表20期八大主题的健康资讯，多维度加强对人民群众的医疗及健康理念教育，普及健康生活；为客户提供健康档案、健康咨询及健康评估等优质高效的健康管理服务并不断探索，优化健康服务，完善健康保障；研讨规划公司健康管理平台，助力集团医疗大数据建设，推动健康服务新业态的发展与创新。

2. 认真落实扶贫工作

2018年，人保寿险按照党中央统一部署，积极助力脱贫攻坚工作。一是认真做好集团定点扶贫工作。认真贯彻落实集团党委关于定点扶贫工作的安排部署，认真落实《定点扶贫责任书》，2018年向江西省吉安县捐赠200万元帮扶资金，通过公司采购、协调第三方公司采购以及发动系统员工自主选购等形式，购买超过367万元集团定点扶贫县农产品。二是积极开展结对帮扶。根据银保监会、人保集团有关结对帮扶的工作要求，结对帮扶内蒙古自治区乌兰察布市察右后旗锡勒乡。认真贯彻落实银保监会内蒙古乌兰察布市察右后旗察右中旗结对帮扶工作动员会议精神，党委专门听取汇报，研究落实会议精神和黄洪副主席的讲话精神，迅速成立结对帮扶领导小组，傅安平同志亲自带队开展结对帮扶调研。目前正在实地调研的基础上加快制订"结对帮扶工作实施方案"，已拟订包括帮助购买奶牛、捐赠制氧机等10个项目在内的13项具体帮扶举措。

第四节 阳光保险集团股份有限公司

阳光保险集团股份有限公司（以下简称"阳光保险"）于2005年7月成立，自成立以来一直坚持在发展壮大的同时践行社会责任，积极投身各项公益事业，结合自身优势，探索、创新公益模式。

一、支持实体经济发展

从社会功能来看，保险业一般被认为具有三大功能，即经济补偿、资金融通和社会管理，三者相辅相成，共同形成了对实体经济的有力支撑。

经过多年发展，阳光保险集团已经涵盖多种业态，目前旗下拥有财产保险、人寿保险、信用保证保险、资产管理、医疗健康等多家子公司。这些子公司深耕各自的专业领域，同时充分发挥协同效应，共同助推实体经济发展。

阳光产险积极开发各类责任险，如医疗责任险、环境污染责任险、安全生产责任险、农业政策保险等，为实体经济发展保驾护航。据了解，自2010年始，阳光产险积极参与各地农房、城镇居民保障性家财险项目。2018年，这些项目覆盖了600余万户家庭，共提供保障200多亿元。

阳光人寿独创的大病医保"襄阳模式"，该模式被誉为保险行业内政府项目经办的八大模式之一。与其他保险公司的各类模式相比，"襄阳模式"最大特色在于实现了"六个统一"，即统一征缴、统一政策、统一人员调配、统一系统管理、统一医疗管理、统一支付标准，最终使得风险完全在控制范围内。

"襄阳模式"让当地城镇居民不再为患病而犯愁，很大程度上化解了"因病致贫""因病返贫"的难题。与此同时，借助保险公司的专业化优势，控制了医保基金支出，缓解大额医疗费用支出。自2009年起，阳光人寿便开始承接经办各地的政府社保补充业务。截至2018年年底，公司累计承保大病保险项目2个，累计保费规模1.75亿元。

阳光资产紧密围绕国家战略方向，发挥自身优势服务实体经济。2018年，先后发起设立"阳光－中国五矿集团基础设施债权投资计划""阳光－山东高速云南发展基础设施债权计划"等重点项目，响应国家"一带一路"倡议、西部大开发战略部署。

为解决企业"融资难""融资贵"，作为行业首家信用保证保险公司，阳光信保明确"为个人、小微企业、各类机构客户的金融及商业交易提供全面信用风险解决方案"的发展思路，通过信用保证保险这一平台，为更多的企业提供服务。

作为中国500强企业，阳光保险成立以来始终坚持聚焦主业、服务国家战略，在服务实体经济中做大做强。为此，阳光保险还专门成立了实体经济发展支持部门。

"我们在加大基础设施投资、促进医疗供给侧结构性改革、助力中小企业融资、支持金融扶贫等方面积极布局，让保险支持实体经济更快发展。"阳光保险相关负责人表示。

二、精准扶贫助力构建新农村

为助力"农村美、农业强、农民富"，积极响应中央精准扶贫号召，近些年来，阳光保险将目光重点投向贫困落后的乡村地区。

2018年年初，阳光保险集团董事长张维功来到吉林省延边朝鲜族自治州安图县龙泉村，与当地县领导和村民共同启动阳光保险集团对口帮扶龙泉村计划，实施产业扶贫，振兴龙泉村。

阳光保险在龙泉村与村集体、当地能人共同建设阳光冰泉大米生态农场、冰泉煎饼加工厂、远程问诊医务站、有机木耳专业生产合作社等一揽子实业项目，将多年积累的企业管理经验、治理方式、信息获取能力、市场拓展能力注入其中，有效弥补了龙泉村现代企业管理理念和经验不足的短板，提升精细化管理水平，有力保障项目长期稳定健康发展；通过捐赠的方式使村集体有实业资产，通过收益分配使村集体获得稳定的收入来源，为脱贫致富提供长期稳定的保障。

健康扶贫同样在安图落地。阳光保险依托阳光融和医院的资源和技术优势，在龙泉村捐建了远程问诊医务站，通过互联网，把国际先进的医疗服务送到了扶贫一线，让村民足不出户就可享受到问诊服务。

在四川雅安名山区，阳光保险与中国扶贫基金会下属的善品公社展开合作，通过资金、业务、销售等方面的支持来实现"造血式"扶贫，支持当地合作社进行农产品开发、管理工作，协助当地建立起黄果柑、茶叶、枇杷、猕猴桃等特色农产品基地，以及协助善品公社向农户就技术、管控、品牌等上游工作进行拓展与加深。

2018年8月，在既有扶贫工作持续有效开展的基础上，阳光保险推出"双生计划"，定向培养万名贫困地区乡村医生，帮扶万名贫困地区乡村学生，普遍提升贫困地区的医疗水平和受教育水平。截至目前，万名贫困学生帮扶计划覆盖34个国家级贫困县、60所学校，已经累计捐助10256名学生，其中，以"包班"形式捐助9337名高中生，以"一对一"形式捐助919名小学生。"万名村医能力提升计划"也如期顺利进展，8月22~23日，阳光保险再次走进内蒙古乌兰察布，截至目前，累计培训6000多名村医。

此外，阳光保险爱心基金会持续致力于贫困地区教学条件改善，在全国各地捐建博爱学校达61所。

三、发挥主业优势，构建扶贫保障体系

一直以来，保险都被视为脱贫攻坚的有效工具，可以有效化解贫困人口因病或因灾、意外事故致贫、返贫风险。

继在安图开展保险扶贫后,不久前,阳光保险再一次向吉林安图县500名驻贫困村干部及建档立卡贫困村民捐赠价值3000万元的保险,为他们的幸福生活添加一道保障。此次捐赠还特别添加了意外伤害医疗险,可以有效降低农民在务农作业时发生意外情况所带来的损失。

无独有偶,在帮助雅安黄果柑、茶叶、枇杷、猕猴桃等特色农产品走出去的同时,阳光保险四川分公司也为当地乡亲赠送了总额过千万的农村农户房屋保险,从上游支持、下游拓展、保险保障三个环节形成联动模式,展开全面帮扶。

为助力精准脱贫,阳光保险立足主业,不仅向贫困农村捐赠相关保险,还专门针对"三农"问题推出新领域保险产品、升级现有保险产品。一方面,根据各地产业特色,开发了苹果种植保险、中药材种植保险、渔业养殖保险、设施农业保险等,通过对地方支柱产业提供保险保障,推动产业扶贫,提升贫困地区自我造血能力。另一方面,根据农业生产者需求,提高了传统政策性保险产品单位保额、开发了主粮作物商业性补充成本保险,提升了现有产品保障程度。

据了解,截至2019年7月,阳光保险通过政策性农业保险,服务"三农"及扶贫农业保险,为逾4.4万户农户提供农业保险保障,累计承保农作物面积1880万亩,承保养殖业数量617万头/只,承保森林面积4638万亩(1亩≈666.67平方米),提供风险保障共计158亿元,支付赔款5684万元。承保范围覆盖主粮作物、油料作物、药用作物、蔬菜园艺作物、水果、温室大棚作物、大小牲畜、淡水养殖等数十个品种。

阳光保险相关负责人表示,"保险在扶贫方面有着天然的优势,能够解决扶贫之中必须引起关注的问题。比如说,解决脱贫以后因病返贫、因意外事故返贫、自然灾害返贫的问题,这些问题都可以用商业保险的机制手段来解决。另外,在农村,不管种植业、养殖业还是整个农村经济,抗拒风险的能力都比较弱,这些原因造成了脱贫道路上的一些新困难,也都可以用商业保险的方式很好地加以解决。我们将竭尽所能地为包括龙泉村在内的更多的贫困地区村民,提供更丰富的扶贫保险产品服务,保障他们的财产生活安全。"

经过近 14 年探索,阳光保险集团形成了一套"做大做强做优主业、服务实体经济、践行社会责任"的企业发展机制,让保险产业与社会事业同进步,让企业经营与公益项目共发展,以充满人文关怀的企业文化,夯实企业持续稳定健康发展的根基。

据了解,阳光保险成立以来,共计承担社会风险超 580 万亿元,已支付各类赔款超 1490 亿元,上缴税收超 420 亿元,累计为 3.76 亿客户提供保险保障,在各项公益慈善事业中累计投入超过 3.1 亿元。

第五节 北大方正人寿保险有限公司

一、公司简介

北大方正人寿保险有限公司(以下简称"北大方正人寿")是由北大方正集团有限公司、明治安田生命保险相互会社和海尔集团旗下的海尔集团(青岛)金融控股有限公司联合组建的一家中外合资保险机构(原名海尔人寿保险有限公司),经原中国保险监督管理委员会批准,于 2002 年 11 月 28 日正式成立,总部设立在上海,专为社会大众提供各类人寿、健康和人身意外伤害保险等产品。自成立以来,公司始终保持着稳健的发展态势,以上海总部为中心,业务经营范围已覆盖四川、山东、江苏、湖北、北京、广东、天津、河北等诸多省市。

公司坚定不移地推动业务高质量发展,截至 7 月底,2019 年原保险保费收入 19 亿元,同比增长 93%,财务净利润达 4604 万元,实现持续盈利。投资能力日渐提升,上半年财务投资收益率达 5.95%,成功规避市场调整风险。各项运行关键指标持续保持行业优良水平,重点风险防控有力,偿付能力充足率持续达标,资产质量优良。公司积极践行"保险姓保"的行业发展理念,坚持内涵发展和价值成长，以合规为底，品质为基，2013年以来，连续在监管部门的风险综合评级（分类监管）中获评"A类"。凭借方正集团与海尔集团的中国知名品牌形象、先进的管理理念及丰富的社会资源，加上明治安田生命在保险行业丰富的专业经验，在北京大学的大力支持下，北大方正人寿立志成为受人尊敬、值得信赖的寿险公司。

二、社会责任理念介绍

北大方正人寿以传承保险事业的大爱精神为己任，秉持"商中求善 热心公益"的经营理念，坚持"立足行业 产业协同 回馈社会"的公益扶贫战略定位，努力促进行业优势、股东优势资源与自身优势有机结合，将履行社会责任融入到企业战略、经营发展和企业文化全过程，实现经济效益与社会效益的协调统一。在经济效益方面，自2013年以来，北大方正人寿经营规模和效益不断提升，逐步探索出一条产学研融合特色发展之路，确保了资产的保值增值，为社会经济发展做出了贡献；在社会效益方面，公司主动融入国家精准扶贫战略，积极开展公益活动，依托行业和股东方优势，充分发挥保险的基本作用和公司的主业功能，形成北大方正人寿特色扶贫公益项目，不断助推国家扶贫攻坚工作，助力经济社会可持续发展。

三、公益奖项

北大方正人寿多次获得社会责任相关荣誉。经过在公益事业上的持续耕耘，2015年，荣获第一财经金融价值榜·最佳专业保险服务奖，被评为上海市"诚信企业"；2016年，荣膺第一财经"最具成长潜力保险公司"；2017年，获得中国财经峰会"杰出品牌形象奖"；2018年，在第十三届中国保险创新大奖颁奖盛典上荣膺"年度最佳企业社会责任奖"；2019年，在第八届中国公益节上荣膺"2018年度责任品牌奖"。

四、社会责任事例

2017年以来，北大方正人寿响应党中央号召，落实保险业助推脱贫攻坚工作要求，以保险扶贫为主线，全面开展以扶助学生儿童、支持教育事业为主要内容的保险扶贫及其他社会公益活动，践行企业发展回馈社会的责任和义务。

(一) 特色扶贫项目事例

习总书记多次强调扶贫先扶志，扶贫必扶智。为让有限的扶贫公益投入的资金产生更广泛的帮扶效果，北大方正人寿充分发挥保险业体制机制优势，立足行业，调动股东方与公司优势资源，于2017年设立了以"从心出发、为爱传递"为主题的特色扶贫助学活动，在捐助资金、提供保险保障的基础上注重嫁接特色活动，策划开展了"方正小讲堂"特色活动，为贫困学生带去更多精神上的慰藉，让同学们能够以更加积极、乐观的心态面对未来的人生，进一步升华活动效果。截至2019年7月底，陆续在湖北宜昌、四川雅安、湖北荆门、山东平邑、四川南充、贵州安顺等地的贫困地区小学开展扶贫助学活动，累计捐赠价值11万余元的各类物资，赠送意外伤害保险保额总计超过1.8亿元，受益人群近2000人。

(二) 特色公益项目事例

近年来，北大方正人寿坚守公益初心，依托股东方优势资源，倡导健康生活理念，精准聚焦特色公益项目。

1. 持续打造青少年教育公益平台——"北大学生公开课"项目

"北大学生公开课"是北大方正人寿自2014年起启动的针对青少年的教育公益平台，通过来自北京大学优秀学子的经历和经验分享，帮助正处于"成长的烦恼"阶段的青少年，培养他们解决问题的能力以及美学、德育和健康的体魄。该活动至今已连续举办6届，累计超过50名优秀学子参与分享，超过4000个家庭参与其中。

2. 努力回馈社会，积极参与特色公益项目

捐资支持北京大学教育基金会设立指定领域的讲席教授基金，助力高校教育事业发展。捐资北大教育基金会"优才拓展计划"项目，为高校学子们在梦想前行的道路上提供支持。此外，公司在第12个世界孤独症关注日期间，为由中国宋庆龄基金会、北京大学医学部和中国残疾人联合会携手发起的"星宝蓝书包孤独症公益项目"，捐助首批启动资金，以实际行动唤起社会大众对孤独症儿童的关注、理解与尊重。

3. 机构开业，公益先行

自2019年以来，随着北大方正人寿保险扶贫公益工作逐步走向深入，公司加大公益投入力度，每一家分公司开业，坚持公益先行，造福一方百姓。2019年1月，北大方正人寿天津分公司开业仪式上特别举办了"小海豚听障儿童合唱团"公益募捐活动；2019年6月，北大方正人寿陕西分公司开业仪式上特别举办了孤独症儿童公益募捐活动。

4. 做健康生活理念倡导者，聚焦特色公益项目开展

近年来，公司赞助北京香巴拉冰雪山地马拉松、"吴阶平泌尿外科中心第一届医师奔跑节"等多项赛事活动，为所有参赛人员免费提供意外伤害及医疗保险服务，传递运动健康生活理念，倡导绿色健康生活方式，推动全民健身文化普及。

5. 秉承行业初心，广泛参与爱心活动

传承保险大爱，传递爱心于细微。作为一家寿险企业，北大方正人寿始终秉承爱与责任的行业精神，精心开展形式多样、内容丰富的公益项目。2017年至2019年，北大方正人寿党委连续组织开展党员献爱心捐助活动，党员及入党积极分子累计捐款66077元；坚持以"7.8全国保险公众宣传日"活动为契机，为贫困地区献爱心，普及保险知识，宣传保险文化，向社会传递正能量；一方有难八方支援，北大方正人寿及时派员慰问并运抵物资到受台风"温比亚""利奇马"灾害影响的重灾区；举办"献爱心，助困难"爱心捐款活动，参与对口帮扶揭阳市惠来县葵潭镇门口葛村。

小善如涓流，点滴汇聚终成大海。未来，北大方正人寿将一如既往落实保险业脱贫工作要求，贯彻方正集团相关部署，充分发挥保险企业的社会责任和大爱理念，在"精准"方面下功夫，进一步提升保险扶贫工作的质量和

效果。主动参与国家保险扶贫项目,积极投身公益事业,广泛开展公益活动,创新公益形式、丰富公益内容,不断拓宽保险服务覆盖范围,让保险助力人们生活更美好,为"决胜全面建成小康社会"贡献力量。

第六节 中意人寿保险有限公司

一、公司概况

中意人寿保险有限公司(以下简称"中意人寿"或公司)成立于2002年,由意大利忠利保险有限公司(ASSICURAZIONI GENERALI)和中国石油天然气集团有限公司(CNPC)合资组建,是中国加入世界贸易组织后首家获准成立的中外合资保险公司。中意人寿总部位于北京,目前已开设北京、上海、广东、江苏、深圳、辽宁、四川、陕西、山东、黑龙江、湖北、河南、浙江、福建14家省级分公司,控股一家资产管理公司。目前,中意人寿注册资本37亿元,总资产600多亿元。

中意人寿引进国际先进的保险知识和经验,立足中国市场,为客户量身定做个性化、多样化、满足不同保障需求的保险产品。经营范围主要包括人寿保险、意外保险、健康保险、投资型保险以及团体雇员福利计划。这些产品保障面广、费率灵活、保障利益全面、可组合搭配,形成具有鲜明特色和创新优势的中意人寿产品系列。

二、发展战略

面对内外部环境的快速变化,中意人寿积极把握和顺应国家经济及寿险业发展规律,坚持本源发展,坚持"质量与规模并重,质量优先"发展理念,优化完善顶层设计,持续提升管理能力,努力拓展市场,各项工作取得新进展。在总结近几年实践、研究、学习成果基础上,组织编写"五年发展纲要"，明确了未来发展方向、思路、目标及方略，为公司逐步迈入高质量发展奠定基础。

三、企业文化

依托忠利集团的保险经营经验和两大股东的雄厚实力，中意人寿致力于将自己打造成国内一流的保险公司，按照"诚信为本、客户为尊、专业为基、创新为魂"的经营理念，坚持"学习、和谐、专业、进取、稳健"的价值观和"自律、进取、学习"六字行为准则，努力为客户、股东、营销员、员工和社会创造价值。

四、责任沟通

对政府方面，中意人寿深入贯彻学习国家关于保险业新十条的相关政策，积极落实《中国保险业社会责任白皮书》和《中国保监会关于保险业履行社会责任的指导意见》，助推国家在保险行业的战略转型和行业改革，真正实现保险为国家的经济发展保驾护航。

对股东方面，高度重视投资者关系的维护和管理，认真听取投资者的意见和建议，通过召开董事会等方式加强有效信息沟通，让股东了解更多的经营信息。着力加强公司治理，防范经营风险，发展和完善盈利模式，确保稳健经营，为股东提供持续且有竞争力的回报。

对合作伙伴方面，遵守商业道德，坚持公开透明采购机制，通过平等互利交流合作，实现与合作伙伴互惠共赢。

对员工方面，公司坚持公开、公平、包容选人用人导向，构建科学有效的绩效管理、薪酬分配、职业发展、荣誉激励等制度，为员工搭建发展平台，强化以外勤为重心的培训体系建设，提升内外勤员工的专业能力，实现员工和企业发展的协调同步。

对客户方面，深入了解客户需求，开展客户回访及满意度调查，赢得客户的信赖。在天灾和急难面前，开通应急理赔绿色通道，与客户共担风险。

对公众方面，公司通过实际行动为社会、为民众尽力尽责。

中意人寿致力于与客户建立和谐、互信的合作共赢关系，及时发布公司社会责任信息，让政府、股东、合作伙伴、员工、客户和公众及时了解和监督公司社会责任履行情况，积极承担社会责任。

五、公司治理

中意人寿建立符合现代企业制度要求的治理架构，具有系统全面的治理制度和工作规则，治理结构单元协调运转、有效制衡，形成了科学规范运作的决策与经营管理架构。董事会通过重大事项的决定来指挥和管理公司重大的业务经营活动。严格按照监管规定建立健全信息披露工作制度，通过公司官网及时准确向社会公众披露信息，自觉接受利益相关方的监督；公司管理层负责日常经营管理，组织总公司各部门及各分支机构，通过落实经营战略和完成年度经营任务，积极履行对政府、股东、客户、员工等各方面的社会责任。

六、风险与合规管理

为确保风险与合规管理的有效落实，在总公司设有专门的风险管理部和法律合规部，有效开展公司全面风险与合规管理工作。中意人寿按照中国原保监会要求，持续推进全面风险管理体系建设，有效管控各类风险。深入开展"治乱打非"专项行动；高效落实保险业乱象整治回头看行动；持续推进反洗钱工作，从系统、制度、流程入手，完成存量客户的身份识别，持续开展新客户身份识别排查。强化合规现场培训和检查力度，增强合规经营意识和效果；完善审计监察职能，强化审计监督，增强内部审计对公司持续健康发展的保障作用。

七、促进区域发展与文化交流

中意人寿总分公司在发展业务的同时，不忘回馈社会，为地方经济发展做出贡献。四川省分公司获 2018 年成都保险行业总评榜"金融类·创新服务奖";深圳分公司荣获深圳商报颁发的最具潜力保险公司;辽宁省分公司获选辽宁省学会 2017 年度《辽宁保险》杂志信息宣传先进单位;河南省分公司被评为"中原最佳薪酬福利雇主"。

为响应国家"一带一路"倡议号召,作为中外合资企业,中意人寿致力于促进中国与意大利间的交流与合作,维护两国传统友谊。北京分公司在中华世纪坛组织举办客户答谢 Meet in Beijing "中意人寿炫彩之夜"意大利钢琴音乐会活动,让客户在欣赏音乐的同时,感受意大利音乐文化的魅力;上海分公司赞助意大利驻沪领事馆举办意大利国庆日庆祝活动,加深与在沪意大利企业间的联系,透过文化熏陶也加深了客户对中意两国文化的理解。

八、提升客户沟通及理赔服务

中意人寿秉承"以客为尊"的服务理念,竭诚为客户提供全方位、专业化、高品质的服务,倡导差异化服务,不断创新服务内涵。全球紧急救援、直接付费医疗等独具中意特色的保险服务,让客户尽享服务的优越与尊荣。为优化客户服务体验,中意人寿依托数字化平台和新技术应用,创新开发视频回访服务。为让客户全面了解健康生活理念,中意人寿推出健康专题大讲堂直播活动,普及医疗健康知识,得到社会各界广泛关注。

全力推进理赔服务质量,提升案件处理时效,改善客户体验,全面提升服务效率及客户满意度。2018 年,中意人寿全年累计赔付 10 多亿元,为近 150 万人提供保险救助,为广大家庭和社会的稳定贡献力量,荣获"2018 年度中国客户联络中心奖"。2018 年 6 月,经银保监会批准,公司先后获得银保监会首批经营税延养老业务和税延养老产品资质,全年给付养老金近 18 亿元,助力近 57 万人的养老保障,为国家养老保险改革贡献力量。

九、重大突发事件应急处置

中意人寿不断完善防灾防损长效管理机制和管理办法,总结重大灾害处理工作中的经验与不足，完善防灾防损日常工作流程。2018年，在埃塞俄比亚坠机事故、四川宜宾爆燃事故、泰国沉船事件、山竹台风自然灾害、湖南常长高速公路起火、盐城化工厂爆炸、宜宾长宁6.0级地震、超强台风"利奇马"登陆等自然灾害及重大事故中，公司第一时间制定应急预案，积极行动，与分支机构并肩作战，在灾情面前积极预案、快速理赔，并及时通过各种公开渠道发布救援服务信息，主动提供保险救助。

十、科技手段助力客户服务

中意人寿借助移动互联科技，聚力为客户打造的集销售、服务、沟通三位一体的移动互联平台，方便客户服务。与中石油及指定商业银行共同发行的加油信用卡产品，采用单芯片集成多应用的形式，将加油和金融消费场景融为一体，为客户提供更加便捷、丰富的消费体验；自主研发"掌e通"和"掌上中意"APP项目分别荣获中国保险行业信息化优秀项目和行业信息化建设典型案例三等奖；"空中投保系统项目"荣获中国信息协会2017年度"中国保险行业信息化突破项目奖"；在金融时报社与中国社会科学院金融研究所主办的"中国金融机构金牌榜·金龙奖"活动中，中意人寿被评为"2018年度最具创新力保险公司"。

十一、普及公众教育

为进一步推进保险消费者权益保护工作，向公众普及保险知识，提高公众对金融产品和服务的认知能力，提升金融消费安全意识，引导公众依法、理性维权，中意人寿组织在全国范围内开展"3·15消费者权益保护日"和"7.8全国保险公众宣传日"系列活动，传递"爱，从一份保障开始"的行业正能量。

十二、关心员工生活

中意人寿重视员工发展，关爱员工身心健康。公司工会开展广泛多样的文娱活动，丰富员工业余文化生活。在重要节日为职工购置节日慰问品，让员工切实感受到了中意大家庭的温暖。组织开展了员工生日会活动，为员工送上生日祝福。同时，为营造和谐健康的企业氛围，组织开展多种形式的兴趣活动、团建及户外健步走活动。

十三、倡导绿色健康生活方式

中意人寿一直以来倡导绿色健康的生活方式，持续关注体育类赛事，积极推动全民健身文化的普及，让更多的人参与到体育运动中来，并为他们提供全面的保障，让大家都能放心地通过运动提高生活品质。中意人寿已成功为北京半程马拉松、西安城墙（三星）秋季国际半程马拉松、昆仑银行杯足球赛、"阅动羊城"公益徒步筹款活动、中意人寿"超级奶爸"亲子跑、高尔夫精英赛、斯巴达勇士赛等多项活动的运动爱好者提供了全方位的保险保障和专业的服务，让他们尽情享受运动带来的快乐。

为了响应国家"绿水青山就是金山银山"号召，陕西省分公司践行绿色发展环保理念，参加"绿色·爱的传递"植树公益活动，支持环保组织、环保企业和项目，参与资源节约型和环境友好型社会建设，为加强环境保护和节能减排发挥了积极促进作用。

十四、奉献慈善爱心

中意人寿自成立以来，始终倡导对"人"和"生命"的关爱。在为社会提供保险保障的同时，中意人寿同样重视保险业所蕴含的社会责任和关爱精神，坚持以关爱之心回馈社会，积极履行社会责任。自 2002 年成立以来，在"爱我中意"的公益旗帜下，中意人寿总分公司积极投身公益事业，坚持以实际行动回馈社会。2018 年，中意人寿总分公司通过自行组织或与红十字会、青少年发展基金会、妇女联合会、残疾人奥运会等组织合作的方式，累计举办公益项目近 40 次，涉及助学、扶贫、救灾、环保和体育等多个方面，累计捐赠现金及保额近 78 万元，惠及贫困家庭、学生、疾病患者及受灾群众上万人次。

为响应国家及银保监会号召,积极参与精准扶贫,中意人寿在全国范围内开展多种形式的专项扶贫项目。黑龙江省分公司组织员工赴齐齐哈尔市依安县向阳村贫困学校向阳校捐建"爱心书香小屋",并赴贵州省荔波县架桥小学开展主题为"守护美好·希望之旅"的精准扶贫活动。为传承新时代中华民族的孝道品德,组织"善传龙江"慈善公益活动,帮扶香坊区低收入、低困、低保"三低家庭"的老人;辽宁省分公司联合郭明义爱心工作室远赴云南省普洱市镇沅县田坝乡三合村中意人寿希望小学,开展慈善捐款、支教课程"益心益意,精准扶贫"活动,赴辽宁省残疾人康复中心开展关爱自闭症儿童的"与星星的孩子有个约定"系列活动;广东省分公司外勤员工、客户自发参与世界华保慈善公益推广会发起的"珍珠生"计划,在湖南省衡阳市第五中学设立了中意高德"珍珠班",招收当地品学兼优、家庭特困的学生,资助他们完成学业,捡回"珍珠"。

第七节 国元农业保险股份有限公司

一、公司简介

国元农业保险股份有限公司(以下简称"国元保险")是安徽省委省政府为做好农业保险工作专门成立的安徽省唯一一家法人保险机构、全国第4家专业农业保险公司,由安徽省政府直属的大型金融控股企业安徽国元金融控股集团等6家省属大型企业和15个市属企业及若干民营资本等共同出资设立,2008年1月28日开业,注册资本23亿元,员工总数3600人。

11年来,在中国银保监会、安徽省委省政府的正确领导下,在财政、农业、金融及监管部门的大力支持下,国元保险坚持"立足安徽、服务三农",构建了农业保险、传统商业保险、健康保险"一主两翼"的业务发展格局,承办了全省主要的农业保险、农房保险、大病保险和基本医疗保险业务。2019年上半年，国元保险实现保费收入32.14亿元，资产总额87.1亿元。根据《2018年亚洲保险竞争力排名研究报告》，国元保险的市场竞争力居中国非寿险公司第8位，居亚洲第41位。

11年来，国元保险始终坚持依法合规、稳健经营，偿付能力充足，经营效益较好，开业以来连续实现盈利。在保险监管部门对财产保险公司的分类监管中，一直被评定为A类。2008~2018年度，连续在安徽省政府对全省金融机构服务地方发展业绩考核中获得最好成绩；2015年，公司被原中国保监会、人社部评为"全国保险系统先进集体"；2016年，公司党委被中共中央授予"全国先进基层党组织"光荣称号。2017年，被国家文明委评为"全国文明单位"。

11年来，国元保险稳步实行"三步走"发展战略。第一步，已实现安徽省内经营区域的全覆盖。当前，正在加快迈出第二步，已在河南、湖北、贵州、上海、山东等省市设立了分支机构，初步成为了一家具有一定实力的区域性专业农险公司。第三步，将面向全国，争取上市，努力建设成为"资本充足、管理先进、服务一流、效益良好、品牌卓著"的国内一流的创新型农业保险公司。

二、社会责任理念介绍

国元保险以高质量发展为方向，以"立足安徽、服务三农"为战略定位，以经济效益和社会效益相统一为价值目标，把履行社会责任融入到企业战略、经营发展和企业文化建设全过程。在经济效益方面，坚持规模与效益并重，走质量效益型发展之路，确保国有资本保值增值；在社会效益方面，主动融入乡村振兴、脱贫攻坚等重大战略，积极发挥农业保险作用和优势，服务农业现代化和地方经济社会发展。

三、公益奖项

国元保险曾获得多个社会责任相关荣誉。2018年度在安徽金融行业综合评选中荣获"优秀扶贫单位"称号，2017年度、2018年度在全国保险业公众宣传大比武活动中荣获"保险脱贫攻坚奖""7.8公益扶贫贡献奖"称号。2016年度、2017年度在凤凰网安徽公益盛典中荣获"善德企业奖""凤赏·爱心企业"称号。2014~2016年度，荣获有关行业权威机构、主流媒体评选的"中国价值成长性十佳财险公司""最具成长性保险公司""安徽影响力品牌企业""100个享誉全国的安徽品牌"等称号。此外，4个扶贫项目入选全国保险扶贫先锋榜，2项入选《保险业优秀扶贫成果集》，光伏扶贫保险入选全国保险扶贫大型图片展。2017年度、2018年度，定点帮扶工作在安徽省直单位考核中连续两年获得"较好""好"等次，派驻的帮扶干部中多人获得地方政府荣誉表彰。

四、社会责任事例

（一）扶贫项目事例

1. "定制"创新型产品，对接贫困户多样化保险需求

当前农业保险扶贫需求正发生着深刻变化。补齐短板，实现转型升级、深入助推精准扶贫，是农业保险发展的重要任务。作为专业农险公司，国元保险积极主动创新与扶贫功能相适应的产品体系，激活内生发展动力，立足贫困地区资源优势和农业产业特色，在安徽先后开发了板栗、毛竹、肉羊等60多个扶贫专属特色产品，基本覆盖省内贫困地区特色产业；积极参与推动金寨县农村保险改革创新试点，创新开展了"菜单式"保险试点，精准对接金寨县产业发展需求，开发了茶叶、生姜、猕猴桃、茭白、露地蔬菜、高山有机稻等专属特色保险产品，打造了金寨县保险扶贫样本；针对贵州省深度贫困县区，开发了肉（蛋）鸡养殖保险、辣椒种植保险、水晶葡萄价格保险，为贫困地区发展特色产业提供了有力保障。

2. "升级"保险服务，筑牢贫困户生产风险屏障

国元保险充分发挥农业保险主业优势，在普惠政策基础上，通过提高保障水平、减免保费、优化理赔条件等方式，突出对建档立卡贫困户的特惠政策,为贫困户生产生活筑牢风险屏障。目前,安徽省的小麦、水稻、玉米、棉花保额分别提高到每亩367元、406元、282元、394元,提高比例为15%~36%。此外,为建档立卡贫困户减免中央政策性农业保险自缴保费,2017年以来累计减免1000多万元,同时针对建档立卡贫困户理赔标准上浮20%,有效增强贫困人口抗风险能力。目前,大别山片区和皖北贫困地区政策性农业保险投保率都在90%以上。国元保险积极推动行蓄洪区扶贫保险,为建档立卡贫困户及行蓄洪区小农户提供种植业大灾保险和扶贫保险、巨灾指数保险、农房保险等综合保险保障。开展"特色产业+金融+科技"项目试点,开发针对贫困地区的优势特色补品保险。

3. 创新保险扶贫机制,支持产业扶贫

国元保险围绕安徽省"四带一自"产业扶贫模式,充分发挥农业保险优势,一是以增品扩面提标为抓手,支持新型农业经营主体发展,带动贫困户脱贫。如在宿州、亳州、阜阳等地开展了玉米、大豆、棉花"保险+期货"试点。在黄山黟县打造了农业保险转型升级"黟县模式",该试点成果于2018年在安徽省16个县区推广,2018年共计承保小麦大灾保险104.2万亩、水稻大灾保险245万亩、玉米大灾保险15.5万亩、小麦补充保险359.2万亩,为广大农户增加风险保障13亿元。二是探索建立"精准扶贫+银政保"模式,开展了农村小额信贷保证保险、农业保险保单质押贷款保险、林权抵押贷款保险等业务,解决农业产业融资难问题,帮助贫困户获取信贷发展生产。三是帮扶建设扶贫项目,注重激发脱贫的内生动力,变"输血"为"造血",首创"扶贫猪"托管养殖扶贫做法,向贫困户捐赠的扶贫猪交由养殖场代为托管,养殖场给贫困户分红,帮助贫困户脱贫,同时给"扶贫猪"投保养殖保险,保障其养殖风险;协调推动贫困村土地流转,发展商品林种植;利用防灾减损资金为贫困村建设香榧种植基地;深化农业保险服务现代农业、助力脱贫攻坚的"黟县模式",协调政府为全县1838户贫困户种植的茶园投保茶叶保险等。

4. 探索健康扶贫模式,纾解贫困户看病治病难题

为深入落实国家医改政策,充分发挥健康保险的兜底保障作用,主动对接并承办安徽省 26 个健康保险扶贫项目，国元保险逐步建立了基本医保、大病保险、补充商业保险、医疗救助和政府兜底保障有效衔接的贫困人口综合医疗保障体系，探索形成了以"太和模式"为代表的健康保险扶贫国元样本，"一站式"平台数据 + 病历信息 + 智能监控系统疑点标识等创新做法，使过去医疗报销多部门多窗口多趟次办理转变为公司医保服务窗口"一站式"办理，贫困人口医保报销"仅跑一趟路"变为现实。2018 年，大病保险服务贫困人口 308.90 万人，赔付支出 31222.30 万元，赔付 26.52 万人次。承办贫困人口医疗保险补充项目 12 个，赔付金额 4736.21 万元，为 56.81 万贫困人口提供补充医疗保险的再保障服务。

此外，国元保险还积极响应保险监管部门的组织号召，在近 3 年的"7.8 全国保险公众宣传日"活动中，主动认领安徽扶贫项目，并为临泉县八里坡村 150 户贫困户捐赠农房保险、光伏扶贫保险。为提升对贫困户的精准服务，开发了扶贫信息系统，制定了脱贫综合保障保险方案，针对建档立卡贫困户制定个性化保险扶贫措施。各级机构围绕助力脱贫，通过"扶贫夜校""党支部结对帮扶"以及优先选用符合条件的贫困户为协保员等方式，创造性地开展扶贫工作，得到了各级党委政府领导和广大贫困户的肯定与赞誉，也为业内扶贫工作积累了有益经验。

（二）公益活动事例

国元保险始终将履行企业社会责任放在发展的突出位置，坚持社会效益和经济效益并重，热心社会公益，弘扬社会公德，不仅在重大灾害发生时，积极组织捐款捐物，提供医疗救助保险服务，还每年都向受灾农户、贫困户捐赠大量救助资金、生产生活物品等，展现了有价值、有担当、有温度的保险企业形象。

1. 勇担大任抗洪灾，心系灾民送温暖

2016 年夏季，安徽省长江流域遭遇了 60 年不遇的特大洪涝灾害。国元保险站位大局，全力应对，快速赔付了超过 12 亿元的水灾理赔款，全年累计赔付农业保险赔款 24.3 亿元，为安徽灾后重建提供了强有力的保障。在全力开展防汛救灾的同时，国元保险不忘履行企业社会责任，为广大武警官兵赠送了 3000 份保额为 20 万元/人的人身意外险及大米、食用油等物品，准备了近 300 万元的防灾减损资金，灾区各级机构也先后开展了捐资捐物活动。

2. 助力环巢湖毅行，为"毅行人"保驾护航

"毅行"活动是合肥市政府为引导户外活动，引领全民健身举办的徒步行走活动。国元保险自 2016 年开始连续 3 年为"毅行大会"的参与者提供价值 10 万元的人身意外保险，为"毅行人"的安全买单，确保"毅行"活动全程平安无忧。

3. 博爱江淮，助力顺路益行

2016 年向省红十字会捐赠 25 万元公益基金，用于"博爱江淮，顺路益行"志愿服务项目中的"益行吧"手机 APP 开发及相关物资配套。此外，50 多名员工自愿加入志愿者行列，为城市的绿色出行贡献力量。

4. 开展基层公益，点滴温暖遍江淮

各地机构积极响应公司号召，参与社会公益活动，将保险之爱传遍江淮大地。淮南中支、合肥中支每年都组织开展爱心护考行动，通过提供志愿服务、送考服务等方式为高考学子加油；阜阳中支自 2016 年以来一直开展"接您回家"活动，寒冬腊月工作人员专程等候在车站，为返乡的农民工提供接送服务；2016 年砀山果农遭遇苹果滞销，为帮助砀山果农走出困境，宿州中支通过参加"爱心苹果义卖公益活动"认购 4.2 万斤滞销苹果，并送去贫困村、敬老院、留守儿童学校等等。

未来，国元保险将继续秉承"服务三农、服务民生"的宗旨，主动履行社会责任，积极投身公益事业，创新公益形式、丰富公益内容，不忘初心、牢记使命，为服务民生发展、助力打赢脱贫攻坚战贡献力量。

第八节　安心财产保险有限责任公司

一、发展概况

安心财产保险有限责任公司（以下简称"安心保险"），是全国首批创新型互联网保险公司，于 2015 年 6 月 26 日获得原保监会筹建批文，2016 年 1 月 18 日正式开业，总部设在北京市延庆区。

公司提供与互联网交易直接相关的企业、家庭财产保险、货运保险、责任保险、信用保证保险、工程保险（仅限家庭装修工程保险）、短期健康保险、意外伤害保险、机动车保险等保障服务，开展上述业务的再保险业务，国家法律、法规允许的保险资金运用业务，以及经原中国保监会批准的其他业务。

自成立之初，安心保险就一直以"简单的保险"作为发展理念，致力于将保险产品条款通俗化、投保自助化、理赔简单化，确保用户看得明白、买得方便、赔得快捷。在经营模式上，安心保险不设线下分支机构，所有产品均通过线上形式销售，首创在全国设置服务中心的模式负责统筹线下服务资源，与近万家合作修理机构签订了合作协议，确保安心的人性化理赔服务能够遍及全国各个区域，实现线上线下高效率的无缝对接。

2018 年，安心保险以原保费收入 15.3 亿元、同比增长 92.6% 的好成绩，位列财险公司保费增速第 8。

二、公司荣誉

在 2018 年亚太区互联网保险国际峰会（AIIS 2018）暨"金创奖"颁奖典礼上，安心财险斩获"保险行业杰出品牌奖"。

在每日经济新闻主办的 2018 年中国保险业创新与发展论坛暨"2018 中国

保险风云榜"评选活动中荣获"2018中国优秀互联网保险平台"奖。

在2018年度中国保险业信息化建设典型案例评选中,安心财险"渠道敏捷接入及自服务开放平台"荣获二等奖,"线上统一理赔服务平台"获三等奖,"基于机器学习的大数据智能风险控制系统"和"应对数据海啸冲击的健康险平台"分别获优秀奖,获奖数量排名与中国人保并列第4名。

在2018年北京市非公企业履行社会责任颁奖活动中,安心财险荣获"2018年度北京市非公有制企业履行社会责任推动京津冀协同发展突出贡献奖"。

在《中国经营报》主办的2019年(第四届)金融科技大会上,安心财险获评"2019中经Fintech·成长型保险公司"。

在《华夏时报》主办的"思辩·数字化时代保险业的'攻'与'守'暨2019华夏时报保险大会"上,安心财险荣获"稳健成长财险公司"奖项。

在《每日经济新闻》主办的"2019中国保险业科技创新研讨会"上,安心财险荣获"年度优秀保险科技公司"称号。

安心保险作为全国首批创新型互联网保险公司,始终坚持"保险姓保",回归本源,围绕公司发展战略积极践行"简单的保险"和"用户至上"的发展宗旨,努力发挥在服务实体经济、服务民生保障、履行社会责任等方面的作用。

三、社会责任

(一)客户责任

安心保险始终坚持"以客户为中心"的经营理念,不断改善客户体验,持续提升客户服务水平。

截至目前,安心保险累计服务客户2507.72万人次,其中,为1679.88万人提供意外健康保障服务。就公司明星产品百万医疗而言,公司累计服务客户379.28万人次,提供累计保额17.47万亿元。

1. 专注客户保障需求，打造高性价比的健康险产品

近年来，随着我国人口老龄化趋势加深，国民健康意识不断增强，健康险配置已成时下刚需。基于对用户需求的深刻洞察，安心保险将短期健康险作为战略险种进行大力发展，不断完善健康险产品矩阵，创新保险产品形态，最大限度解决消费者看病难、看病贵的难题。

在产品布局上，安心保险专注客户的保障需求，不断推陈出新，加快产品迭代速度，完善产品矩阵，覆盖更多人群的健康保障需求，先后推出了一系列高性价比的健康险产品。针对不同年龄层以及不同性别的人群，安心将大数据技术与产品创新相结合，专注儿童疾病、女性健康以及中老年人等不同群体的特定疾病保障，通过更加个性化的产品和服务让消费者拥有更适合自身情况的健康保险。目前已经形成重疾险、百万医疗险、防癌险等产品系列，有效增强了用户抵御重大疾病风险的能力。例如，安心保险主打癌症保障的"安享一生癌症医疗险"，凭借超高性价比广获市场认可，三高人群、糖尿病、心脑血管等常见病患者也可投保，人性化十足。该产品先后获得2018年金融界领航中国年度"杰出互联网保险产品奖"以及由《投资时报》、标点财经研究院联合颁发的金禧奖"2018最佳保险产品奖"，成为安心保险2018年度明星产品。

在增值服务端，安心健康险还引入了行业领先的住院直付、就医绿色通道以及质子重离子等精准医疗服务，在解决保险保障需求之外还提供了涵盖病前、病中、病后的综合性健康保障管理全过程服务，试图解决用户看病难、看病贵的医疗难题。

2. 创新互联网特色车险，打造极致服务体验

在安心看来，车险互联网化的核心不是"将车险通过互联网渠道售卖出去"，而是将传统车险的全流程与互联网的本质特征相结合，从而拉近保险公司与客户的距离，建立起以客户为导向的互联网思维，进而为客户提供卓越的保险服务。为此，安心保险充分利用互联网科技实现从承保到理赔的全程移动互联化，为消费者提供手机端一键解决的保险服务体验，引领移动互联

时代车险业务发展的潮流。安心保险通过大数据搭建反欺诈模型，在购买环节实现风险识别和管控；人工智能的发展实现了客服、核保、理算等诸多环节的简化和智能化，升级了服务体验；云端核心业务系统具备扩展速度快、前期成本低、可处理海量并发业务等优势，确保了核心业务基础稳定和良好的拓展性。

3. 多渠道自助理赔，极简化服务流程

成立3年多来，安心保险一直以解决理赔难、流程繁琐问题为初衷，努力打造"简单的保险"，将互联网思维贯穿理赔服务全流程。

安心保险一方面坚持自主研发，从极简化客户服务体验出发，重新规划业务模式和流程，针对不同客户群自主研发科技工具，客户可通过安心保险APP、小程序、微信等平台直接报案并上传理赔资料，实时进行理赔全流程操作跟踪，有效提升理赔时效与服务质量。例如，为了最大程度简化健康险理赔流程，安心保险推出了小额案件自助理赔功能，5000元以下小额案件可通过微信"一键报案"，全流程自助操作，最快1分钟提交资料，从理赔速度、金额、方式等多个方面实现全面升级。另一方面安心保险加强与互联网科技的战略合作，积极引入第三方成熟的保险科技力量，简化小额案件理赔流程，同时引入智能机器人等保险科技，除了在线"猜你所想""答疑解惑"外，机器人还可以进行"理赔指路"，即引导客户上传理赔材料，客户可通过点击链接进入材料上传操作页面直接上传理赔资料，方便快捷。此外，安心保险还为客户提供了不同场景的在线语音客服服务，如新契约回访、结案支付回访、满意度调查等。

在车险理赔方面，安心保险首创"移动端一键完成"的极简理赔流程，实现了车险小额理赔平均索赔支付周期0.2天的成绩，与保险协会公布的2017年上半年车险小额理赔平均索赔支付周期0.49天相比有了质的提升。此外，5万元以内的案件，索赔手续齐全、责任明确的，24小时内即可赔付。

4. 积极普及金融保险知识，保护消费者权益

"互联网+"时代，在日益方便快捷的互联网保险服务不断普及的同时，

消费者利益受损的情况也时有发生，消费者风险教育和知识普及宣传活动显得尤为重要。安心保险充分利用互联网公司的传播特点，在线上线下开展了多渠道、广覆盖的保险金融知识和风险防范意识普及的活动，积极参与"3·15消费者权益保护周""7.8保险宣传日""金融知识普及月 金融知识进万家"等行业活动，向社会公众普及金融保险知识，致力于保险消费教育的普及和推广，充分凸显出互联网险企的社会责任感。

(二) 行业责任

安心保险借助庞大的用户数据构建了统一数据平台，并通过智能分析系统的建设完善客户画像，从而更准确地预测消费者的风险保障需求和细分保险市场。在承保端，安心保险引入机器学习算法和基于ES的准实时数据中心，自主研发了大数据智能风险控制系统，用于保险承保和理赔的风险控制。项目落地1年，有效降低了承保理赔风险和统计分析数据的成本。同时，通过与第三方数据公司合作，安心保险将不同数据源整合在风险控制系统，建立风控模型，对承保的风险进行多维度度量，从而实现智能化、差异化定价，实现了业务品质管控与风险管理效率的双重提升。例如，在健康险产品研发阶段，对接再保或者其他专业风控机构，对投保人群和可保风险进行科学细分，多维度接入风险数据，充分对不同人群的风险管理需求。

与互联网的普及相伴相生的问题是庞大用户基数中显著的风险差异和信息的不对称的客观现实给保险业务带来了逆向选择问题，互联网欺诈行为屡见不鲜。作为全流程在线上运营的互联网保险公司，安心保险将"风控前置化"这一思维贯穿至整体业务流程中，将传统模式中在核保、理赔过程中对于客户的严格审核和繁复的风险点控制，前移至承保过程之前。在保护客户信息安全的宗旨和前提下，运用区块链技术与多家第三方数据供应商深度合作，综合评估客户的信用风险、行为习惯等属性，建立大数据风控模型，筛选可靠用户，通过"严进宽出"方式默认存量客户都是好人。基于互联网保险思维的风险前置化和好人理念，改变了传统后端严格风险控制措施带来的理赔举证流程复杂的弊端，让理赔变得简单的同时，也推动着行业的发展。

(三)社区责任

截至 2018 年年底,安心全年实现保费收入 15.3 亿元,主要税款 1.23 亿元,相比 2017 年保费收入与税款均实现约一倍增幅。

2018 年,安心保险积极参与"万企帮万村""延庆区企业代表扶贫"等活动,以签约结对、村企共建、爱心公益等形式,履行社会责任、投身精准扶贫,为打好扶贫攻坚战、全面建成小康社会贡献力量。

2018 年,安心保险积极参与赴张家口市宣化区顾家营镇大堡子村的扶贫工作,从资金和精神上对当地贫困户进行慰问。安心保险认为,乐善好施是中华民族的传统美德,扶贫济困是企业以及企业家应尽的义务,公司在推进业务发展的同时不忘初心,积极回馈社会,用实际行动践行扶贫理念。

(四)环境责任

科技赋能互联网车险,不仅能为保险公司和保险行业创造经济价值,更能创造社会价值。交通事故和故障车辆等路面非正常事件是引发交通拥堵的主要原因之一。根据中国交通部发表的数据,交通拥堵带来的经济损失占城市人口可支配收入的 20%,相当于每年 GDP 损失的 5%~8%,每年达 2500 亿元人民币。中国科学院可持续发展战略研究成果表明,交通拥堵时车辆在道路上的平均时速为 15km/h 以下,包括北京、上海等大城市在内的全国 15 个大城市中发生的交通拥堵,每天的相关处理费用达到 10 亿元人民币。安心保险以移动互联技术为基础的免现场查勘,有效缩短交通事故堵车的平均时长,从而减少碳排放,节约可观的社会成本。

在办公方面,安心保险要求全体员工珍惜资源、厉行节约、反对浪费,鼓励员工节约一度电、一滴水、一张纸、一滴碳墨、一粒米。作为互联网保险公司,公司提倡绿色办公,通过办公自动化节约纸张消耗;倡导召开视频或者电话会,以减少出行造成的碳排放。

附　录

附录一：中国人身险公司竞争力评价的主要结果

附表1-1　2018年中国人身保险公司综合竞争力得分及排名

公司名称	排名	得分	公司名称	排名	得分
中国人寿	1	100.0	中英人寿	31	73.0
平安寿险	2	99.7	光大永明	32	72.7
太保寿险	3	97.1	人保寿险	33	72.6
中邮人寿	4	94.8	君龙人寿	34	72.2
新华人寿	5	93.1	友邦人寿	35	72.1
泰康人寿	6	92.5	交银康联	36	72.1
恒大人寿	7	92.2	长生人寿	37	71.3
泰康养老	8	87.0	华泰人寿	38	70.3
君康人寿	9	85.5	阳光人寿	39	70.3
复星保德信	10	83.6	长城人寿	40	70.2
民生人寿	11	83.6	建信人寿	41	69.7
利安人寿	12	82.5	吉祥人寿	42	69.5
中德安联	13	81.4	瑞泰人寿	43	67.1
陆家嘴国泰	14	81.2	工银安盛	44	65.4
华夏人寿	15	80.8	人保健康	45	65.3
前海人寿	16	80.2	中韩人寿	46	64.6
同方全球人寿	17	77.7	国华人寿	47	62.5
招商信诺	18	77.4	中融人寿	48	62.5
平安健康	19	77.2	中银三星	49	60.4
太平人寿	20	77.2	信泰人寿	50	59.9
英大人寿	21	76.7	天安人寿	51	59.4
上海人寿	22	76.2	农银人寿	52	59.1
中美联泰	23	75.4	百年人寿	53	58.6
中荷人寿	24	75.1	弘康人寿	54	57.6
北大方正人寿	25	74.9	渤海人寿	55	56.4
中意人寿	26	74.2	汇丰人寿	56	52.2
平安养老	27	74.2	富德生命	57	48.4
中宏人寿	28	74.1	东吴人寿	58	48.0
中信保诚	29	73.5	珠江人寿	59	47.1
太平养老	30	73.4	合众人寿	60	40.0

附表1-2　2018年中国人身险公司盈利能力竞争力得分与排名

公司名称	排名	得分	公司名称	排名	得分
平安寿险	1	100.0	太平人寿	31	68.4
君康人寿	2	92.3	中信保诚	32	68.3
珠江人寿	3	90.4	招商信诺	33	68.0
中德安联	4	87.5	英大人寿	34	67.9
君龙人寿	5	84.7	新华人寿	35	67.9
中美联泰	6	83.2	工银安盛	36	66.8
国华人寿	7	82.3	富德生命	37	66.5
平安健康	8	82.2	平安养老	38	66.5
友邦人寿	9	80.4	光大永明	39	65.1
华夏人寿	10	80.0	中邮人寿	40	64.9
恒大人寿	11	79.0	人保寿险	41	64.7
交银康联	12	78.5	瑞泰人寿	42	64.5
泰康人寿	13	76.8	泰康养老	43	64.3
弘康人寿	14	75.9	吉祥人寿	44	63.4
太保寿险	15	73.3	中英人寿	45	62.9
上海人寿	16	73.1	东吴人寿	46	62.9
同方全球人寿	17	72.7	北大方正人寿	47	62.9
前海人寿	18	72.0	百年人寿	48	62.6
华泰人寿	19	71.1	人保健康	49	61.4
中国人寿	20	71.0	陆家嘴国泰	50	61.0
中宏人寿	21	70.2	太平养老	51	60.0
中荷人寿	22	70.1	渤海人寿	52	59.9
中意人寿	23	70.0	天安人寿	53	57.2
民生人寿	24	69.9	复星保德信	54	56.6
中银三星	25	69.7	信泰人寿	55	56.4
中融人寿	26	69.6	中韩人寿	56	53.6
阳光人寿	27	69.3	长城人寿	57	53.5
建信人寿	28	69.1	汇丰人寿	58	53.2
农银人寿	29	69.1	长生人寿	59	43.1
利安人寿	30	68.8	合众人寿	60	40.0

附表1-3　　2018年中国人身险公司资本管理能力得分与排名

公司名称	排名	得分	公司名称	排名	得分
中国人寿	1	100.0	中英人寿	31	66.7
太平人寿	2	92.5	中意人寿	32	65.6
民生人寿	3	86.6	同方全球人寿	33	65.2
东吴人寿	4	78.2	太平养老	34	65.1
中融人寿	5	77.9	英大人寿	35	65.0
平安寿险	6	76.9	中荷人寿	36	64.9
交银康联	7	75.8	光大永明	37	64.9
前海人寿	8	75.3	农银人寿	38	64.7
瑞泰人寿	9	74.7	长城人寿	39	64.6
珠江人寿	10	74.6	中邮人寿	40	64.5
吉祥人寿	11	74.4	太保寿险	41	64.3
长生人寿	12	73.2	泰康人寿	42	64.3
中德安联	13	72.9	君康人寿	43	64.2
上海人寿	14	72.9	中韩人寿	44	63.1
恒大人寿	15	72.8	中美联泰	45	61.6
渤海人寿	16	72.6	陆家嘴国泰	46	61.3
中银三星	17	72.2	中信保诚	47	60.9
建信人寿	18	71.8	平安健康	48	60.3
阳光人寿	19	71.8	招商信诺	49	59.4
人保健康	20	71.4	中宏人寿	50	57.7
北大方正人寿	21	70.4	友邦人寿	51	57.2
国华人寿	22	69.9	汇丰人寿	52	57.0
君龙人寿	23	69.6	复星保德信	53	56.0
利安人寿	24	69.3	泰康养老	54	55.3
工银安盛	25	69.0	弘康人寿	55	52.5
人保寿险	26	68.6	富德生命	56	50.0
信泰人寿	27	67.4	天安人寿	57	49.9
新华人寿	28	67.0	合众人寿	58	45.3
平安养老	29	66.9	百年人寿	59	42.2
华泰人寿	30	66.8	华夏人寿	60	40.0

附表1-4 2018年中国人身险公司经营能力得分及排名

公司名称	排名	得分	公司名称	排名	得分
中国人寿	1	100.0	友邦人寿	31	69.3
平安寿险	2	99.4	太平养老	32	68.7
太保寿险	3	97.7	交银康联	33	68.6
华夏人寿	4	93.8	长城人寿	34	68.2
弘康人寿	5	93.2	农银人寿	35	68.2
君康人寿	6	87.4	平安健康	36	68.1
中邮人寿	7	87.2	中美联泰	37	67.8
前海人寿	8	86.8	人保健康	38	67.6
百年人寿	9	85.2	中宏人寿	39	66.2
利安人寿	10	84.5	君龙人寿	40	65.3
中意人寿	11	84.4	中英人寿	41	64.7
复星保德信	12	82.1	平安养老	42	64.6
太平人寿	13	81.8	瑞泰人寿	43	64.4
中德安联	14	81.3	长生人寿	44	64.4
恒大人寿	15	80.7	建信人寿	45	64.3
新华人寿	16	80.6	信泰人寿	46	63.8
泰康人寿	17	80.2	阳光人寿	47	62.6
天安人寿	18	78.8	华泰人寿	48	62.5
光大永明	19	78.0	同方全球人寿	49	62.3
人保寿险	20	77.4	中韩人寿	50	62.1
招商信诺	21	77.3	吉祥人寿	51	62.0
泰康养老	22	77.1	上海人寿	52	61.1
中荷人寿	23	75.8	北大方正人寿	53	57.3
富德生命	24	74.7	中融人寿	54	56.1
英大人寿	25	74.5	国华人寿	55	53.2
汇丰人寿	26	72.0	陆家嘴国泰	56	50.1
合众人寿	27	71.9	渤海人寿	57	46.6
工银安盛	28	71.8	中银三星	58	45.3
民生人寿	29	70.7	东吴人寿	59	40.4
中信保诚	30	70.3	珠江人寿	60	40.0

附表1-5　　2018年中国人身险公司风险管理能力得分及排名

公司名称	排名	得分	公司名称	排名	得分
复星保德信	1	100.0	华泰人寿	31	65.7
平安健康	2	97.1	汇丰人寿	32	65.3
瑞泰人寿	3	91.6	招商信诺	33	65.1
渤海人寿	4	89.9	国华人寿	34	65.0
长城人寿	5	87.7	工银安盛	35	65.0
泰康养老	6	83.6	前海人寿	36	64.8
太平养老	7	81.3	中邮人寿	37	64.5
东吴人寿	8	80.0	人保寿险	38	64.5
陆家嘴国泰	9	78.0	太保寿险	39	64.1
平安养老	10	77.6	中荷人寿	40	64.0
民生人寿	11	76.5	上海人寿	41	63.8
利安人寿	12	76.1	同方全球人寿	42	62.5
光大永明	13	74.6	君康人寿	43	61.9
珠江人寿	14	73.5	人保健康	44	61.8
中韩人寿	15	73.5	恒大人寿	45	61.6
中信保诚	16	73.2	信泰人寿	46	61.4
中英人寿	17	72.8	长生人寿	47	61.4
交银康联	18	71.9	新华人寿	48	60.5
友邦人寿	19	71.0	中德安联	49	60.4
中国人寿	20	70.9	泰康人寿	50	59.1
中融人寿	21	70.2	中银三星	51	58.9
北大方正人寿	22	69.4	平安寿险	52	58.4
中宏人寿	23	68.8	建信人寿	53	56.9
弘康人寿	24	68.3	太平人寿	54	56.6
阳光人寿	25	68.0	农银人寿	55	56.3
吉祥人寿	26	66.7	百年人寿	56	53.7
中意人寿	27	66.6	天安人寿	57	51.5
中美联泰	28	66.5	合众人寿	58	49.8
君龙人寿	29	66.4	华夏人寿	59	46.5
英大人寿	30	66.3	富德生命	60	40.0

附表1-6　　2018年中国人身险公司发展潜力得分及排名

公司名称	排名	得分	公司名称	排名	得分
中邮人寿	1	100.0	陆家嘴国泰	31	66.7
弘康人寿	2	99.3	英大人寿	32	66.2
平安健康	3	93.2	长城人寿	33	65.9
泰康人寿	4	86.6	天安人寿	34	64.1
友邦人寿	5	86.5	利安人寿	35	64.0
泰康养老	6	85.8	人保寿险	36	63.8
华夏人寿	7	83.0	上海人寿	37	63.7
太保寿险	8	81.3	国华人寿	38	62.9
中宏人寿	9	80.9	中融人寿	39	62.2
新华人寿	10	79.9	汇丰人寿	40	62.1
中国人寿	11	78.0	中英人寿	41	60.6
百年人寿	12	76.7	交银康联	42	60.3
恒大人寿	13	76.7	瑞泰人寿	43	60.3
平安寿险	14	75.8	同方全球人寿	44	60.3
光大永明	15	74.7	中韩人寿	45	59.3
中德安联	16	74.1	建信人寿	46	59.1
复星保德信	17	73.5	阳光人寿	47	58.1
中美联泰	18	73.5	农银人寿	48	57.8
太平人寿	19	73.4	合众人寿	49	56.6
前海人寿	20	73.4	工银安盛	50	55.8
君康人寿	21	73.4	北大方正人寿	51	54.9
中意人寿	22	72.3	中银三星	52	54.4
中信保诚	23	72.3	长生人寿	53	53.4
平安养老	24	71.4	信泰人寿	54	51.2
招商信诺	25	70.8	人保健康	55	51.1
华泰人寿	26	68.3	君龙人寿	56	49.3
民生人寿	27	67.9	吉祥人寿	57	49.0
富德生命	28	67.4	渤海人寿	58	45.4
中荷人寿	29	67.4	珠江人寿	59	45.2
太平养老	30	66.8	东吴人寿	60	40.0

附录二：中国财产险公司竞争力评价的主要结果

附表 2-1　2018 年中国财产险公司竞争力综合评价得分与排名

公司名称	排名	得分	公司名称	排名	得分
人保财险	1	100.0	华农财险	33	67.2
平安财险	2	98.7	泰康在线	34	66.9
太保财险	3	93.3	中路财险	35	66.2
太平保险	4	86.2	苏黎世	36	66.1
爱和谊	5	84.8	美亚财险	37	65.5
阳光财险	6	84.4	中银保险	38	65.3
国寿财险	7	83.9	华泰财险	39	64.7
大地财产	8	79.5	史带财险	40	64.7
英大财险	9	79.3	永诚财险	41	64.5
中石油专属保险	10	79.1	国任财险	42	64.4
北部湾财险	11	79.0	亚太财险	43	63.1
中华联合	12	77.9	前海联合	44	63.1
华海财险	13	76.7	阳光农险	45	61.4
安联财险	14	76.6	中意财险	46	60.7
永安财险	15	74.9	三星财险	47	60.3
渤海财险	16	74.8	易安财险	48	60.0
锦泰财险	17	72.6	众安财险	49	60.0
鼎和财险	18	72.5	瑞再企商	50	59.3
国元农险	19	72.3	泰山财险	51	59.0
诚泰财险	20	71.7	天安财险	52	58.8
日本财险	21	71.5	鑫安车险	53	57.2
铁路自保	22	71.3	乐爱金	54	57.1
众诚保险	23	71.3	现代财险	55	54.1
中原农业	24	70.6	安华农险	56	53.6
东京海上	25	70.5	日本兴亚	57	53.4
三井住友	26	70.4	安诚财险	58	53.1
华安财险	27	70.2	阳光信用	59	51.8
中航安盟	28	69.0	东海航运	60	50.6
安信农险	29	68.5	恒邦财险	61	47.3
都邦财险	30	68.4	海峡金桥	62	43.6
安盛天平	31	67.6	长江财险	63	42.2
紫金财险	32	67.4	富德财险	64	40.0

附表2-2　　2018年财产险公司盈利能力的得分及排名

公司名称	排名	得分	公司名称	排名	得分
人保财险	1	100.0	中航安盟	33	74.8
平安财险	2	96.3	阳光财险	34	74.8
鼎和财险	3	89.8	华泰财险	35	74.6
阳光农险	4	88.6	诚泰财险	36	74.6
中石油专属保险	5	86.3	三星财险	37	74.6
太保财险	6	84.8	乐爱金	38	74.5
北部湾财险	7	84.2	中意财险	39	74.4
鑫安车险	8	83.5	渤海财险	40	74.4
永安财险	9	81.4	苏黎世	41	74.2
中华联合	10	81.0	史带财险	42	74.0
天安财险	11	80.9	海峡金桥	43	73.7
铁路自保	12	80.7	锦泰财险	44	73.6
英大财险	13	80.7	众诚保险	45	73.4
华农财险	14	80.4	都邦财险	46	73.0
华海财险	15	80.2	国任财险	47	72.7
恒邦财险	16	79.6	安盛天平	48	72.6
日本财险	17	79.1	紫金财险	49	72.3
安信农险	18	79.0	东京海上	50	71.8
中银保险	19	78.5	安诚财险	51	71.8
大地财产	20	78.3	泰康在线	52	71.4
国元农险	21	78.1	安联财险	53	71.3
爱和谊	22	77.9	富德财险	54	70.8
阳光信用	23	77.6	东海航运	55	70.4
国寿财险	24	76.9	中原农业	56	70.3
泰山财险	25	76.7	瑞再企商	57	66.0
亚太财险	26	76.5	中路财险	58	65.9
美亚财险	27	76.0	众安财险	59	65.8
三井住友	28	75.9	安华农险	60	61.7
华安财险	29	75.8	永诚财险	61	61.5
日本兴亚	30	75.5	易安财险	62	60.5
太平保险	31	75.0	前海联合	63	48.9
现代财险	32	74.9	长江财险	64	40.0

附表 2-3　　2018 年财产险公司资本管理能力的排名与得分

公司名称	排名	得分	公司名称	排名	得分
人保财险	1	100.0	华安财险	33	69.5
安联财险	2	97.6	国任财险	34	69.0
平安财险	3	90.7	中航安盟	35	68.8
爱和谊	4	89.5	渤海财险	36	68.6
大地财产	5	83.4	华泰财险	37	68.5
泰康在线	6	82.0	鼎和财险	38	68.2
太保财险	7	81.7	中石油专属保险	39	67.5
华农财险	8	81.0	现代财险	40	67.5
英大财险	9	78.4	安盛天平	41	66.9
众诚保险	10	76.5	三星财险	42	66.8
国寿财险	11	76.5	恒邦财险	43	65.9
阳光财险	12	75.5	永诚财险	44	65.7
日本财险	13	75.3	安信农险	45	65.7
华海财险	14	74.7	国元农险	46	65.6
北部湾财险	15	74.5	乐爱金	47	64.5
苏黎世	16	74.4	亚太财险	48	64.2
瑞再企商	17	74.3	前海联合	49	64.1
中华联合	18	74.2	长江财险	50	63.6
天安财险	19	74.1	泰山财险	51	61.8
三井住友	20	74.0	易安财险	52	61.7
太平保险	21	73.3	铁路自保	53	61.1
史带财险	22	72.6	鑫安车险	54	59.7
锦泰财险	23	71.9	安诚财险	55	58.3
诚泰财险	24	71.9	中路财险	56	58.3
永安财险	25	71.7	阳光农险	57	58.1
东京海上	26	71.7	日本兴亚	58	57.9
中银保险	27	71.5	众安财险	59	55.4
中原农业	28	71.1	海峡金桥	60	47.6
美亚财险	29	70.4	富德财险	61	45.2
紫金财险	30	70.2	东海航运	62	45.1
中意财险	31	69.9	安华农险	63	44.5
都邦财险	32	69.9	阳光信用	64	40.0

附表2-4　　2018年财产险公司经营能力的排名与得分

公司名称	排名	得分	公司名称	排名	得分
人保财险	1	100.0	渤海财险	33	53.6
平安财险	2	81.9	中航安盟	34	53.1
太保财险	3	66.8	都邦财险	35	52.6
国寿财险	4	62.4	中意财险	36	52.5
阳光农险	5	60.5	华安财险	37	52.5
大地财产	6	58.5	现代财险	38	52.4
中华联合	7	58.4	亚太财险	39	52.3
阳光财险	8	58.2	天安财险	40	52.2
乐爱金	9	58.1	紫金财险	41	52.1
国元农险	10	57.2	众安财险	42	51.9
鑫安车险	11	56.7	中石油专属保险	43	51.7
三星财险	12	56.6	华海财险	44	51.4
锦泰财险	13	56.1	日本兴亚	45	50.6
太平保险	14	56.1	国任财险	46	50.5
爱和谊	15	56.1	安诚财险	47	50.2
英大财险	16	56.0	众诚保险	48	50.1
安华农险	17	55.8	泰康在线	49	49.9
日本财险	18	55.7	安盛天平	50	49.8
鼎和财险	19	55.6	富德财险	51	49.8
中原农业	20	55.6	安联财险	52	49.6
三井住友	21	55.4	泰山财险	53	49.3
中银保险	22	55.2	长江财险	54	49.3
苏黎世	23	55.0	恒邦财险	55	48.9
美亚财险	24	54.9	易安财险	56	48.6
安信农险	25	54.8	中路财险	57	47.9
诚泰财险	26	54.8	铁路自保	58	47.5
北部湾财险	27	54.6	前海联合	59	47.0
东京海上	28	54.3	华农财险	60	46.8
华泰财险	29	53.9	海峡金桥	61	45.7
永安财险	30	53.9	阳光信用	62	41.8
史带财险	31	53.9	东海航运	63	41.4
永诚财险	32	53.8	瑞再企商	64	40.0

附表 2-5   2018 年财产险公司风险管理能力的排名与得分

公司名称	排名	得分	公司名称	排名	得分
日本财险	1	100.0	安盛天平	33	67.5
安华农险	2	94.0	泰康在线	34	67.2
安联财险	3	93.3	中航安盟	35	66.2
史带财险	4	92.8	长江财险	36	66.1
苏黎世	5	90.0	紫金财险	37	65.6
瑞再企商	6	86.4	华泰财险	38	63.9
永诚财险	7	85.9	永安财险	39	63.6
渤海财险	8	82.1	华安财险	40	62.8
英大财险	9	81.9	锦泰财险	41	62.5
三井住友	10	79.5	诚泰财险	42	62.5
三星财险	11	78.6	日本兴亚	43	62.0
现代财险	12	77.9	铁路自保	44	61.9
阳光信用	13	77.8	泰山财险	45	61.9
太平保险	14	76.9	易安财险	46	60.3
阳光财险	15	76.6	爱和谊	47	59.7
中意财险	16	74.9	大地财产	48	58.3
乐爱金	17	74.8	北部湾财险	49	58.1
太保财险	18	73.9	中石油专属保险	50	57.8
国寿财险	19	73.6	前海联合	51	57.7
都邦财险	20	73.5	安诚财险	52	57.3
平安财险	21	72.8	阳光农险	53	56.2
中华联合	22	72.5	华农财险	54	54.8
东京海上	23	72.1	恒邦财险	55	54.6
人保财险	24	71.3	亚太财险	56	54.6
鑫安车险	25	71.2	国元农险	57	53.6
海峡金桥	26	70.5	鼎和财险	58	51.3
国任财险	27	70.3	中原农业	59	48.4
美亚财险	28	69.7	安信农险	60	48.1
中银保险	29	69.0	中路财险	61	47.3
华海财险	30	68.3	东海航运	62	46.0
富德财险	31	68.2	天安财险	63	45.8
众诚保险	32	68.0	众安财险	64	40.0

附表2-6　2018年财产险公司发展潜力的排名与得分

公司名称	排名	得分	公司名称	排名	得分
平安财险	1	100.0	安信农险	33	63.7
中石油专属保险	2	97.6	诚泰财险	34	63.1
人保财险	3	96.9	史带财险	35	62.1
太保财险	4	90.4	瑞再企商	36	61.9
铁路自保	5	86.9	锦泰财险	37	61.8
爱和谊	6	83.2	中意财险	38	61.2
泰康在线	7	80.3	众诚保险	39	60.9
华海财险	8	80.0	鼎和财险	40	60.8
众安财险	9	80.0	美亚财险	41	60.7
阳光财险	10	79.3	中银保险	42	60.6
前海联合	11	75.0	紫金财险	43	59.4
安联财险	12	74.6	恒邦财险	44	58.4
阳光农险	13	74.3	亚太财险	45	58.3
大地财产	14	74.1	中航安盟	46	57.2
太平保险	15	73.7	渤海财险	47	55.7
国寿财险	16	72.5	永诚财险	48	55.6
中路财险	17	72.4	安华农险	49	53.8
易安财险	18	71.1	苏黎世	50	51.5
国元农险	19	71.0	日本财险	51	50.0
华农财险	20	70.6	泰山财险	52	49.6
阳光信用	21	70.6	安诚财险	53	49.1
永安财险	22	69.4	海峡金桥	54	48.8
鑫安车险	23	68.5	乐爱金	55	47.9
英大财险	24	68.3	三星财险	56	47.2
三井住友	25	67.0	长江财险	57	46.7
中华联合	26	66.9	日本兴亚	58	45.9
北部湾财险	27	66.8	安盛天平	59	45.1
国任财险	28	66.2	东海航运	60	44.8
华泰财险	29	66.0	都邦财险	61	44.5
东京海上	30	65.9	现代财险	62	43.6
华安财险	31	65.9	天安财险	63	43.1
中原农业	32	65.4	富德财险	64	40.0

附录三：中国保险资产管理业的政策与机构建设

1. 中国保险资产管理业政策梳理

1995 年

- "自由时代"终结

该年颁布的《中华人民共和国保险法》对保险资金运用的范围和形式等都作了严格的规定。规定资金运用的形式限于银行贷款、买卖政府债券、金融债券和国务院规定的其他资金运用模式。保险企业的资金不得用于设立证券经营机构和向企业投资。保险资金陆续退出证券市场。

1996 年

- 政策强化

中国人民银行发布《保险管理暂行规定》（以下简称《规定》）。该《规定》明确指出对于保险资金的运用，仅限于银行存款、买卖政府债券、买卖金融债券以及国务院规定的其他资金运用方式。

1999 年

- 1999 年 5 月债权比例调整

《保险公司购买中央企业债券管理办法》颁布，规定保险公司购买的企业债券余额按成本价格计算不得超过公司上月末总资产的 10%。

- 1999 年 8 月债券回购

中国人民银行发布《关于批准保险公司在全国银行间同业市场办理债券回购业务的通知》，批准保险公司在银行间同业市场办理债券回购业务。

- 1999 年 10 月间接入市

《保险公司投资证券投资基金管理暂行办法》颁布，批准保险资金间接入市。保险公司投资基金占总资产的比例不得超过原中国保监会核定的比例。

根据当时证券投资基金市场的规模，确定保险资金间接进入证券市场的规模为保险公司资产的5%。以后视具体情况适当增加。

2002年

- 2002年10月修法明典

《保险法》修正案获得通过。原法第一百零四条第三款"保险公司的资金不得用于设立证券经营机构和向企业投资"，修改为第一百零五条第三款"保险公司的资金不得用于设立证券经营机构，不得用于设立保险公司以外的企业"。

2003年

- 2003年1月明确投资基金比例

原保监会重新修订了《保险公司投资证券投资基金管理暂行办法》，进一步明确了保险公司资金运用于各类基金的比例，资金运用监管进一步细化。保险公司投资基金的余额按成本价格计算不得超过本公司上月末总资产的15%。

- 2003年6月放宽企业债券投资

《保险公司投资企业债券管理暂行办法》颁布，保险公司可投资于信用评级在AA级以上的所有企业债券；同时，保险公司投资企业债券的比例限制也由原来的10%提高到20%。

- 2003年6月外汇资金投资开闸

原保监会与中国人民银行联合发布《关于保险外汇资金投资境外股票有关问题的通知》，明确保险外汇资金投资境外成熟资本市场证券交易所上市的股票，但仅限于中国企业在境外发行的股票。

- 2003年7月投资央行票据

原保监会发布了《关于保险公司投资中央银行票据的通知》，允许保险公司在银行间债券市场投资中央银行票据。

2004年

- 2004年2月政策导向

《国务院关于推进资本市场改革开放和稳定发展的若干意见》出台，提出要鼓励合规资金入市，支持保险资金以多种方式直接投资资本市场，逐步提高社会保障基金、企业补充养老基金、商业保险资金等投入资本市场的资金比例。要培养一批诚信、守法、专业的机构投资者，使基金管理公司和保险公司为主的机构投资者成为资本市场的主导力量。这标志着保险资金直接入市的政策坚冰开始融化。

- 2004年3月投资银行次级债

原保监会下发《关于保险公司投资银行次级定期债务有关事项的通知》，允许保险公司投资银行次级债。

- 2004年4月规范保险资产管理公司

原中国保监会公布《保险资产管理公司管理暂行规定》，确定了保险资产管理公司与保险公司之间的权利义务关系以及受托管理保险资金应遵循的基本规则，标志着保险资金的运用将进一步专业化、规范化。

- 2004年8月境外运用保险外汇资金

原中国保监会、中国人民银行联合颁布《保险外汇资金境外运用管理暂行办法》，首次允许保险公司在接受严格监管的前提下在境外运用外汇资金。

- 2004年10月直接入市

原保监会和证监会联合发布《保险机构投资者股票投资管理暂行办法》，保险资金直接入市获准。

2005年

- 2005年2月出台股票直投细则

原保监会同证监会联合下发《关于保险机构投资者股票投资交易有关问题的通知》及《保险机构投资者股票投资等级结算业务指南》，明确了保险资金直接投资股票市场涉及的证券账户、交易席位、资金结算等问题。

- 2005年2月资产托管

原保监会联合原银监会下发《保险公司股票资产托管指引（试行）》和《关于保险资金股票投资有关问题的通知》，明确了保险资金直接投资股市涉及的资产托管、投资比例、风险监控等问题，规定保险机构股票投资的余额，不超过上年底总资产扣除投资连结保险产品资产和万能保险产品资产后的5%。

- 2005年5月风险控制体系

原保监会出台《保险资金运用风险控制指引（试行）》，对保险公司和保险资产管理公司建立运营规范、管理高效的保险资金运用风险控制体系，制定完善的保险资金运用风险控制制度提出了具体要求。

- 2005年8月债券投资进入新阶段

原保监会发布《保险机构投资者债券投资管理暂行办法》，整合了现行保险债券投资政策，增加了企业短期融资券等新的投资品种，明确了债券及其发行人资质条件，实行了债券投资比例差别控制，标志着保险机构的债券投资即将进入新的发展阶段。

- 2005年9月保险外汇运用细则出台

原保监会发布《保险外汇资金境外运用管理暂行办法实施细则》，保险外汇资金境外运用渠道包括结构性存款，住房抵押贷款证券，货币市场基金，以及内地企业在境外发行的股票，为保险资金在国际金融市场配置资产提供了操作平台。

- 2005年12月规范股票投资条件

原保监会发布《保险机构投资者股票投资资格条件》，规范了直接或者委托保险资产管理公司从事股票投资的资格条件。

2006年

- 2006年3月基础设施投资办法出台

原保监会颁布了《保险资金间接投资基础设施项目试点管理办法》，允许保险资金采取债权、股权、物权及其他可行方式，投资交通、通信、能源、市政、环境保护等国家重点基础设施项目。

- 2006年6月保险"国十条"发布

《国务院关于保险业改革发展的若干意见》正式发布，具体提出了十条意见，被称为保险"国十条"。该意见提出要在风险可控的前提下，鼓励保险资金直接或间接投资资本市场，逐步提高投资比例，稳步扩大保险资金投资资产证券化产品的规模和品种，开展保险资金投资不动产和创业投资企业试点；支持保险资金参股商业银行；支持保险资金境外投资；支持相关保险机构投资医疗机构；允许符合条件的保险资产管理公司逐步扩大资产管理范围。

- 2006年10月投资银行股权开闸

原保监会发布《关于保险机构投资商业银行股权的通知》，允许保险机构投资为上市商业银行的股权。

- 2006年11月风险管理工作新发展

原保监会发布《关于加强保险资金风险管理的意见》，标志着保险资金风险管理工作进入了新的阶段。

2007年

- 2007年2月信用风险管理新阶段

原保监会发布《保险机构债券投资信用评级指引（试行）》，要求保险机构建立内部信用评级系统，评估债券投资信用风险。这是保险业全面落实《关于加强保险资金风险管理的意见》的重要举措，标志着保险资金债券投资开始步入信用风险管理阶段。

- 2007年7月规范同业拆借业务

中国人民银行发布《同业拆借业务管理办法》《保险公司等第六类非银行金融机构进入全国银行间同业拆借市场审核规则》，允许保险公司、保险资金管理公司进入银行间同业拆借市场，并对保险公司申请同业拆借业务资格程序做出了规定。

- 2007年7月保险资金境外投资办法出台

原保监会同中国人民银行、国家外汇管理局正式发布《保险资金境外投资管理暂行办法》，允许保险机构运用自有外汇或购汇进行境外投资，投资范围包括股票、股票型基金、股权、股权型产品等权益类产品。

- 2007年7月基础设施债权投资办法出台

原保监会发布《保险资金间接投资基础设施债权投资计划管理指引（试行）》，以推动和规范保险资金在基础设施领域内的债权投资。

2008 年

- 2008 年 1 月银保深层次合作

原银监会与原保监会签署《中国银监会与中国保监会关于加强银保深层次合作和跨业监管合作谅解备忘录》，在商业银行和保险公司相互投资所涉及的准入条件、审批程序、机构数量、监管主体、风险处置与市场退出程序及信息交换六个方面达成一致意见。

2009 年

- 2009 年 3 月规范股票投资业务

原保监会发布《关于保险机构股票投资业务的通知》，要求保险公司及保险资产管理公司改进股票资产配置管理，强化股票池制度管理，建立公平交易制度，依规运作控制总体风险，加强市场风险动态监测，并落实岗位风险责任。

- 2009 年 3 月管理能力标准出台

原保监会发布《关于加强资产管理能力建设的通知》，该通知包括《保险公司股票投资管理标准》和《保险机构信用风险管理能力标准》，这两个标准是监管机构评估保险机构有关管理能力的主要依据。

- 2009 年 3 月基础设施债权投资计划管理办法发布

原保监会发布《关于保险资金投资基础设施债权投资计划的通知》和《基础设施债权投资计划产品设立指引》。保险资金投资基础设施债权投资计划在投资主体、投资比例、投资范围和项目上均有所放宽。

- 2009 年 3 月增加债券投资品种

原保监会发布《关于增加保险机构债券投资品种的通知》，增加了部分债券投资品种，明确了保险机构投资有关债券的资产比例，允许保险机构投资境内市场发行的无担保债券。

- 2009 年 8 月加强债券回购业务管理

原保监会发布《关于加强保险机构债券回购业务管理的通知》，要求保险机构加强回购融入资金管理，包括加强账户管理、强化成本控制、明确资金用途、控制融资规模、严格比例管理等。

- 2009年9月调整债券投资政策

原保监会发布《关于债券投资有关事项的通知》，对于保险机构债券投资的有关政策进行调整。保险机构投资企业（公司）债券的比例，由不超过该保险机构上季末总资产的30%，调整为不超过该保险机构上季末总资产的40%。

- 2009年11月两岸监管合作

原保监会与中国台湾金融监管管理机构签署了《海峡两岸保险业监督管理合作谅解备忘录》。根据该备忘录，两岸保险监督管理机构在信息交换、机构设立、人员培训和交流等方面开展合作，标志着两岸保险监管机构将据此建立监管合作机制。

- 2009年12月规范无担保债券投资

为加强无担保债券投资管理，规范投资行为，防范投资风险，《关于保险机构投资无担保企业债券有关事宜的通知》出台。

2010年

- 2010年7月调整保险资金投资政策

为加强负债管理，优化资产结构，分散投资风险，原保监会出台《关于调整保险资金投资政策有关问题的通知》。

- 2010年8月《保险资金运用管理暂行办法》出台

原保监会发布《保险资金运用管理暂行办法》，该《办法》是《保险法》修订实施后，原中国保监会发布的关于保险资金运用的重要基础性规章，对规范保险资金运用，保障保险资金运用安全，维护广大投保人和被保险人权益，防范保险业风险，具有重要的意义。

- 2010年8月投资政策调整办法出台

为加强负债管理，优化资产结构，分散投资风险，原保监会出台《关于调整保险资金投资政策有关问题的通知》。

- 2010年9月不动产和股权投资办法出台

原保监会发布《保险资金投资不动产暂行办法》和《保险资金投资股权暂行办法》，宣告了保险资金投资不动产由此进入实质运作阶段。

2011年

- 2011年4月调整保险资产管理公司管理暂行规定

为防范资金运用风险，促进资产管理业务发展，原保监会出台关于调整《保险资产管理公司管理暂行规定》有关规定的通知。

2012年

- 2012年4月规范财险公司投资业务

原保监会出台《关于进一步加强财产保险公司投资型保险业务管理的通知》，对财险公司参加资产管理做出了细化规范。

- 2012年7月规范险资投资债券业务

为规范保险资金投资债券行为，改善资产配置，维护保险当事人合法权益，原保监会出台《保险资金投资债券暂行办法》。

- 2012年7月制定保险资产配置管理办法

原保监会颁布《保险资产配置管理暂行办法》，对保险公司独立账户做了清晰的定义，为保险资产管理公司开展以财富增值为目的的资产管理业务奠定政策基础。

- 2012年7月规范保险资金委托投资行为

原保监会制定《保险资金委托投资管理暂行办法》，来规范保险资金委托投资行为，防范投资管理风险，切实保障资产安全，维护保险当事人合法权益。

- 2012年7月规范保险资金投资股权和不动产行为

为进一步规范保险资金投资股权和不动产行为，增强投资政策的可行性和有效性，防范投资管理风险，原保监会结合市场实际需要，调整放松了部分限制，强化了风险控制要求，发布了《关于保险资金投资股权和不动产有关问题的通知》。

- 2012年10月规范投资交易业务

为规范保险资金参与各种金融衍生品，有效防范风险，原保监会制定并印发《保险资金参与股指期货交易规定》《保险资金参与金融衍生产品交易暂行办法》。

- 2012年10月境外投资管理

为规范保险资金境外投资运作行为，防范投资管理风险，实现保险资产保值增值，原保监会出台《保险资金境外投资管理暂行办法实施细则》对保险公司投资海外的具体事项做了规定。

- 2012年10月规范基础设施债权投资业务

为促进基础设施投资计划创新，规范管理行为，加强风险控制，维护投资者合法权益，原保监会制定并印发了《基础设施债权投资计划管理暂行规定》。

- 2012年10月规范投资有关金融产品

为进一步优化保险资产配置结构，促进保险业务创新发展，规范保险资金投资理财产品等类证券化金融产品，原保监会出台《关于保险资金投资有关金融产品的通知》。

- 2012年12月制定公募证券投资基金管理办法

原保监会出台《资产管理机构开展公募证券投资基金管理业务暂行规定（征集意见稿）》，拟允许符合条件的证券公司、保险资产管理公司、私募证券基金管理机构三类机构直接开展公募基金管理业务。

2013年

- 2013年1月规范投资创业板上市公司股票业务

原保监会出台《关于保险资金投资创业板上市公司股票等有关问题的通知》，允许保险资金投资创业板上市公司股票。

- 2013年1月启动历史存量保单投资蓝筹股政策

经国务院同意，原保监会将启动历史存量保单投资蓝筹股政策，允许符合条件的部分持有历史存量保单的保险公司申请试点。

- 2013年2月规范债权投资计划

为推动债权投资计划业务创新发展，提高监管效率和透明程度，债权投资计划发行将由备案制调整为注册制，原保监会出台《关于债权投资计划注册有关事项的通知》。

- 2013年2月规范资产管理产品业务试点

为支持保险资产管理公司开展资产管理产品（以下简称"产品"）业务试点，保护产品持有人权益，防范和控制风险，原保监会出台《关于保险资产管理公司开展资产管理产品业务试点有关问题的通知》。

- 2013年6月制定设立基金管理公司办法

证监会和原保监会联合发布《保险机构投资设立基金管理公司试点办法》，申请投资设立基金管理公司的保险机构，包括保险公司、保险集团（控股）公司、保险资产管理公司和其他保险机构。

- 2013年7月规范跨境人民币结算再保险业务

2012年以来，国际金融环境发生深刻变化，我国逐步调整对跨境人民币结算的相关政策，《关于跨境人民币结算再保险业务有关问题的通知》（保监发〔2011〕49号）中的部分规定已不适应跨境人民币结算再保险业务发展的要求。原保监会发布《关于跨境人民币结算再保险业务有关问题的补充通知》。

- 2013年8月加强外部信用评级监管

进一步加强保险资金信用风险管理，规范外部信用评级使用行为，原保监会发布《关于加强保险资金投资债券使用外部信用评级监管的通知》。

- 2013年9月规范资金运用比例监管

原保监会发布《关于加强和改进保险资金运用比例监管的通知（征集意见稿）》，对各类资产的重新分大类监管，更加关注投资品的真实属性，回归风险收益本质，其中增加了基础设施债权计划和不动产投资比例，由20%提升到30%。

2014年

- 2014年1月允许保险资金投资创业板上市公司股票

为促进保险业支持经济结构调整和转型升级，支持中小企业发展，优化保险资产配置结构，原保监会发布《关于保险资金投资创业板上市公司股票等有关问题的通知》，允许保险资金投资创业板上市公司股票。

- 2014年1月启动历史存量保单投资蓝筹股政策

经国务院同意，原保监会将启动历史存量保单投资蓝筹股政策，允许符合条件的部分持有历史存量保单的保险公司申请试点。

- 2014年2月加强和改进保险资金运用比例监管

为进一步推进保险资金运用体制的市场化改革，加强和改进保险资金运用比例监管，原保监会出台《中国保监会关于加强和改进保险资金运用比例监管的通知》，系统梳理了现有的比例监管政策，并在整合和资产分类的基础上，形成了多层次比例监管框架。

- 2014年3月规范保险资金银行存款业务

为加强保险资金银行存款业务监管，防范资金运用风险，原保监会出台《关于规范保险资金银行存款业务的通知》。

- 2014年4月授权北京等保监局开展保险资金运用监管试点

为防范保险资金运用风险，推进保险资金运用属地监管工作，优化配置监管资源，提升监管工作效率，原保监会颁布《关于授权北京等保监局开展保险资金运用监管试点工作的通知》。

- 2014年5月规范资金运用关联交易信息披露

原保监会制定《保险公司资金运用信息披露准则第1号：关联交易》，规范保险公司资金运用关联交易的信息披露行为，防范投资风险。

- 2014年5月制订集合资金信托计划有关事项

原保监会出台《关于保险资金投资集合资金信托计划有关事项的通知》加强保险机构投资集合资金信托计划业务管理，规范投资行为，防范资金运用风险。

- 2014年6月规范内控与合规计分监管

为提高保险资金运用合规与内控监管的有效性，推进量化监管和分类监管，防范投资风险，原保监会印发《保险资金运用内控与合规计分监管规则》的通知。

- 2014年8月新"国十条"出台

《国务院关于加快发展现代保险服务业的若干意见》（国发〔2014〕29号，简称新"国十条"）出台，明确了保险业未来发展的总体要求、重点任务和政策措施，提出到2020年，基本建成保障全面、功能完善、安全稳健、诚信规范，具有较强服务能力、创新能力和国际竞争力，与我国经济社会发展需求相适应的现代保险服务业，努力由保险大国向保险强国转变。同时提出了9个方面29条政策措施。

- 2014年10月规范投资细则

原保监会发布《关于保险资金投资优先股有关事项的通知》，允许保险资金直接投资优先股，并规范投资细则。

- 2014年10月制定保险资产风险五级分类

为完善保险资金投后管理，科学审慎评估资产风险，提高保险资产质量，原保监会发布关于试行《保险资产风险五级分类指引》的通知。

- 2014年10月规范非保险子公司管理

原保监会提出《保险公司所属非保险子公司管理暂行办法》，对保险公司所属非保险子公司的风险进行全面监测，切实防范风险传递，保护保险消费者利益，促进保险业健康发展。

- 2014年10月原保监会与原银监会联合规范托管业务

为加强保险资产托管业务管理，规范保险资产托管行为，维护保险资产安全，原保监会与原银监会联合发布《关于规范保险资产托管业务的通知》。

- 2014年12月规范保险资金运用属地监管试点

原保监会办公厅发布《关于保险资金运用属地监管试点工作有关事项的通知》，授权北京、上海、江苏、湖北、广东、深圳保监局代行部分保险资金运用监管职权。

- 2014年12月规范保险资金投资创业投资基金业务

原保监会发布《关于保险资金投资创业投资基金有关事项的通知》，允许保险资金投资创业投资基金行为，支持创业企业和小微企业健康发展，防范投资风险。

- 2014年12月制定保险集团并表监管指引

原保监会关于印发《保险集团并表监管指引》的通知，该《通知》以控制为基础，兼顾风险相关性，确定并表监管范围。同时明确了包括集团结构、公司治理、风险管理、内部交易、偿付能力、资产负债管理、流动性风险等七个方面的并表监管内容。

2015年

- 2015年1月"偿二代"政策出台

为完善我国保险监管体系，改进和加强偿付能力监管，深化保险业市场化改革，转变行业增长方式，更好地保护保险消费者权益，原保监会于2012年启动了"中国风险导向偿付能力体系"（以下称偿二代）建设工作，2015年1月原保监会将研制完成的偿二代全部主干技术标准共17项监管规则（见附件）予以发布。

- 2015年2月规范保险资产管理产品风险责任人有关事项

为加强保险资产管理产品风险管理，落实保险资产管理产品业务风险责任，原保监会发布《关于保险资产管理产品风险责任人有关事项的通知》。

- 2015年3月调整境外投资业务

原保监会发布《关于调整保险资金境外投资有关政策的通知》，进一步拓宽了海外投资范围，扩大了境外债券投资范围，开放了中国香港创业板股票投资领域。

- 2015年4月规范关联交易有关问题

为进一步规范保险公司关联交易行为，有效防范经营风险，保护保险消费者合法权益，原保监会出台《关于进一步规范保险公司关联交易有关问题的通知》。

- 2015年4月制定信息披露准则

原保监会印发《保险公司资金运用信息披露准则第 2 号：风险责任人》的通知，规定了风险责任人的信息披露细则、保险公司风险责任人的信息披露行为，防范投资风险。

- 2015 年 7 月规范融资融券债权收益权业务

为维护资本市场健康稳定发展，防止股市非理性下跌，切实维护投资者和投保人合法权益，原保监会发布《关于保险资产管理产品参与融资融券债权收益权业务有关问题的通知》，保险资产管理公司通过发行保险资产管理产品募集资金，与证券公司开展融资融券债权收益权转让及回购业务，可以协商合理确定还款期限，不得单方强制要求证券公司提前还款。

- 2015 年 7 月规范蓝筹股票监管比例有关事项

为优化保险资产配置结构，促进资本市场长期稳定健康发展，原保监会出台《关于提高保险资金投资蓝筹股票监管比例有关事项的通知》。

- 2015 年 7 月制定互联网保险业务监管办法

原保监会印发《互联网保险业务监管暂行办法》的通知，放开互联网保险业务经营区域的限制，鼓励保险机构通过互联网创新产品，提升保险行业的服务质量。同时针对目前互联网保险业务存在的诸多问题比如信息披露不充分、产品不规范等《办法》给出了具体的方案。

- 2015 年 8 月规范个人所得税优惠型保险业务

为贯彻落实财政部、国家税务总局、原保监会《关于开展商业健康保险个人所得税政策试点工作的通知》（财税〔2015〕56 号）精神，促进个人税收优惠型健康保险业务健康发展，保护被保险人的合法权益，原保监会研究制定了《个人税收优惠型健康保险业务管理暂行办法》。

- 2015 年 9 月规范保险私募基金业务

为进一步发挥保险资金长期投资的独特优势，支持实体经济发展，防范相关风险，原保监会就规范设立保险私募基金有关事项做出《关于设立保险私募基金有关事项的通知》。

- 2015 年 9 月规范资产支持计划业务

原保监会根据基础资产风险状况和监督需要对基础资产的范围实施动态负面清单管理，印发《资产支持计划业务管理暂行办法》的通知。

- 2015年10月修改非保险金融产品销售规则

原保监会发布关于修改《中国保监会关于严格规范非保险金融产品销售的通知》的通知，进一步强调保险从业人员不得销售非保险金融产品，同时对于销售人员的资质提出了更高的要求，有助于优化保险销售人员的整体素质，防止因销售误导或不当出现的风险交叉传递。

- 2015年12月出台保险资金运用内部控制指引

为防范新形势下保险公司资产负债错配风险和流动性风险，加强对保险公司资产配置行为的监管，原保监会印发《保险资金运用内部控制指引》及应用指引的通知。

- 2015年12月完善保险资金运用信息披露准则

针对2015年保险公司频繁举牌上市公司的激进行为，原保监会要求保险公司举牌上市公司股票的信息披露行为更为规范，防范投资风险，就此原保监会印发《保险公司资金运用信息披露准则第3号：举牌上市公司股票》的通知。

- 2015年12月规范中国保险保障基金有限责任公司业务监管办法

为进一步完善保险保障基金管理机制，保护投保人利益，防范风险，维护保险市场平稳健康发展，原保监会对《中国保险保障基金有限责任公司业务监管暂行办法》进行了修订，并印发《中国保险保障基金有限责任公司业务监管办法》。

- 2015年12月规范保险业防范和处置非法集资工作

为严厉打击涉及保险领域的非法集资活动，切实防范化解保险业非法集资风险，进一步完善健全行业非法集资风险防控体系和工作机制，明确保险业防范和处置非法集资工作的责任和工作要求，原保监会印发《关于进一步做好保险业防范和处置非法集资工作的通知》。

2016年

- 2016年5月完善保险资金运用信息披露准则

为规范保险公司大额未上市股权和大额不动产投资的信息披露行为，防范投资风险，原保监会印发《保险公司资金运用信息披露准则第 4 号：大额未上市股权和大额不动产投资》。

- 2016 年 5 月加强保险公司管理交易信息披露

为提高保险资金投资运作透明度，原保监会出台《关于进一步加强保险公司管理交易信息披露工作有关问题的通知》。

- 2016 年 6 月规范组合类保险资产管理产品业务监管

为加强保险资产管理产品业务监管，规范市场行为，强化风险管控，将对组合类保险资产管理产品业务进行规范，原保监会出台《关于加强组合类保险资产管理产品业务监管的通知》。

- 2016 年 6 月规范保险资金间接投资基础设施

保险机构对 PPP 项目投资态度仍然较为谨慎，原保监会印发《保险资金间接投资基础设施项目管理办法》对于保险机构投资 PPP 项目具有一定的促进作用。

- 2016 年 6 月规范保险资管公司通道类业务

为对通道类业务进行限制，防范监管套利，原保监会印发《中国保监会关于清理规范保险资产管理公司通道类业务有关事项的通知》。

- 2016 年 7 月规范保险公司股权管理

原保监会对保险公司单一股东持股比例已进行多次调整，目前多数险企的单一股东都面临超标持股的风险，原保监会特印发《保险公司股权管理办法》。

2017 年

- 2017 年 1 月进一步加强保险资金股票投资监管

为进一步明确保险机构股票投资监管政策，规范股票投资行为，防范保险资金运用风险，原保监会印发《关于进一步加强保险资金股票投资监管有关事项的通知》。

- 2017 年 5 月支持保险资金更好服务实体经济

为深入贯彻落实《中共中央 国务院关于深化投融资体制改革的意见》

（中发〔2016〕18号）和《国务院关于加快发展现代保险服务业的若干意见》（国发〔2014〕29号）精神，推动政府和社会资本合作（PPP）项目融资方式创新，支持保险资金更好服务实体经济，原保监会出台《关于保险资金投资政府和社会资本合作项目有关事项的通知》。

- 2017年5月加强保险资金服务实体经济

为支持保险资金投资关系国计民生的重大工程，进一步服务实体经济，原保监会出台《关于债权投资计划投资重大工程有关事项的通知》。

2018年

- 2018年1月提出保险资金运用管理的基础性制度

原中国保监会印发《保险资金运用管理办法》。明确保险资金投资的主要形式，规定保险资金运用的管理模式，重点明确保险资金运用的决策机制和风险管控机制，要求保险机构健全公司治理和内部控制，切实承担各项管理职责和相关风险，明确监管机构对保险机构和相关当事人的违规责任追究。

- 2018年1月规范保险资产管理机构股权投资计划设立业务

原保监会印发《关于保险资金设立股权投资计划有关事项的通知》（保监资金〔2017〕282号）。

- 2018年3月规范保险集团开展内保外贷业务

原保监会印发《关于规范保险机构开展内保外贷业务有关事项的通知》（保监发〔2018〕5号）。

- 2018年10月加强险资在金融市场的作用

银保监会印发《关于保险资产管理公司设立专项产品有关事项的通知》（银保监发〔2018〕65号），旨在化解优质上市公司股票质押流动性风险，为优质上市公司和民营企业提供长期融资支持，维护金融市场。

2. 保险资产管理公司一览表

公司名称	设立时间	注册地	股东情况	注册资本	管理资产规模	产品和服务内容
中国人保资产管理股份有限公司	2003年	上海	股东为中国人民保险集团股份有限公司和慕尼黑再保险资产管理公司	8亿元人民币	超过8200亿元人民币	公司具备原保监会核准的股票投资能力、无担保债券投资能力、股权投资能力、基础设施投资计划产品创新能力、不动产投资计划产品创新能力、衍生品运用能力（股指期货）和信托产品投资能力，具有人社部批准的企业年金投资管理人资格和国家外管局批准的经营外汇业务资格，获准发行投资理财产品和受托管理合格投资者资金
中国人寿资产管理有限公司	2003年	北京	由中国人寿保险（集团）和中国人寿保险股份有限公司共同出资设立	30亿元人民币	超过21000亿元人民币	业务涵盖固定收益类投资、权益类投资、项目投资及国际业务
华泰资产管理有限公司	2005年	上海	由华泰保险集团股份有限公司发起设立	1亿元人民币	超过1500亿元人民币	经营范围包括管理运用自有资金及保险资金、受托资金管理业务、与资金管理业务相关的咨询业务以及国家法律法规允许的其他资产管理业务
平安资产管理有限责任公司	2005年	上海	由中国平安保险（集团）股份有限公司发起设立	5亿元人民币	19700亿元人民币	涵盖资本市场及非资本市场等投资领域，具有长期成功大额资产投资管理经验及跨市场资产配置和全品种投资能力

续表

公司名称	设立时间	注册地	股东情况	注册资本	管理资产规模	产品和服务内容
中再资产管理股份有限公司	2005年	北京	中国再保险（集团）股份有限公司、中国大地财产保险股份有限公司、中国人寿再保险股份有限公司、中国财产再保险股份有限公司、瑞士再保资产管理（亚洲）有限公司、福禧投资控股有限公司6家股东联合发起成立	5亿元人民币	超过130亿元人民币	拥有包括受托管理保险资金业务资格、信用风险管理能力资格、基础设施债券投资计划受托投资能力资格、基础设施债券投资计划产品创新能力资格、不动产投资计划产品创新能力资格、股权投资业务能力资格及不动产投资资格在内的全部原保监会同意开展的资金运用业务能力资格
泰康资产管理有限责任公司	2006年	北京	股东为泰康人寿保险股份有限公司和中诚信托有限责任公司	10亿元人民币	超过8300亿元人民币	投资范围涵盖固定收益投资、权益投资、境外投资、基础设施及不动产投资、股权投资、金融产品投资等，所提供的服务和产品包括保险资金投资管理、另类项目投资管理、企业年金投资管理，金融同业业务、财富管理服务、资产管理产品、养老金产品、境外理财产品、QDII（合格境内机构投资者）专户、公募基金产品等
太平洋资产管理有限责任公司	2006年	上海	股东为中国太平洋保险（集团）股份有限公司、中国太平洋人寿保险股份有限公司、中国太平洋财产保险股份有限公司	5亿元人民币	—	公司具备原保监会要求的股票投资能力、无担保债券投资能力、股权投资能力、不动产投资能力、基础设施投资计划产品创新能力、不动产投资计划产品创新能力和衍生品运用等多项能力

续表

公司名称	设立时间	注册地	股东情况	注册资本	管理资产规模	产品和服务内容
太平资产管理有限公司	2006年	上海	由中国太平保险集团公司发起设立	1亿元人民币	超过3000亿元	具有丰富的海内外保险经营和资产管理经验
新华资产管理股份有限公司	2006年	北京	控股股东为新华人寿保险股份有限公司	5亿元人民币	约5000亿元人民币	公司日益成为国内外股票市场、基金市场、债券市场等资本市场上重要的大型机构投资者之一
安邦资产管理有限责任公司	2011年	北京	由安邦保险集团股份有限公司发起成立	6亿元人民币	—	以受托管理保险资金为主要业务,投资范围涵盖固定收益类资产、权益类资产、流动性资产、不动产类资产、其他金融产品类资产等,同时提供的服务和产品包括受托保险资金投资管理,定向或集合保险资产管理产品,以及基础设施债权投资计划、不动产投资计划、项目资产支持计划等创新金融产品等
生命保险资产管理有限公司	2011年	深圳	股东为富德保险控股股份有限公司、富德生命人寿保险股份有限公司和深圳市富德金融投资控股有限公司	1亿元人民币	近千亿元人民币	已获得信用风险管理能力、股票投资能力、不动产投资计划产品创新能力、基础设施债权计划产品创新能力、股指期货运用能力等5项能力,并与公司股东共享股权、不动产投资能力及团队,投资范围涵盖了固定收益投资、权益投资、基础设施不动产投资、股权投资等,所提供的产品和服务包括保险及非保险资金受托管理、另类项目投资管理、资产管理产品、基础设施债权投资计划、不动产投资计划、投资顾问等

续表

公司名称	设立时间	注册地	股东情况	注册资本	管理资产规模	产品和服务内容
光大永明资产管理股份有限公司	2012年	北京	由中国光大集团股份公司和光大永明人寿保险有限公司共同发起设立	5亿元人民币	超过4300亿元人民币	公司获得了原保监会信用风险管理能力、债权投资计划产品创新能力和股票直接投资能力备案，拥有广大的业务空间和强大的业务创新能力；具有全国银行间债券市场交易资格，并在中央国债登记结算有限责任公司和上海清算所股份有限公司申请了DVP（券款对付）服务
合众资产管理股份有限公司	2012年	北京	由合众人寿保险股份有限公司和中发实业（集团）有限公司共同发起设立	1亿元人民币	—	—
民生通惠资产管理有限公司	2012年	上海	由民生人寿保险股份有限公司出资设立	1亿元人民币	约700亿元人民币	公司具有基础设施投资计划、不动产投资计划、项目资产支持计划及资产管理产品的设立发行资格
阳光资产管理股份有限公司	2012年	深圳	主要股东有阳光保险集团股份有限公司、阳光人寿保险股份有限公司、阳光财产保险股份有限公司等	1亿元人民币	5898.13亿元人民币	主要业务包括管理运用自有资金、保险资金、受托资产管理以及与资金管理相关的咨询业务，其业务领域涵盖权益投资、固定收益投资、股权投资、金融产品投资、境外投资、基础设施及不动产投资等多个方面
中英益利资产管理股份有限公司	2013年	北京	由中英人寿、信泰人寿、华润信托和凯石投资共同出资组建	1亿元人民币	—	受托管理委托人委托的人民币、外币资金；管理运用自有人民币、外币资金；开展保险资产管理产品业务等

续表

公司名称	设立时间	注册地	股东情况	注册资本	管理资产规模	产品和服务内容
中意资产管理有限责任公司	2013年	北京	由中意人寿保险有限公司、中意财产保险有限公司、昆仑信托有限责任公司三方共同出资设立	2亿元人民币	超过740亿元人民币	受托管理委托人委托的人民币、外币资金；管理运用自有人民币、外币资金；开展保险资产管理产品业务等
华安财保资产管理有限责任公司	2013年	天津	由华安财产保险股份有限公司和特华投资控股有限公司共同筹建	2亿元人民币	—	受托管理委托人委托的人民币、外币资金；管理运用自有人民币、外币资金；开展保险资产管理产品业务等
长城财富资产管理股份有限公司	2015年	深圳	股东为长城人寿保险股份有限公司、北京金融街投资(集团)有限公司、工布江达长润投资管理有限公司和中建二局第三建筑工程有限公司	1亿元人民币	—	受托管理委托人委托的人民币、外币资金；管理运用自有人民币、外币资金；开展保险资产管理产品业务等
英大保险资产管理有限公司	2015年	北京	由国家电网公司资产管理有限公司等31家国有大型骨干企业发起成立	12亿元人民币	—	受托管理委托人委托的人民币、外币资金；管理运用自有人民币、外币资金；开展保险资产管理产品业务等
华夏久盈资产管理有限责任公司	2015年	北京	由华夏人寿保险股份有限公司和北京世纪力宏计算机软件科技有限公司共同发起设立	1亿元人民币	2000亿元人民币	受托管理委托人委托的人民币、外币资金；管理运用自有人民币、外币资金；开展保险资产管理产品业务等

续表

公司名称	设立时间	注册地	股东情况	注册资本	管理资产规模	产品和服务内容
建信保险资产管理有限公司	2016年	深圳	由建信人寿保险有限公司和建银国际（中国）有限公司共同发起设立	1亿元人民币	—	—
百年资产管理有限责任公司（筹）	—	大连	由百年人寿保险股份有限公司、大连一方地产有限公司和江西恒茂房地产开发有限公司3家企业共同出资设立	1亿元人民币	—	—
永诚保险资产管理有限公司（筹）	2017年	宁波	由永诚财产保险股份有限公司全资发起	3亿元人民币	—	—
中再资产管理（香港）有限公司	2015年	中国香港	—	1亿港币	—	—
中国人保香港资产管理公司	2014年	中国香港	—	5000万元港币	—	—
新华资产管理（香港）有限公司	2013年	中国香港	—	5000万元港币	—	—
生命资产管理（香港）有限公司	2012年	中国香港	—	1亿元港币	—	—

续表

公司名称	设立时间	注册地	股东情况	注册资本	管理资产规模	产品和服务内容
安邦资产管理（香港）有限公司	2011年	中国香港	—	2亿元港币	—	—
中国太保资产管理（香港）有限公司	2009年	中国香港	—	5000万元港币	—	—
华泰资产管理（香港）有限公司	2007年	中国香港	—	1500万元港币	—	—
中国人寿富兰克林资产管理公司	2006年	中国香港	—	6000万元港币	—	—
泰康资产管理（香港）公司	2007年	中国香港	—	1500万元港币	—	—
中国平安资产管理（香港）有限公司	2006年	中国香港	—	—	—	—
太平资产管理（香港）有限公司	1996年	中国香港	—	—	—	—

注：数据截至2018年12月31日。

资料来源：原保监会官网、各公司官网。

附录四：中国保险资金管理产品收益

2018 年保险资金管理产品收益表（债券类）

序号	保险资管产品（债券型）	2018 年复权单位净值增长率（%）
1	人保资产高收益 1 号	32.22
2	中英益利景宏 1 号	12.65
3	泰康资产－稳定收益	10.33
4	华安财保安华精选 2 号	9.55
5	太平洋卓越财富一号	9.27
6	平安资管纯债增强（如意 26 号）	9.04
7	华安财保安华精选 1 号	8.66
8	太平洋卓越 165 号	8.45
9	泰康资产－信用优化资产	8.29
10	太平资产如意 6 号	8.19
11	泰康资产－信用精选资产	8.11
12	太平洋卓越全利纯债	7.77
13	中英益利福鼎 7 号	7.73
14	泰康资产－信用甄选	7.55
15	太平洋卓越纯债 2 号	7.38
16	太平洋卓越天平 1 号产品	7.34
17	泰康资产－短融增益 8	7.34
18	华安财保安华 1 号	7.27
19	民生通惠民汇 2 号	7.14
20	平安资管（如意 29 号）	7.13
21	泰康资产短融增益 29	7.13
22	人保资产安心债富	6.93
23	光大永明聚宝 2 号	6.82
24	中英益利福鼎 12 号	6.8

续表

序号	保险资管产品（债券型）	2018年复权单位净值增长率（%）
25	人保资产灵活久期1号	6.79
26	泰康资产－信用增利	6.78
27	华安财保资管安源固收	6.63
28	太平洋卓越财富债基增强型产品	6.61
29	泰康资产短融增益21	6.41
30	民生通惠聚信3号	6.27
31	民生通惠民汇17号	6.18
32	泰康资产－稳健回报2号	6.1
33	太平洋卓越天平3号产品	6.06
34	人保安心收益	6.05
35	太平资产如意7号	5.9
36	长江养老金色理财18号	5.89
37	人保资产安心财富	5.84
38	泰康资产－稳健回报3号	5.8
39	太平洋卓越纯债3号	5.75
40	太平洋智选债基FOF型产品	5.67
41	泰康资产短融增益53	5.52
42	泰康资产短融增益51	5.52
43	泰康资产短融增益52	5.49
44	太平洋鑫安久赢三号固定收益型产品	5.39
45	泰康资产－短融增益37	5.33
46	泰康资产－短融增益6	5.31
47	泰康资产－短融增益5	5.29
48	泰康资产－稳健回报6号	5.25
49	长江养老金色增盈1号	5.23
50	泰康资产－稳健回报8号	5.21
51	泰康资产－稳健回报7号	5.15
52	阳光资产－盈时4号（一期）	5.04
53	阳光资产－盈时4号（二期）	5

续表

序号	保险资管产品（债券型）	2018年复权单位净值增长率（%）
54	太平洋稳健理财一号	4.61
55	人保资产信用增强1号	4.52
56	泰康资产-尊享配置	4.41
57	开泰稳健增值	4.16
58	人保资产安心盛世45号	3.94
59	人保资产安心盛世46号	3.89
60	稳泰价值1号	3.81
61	人保资产安心盛世47号	3.81
62	泰康资产-短融增益18	3.77
63	阳光资产-盈时4号（三期）	3.73
64	平安道远MOM2	3.71
65	开泰稳健增值5号	3.59
66	人保安心收益2号	3.56
67	泰康资产短融增益39	3.26
68	华泰增利投资产品	3.22
69	开泰稳健增值6号	3.05
70	稳泰价值2号	3.03
71	民生通惠聚信2号	3.03
72	民生通惠民汇多策略1号	2.98
73	泰康资产-短融增益3号	2.66
74	太平洋卓越稳赢季度开放	2.66
75	泰康资产-稳健增利3号	2.64
76	阳光资产-盈时10号	2.59
77	泰康资产-稳健回报5号	2.5
78	平安资管债券增强（如意1号）	2.46
79	人保资产安心盛世27号	2.33
80	太平洋卓越纯债1号	2.33
81	泰康资产-短融增益27	2.33
82	泰康资产-短融增益	2.23

续表

序号	保险资管产品（债券型）	2018年复权单位净值增长率（%）
83	太平洋卓越天平8号产品	1.55
84	长江养老债权多策略	1.34
85	长江养老金色短债存款固收型	1.3
86	泰康资产-短融增益50	1.28
87	人保资产安心盛世151号	0.94
88	泰康资产-多利增强	0.87
89	人保安心增值	0.82
90	泰康资产-短融增益28	0.61
91	平安资管偏债多策略2号（如意33号）	0.53
92	阳光资产-盈时1号	0.32
93	泰康资产-短融增益2号	0.23
94	长安养老金色短债增益	0.16
95	平安资管偏债多策略1号（如意18号）	0.01
96	长江养老金色增盈2号	0
97	阳光资产-积极配置	-0.12
98	民生通惠聚利3号	-0.2
99	太平洋卓越十九号	-1.15
100	人保资产安心盛世50号	-3.26
101	泰康资产短融增益55	-5.4
102	阳光资产-可转债优选	-5.91
103	太平洋卓越转债宝产品	-6.17
104	泰康资产-短融增益36	-27.3
105	泰康资产-短融增益32	-36.1
106	泰康资产-短融增益33	-54.05
107	泰康资产-短融增益35	-55.55
108	泰康资产-短融增益31	-57.27

参考文献

[1] 寇业富，陈辉，张宁，刘达．保险蓝皮书——中国保险市场发展分析（2017）［M］．北京：中国经济出版社，2017．

[2] 寇业富，陈辉，张宁，周县华，刘达．2017 中国保险公司竞争力评价研究报告［M］．北京：中国财政经济出版社，2017．

[3] 寇业富．医疗保险索赔模型研究［M］．北京：中国财政经济出版社，2011．

[4] 陈辉．数据之美——精准捕捉未来的商业小趋势［M］．北京：中信出版社，2019．

[5] 张宁．金融保险：深度学习［M］．北京：经济科学出版社，2018．

[6] 郑智．中国资产管理行业发展报告（2017）［M］．北京：社会科学文献出版社，2017．

[7] 保监会．中国保险资产管理发展报告（2018）［M］．北京：中国金融出版社，2018．

[8] 寇业富，李晓林．寿险公司业务结构的相似性分析及其聚类研究［J］．中央财经大学学报，2009．

[9] 李晓林．寿险产品体系研究［J］．中央财经大学学报，2005．

[10] 石晓军，闫竹．发达国家保险发展特点及其经验借鉴——OECD 国家 20 年保险发展透视［J］．保险研究，2015．

[11] 德国保险市场研究［J］．商，2015．

[12] 万怡婷．德国保险市场研究［J］．商，2015．

[13] 许闲．金融危机下德国保险监管的应对与借鉴［J］．中国金

融，2010.

［14］陈敬元. 德国保险业风险防控的实践与启示［J］. 中国保险，2017.

［15］刘仁伍. 中国保险业：现状与发展［M］. 北京：社会科学文献出版社，2008.

［16］秦亦菲，李晓林. 保险市场逆向选择问题研究新进展［J］. 经济学动态，2008.

［17］华宝证券. 保险资产管理行业2012年度报告［R］. 2013-01-30.

［18］华宝证券. "泛资管"时代下的保险资产管理行业：2013年保险资产管理行业报告［R］. 2014-01-24.

［19］华宝证券. "新常态"下的保险资产管理行业：2014年保险资产管理行业报告［R］. 2015-02-04.

［20］华宝证券. 低利率下的保险资产管理行业：2016年保险资产管理行业报告［R］. 2017-02-17.

［21］华泰证券. 保险行业深度报告［R］. 2016-07-05.

［22］中信建投证券. 我国保险资管发展概况及中报举牌梳理［R］. 2016-09-05.

［23］苏向杲. 保险资管产品注册规模突破1.8万亿元 "一带一路"保险资金投入6260亿元［N］. 证券日报，2017-05-18（B02）.

［24］李超. 险资"定投"蓝筹 保险资管计划股债双收［N］. 中国证券报，2017-03-01（A06）.

［25］吴海燕. 保险资管存量规模破1.6万亿 不动产投资占比最大［N］. 证券时报，2017-01-05（A05）.

［26］蔡虹. "偿二代"实施对保险资产管理的重大影响——基于资产端的研究［J］. 上海保险，2017.

［27］张伟楠. 保险资产管理进入新时代［N］. 中国保险报，2017-01-23（001）.

[28] 贾雅琪. 中国保险资金另类投资问题研究 [D]. 首都经济贸易大学, 2016.

[29] 赵燕妮, 郭金龙. 英国保险业演化发展过程及对我国的启示. 保险研究, 2014.

[30] 赵燕妮. 英国人寿保险市场发展现状及五力分析模型, 时代金融, 2016.

[31] 赵玉林. 产业经济学原理及案例（第三版）[M]. 北京: 中国人民大学出版社, 2014.

[32] 苏东水. 产业经济学（第四版）[M]. 北京: 高等教育出版社, 2015.

[33] 刘志彪, 安同良. 现代产业经济分析. 南京大学出版社, 2014.

[34] 蒲成毅. 保险产业结构与保险发展的关系. 保险研究, 2005 年.

[35] 王森. 保险资管大象起舞 [J]. 金融客, 2016.

[36] 李光荣. 保险举牌常态化 [J]. 英才, 2016.

[37] 曾炎鑫. 去年险资举牌股票市值 1257 亿元 目前浮盈 13.75% [N]. 证券时报, 2016 – 1 – 20（A5）.

[38] 吴世农, 李常青, 余玮. 我国上市公司成长性的判定分析和实证研究 [M]. 天津: 南开管理评论, 1999.

[39] Sigma Insurance Data Resource, www.Sigma-explore.com.

[40] Insurance Council of Australia, www.insurancecouncil.com.au.

[41] Australian Prudential Regulation Authority, www.apra.gov.au.

[42] History of Insurance Japan 150 Years, www.swissre.com.

[43] The General Insurance Association of Japan, www.sonpo.or.jp.

[44] The Life Insurance Association of Japan, www.seiho.or.jp.

[45] Financial Services Agency, www.fsa.go.jp.

后 记

本书的写作得到学校的大力支持和帮助，在此对中央财经大学副校长李俊生教授、保险学院院长李晓林教授、中国精算研究院院长陈建成教授，以及保险学院·中国精算研究院的其他领导和老师（周明副院长、郑苏晋教授、徐景峰教授、高洪忠副研究员等）表示衷心的感谢！

本书得到教育部[①]、新华财经、中央财经大学保险学院·中国精算研究院等单位的课题资助和支持，在此表示衷心的感谢！

本书的完成得益于课题组成员的团结和辛苦工作，课题组成员既有从事保险、精算教育多年的教师，也有具有丰富保险、精算实践经验的业界精英。

课题组主要成员有：

寇业富，经济学博士，教授；保险数据文献中心主任，中国精算师协会正会员；

陈辉，经济学博士，助理研究员，中国精算师协会正会员，英国精算师、中国精算师；

周桦，经济学博士，副教授，副院长；

在大量数据的搜集、整理等工作中，有许多保险、精算专业的研究生和本科生参加了这项工作，他们为报告的完成付出了很多艰辛繁杂的劳动。主要有：程明远、杨杨、王达轩、霍晓萍、黄东文、翁亚琼、许晓月、万嘉桐、高佳宁、宋阳葛、于蒙、王博、苑兴涵、高菲、邱天琪、宋佰秩、李周雅雯、

---

① 教育部人文社会科学重点研究基地重大项目"数据时代商业保险服务健康保障体系的机制与智能路径研究"（项目批准号：16JJD790062）和"大数据背景下的风险量化与保险业发展指数体系研究"（项目批准号：16JJD790060）的资助。

朱浩元等,在此对他们的付出表示感谢!感谢中国精算研究院办公室的欧阳和霞、薛丽娜、何小兰等为本书的出版付出的劳动!

课题组在指标的设立、信息的搜集整理、模型的探索完善等方面付出了很大的努力,但是《保险蓝皮书——中国保险市场发展分析报告(2019)》中的不足和疏漏之处在所难免,欢迎各位读者不吝赐教,以便我们做进一步的修改和完善。

联系方式:kouyefu@cufe.edu.cn;(010)62288159-802

寇业富

2019 年 7 月 31 日